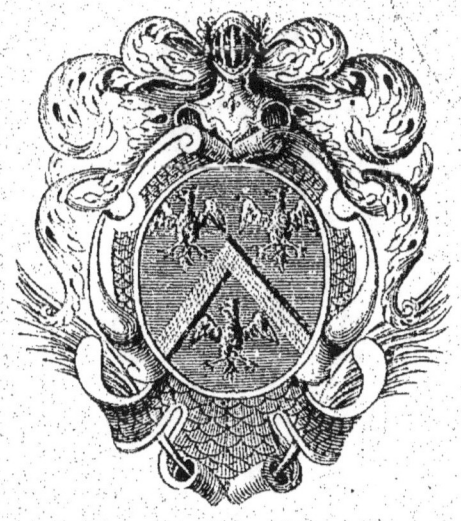

Vplu.

(Du Breuil)

LA
PERSPECTIVE
PRACTIQVE,
NECESSAIRE A TOVS
PEINTRES,
GRAVEVRS, SCVLPTEVRS,
ARCHITECTES, ORFEVRES,
BRODEVRS, TAPISSIERS,
& autres se seruans du Dessein.

PAR VN PARISIEN,
Religieux de la Compagnie de IESVS.

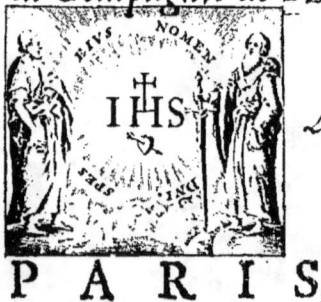

IHS

A PARIS,

Chez MELCHIOR TAVERNIER, Hydrographe, Graueur, & Imprimeur
du Roy, pour les Cartes Geographiques, & autres Tailles-douces, demeurant sur le Quay qui regarde la Megisserie, à la Sphere Royale.
ET
Chez FRANÇOIS L'ANGLOIS, dit CHARTRES, demeurant en la
rüe S. Iaques aux Colomnes d'Hercules proche le Lion d'Argent.

M. DC. XLII.
AVEC PRIVILEGE DV ROY.

Vphi.

(Du Breuil)

LA PERSPECTIVE PRACTIQVE,

NECESSAIRE A TOVS PEINTRES,

GRAVEVRS, SCVLPTEVRS, ARCHITECTES, ORFEVRES, BRODEVRS, TAPISSIERS,

& autres se seruans du Dessein.

PAR VN PARISIEN,
Religieux de la Compagnie de IESVS.

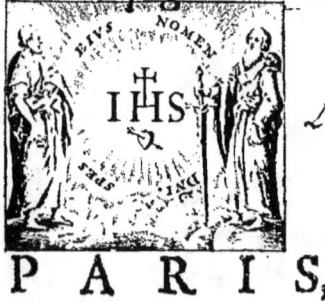

A PARIS,

Chez MELCHIOR TAVERNIER, Hydrographe, Graueur, & Imprimeur du Roy, pour les Cartes Geographiques, & autres Tailles-douces, demeurant sur le Quay qui regarde la Megisserie, à la Sphere Royale.

ET

Chez FRANÇOIS L'ANGLOIS, dit CHARTRES, demeurant en la ruë S. Iaques aux Colomnes d'Hercules proche le Lion d'Argent.

M. DC. XLII.
AVEC PRIVILEGE DV ROY.

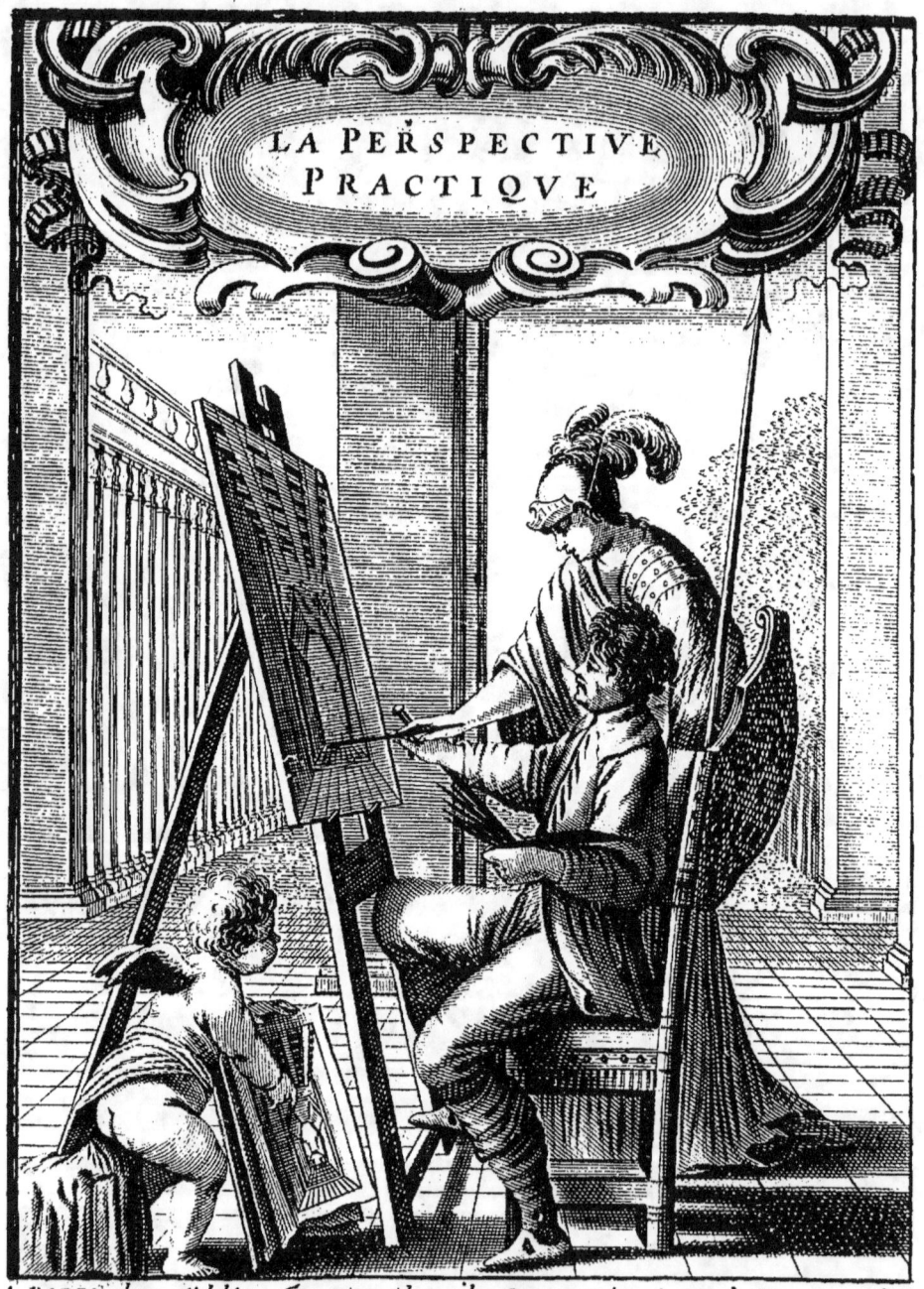

A
MONSEIGNEVR
ET
TRES-ILLVSTRE PRINCE
LOVIS DE BOVRBON,
DVC D'ANGVIEN, &c.

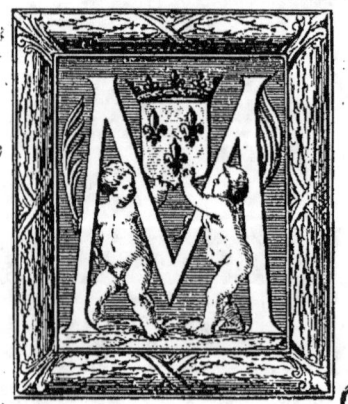ONSEIGNEVR,

Ce Liure que i'offre à VOSTRE ALTESSE, *est plustost vne restitution, qu'vn present, que ie luy fais ; il est tout à elle, & ne sçauroit estre à vn autre, estant né de ses diuertissemens &*

á iij

de ses estudes. Cette raison qui sembloit me deuoir retenir, m'a esté vn motif tres-particulier de le luy dédier ; car estant plein d'vne science, qui du passé a paru difficile, & a esté rebuttée de plusieurs : il eust trouué moins d'approbation que de censure. Mais portant sur son front le nom de V. A. ie m'asseure qu'il sera desiré & receu vniuersellement de tout le monde, & que l'honneur qu'elle luy fera de l'approuuer, luy donnera du prix, & luy seruira d'éloge.

Il est vray aussi, & toute la France le sçait, que V. A. n'ignore rien de ce que la Mathematique peut enseigner, elle ne luy a rien caché de ses beautez, & vous l'auez mise en vn poinct si releué, qu'elle ne peut desirer de l'estre d'auantage, estant dans l'estime de l'vn des premiers & plus sçauans Prince du monde, & d'vn Prince Mathematicien, qui a adjousté la pratique à la speculation, & qui sçait mettre ses pensées si nettement sur le papier, que les premiers essais de sa plume, ont rauy les plus grands du Royaume, & sont maintenant les plus precieux ornemens des beaux cabinets de France.

Ie sçay que l'original de ce Liure, que le Sieur Gauthier, qui a l'honneur d'estre Ingenieur ordinaire de sa Majesté, & de V. A. m'a mis en main par son commandement, a esté fait auec d'autres pour son vsage, par vne personne Religieuse de la Compagnie de Iesus, entierement dediée à son seruice, & qu'elle l'a tiré de son cabinet pour le donner au public, comme vne piece qu'elle recognoist estre extremement necessaire à toutes personnes qui se meslent du dessein. Ie ne doute point que toute la France ne fasse des remerciemens à V. A. de contribuer, comme elle fait non seulement à son accroissement par ses armes, mais encore de son estude & de ses diuer-

tiſſemens, à la perfection d'vn art qu'elle priſe ſur tous les autres. Les Eſtrangers meſme ; qui n'ont encore rien veu de pareil, en feront autant dans les rauiſſemens de receuoir par le
moyen d'vn Prince, dont ils cognoiſſent deſia la valeur & le
courage, des leçons qu'ils ont ignorées iuſqu'à maintenant.

Ie ioindray mes actions de graces, qui euſſent eſté peu
conſiderables toutes ſeules, à celles de tous ces peuples pour
remercier V. A. de la faueur tres-particuliere qu'elle m'a
faite de m'auoir employé à vn ouurage qui receura d'elle
tant d'éclat & tant de gloire. Ie la ſupplie auec toutes
les affections & ſoumiſſions qu'il m'eſt poſſible, d'agréer ce que
ie luy preſente, à quoy ie n'ay fourny, non plus que l'Autheur,
qu'vn peu de mon trauail, tout le reſte venant de la main de
VOSTRE ALTESSE, qui eſt aſſez puiſſante pour contenter le deſir que i'ay d'eſtre cognu le reſte de ma vie,

MONSEIGNEVR,

Voſtre tres-humble, tres-obligé,
& tres-obeïſſant ſeruiteur,

MELCHIOR TAVERNIER.

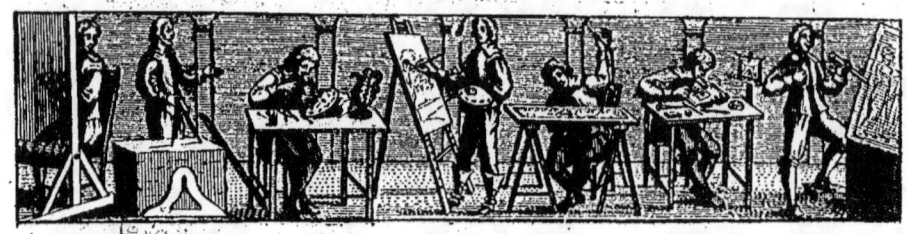

PREFACE.

A PERSPECTIVE qui a l'œil pour principe, à qui la Nature a donné plus de vivacité, & plus de perfections qu'aux autres Sens, & qui tient entr'eux le rang & les aduantages que l'Esprit a pardessus le Corps; est aussi la plus belle & plus agreable de toutes les parties que la Mathematique a mises au iour: Cette science se peut vanter d'estre l'ame & la vie de la Peinture, puis que c'est elle qui donne aux Peintres la perfection de leur Art, dans les dispositions, les hauteurs, & les mesures des Figures, des Meubles, des Architectures, & des autres ornemens du Tableau: Elle instruit qu'elles couleurs il doit mettre, viues, ou mornes, en quel lieu il faut appliquer les vnes & les autres, ce que l'on doit acheuer, ce qui ne le doit pas estre, où l'on donnera le iour, où il n'en faut point; en vn mot, elle doit commencer & finir, puis qu'elle doit estre par tout. Sans son aide, les meilleurs Maistres feront autant de fautes que de traits, principalement aux Architectures, dont ils veulent enrichir leurs ouurages, comme i'ay veu en des pieces bien estimée, où l'on a manqué si lourdement, que cela en partie a esté le motif de mon dessein, pour faire cognoistre leurs manquemens sans les nommer, & apprendre aux ieunes a les éviter. Pour excellent Peintre que l'on soit, il faut obseruer toutes ces reigles, où l'on ne contentera que les ignorans, & vn Peintre mediocre qui les possedera bien, fera merueille au gré de tous.　　　　　　　　　　B

Le Graueur en cuivre ne la doit non plus ignorer que le Peintre, puis qu'il fait du Burin, ce que l'autre fait du Pinceau : Elle
luy fera cognoiſtre ce qu'il faut toucher rudement, & ce qu'il
faut adoucir : Le beſoin qu'il a de cette ſcience, eſt d'autant plus
neceſſaire que ſes pieces ſe multiplient beaucoup plus que celles
d'vn Peintre : que ſi elles ſont artiſtement faites, ſa loüange s'aug-
mente ; ſi au contraire ſes deffauts en ſont plus cognus, & chaque
piece eſt vne bouche qui deſcrie ſon ouurier.

Le Sculpteur en boſſe y apprendra la hauteur qu'il doit donner
aux Statuës, tant du bas que du milieu, & à proportion à celle
de plus haut, qu'elle pante il doit donner aux baſtimens, & aux
autres corps de baſſe taille, ou demy-boſſe ; l'angle pour le poinct
de veuë, pour prendre les hauteurs & racourciſſemens de tous
les objects proches & eſloignez.

L'Architecte par cette ſcience, peut donner cognoiſſance de
ſes deſſeins en peu d'eſpace, il en peut auſſi eſleuer vne partie, &
laiſſer l'autre en plan, pour faire paroiſtre tout ſon ouurage, &
puis que nous ſommes ſur l'Architecture, il faut que le Perſpectif
y ſoit docte, au moins en la pratique de la main, à raiſon que les
plus belles pieces de Perſpective, ſe font des Baſtimens riches &
ſomptueux, conſtruits ſelon les ordres des Colomnes, la beauté
deſquels dépend des proportions & des meſures qui y doiuent
eſtre obſeruées, autrement elles bleſſeront l'œil ; c'eſt pourquoy
il s'y faut eſtudier, & quiconque ne les ſçait, les deuant ſçauoir,
eſt digne de blaſme, veu la facilité qu'il a de les apprendre, ayant
Vitruue, Vignolle, Scamozzy, & pluſieurs autres qui en ont eſcrit
ſi pertinemment.

Ce n'eſt pas aſſez qu'il ſçache les ordres des Colomnes, il faut
entendre toutes les meſures que l'on donne ordinairement aux
Baſtiments, & à chaſque choſe particuliere, Portes, Feneſtres,
Cheminées, &c. & à les bien placer, & prendre les jours à propos,
pour ne faire rien de borgne, ny d'eſtropié, auoir grand ſoin que
tout porte bien, rien à faux, & que la ſymmetrie & les proportions
ſoient gardées autant que l'on pourra ; autrement la Perſpective,

PREFACE.

qui eft faite pour contenter la veuë, l'offenferoit par fes manquemens.

Les Orfevres, les Brodeurs, & les Tapiffiers, les Peintres en Argent, en Soye, & en Laine, les Menufiers, & tous autres qui fe mef-
lent de faire des Deffeins, & de peindre, ne fe peuuent paffer de la
fcience, & de l'art de Perfpective, s'ils veulent faire chofe qui
merite.

La plus grande partie de ceux que i'ay cognus qui affection-
noient cette fcience, m'ont affeuré en auoir efté rebutez par le
grand nombre de lignes, que quelques Autheurs ont mis pour
former & trouuer la place de leurs objets, Corps, ou Figures; d'autres pour auoir rencontré trop d'obfcuritez dans leurs pratiques,
& explications; & particulierement de ce qu'ils n'ont pas mis les
inftructions vis à vis des Fig . , & que cependant qu'ils feuille-
toient pour les trouuer, ils ablioient ce qu'ils defiroient fçauoir.
Toutes ces plaintes m'obligent d'eftre plus clair & plus methodi-
que dans les inftructions que i'ay mifes deuant chaque Figure, afin
qu'ils euffent deuant eux la maniere de mettre en pratique ce
qu'ils fouhaittent, m'accommodant à leur capacité, fans donner
les demonftrations qui les embroüilleroient pluftoft que de les
efclaircir, vfant de mots que tous puiffent entendre, mefme aux
Definitions, comme l'on verra au feuillet 7. Ayant auffi donné
à certaines chofes des qualitez que le commun leur donnent,
quoy qu'en effet elles ne les ayent pas. Comme par exemple au
feuillet 15. où ie traitte de la diftance ou efloignement, i'ay efté
contraint de dire, contre ma penfée, que c'eft la prunelle qui reçoit les rayons des objets, comme fi ils s'y terminoient, à raifon
que i'ay experimenté, que quand ie dis que la vifion fe fait fur la
rétine, au fond de l'œil, que les rayons ne font que paffer par la
prunelle, & que les images ou efpeces de ce que nous voyons fe
renuerfent; qu'il femble que ie parle vn langage nouueau, & ne
peuuent conceuoir cela. C'eft pourquoy ayant confideré que
cette cognoiffance importoit peu pour la pratique de cet art; l'ay
donné à la prunelle, ce qui appartient au fond de l'œil, qui eft le

veritable lieu de la vifion, où fe forment les efpeces des objets, quoy que d'autres difent que c'eft au criftalin. Ceux qui voudront s'en efclaircir pourront voir Aquillon, Scheiner, & des Cartes qui en ont fort bien traité.

Quoy que i'aye fait toutes les diligences poffibles, pour rendre cette fcience bien aifée, ie ne doute point que plufieurs n'y trouuent de la peine au commencement ; mais qui pourra furmonter les difficultez qu'il trouuera à l'abord, il n'y a rien qu'il ne puiffe entendre & pratiquer, pourueu qu'il foit foigneux de bien poffeder vne pratique, deuant que de tourner le feuillet ; à raifon qu'elles font comme attachées & dependantes les vnes des autres ; ces petites peines donneront de la fatisfaction dans la facilité que l'on aura par apres, de faire tout ce que l'on voudra.

On cognoiftra par la Table fuiuante, que ce Liure fuffit pour faire toutes fortes de Perfpectives, en fe feruant des pratiques que les chifres enfeigneront, que l'on pourra rapporter enfemble pour auoir ce que l'on defire, en quoy celuy qui voudra faire quelque belle Perfpective, fera bien aife de trouuer inçontinent ce qu'il iugera deuoir contenter fon efprit : l'on aura pour lors bien plus de ioye que de copier vne piece toute faite par vn autre ; que fi l'on eft contraint d'en contrefaire quelqu'vne, cela fe fera auec facilité, puis qu'il y a des pratiques de tout ce qui s'y peut rencontrer. Ie confeffe franchement auoir vn incroyable plaifir à faire de nouueaux deffeins, & à inuenter de nouuelles pieces que i'euffe mifes au jour, comme ont fait les autres, n'euft efté que mon defir eft que chacun foit participant de cette recreation qu'il prendra a en compofer, & faire de luy-mefme, luy ayant donné tous les moyens & les pratiques pour en venir à bout : que fi quelqu'vn ne veut pas prendre cette peine, il en trouuera quantité de toutes faites dans Marolois, Vredeman, Vrieffe, & d'autres qui fe font pleus à y faire paroiftre la gentilleffe de leur efprit : tât de fi beaux & excellens ouurages ont ferui à rendre quelques Péintres pareffeux d'aprendre à faire ce qu'ils trouuoient tout fait, ils fe contentent de les deffeigner le mieux qu'ils peuuent, & comme ils les entendent,

PREFACE.

ce qui feroit tolerable s'ils s'en feruoient bien ; mais les contre-
faifant fans cognoiffance ils ne font rien de bon, donnant pour
l'ordinaire autant de poincts en vn Tableau, qu'il s'y rencontrera
d'objets, de lignes, & de retours; ils vous feront voir le deffous
d'vne chofe qui devroit monftrer fon deffus; & d'autres de peur
d'y manquer les monftreront tous deux, ce qui eft ridicule. D'autres qui ayans plufieurs Figures à mettre dans vn Tableau, les font
toutes de mefme hauteur, & quelquesfois celles de deuant plus
petites, pour faire voir, fe difent-ils, celles de derriere, qui eft
renuerfer l'art & la nature.

Pour contenter les curieux, qui cherchent toufiours l'origine
& les raifons de toutes chofes, & qui veulent de l'ordre par tout.
I'ay diuifé ce Liure en cinq parties, à la PREMIERE ils trouueront
tout au commencement quelques Definitions, demonftrations,
& raifons qui n'ont pas befoin de grands fondemens de Mathematique pour eftre entenduës, & qui neantmoins donneront de
grandes lumieres & efclairciffemens en cette fcience : apres ces raifons, ie dis ce que c'eft de poinct de veuë, poincts de diftances,
poincts accidentaux, poinct de front, poinct de cofté ; puis ce
que l'on appelle rayon vifuel: Lignes Diagonales, Paralleles, Perpendiculaires, de Terre, ou de Baze: La cognoiffance des noms de
toutes ces chofes eft extremement neceffaire, auant toutes les Figures, d'autant qu'elles apportent vne grande facilité, pour entendre les pratiques qui fuiuent, où l'on ne parle que de ces mots.
EN LA SECONDE PARTIE, ie donne les methodes de racourcir
des Plans de plufieurs manieres; puis quelques façons de Pauez,
qui feruent ordinairement pour les fondemens des Perfpectives:
Ayant donné fuffifante inftruction à mettre en Perfpective toutes fortes de Plans, on trouuera LA TROISIESME PARTIE, qui enfeigne à faire les Efleuations de plufieurs Corps, commençant par
les plus aifez, qui font Cubes, & autres pieces à pans, ou de diuer-
fes faces, fuiuent les murailles, puis comme l'on y doit mettre
vne Porte, & des Feneftres, par apres les Planchers, & les Voutes,
les Montées, & Efcaliers de toutes façons, & le tout fans ornemens

ny moulures, pour eftre plus clair dans nos pratiques, ou ces ornemens euffent apporté de la confufion, par quantité de lignes
qu'il y euft fallu tirer, que i'ay voulu éviter, & qui toutesfois y
eftoient neceffaires fi on les euft enrichis. C'eft pourquoy ayant
fait voir tous les Baftimens fimples & nuds; i'ay mis en fuitte pour
les orner desColomnes, deCorniches, & d'autres agréemens, qui
leur donnent de la majefté, & de la grace. Quand les logis font
tous efleuez par le dehors à la referue du toict, l'on trouuera le trait
que i'ay mis pour les faire en telle forte, & de telle couuerture que
l'on defirera. Apres que les Baftimens font acheuez, ayant donné
affez d'inftructions pour les parfaire, l'on aura la maniere de faire
toutes fortes de meubles pour les garnir a volonté. Suiuent quelques leçons de Ruës, d'Allées, d'Arbres, & Iardins, qui font les
beautez dont les gayetez rendent nos ouurages attrayans: Apres
tout cecy il y a deux ou trois pratiques pour faciliter la Perfpective, & mefme pour en faire de fort belles, fans garder pas vne regle.
En LA QVATRIESME PARTIE, l'on verra toutes les mefures que
doiuent auoir les Figures, tant aux Perfpectives, qu'à toutes fortes
de Tableaux, en telles poftures, fituation, & horizon que l'on les
puiffe mettre, non feulement pour platte peinture, mais auffi pour
la ronde boffe, & baffe taille. LA CINQVIESME ET DERNIERE
PARTIE, eft vn petit traitté des Ombres naturelles, tant au Soleil
& au Flambeau, qu'à la Chandelle & à la Lampe.

Quand l'on voudra faire des Perfpectives de Baftiment, ou de
quelqu'autre chofe, comme feroient Iardins, Paliffades, Allées
d'Arbres, &c. meflées auec Figures. Ie confeillerois de crayon-
ner premierement tout ce qui appartient à la Perfpective, à raifon que l'on prendra puis apres auec plus d'affeurance, toutes les
hauteurs desFigures, & qu'on aura plus de facilité à tracer le tout,
comme il fe verra par les pratiques.

Il femblera peut-eftre, qu'il y a vne chofe à reprendre en ce
Liure, qui eft, que les poincts de diftances, ou tiers poincts, font
en toutes nos pratiques, trop pres du poinct de veuë, à quoy ie ref-
pond l'auoir fait exprés, puis que mon deffein eft d'enfeigner. Il

faut que l'on puiſſe voir tout ce que l'on doit faire, & où doiuent aboutir toutes les lignes, autrement il faudroit deviner; c'eſt aſſez que i'avertiſſe qu'il les faut eſloigner, plus, ou moins, ſelon que l'on cognoiſtra aux feuillets 14. & 15. qui donnent les Figures & inſtructions, où il les faut prendre. L'on peut bien croire qu'il ne m'euſt pas eſté plus difficile à les eſloigner, ſi ie n'euſſe point eu d'autres conſiderations qui ont emporté celle-là, dont l'vne des principales, a eſté de faire ce Liure le plus petit qu'il m'a eſté poſſible, pour donner facilité à le porter par tout, & qu'il couſtaſt moins à l'imprimer, & par conſequent qu'il fuſt à meilleur marché pour ceux qui en voudront auoir: Si ie l'euſſe fait comme pluſieurs m'ont conſeillé, il n'y euſt eu qu'vne leçon à chaque feuillet, & n'euſt pas eſté pour cela plus intelligible qu'il eſt, & euſt eſté trois fois plus grand & plus gros; eſtant tel qui euſt voulu faire les frais pour l'imprimer ; & ſuppoſé que quelqu'vn euſt fait cette deſpenſe, il ſe fut vendu ſi cher, que ceux à qui il eſt neceſſaire, n'en euſſent point achepté, ce qui euſt empeſché le deſſein que i'ay de ſeruir le public.

Il y en a qui prennent peine à cacher le nom des Autheurs qu'ils ont ſuiuis en leurs œuures, & qui, comme a tres-bien dit vn certain, deſrobent aux particuliers ce qu'ils donnent au public, pour tirer leur gloire du trauail des autres. I'ayme mieux dire librement, que me propoſant de faire ce petit traicté de Perſpective; i'ay voulu voir, autant que i'ay peu, ceux qui en ont eſcrit, & prendre des vns & des autres, ce qui pouuoit ſeruir à mon ſujet, pour apres faire vne reſtitution generale des larcins priuez, eſquels i'ay meſlé vn peu du mien pour les lier, & ſuiure vn ordre qu'ils s'eſtoient oubliez de garder. Le premier que i'ay trouué auoir donné quelque iour à cette ſcience, eſt Georgius Reich, Allemand, au dixieſme liure de ſes Oeuures; depuis luy Viator, Chanoine de Toul, qui a donné quantité de bonnes Figures, mais trop peu d'inſtructions. Apres celuy-cy eſt venu Albert Durer, excellent homme, qui en a laiſſé quelques reigles & principes parmy ſes œuures au quatrieſme liure de ſa Geometrie : Iean Couſin en a fait auſſi vn liure, où il y a plusieurs bonnes choses. Depuis eux sont venus Daniel Barbaro, Vignolle, Serlio, du Cerceau, Sirigaty, Salomon de Caus, Marolois, Vredement, Vriesse, Guidus, Vbaldus, Pietra, Acolty, le Sieur de Vaulezard, le Sieur Desargues, & nouuellement le R. P. Niceron, Minime, lesquels i'ay veus tous, les vns apres les autres, admirant leur estude & leur trauail, pour seruir le Public, m'estimant bien honoré d'imiter ce qu'ils ont fait, & d'estre l'incognu copiste de leurs Oeuures, outre ceux que ie viens de nommer, il y a beaucoup d'autres braues Esprits qui en ont escrit, que ie n'ay pas eu le bien de voir, pour ne les auoir peu recouurer. Cette multitude d'Autheurs fait assez cognoistre que cette science a esté de tout temps cherie, & estimée des esprits les plus curieux, & plus au siecle où nous sommes, qu'en aucun autre du passé, ce qui me fait esperer que ce petit ouurage ne desplaira pas à plusieurs, puis qu'il porte des instructions qui n'ont pas encore esté veuës pour mettre en Perspective, ce qui tombe ordinairement sous les sens, & par consequent donne la maniere de faire toutes sortes de Perspectives que l'on peut s'imaginer.

Ie desire poursuiure de faire voir & enseigner à mettre en Perspective tout ce qui y peut estre non seulement aux pieces plattes, & sur vn plan vny, mais aussi les inclinées, les rondes, & obliques, comme pour peindre dans des Voutes, des Plats-fonds, des Coins, & des Retours, faisant paroistre quarré, ou rond, ce qui ne le sera pas. En vn mot, toutes les raretez & tromperie de la Perspective, dont celles-cy doiuent passer les premieres, estant les fondemens & principes de celles qui doiuent suiure. Si ie recognois qu'elles soient agrées, & que l'on les voye de bon œil, ce me sera vn contentement & vne satisfaction que ie n'espere pas, & qui me violentera doucement à m'aquiter de ma promesse.

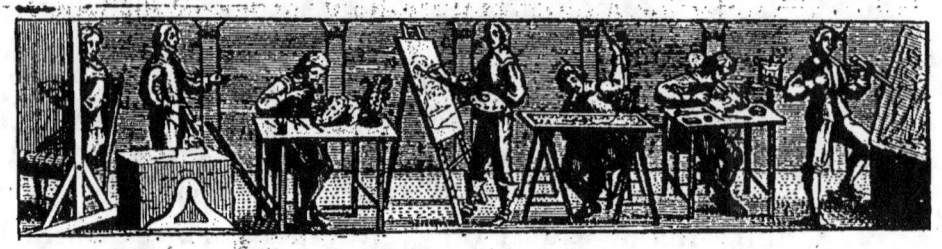

TABLE INSTRVCTIVE
POVR TROVVER LES PIECES
qui doiuent seruir à faire quelque Perspective
que ce soit.

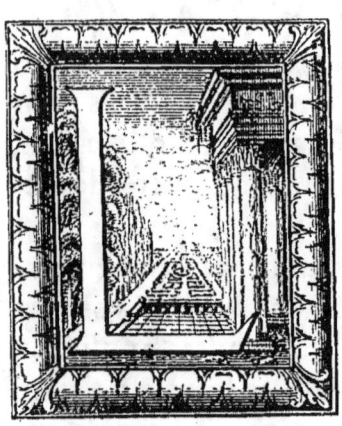

'ART de Perspective se doit commencer par les Plans, & selon la
raison, par ceux qui sont les plus
aisez, entre lesquels le quarré, ou
le cube, est le plus facile, on trou- *Cube veu*
uera comme il faut faire son plan *de front, & del'angle.*
au feuillet 19. & son Esleuation,
aux feuillets 44. & 49. si on veut
qu'il soit veu par l'angle, son plan
est au feuillet 20. & son esleuation
au feuillet 50.

Pour esleuer les Murailles d'vne maison, ou des palissa- *Murailles ou*
des à vn Iardin, il faut prendre les feuillets 51. & 52. & l'on y *palissade.*
trouuera auec les plans, la maniere de les esleuer.

Ceux qui voudront auoir le dedans d'vne Chambre, ou *Chambre*
d'vne Salle veuë de front, trouueront premierement les *ou salle par*
murailles, comme nous venons de dire aux feuillets 51. *dedans.*
& 52. Le feuillet suiuant donnera les Portes; & le feuillet 54. donnera pour y faire des Fenestres. Pour esleuer *Portes,*
des Cheminées en quel lieu on voudra, faudra chercher *Fenestres,*
Cheminées.

ꝗ

Planchers. le feuillet 77. Apres cela il faudra y mettre les Planchers,
Pauez. que l'on trouuera aux feuillets 55. & 57. Pour les Pauez, il
y en a de plusieurs façons aux feuillets 31. 32. 33. & 34. Si
l'on veut ouurir quelques Portes, le feuillet 93. en donnera la pratique ; & le feuillet suiuant sera pour ouurir
les Fenestres. Quand il y auroit deux ou trois estages les
vns sur les autres, on doit tousiours garder les mesmes
pratiques, & n'y doit auoir qu'vn seul poinct de veuë, com-
Escalier & montée à vis. me l'on peut voir au feuillet 76. Pour monter à ces estages
il y a vne montée tournante ou Escaliers aux feuil. 82. 83. 84.

Meubles.   Ordinairement tous les Bastimens qu'on void par dedans, sont garnis de quelques Meubles, qui en voudra
mettre en trouuera de toutes sortes aux feuillets 96. iusc-
qu'à 103. Pour les mesures des figures, si on y en veut mettre, elles se trouueront au feuillet 122. ou 125.

Eglise veuë par dedans.   Pour faire paroistre vne Eglise par le dedans, il faut se
determiner vn Plan, & le mettre en Perspective, selon les
deux pratiques que nous en auons donné aux feuillets 37.
ou 41. l'on esleuera les Murailles, comme il se void au
Fenestres. feuillet 51. Pour les Fenestres, on les pourra faire comme
les Arcades du feuillet 62. où comme au feuillet 54. horsmis qu'il n'y faut point de croisées, & qu'il les faut ron-
Pilastres. des au dessus. Si l'on veut des Pilastres, ou Piliers, ils se
Colomnes. trouueront au feuillet 48. Si l'on y veut des Colomnes,
faudra prendre la pratique du feuillet 87. Apres tout ce-
Voute. la, il y faudra faire vne Voute, ou des Voutes, si l'on en
veut mettre aux aisles, les feuillets 68. 69. 70. 71. & 72. en
croupe. fourniront de toutes les sortes. La croupe, ou le fond de
l'Eglise se fait d'vne autre maniere que les Voutes, on en
trouuera la pratique au feuillet 74. Pour l'enrichir de
corniches, ou moulures. Corniches, Moulures, & autres ornements, faudra auoir
recours aux feuillets 88. 89. 90. 91. & 92. Pour des Autels,
Autels. si on y en veut, on trouuera la methode de les faire, au

feuillet 104. au milieu de la croifée de l'Eglife, on pourroit faire vn Dôme, comme il fe void au feuillet 75. le Paué *Dômes.* fe choifira aux feuillets 31. 32. 33. & 34.

Aux Baftimens par dehors les Portes, & les Fenoftres, fe *Baſtimens* font comme aux Baftimens par dedans, feuillets 53. & 54. *par dehors.* ainfi que l'on peut voir au feuillet 106. Quand on les au- ra efleuez de la hauteur qu'on iugera, on trouuera le trait pour y efleuer telle façon de couuerture que l'on trouue- ra eftre plus agreable aux feuillets 107. ou 108. Si on y veut quelque Corniche, ou autres ornemens, on trouue- ra comme il les y faut mettre aux feuillets 88 89. 90. 91. & 92. &c. Galleries en Arcades foit par le dehors ou par *Galleries.* le dedans au feuillet 63. 66. 67. & 106.

Qui voudroit faire toute vne ruë de Baftimens, il fau- *Ruë des ba-* droit multiplier les Maifons, & en mettre de cofté, & *ſtimens.* d'autre, comme l'on peut voir au feuillet 109. Quand on fera des Maifons bien enfoncées dans les Perfpectives, & *Maifons* qu'elles feront paralleles à l'horifon, il ne leur faudra don- *éloignées.* ner que le fimple traict, fans efpaifleur des Portes, ny des Fenoftres, comme i'ay fait au feuillet 110. Dans les gran- des places, qui font ordinairement aux ruës en Perfpe- ctive, on y peut efleuer vne Pyramide, le feuillet 80. don- *Pyramide.* nera pour en efleuer vne deffus des Degrez, ou bien quel- que Figure, ou Statuë deffus vn Pied-d'eftal, le feuillet 91. fournira le Pied-d'eftal, & le feuillet 114. la Figure.

Quand on voudra auoir des Baftimens veus par l'angle, *Baſtimens* l'on pourra prendre les Plans des feuillets 19. 30. & 111. & *veus par* faire les Efleuations comme on les trouuera aux feuillets *l'angle.* 50. & 111. qui donneront les pratiques pour y prendre les Portes & les Fenoftres.

Les Iardins en Perfpective refioüiffent la veuë plus que *Iardins de* chofe qui foit au monde, tant pour la couleur qui y eft *toutes for-* agreable, que pour la varieté des chofes qui s'y peuuent *tes.*

mettre, les Plans se doiuent faire, comme aux feuillets 35. 38. ou 113. esquels on fera tels compartimens que l'on voudra. Si on veut des Berceaux, on trouuera la pratique aux feuillets 60. ou 61. Si on ayme mieux des Palissades que des Berceaux, l'on les trouuera aux feuillets 51. & 52. Si au lieu des Berceaux, & des Palissades l'on veut vn bois, ou des Allées d'arbres, le feuillet 112. donnera les practiques de plusieurs sortes. Quand on y voudra faire des Fontaines, ou jects d'eau, le rond du feuillet 29. pourra seruir de bassin: son Esleuation est au feuillet 73. Si on veut vn quarré faudra prendre les feuillets 19. ou 44. Pour en auoir à plusieurs pans, il faut chercher les feuillets 45. ou 46. où l'on trouuera des Polygones. Qui voudroit mettre des Statuës, ou Figures dessus les Pied-destaux, ce qui est vn fort bel ornement de Iardin, il faudra prendre leurs mesures aux feuillets 122. ou 125. Si on y veut mettre des Grottes, ou niches, le feuillet 74. donnera comme il les faut faire. Quand on voudra faire monter d'vn Iardin à vn autre, on trouuera plusieurs façons de Degrez aux feuillets 78.79.80. & 81. Chacun choisira en toutes ces choses ce qui luy aggréera le plus, & les y peut mettre toutes en vne mesme piece, & sans confusion, pourueu qu'il garde les proportions & symmetries qui y doiuent estre obseruées.

Si l'on veut auoir des Boutiques ouuertes, où il n'y eut rien que les murailles, le feuillet 55. en donnera. Si on veut qu'elles soient garnies de planches, ou Tablettes, on trouuera la pratique au feuillet 105. Il y a encore vne autre façon de boutique qui n'est pas de front comme celle-cy, & dont l'ouuerture est toute differente : on la pourra voir au feuillet 95.

Les Amphiteatres estoient autresfois plus en vsage dans les Tableaux qu'ils n'y sont maintenant, ce qui est cause que ie n'en ay point mis icy, les y iugeant inutils ; si ie

(marginalia)
Berceaux.
Palissades.
Allées d'arbres.
Fontaines.
Figures.
Degrez.
Boutiques.
Tablettes.
Amphiteatres.

recognois que l'on en defire, i'en donneray à la feconde Partie. En attendant, fi quelqu'vn veut en efleuer vn, il fe pourra feruir du Plan qui eft au feuillet 29. auquel il faudroit faire plus grand nombre de cercles, felon la quantité des Eftages qu'on y voudra. Pour efleuer ces Eftages, il faut fe feruir de la ligne d'Efleuation, que l'on trouuera au feuillet 75.

Pour les Fortifications, qui voudra en mettre en Perfpective, il trouuera la methode d'en racourcir le Plan au *Fortifica-* *tion efleuée.* feuillet 39. & comme on les doit efleuer au feuillet 114.

Le Traiété des Ombres qui commence au feuillet 129. *Les Om-* *bres.* iufqu'à 150. enfeigne à les donner à toutes fortes d'objeéts, foit qu'elles foient caufées du Soleil, du Flambeau, ou de la Chandelle.

Pour toutes les autres chofes particulieres, l'on les trouuera felon l'ordre de la Table Alphabetique qui eft à la fin du Liure.

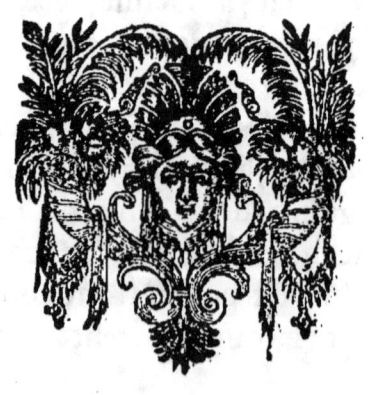

EXTRAICT DV PRIVILEGE DV ROY.

PAR grace & Priuilege du Roy, il est permis à MELCHIOR TA-
VERNIER, de grauer & faire imprimer, vendre & debiter, vn Liure
intitulé *La Perspective practique, necessaire à tous Peintres, Graueurs, Sculpteurs,
& autres.* Composé par vn Religieux de la Compagnie de IESVS, & ce
pendant le temps de vingt années consecutiues, à commencer du iour
qu'il sera acheué d'imprimer & mis en vente, auec deffenses à tous Li-
braires, Imprimeurs, Graueurs, & autres, de l'imprimer, grauer, vendre
ny distribuer, sans la permission dudit TAVERNIER, à peine aux con-
treuenans de quatre mille liures d'amende, ainsi qu'il est plus au long
contenu audit priuilege. Donné à sainct Germain en Laye le dix-hui-
ctiesme Fevrier 1639.

Signé LOVYS,

Et plus bas,   Par le Roy,   PHILIPPEAVX.

I'Ay MELCHIOR TAVERNIER, consens & accorde au sieur FRANÇOIS
L'ANGLOIS, dit CHARTRES, de iouyr auec moy du Priuilege que i'ay
obtenu de sa Majesté, suiuant l'extraict cy-dessus imprimé; & ce à l'esgard
& pour le present liure de Perspective seulement, sans preiudicier aux autres ouurages specifiez audit Priuilege, que ledit TAVERNIER se reserue.
Fait à Paris ce 4. iour d'Octobre 1641.

Fautes suruenuës en l'Impression.

PAge 5. ligne 4 la ligne orientale, lisez ligne horizontale.
Page 32 ligne 5. cette cinquiesme sorte, lisez cette quatriesme sorte.
Page 36. ligne 10. & le seul, lisez en la seule
Page 51. ligne 7. selon la deuxiesme pratique, lisez selon la premiere pratique.
Page 82. ligne 9. 9 pans ou quarreaux, lisez 9. pauez ou quarreaux.
Page 90. ligne 12. l'on remarque, lisez l'on remarquera.
Page 93. ligne 16. son diametre, lisez son demy diametre.
Page 99. ligne 3 distances des Planchers, lisez distances des planches.
Page 105 ligne 1. de planchers, lisez de planches.
Page 111. ligne 13. les B D, lisez les lignes B D.
Page 117. ligne 34. comme il faut, lisez comme il le faut.
Page 113. ligne 4. sont au dessus, lisez sont au dessous.
Page 137. ligne 8. la ligne D E, lisez la ligne B E
Page 139. ligne 36 par parallele à Y X, lisez par paralleles à Y Z.

QVELQVES DEFINITIONS ET PRINCIPES DE PERSPECTIVE.

LA PERSPECTIVE

DEFINITIONS, NOMS ET TERMES DES POINCTS,
lignes, & figures desquelles nous nous seruirons.

E POINCT n'a aucunes parties, comme on void A, figure 1. En Perspective il y en a de trois sortes, qu'on appelle POINCTS DE VEVE, POINCTS DE DISTANCE, ET POINCTS CONTINGENS OV ACCIDENTAVX.

LIGNE est vne longueur sans largeur, comme AB, figure 2. la Perspective en a cinq principales, desquelles on se sert tousiours : La 1. LIGNE DE BAZE DE TERRE OV DE PLAN, comme pourroit estre C D, figure 3. La 2. LIGNE PERPENDICVLAIRE OV A PLOMB, qui tombant dessus vne autre fait les angles de part & d'autre egaux, & ces angles s'appellent droits, & la ligne est perpendiculaire à celle-là sur laquelle elle tombe, comme en la figure 3. A B, & E F, tombant dessus C D, font l'angle droit en G. La 3. LIGNES PARALLELES ce sont lignes lesquelles estant continuées sur vn mesme plan, & prolongées de part & d'autre à l'infiny ne se rencontrent iamais, comme N O, figure 6. La LIGNE HORIZONTALE n'est autre chose qu'vne parallele à la ligne de terre : Nous le dirons plus amplement en son lieu ; La 4. LIGNE DIAGONALE, c'est vne ligne tirée d'vn angle à vn autre, comme K L, figure 10. Et la 5. LIGNE OCCVLTE OV POINCTEE, est vne ligne qui doit estre faite en blanc ou auec des poincts, comme O N, figure 2. & ces lignes ne doiuent iamais paroistre quand l'ouurage est tout acheué.

L'ANGLE DROIT, est ce que nous auons dit parlant des perpendiculaires, ie l'ay mis separé pour faire mieux connoistre ce que c'est par E F G, figure 4.

Il y a deux autres angles, sous lesquels sont compris tous les angles qui ne sont pas droits, l'vn s'appelle OBTVS, qui est plus que droit, comme H L M, figure 5. & l'autre AIGV, qui est moins que droit, comme est H I K, en la mesme figure.

TERME, est l'extremité de quelque chose comme à 2. A & B, sont les termes ou extremitez de la ligne.

FIGVRE, est comprise par vn ou par plusieurs termes, comme à 7, 8, 9, 13, 14, &c. sont figures.

LE QVARRE' a les quatre costez egaux, & les quatre angles droits A B C D, figure 7.

LE PARALLELOGRAMME, OV QVARRE' LONG, a les quatre angles droits, mais non pas les costez egaux, comme C D E F, figure 8.

LE TRIANGLE EQVILATERAL, a les trois costez egaux comme G H I, figure 9.

SECTION ET INTERSECTION, de lignes, ce sont deux lignes qui se croisent & se coupent en vn poinct, comme à la figure 11. que A B, & C D, se coupent en E.

LIGNE COVRBE est celle qui est menée par vn circuit d'vn poinct à vn autre, comme L M, figure 12.

CERCLE OV ROND, est vne figure plane comprise d'vne seule ligne appellée circonference vers laquelle toutes les lignes venant du centre sont egales entr'elles comme B C D, de la figure 13. le poinct du milieu du cercle A, est appellé CENTRE.

DIAMETRE, du cercle est la ligne droite B C, laquelle passant par le centre du cercle A, le diuise en deux egalement.

L'OVALE est vne figure longue, comprise d'vne seule ligne, non pas circulaire, mais courbe & reguliere E, figure 14.

SPIRALE, ou VOLVTE, est vne ligne qui se forme par deux centres, ou d'vn seul par reuolution ou diminution F, figure 15.

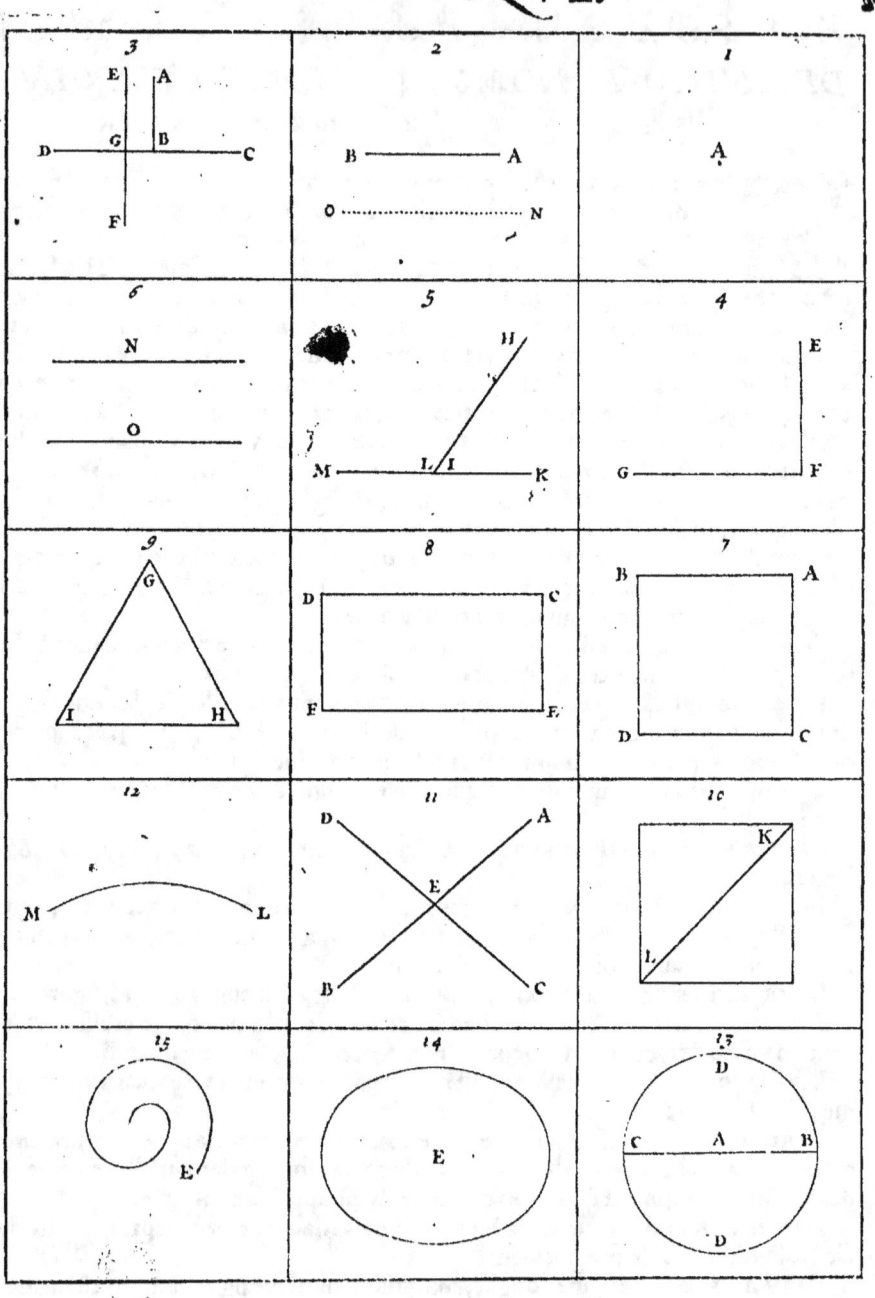

SVITE DES DEFINITIONS, NOMS, ET TERMES.

ANGENTES, eſt vne ou pluſieurs lignes qui eſtant produites ne font que toucher ou frizer quelque objet, figures ou lignes, ſans les couper en aucune façon, comme A B, touchent le cercle C, aux poinčts D D.

I'ay mis icy deux ſortes de lignes qui portent le meſme nom que les precedentes, & qui neantmoins produiſent vn autre effet, à cauſe du poinčt de veuë & de la perſpečtiue, car l'angle E A B, doit eſtte tenu pour angle droit, & toutes les lignes C, doiuent eſtre tenuës pour perpendiculaires deſſus le plan en perſpečtiue, comme l'eſt DF, & les lignes AB, GI, & HK, ſont cenſées perpendiculaires ſur la ligne de terre, & toutes les lignes qui vont au poinčt de veuë, ſoit de haut, ſoit de bas & de coſté, s'appellent rayons & lignes viſuelles ou radialles.

PLAN OV ICHNOGRAPHIE, eſt vne deſcription ou premier deſſein, lequel repreſente par ſimples lineamens les veſtiges que feroient ſur terre les fondemens de la choſe qu'on veut deſcrire, afin que d'vn ſeul aſpečt on puiſſe voir la correſpondance, ſituation, & interuale des parties par entr'elles, comme l'on void en L, & M.

POLYGONE eſt vne figure qui a pluſieurs angles comme eſt L.

DEGRE' eſt vne petite partie dont le cercle eſt diuiſé en 360. & chaque degré eſt encore diuiſé par les Aſtronomes en 60 minutes, & ces minutes en 60 autres, qu'ils appellent ſecondes, &c. ce qui nous eſt inutile icy. Suffit que nous ſçachions que les degrez ſont ces petites diuiſions qui ſont au cercle N O P Q, pour auoir connoiſſance des angles: Cette connoiſſance donnera la facilité de faire toutes ſortes de polygones en diuiſant 360. par le nombre des angles que l'on veut à la figure : par exemple ſi ie veux faire vn quarré ie diuiſe 360. par 4. & le cotient donnera 90. qui eſt l'angle droit N M O, & ainſi des autres. Pour ceux qui n'ont pas l'vſage de l'arithmetique ils trouueront à la quatrieſme planche des pratiques geometriques pour les faire telles qu'il leur plaira.

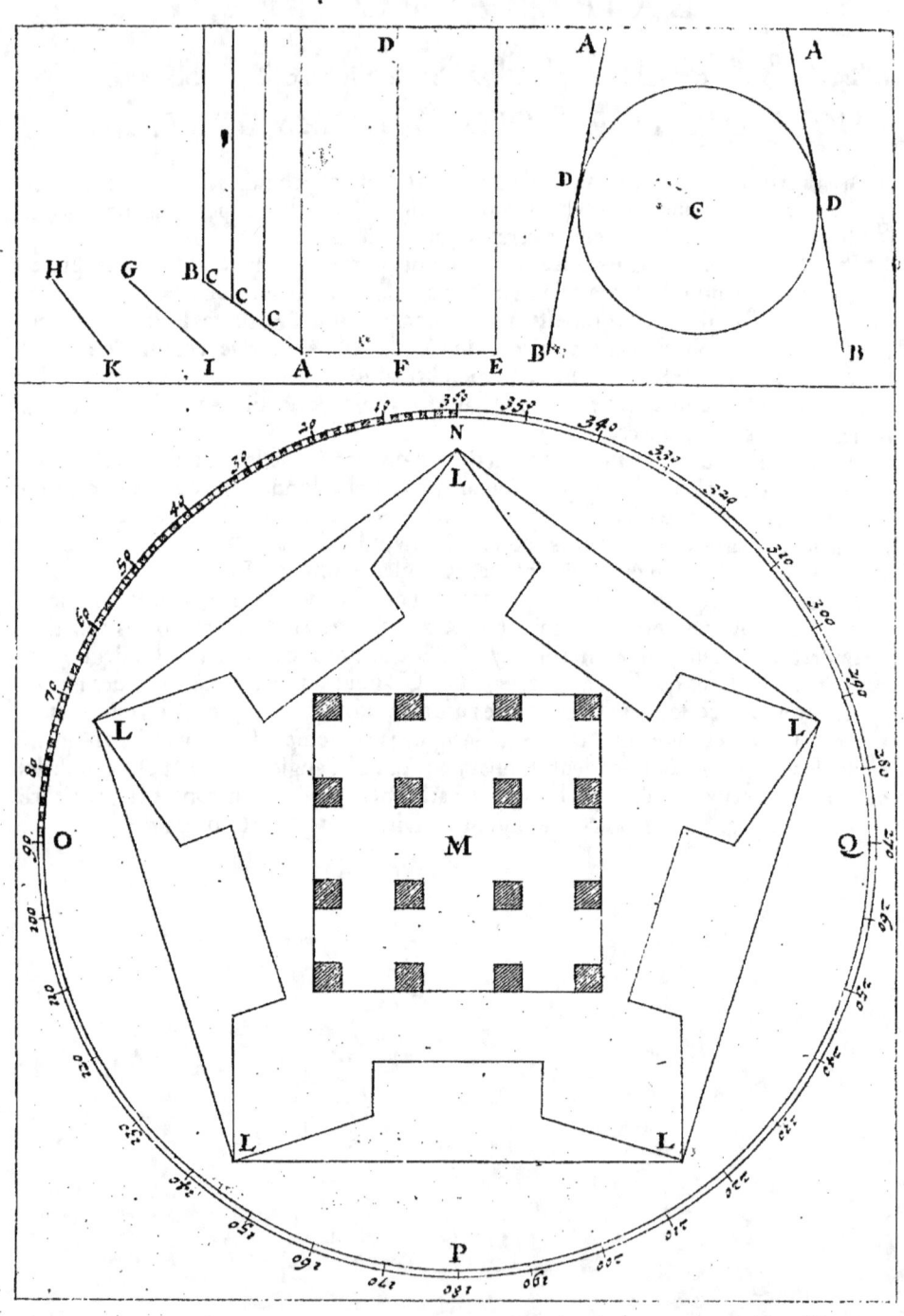

QVELQVES PRATIQVES DE GEOMETRIE,
pour faire les lignes & figures que nous venons de definir.

1. **P**OVR FAIRE LES PERPENDICVLAIRES, ou comme difent les Ouuriers, le Trait quarré qui eft neceffaire quafi en toutes nos pratiques. Si vous le voulez au milieu d'vne ligne comme A E, Il faut ouurir le compas plus de la moitié de la ligne, & en mettre vne iambe au point A, & de l'autre former deux petits arcs deffus & deffous comme F, & en faire autant du point E, & les fections de ces petits arcs donneront la perpendiculaire fur A E, 1. figure.

2. *Si la ligne eft au bas du tableau ou papier, & que l'on ne puiffe pas faire des arcs deffus & deffous.* Il faut partager cette ligne en deux pour auoir le poinct G, puis des bouts de cette ligne faire des arcs qui fe couperont en H, puis tirer vne ligne de H, à G, comme 2. fig.

3. *Efleuer vne perpendicule du bout d'vne ligne comme du point I, de la ligne I K,* Cela fe fait de plufieurs manieres; premierement comme nous venons de dire, mais quand la place manque, il faut pofer vne iambe du Compas au poinct I, & de l'autre iambe faire vne grande portion de cercle L M, puis mettre le Compas ainfi ouuert deffus le poinct M, & de l'autre luy faire couper le cercle au poinct N, puis prendre la moitié deuers le poinct O, pour auoir l'angle droit O I K, ou fans s'amufer à chercher cette moitié d'arc M N, il faut de là mefme ouuerture du compas faire encor au deffus de N, & du mefme poinct N, vn arc P Q, puis ayant mis là regle aux poinicts M, & N, faut tirer vne ligne qui coupera cet arc P Q, au poinct P, & efleuer vne ligne de I à P, pour auoir la perpendiculaire & l'angle droit P I K, figure 3.

4. *Autrement,* Si du poinct P, vous voulez efleuer vne perpendiculaire, prenez vn poinct à volonté deffus la ligne P R, comme Q, & de ce poinct Q, faire vn cercle qui touche le poinct P, & coupera la ligne P S, en quelque endroit, comme S, puis tirer de S, par le poinct Q, iufqu'à la circonference du cercle T, & T P, fera le perpendiculaire fig. 4. Pour abreger toutes ces pratiques, faut auoir vn equaire bien iufte.

5. *D'vn poinct donné fur vne ligne faire tomber vne perpendiculaire,* Du poinct donné A, il faut faire l'arc B C, qui coupe la ligne donnée E F, aux poincts G H, de ces poincts G H, faire deux petits arcs au deffus ou au deffous, qui fe couperont comme au poinct I, puis du poinct A, faire tomber vne ligne paffant par I, deffus la ligne E F, & elle fera là perpendiculaire du poinct donné.

6. *D'vn poinct donné au bout d'vne ligne faire tomber la perpendiculaire,* Le poinct donné foit K, & la ligne L M, du poinct K, il faut tirer vne ligne trauerfante a volonté, qui coupe en quelque lieu la ligne L M, comme N, puis diuifer cette ligne K N, en deux parties egales, & du milieu O, faire l'arc qui paffe par le poinct K, & à la fection qu'il fera fur la ligne L M, comme P, & ce poinct P, fera pour faire tomber la perpendiculaire K P.

7. *Les paralleles* pour eftre bien faites doiuent eftre deffus des demy ronds qu'elles doiuent razer comme F G, qui eft parallelle à H I, eft fait deffus les demy ronds qu'elle frize aux poincts K L.

8. *Pour diuifer vne ligne en plufieurs parties egales,* Soit la ligne à diuifer A B, il en faut tirer vne autre au deffus ou au deffous qui luy foit parallelle, comme C D, & fur cette derniere qui doit eftre plus grande ou plus petite que celle qui eft à diuifer, faudra mettre autant de parties que l'on voudra diuifer celle A B, comme à noftre exemple fept, puis du premier & dernier poinct de ces diuifions, tirer des lignes qui paffent par les extremitez de celle qui eft à diuifer, qui fe couperont en quelque poinct comme icy, ayant tiré de C, par A, & de D, par B, s'eft faite la fection E, auquel poinct E, il faudra tirer de toutes les diuifions de la ligne C D, & la ligne A B, fera diuifée comme l'on defire.

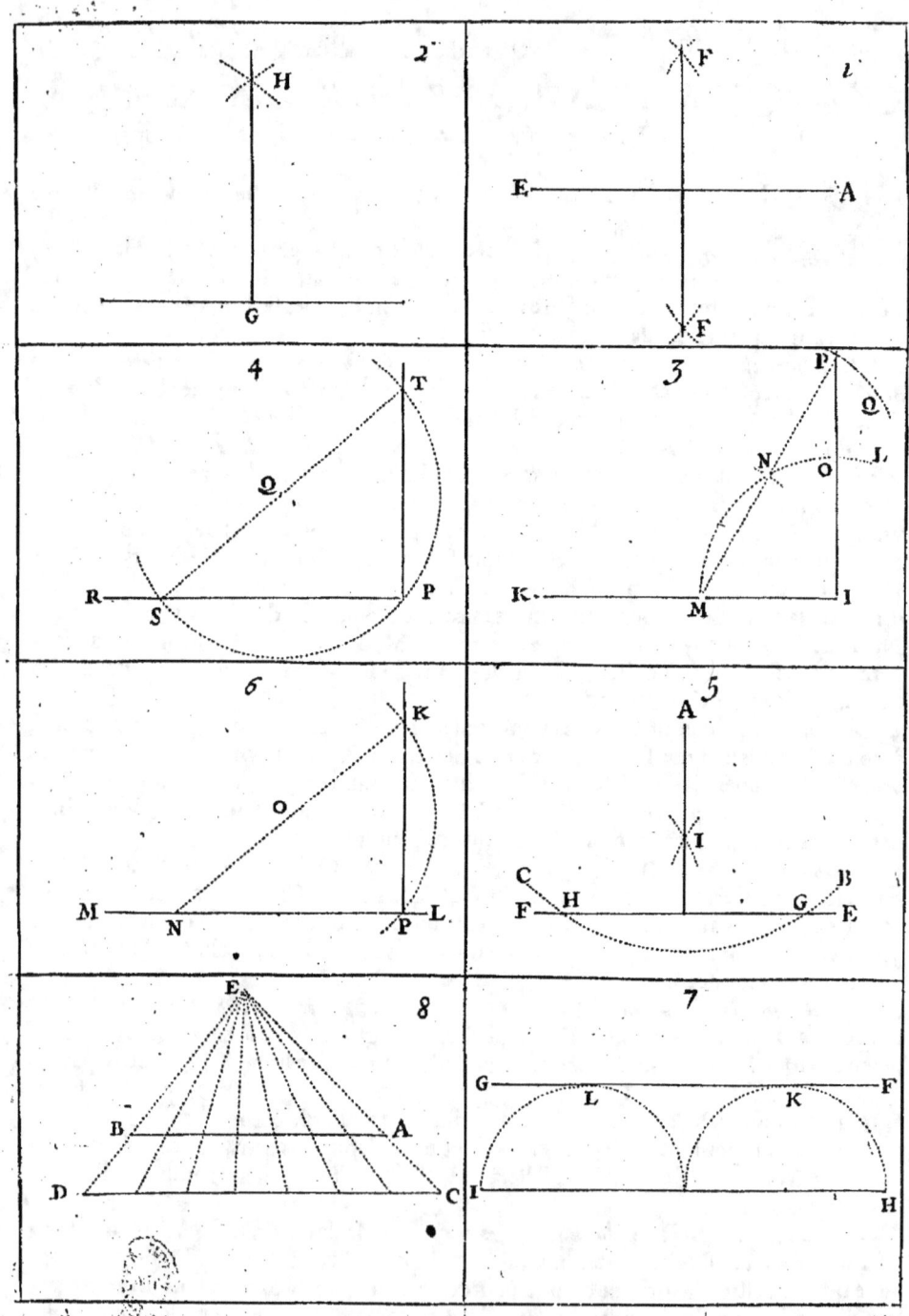

POVR FORMER LES FIGVRES.

2. I LA LIGNE AB, *est donnée pour faire vn quarré*, il faut mettre vne jambe du compas au poinct A, & de l'autre iambe prendre la longueur AB, & tenant ferme au poinct A, de l'autre iambe du compas en faire l'arc BC, & faire encore du poinct B, l'arc AD, qui se couperont au poinct E, au dehors de la section il faut transporter la moitié de l'arc AE, ou BE, qui seront és poincts DC, par lesquels tirant des lignes droites on aura vn quarré parfait.
D'vne autre façon. Sur la ligne AB, tirez du poinct A, vne perpendiculaire, CA, égale à AB, puis ayant pris auec vn compas la longueur AB, ou AC, il faut mettre vne jambe du compas au poinct B, & de l'autre faire vn arc, & faire tout le mesme du poinct C, la section de ces 2. arcs sera le poinct D, pour former le quarré ABCD.

2. Pour faire vn parallellogramme ou quarré long, Tirez vne perpendicule plus grande ou plus petite que EF, comme EG, puis ayant pris la hauteur EG, mettez vne iambe du compas à F, & de l'autre faites vn arc, prenez aussi la longueur EF, & posez vne jambe du compas en G, & faites vn second arc pui coupe le premier en H, & vous aurez ce que vous desirez. Il faut tousiours obseruer la mesme chose pour tous les quatre angles droits.

DES POLYGONES CIRCVLAIRES QVI SONT FIGVRES A DIVERS ANGLES DANS VN CERCLE.

3. POVR LE TRIANGLE EQVILATERAL, il faut mettre le demy diamettre au point A, & descrire l'arc DF, & tirer vne ligne D F, cette ligne sera le costé du triangle DEF.

4. POVR LE QVARRÉ, tirez 2. diametres à angles droits, & ioignez leurs extremitez ce sera le quarré ABCD.

5. POVR LE PENTAGONE, OV CINQANGLE, faites deux diametres & prenez DG, moitié du demy diametre DI, & du poinct G, de l'interuale GA, faites l'arc AH, la subtendente HA, sera le costé du pentagone.

6. POVR L'HEXAGONE, OV SIXANGLE, le demy-diametre est le costé de l'hexagone.

7. POVR L'EPTAGONE, OV SEPTANGLE, prenez la moitié du costé du triangle equilateral A.

8. POVR L'OCTOGONE, OV HVICTANGLE, prenez la moitié du quart de cercle.

9. POVR L'ENNAGONE, OV NEVFANGLE, prenez les deux tiers du demy-diametre, cóme EB, pour son costé.

10. POVR LE DECAGONE, OV DIXANGLE, prenez vn demy-diametre & le diuisez en deux au poinct G, puis de ce poinct G, & de l'interuale GA, faites l'arc AB, la partie du demy diametre BC, sera le costé du decagone.

11 POVR VN ENDECAGONE, OV VNZANGLE, faites deux diametres à angles droits, & du poinct A, faites l'arc BC, de l'interualle du demy diametre, puis de l'intersection C, iusqu'à E, tirez vne ligne C D, c'est le costé de l'endecagone.

12. POVR LE DECAGONE, OV DOVZANGLE, diuisez en 2. l'arc de l'hexagone AB, la subtendéte sera le costé.

13. L'Ouale, se fait de plusieurs façons, & toutes composées de portions de cercle, ou d'vne seule ligne par deux centres, les plus communes pratiques sont celles-cy. Ayant fait vn cercle auec 2. diametres comme ABCD, des poincts A B, on fait encore 2. cercles egaux au premier, puis du poinct D, l'on tire vne ligne par le centre du dernier cercle A, iusqu'à la circonferéce E, puis posant vne jambe du compas au poinct D, de l'autre il faut prendre l'interuale E, & faire l'arc EF, Il en faut faire autant de l'autre costé, & l'ouale sera faite.

14. POVR VNE OVALE PLVS RONDE, Il faut tirer vne seule ligne & faire vn cercle du centre A, & de la section de ce cercle sur la ligne droite au poinct B, ce sera le centre d'vn autre cercle. Pour former l'ouale il faut prendre auec vn compas tout le diametre d'vn des cercles comme du poinct A, au poinct F, & mettre aux sections des deux cercles DE, vne jambe du compas, & de l'autre jambe faire l'arc DGH, & en faire le mesme du poinct E.

15. Il y a vne autre maniere de faire des oaales bien aisée & plus vtile que les precedentes, puisque par vne mesme pratique l'on les peut faire longues, estroites, larges, courtes, &c. voicy comme elles se font Il faut dessus vne ligne droite mettre deux cloux ou deux espingles qui seruent de centre comme AB, puis notier vn filet ou vne cordelette de la hauteur & largeur que vous voulez l'ouale cóme est la ficelle ABC, il faut tenir cette cordelette bandee auec vne plume ou crayon que vous tournerez iusqu'à ce que vous soyez arriué où vous auez commencé. Si vous la voulez faire plus longue, esloignez les centres. Et faites le contraire si vous la voulez courte. Car si vous mettiez les deux cloux proches l'vn de l'autre vous auriez vn rond.

16. POVR LA VOLVTE, OV LIGNE SEMBLABLE A LA SPIRALE, prenez 2. poincts sur vne ligne, comme AB, que ces deux poincts seruent de centre l'vn apres l'autre. Par exemple ayant fait le demy rond A B, remettez la jambe du compas en B, & de l'autre jambe prenez la longueur A, & faites vn demy cercle AC, puis tenant vne jambe du compas en A, il faut prendre la distance AC, & faire le demy rond CD, & ainsi tant qu'il vous plaira en changeant seulement les centres. Vignole la donne d'autre façon.

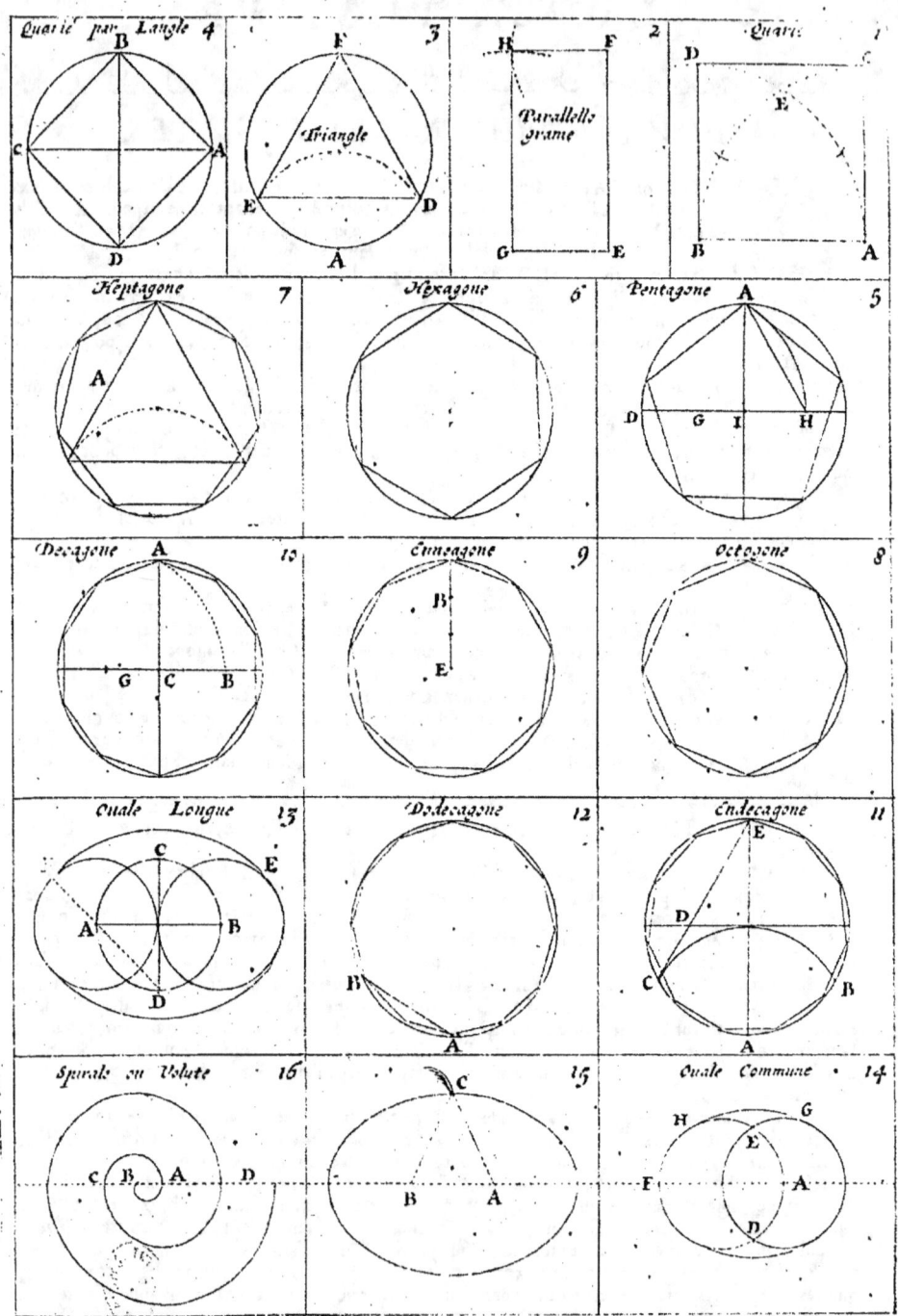

Quarré par l'Angle 4

Triangle 3

Parallellegrame 2

Quaré 1

Heptagone 7

Hexagone 6

Pentagone 5

Decagone 10

Enneagone 9

Octogone 8

Ouale Longue 13

Dodecagone 12

Endecagone 11

Spirale ou Volute 16

15

Ouale Commune 14

5

DES RAYONS VISVELS.

L'OBIET ESTANT VN POINCT, lors il ne se fait qu'vn rayon visuel de l'objet au centre de l'œil, & ce rayon est appellé axe, ou centrical, qui est le plus vif & le plus fort de tous les autres rayons, comme vous voyez à la figure A B, C'est celuy qui coupe tousiours la ligne oriontale & qui donne le poinct de veuë.

SI L'OBIET EST VNE LIGNE DROITE, les rayons visuels font vn triangle dont la ligne C D, est la baze, & les deux costez sont rayons extremes, qui partent de l'œil A, & font le triangle C A D. Et A B, est le rayon centrical; Si cette ligne estoit veuë par vn bout elle se verroit comme vn poinct.

SI L'OBIET EST VNE SVPERFICIE PLANE OV SPHERIQVE, les rayons visuels feront vne pyramide : la baze de laquelle est l'objet C D E F, & la cime est l'œil A, le reste de cette pyramide sont rayons visuels, si cette superficie estoit veuë par le costé elle ne donneroit qu'vne ligne. De tous les rayons visuels le plus fort c'est le centrical A B, & tant plus les autres s'en esloignent, tant plus s'affoiblissent-ils, & gardent neantmoins vne force mediocre iusqu'à l'ouuerture d'vn triangle droit à G A P, ceux qui passent l'angle droit sont si foibles qu'ils ne se font voir que confusément, & partant il faut que les rayons extremes qui peuuent comprendre l'objet fassent au plus vn angle droit dans l'œil.

POVRQVOY L'ON VOID MIEVX VNE
perspectiue auec vn seul œil qu'auec deux.

AV rapport de quelques-vns, tout l'objet se void mieux d'vn œil seul que de deux, d'autant, disent-ils, que la veuë est plus penetrante, à raison que tous les esprits visuels de l'œil fermé sont dirigez & conduits à l'autre, & cette vnion des esprits visuels donne vne grande force & rend la veuë bien plus ferme : car toute vertu vnie est plus vigoureuse que quand elle est esparse, ce qui est cause, à leur dire, qu'en fermant vn des yeux toute la vertu visuelle qui estoit respanduë aux deux, vient à se ioindre & à se ramasser en vn, & par ce moyen elle en est meilleure : Voila pourquoy ils tiennent pour chose certaine, que l'on voit plus exactement ayant vn œil fermé, qu'estans tous deux ouuerts.

Quoy qu'il en soit, il est certain que l'on voit bien mieux vne perspectiue auec vn œil seul qu'auec deux; d'autant que le rayon centrical va trouver le poinct de veuë, où se rendent toutes les radialles du tableau, ce qui fait voir le tout dans sa perfection : C'est pourquoy l'on ne dit pas le poinct des yeux, mais le poinct de l'œil, pour donner à entendre que la perspectiue est plus agreable quand elle est veuë d'vn œil seul.

1. fig

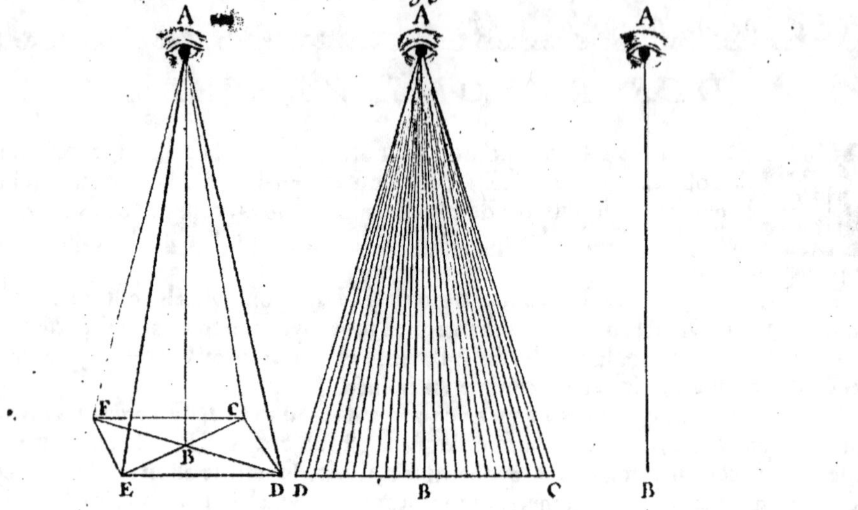

2. fig

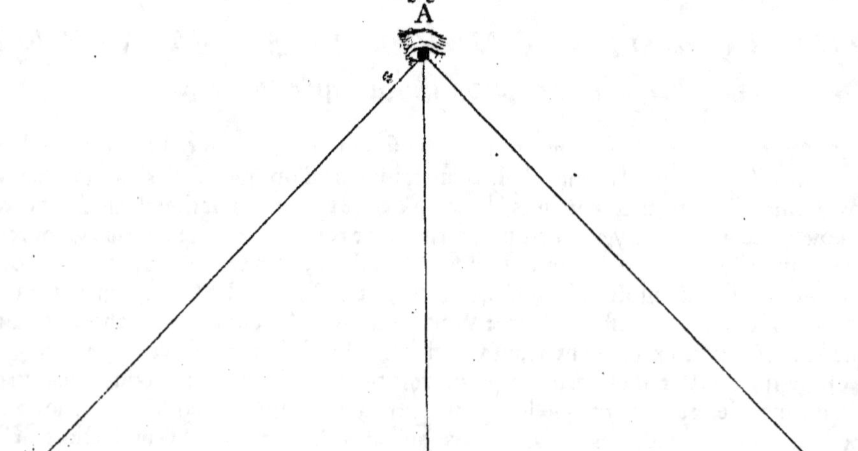

PREMIERE DEFINITION.

LA perspective est l'art qui represente tout objet veu par quelque milieu diaphane ou transparant, par lequel les rayons visuels penetrans vont finir à l'objet, & generalement tout ce qui se voit au trauers de quelque chose, comme par l'air, par l'eau, par les nuées, par le verre, & choses semblables se peut dire estre veu en perspectiue. Et puis que nous ne voyons rien que par ces choses, il faut dire que tout ce que nous voyons est veu en perspectiue.

La fin de la perspectiue est de representer dessus vn plan comme est EFGH, les objets qui sont au delà, tels que vous voyez icy ABCD, representez en IKLM.

Pour mieux entendre cecy, supposons qu'il y ait par terre vn objet ABCD, & que l'œil du regardant soit en O, si l'on mettoit entre l'vn & l'autre vn corps transparant marqué EFGH, les sections que ces rayons de l'œil seroient des perpendiculaires QRST, donneroient la figure IKLM, telle que l'objet apparoist en ce corps transparant, ce qui fait connoistre que toute la perspectiue n'est autre chose que sections de ligne; c'est pourquoy le sieur Marolois appelle tousiours ce qu'il ne met en perspectiue, l'apparence de la section, parce que le plan EFGH, coupe la pyramide visuelle ACBD, & O, & donne pour section IKLM.

La raison de ces sections est qu'vne ligne seule ne peut rien determiner, & qu'il est necessaire qu'il y en ait deux qui se coupent pour auoir vn poinct. Puis qu'il est certain que de nostre œil à l'objet il se fait tousiours vn rayon ou ligne droite, celle-là ne nous peut manquer, mais pour auoir l'autre qui doit la couper, il faut que nous nous imaginions que de nostre pied il se fait vn centre, d'où partent quantité de lignes ou rayons qui vont aux angles des objets que nous voyons comme du centre P, aux angles ABCD, lesquels rayons estans coupez par quelque plan transparant comme est EFGH, tous ces rayons PB, PA, PC, PD, qui estoient horisontaux, se redressent & deuiennent perpendiculaires comme PB, deuient QM, PD, deuient RL, &c. Car s'ils demeuroient horisontaux les rayons visuels ne les couperoient qu'à l'objet mesme où ils se rencontrent tous deux: C'est pourquoy l'on suppose tousiours vn plan, lequel faisant reflechir ces rayons donne moyen de les couper, & ainsi trouuer tous les poincts pour former les apparences des objets quels qu'ils soient.

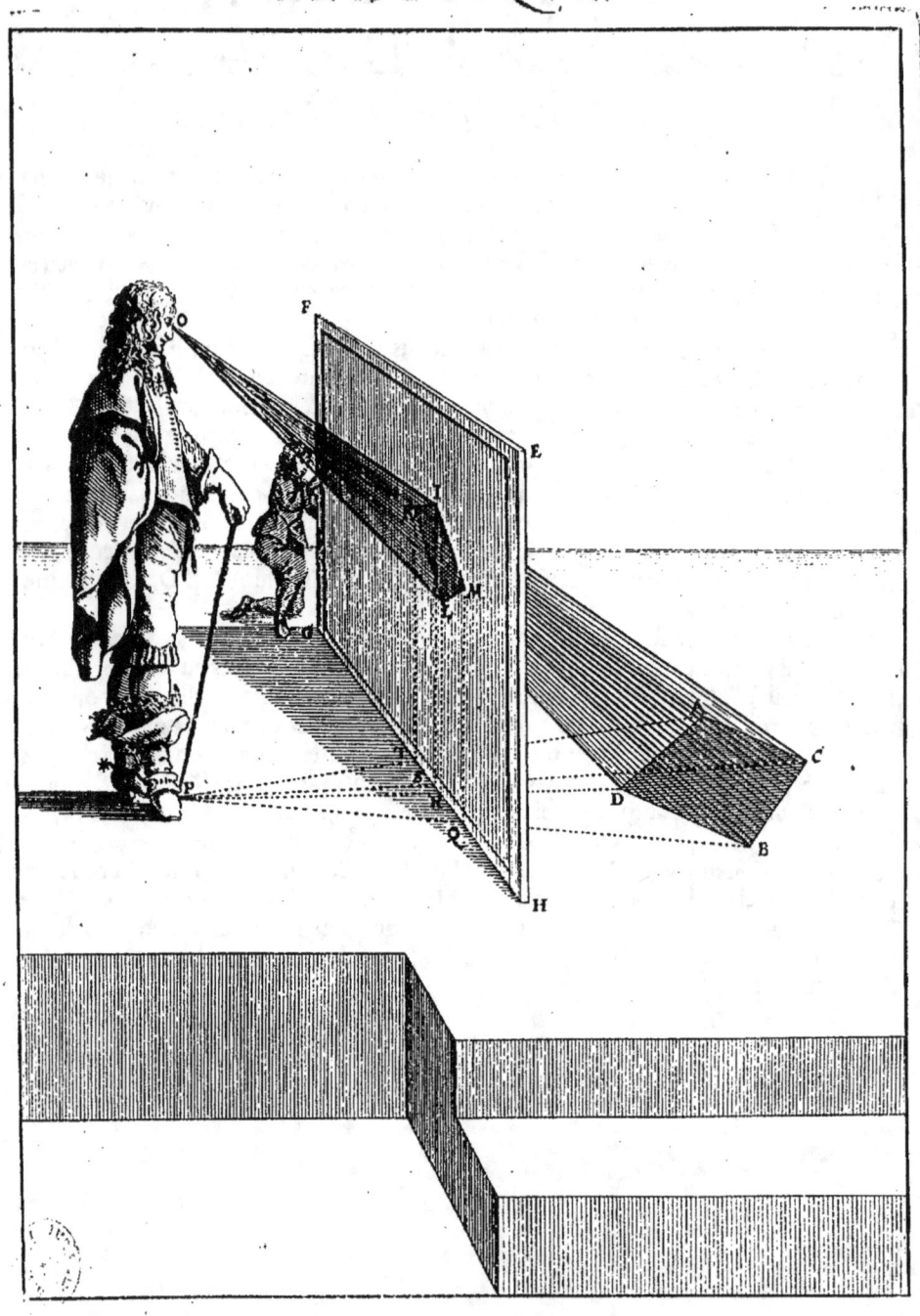

DEVXIESME DEFINITION.

ICHNOGRAPHIE, c'eſt le portraiƈt de la plate-forme, ou le plan ſur lequel on veut eſleuer quelque choſe, comme ABCD, eſt l'Ichnographie ou le plan d'vn corps quarré.

TROISIESME DEFINITION.

ORTHOGRAPHIE, c'eſt le portraiƈt de la face, ou le deuant de l'objet comme d'vn logis, ou bien c'eſt le portraiƈt du corps ou de l'edifice direƈtement oppoſé à noſtre œil, tellement que EFGH, c'eſt l'orthographie ou le deuant d'vn cube, ou d'vn logis, car comme l'Ichnographie repreſente le plan, auſſi l'orthographie donne la repreſentation du coſté oppoſé à l'œil.

QVATRIESME DEFINITION.

SCENOGRAPHIE, C'eſt ce qui repreſente l'objet tout eſléué, & parfait auec toutes ſes diminutions & ombrages, tant du deuant que des coſtez qui ſe peuuent voir, & du deſſus comme IKLMNOP, eſt vn cube parfait: bref c'eſt l'œuure tout accomply qui comprend en ſoy les autres parties.

Afin de rendre ces mots plus intelligibles, nous nommerons d'oreſnauant l'Ichnographie, PLAN; l'Orthographie, FACE, ou DEVANT; & la Scenographie, ESLEVATION.

1 fig

2 fig

3 fig

POVRQVOY LES OBIETS LES PLVS ESLOIGNEZ
semblent s'approcher & se ioindre, quoy qu'ils soient en egale distance.

ETTE figure aidera pour satitfaire à cette question qui est assez difficile, supposons donc que quelqu'vn ait l'œil † au milieu d'vne ligne, il est euident que s'il veut voir ses deux extremitez A B, il faut qu'il fasse vn demy rond V X, le centre duquel est l'œil & le rayon centrical † T, & faisant ce demy cercle il découure les objets qui sont de costé & d'autre, en telle sorte qu'il luy semble que les plus esloignez du costé A, apparoissent s'approcher du centre T. Et ceux du costé B, y vont aussi, & semblent se vouloir ioindre quand il y en a de costé & d'autre.

L'on demande pourquoy les choses ainsi esloignées s'approchent les vnes des autres, soit qu'elles soient de costé, au dessus & au dessous de nous : car il semble que ce qui est à nos costez se veut ioindre, & que les planchers de dessus & de dessous se haussent & abbaissent d'autant plus qu'ils s'esloignent.

Voicy la responce & la raison en deux mots, c'est que tous les objets apparoissent dessous l'angle visuel sous lequel ils sont veus; or est-il que les colomnes, arbres, ou quelques objets que ce soient qui sont du costé A, les plus esloignez paroistront tirer au centre T, parce qu'ils sont veus d'vn angle ou d'vn rayon qui en approche, comme par exemple le rayon † K, est bien plus pres du centrical T, que n'est † C, & † E, & par consequent il y doit paroistre, & si les objets estoient produits à l'infiny, ils s'approcheroient tousiours plus pres de ce rayon centrical T, iusques à ce qu'ils sembleroient ne faire qu'vn poinct qui seroit à l'infiny comme doiuent estre tous les poincts de veuë.

Or en Perspectiue les costez AK, BS, ne demeurent pas parallels, mais se changent en rayons visuels, qui vont se couper au poinct de veuë, & par ce moyen donnent les diminutions du fond & des costez des objets. Par exemple en la seconde figure l'œil estant en vne distance capable de voir la ligne AB, de ces deux angles AB, commencent à se faire deux rayons qui vont trouuer le poinct de veuë T. Et ces rayons AT, & BT, reçoiuent les sections que le poinct de distance donne aux objets qui se resserrent proportionnellement, comme nous dirons en son lieu, tellement que tout le parallellogramme AK, BS, & tous les objets qui sont de part & d'autre se trouuent reduits au petit espace AV, BX, & si l'œil estoit plus esloigné cette espace seroit encor plus petite, à raison que les objets regardez de loing paroissent plus petits, comme ie feray voir au fueillet suiuant.

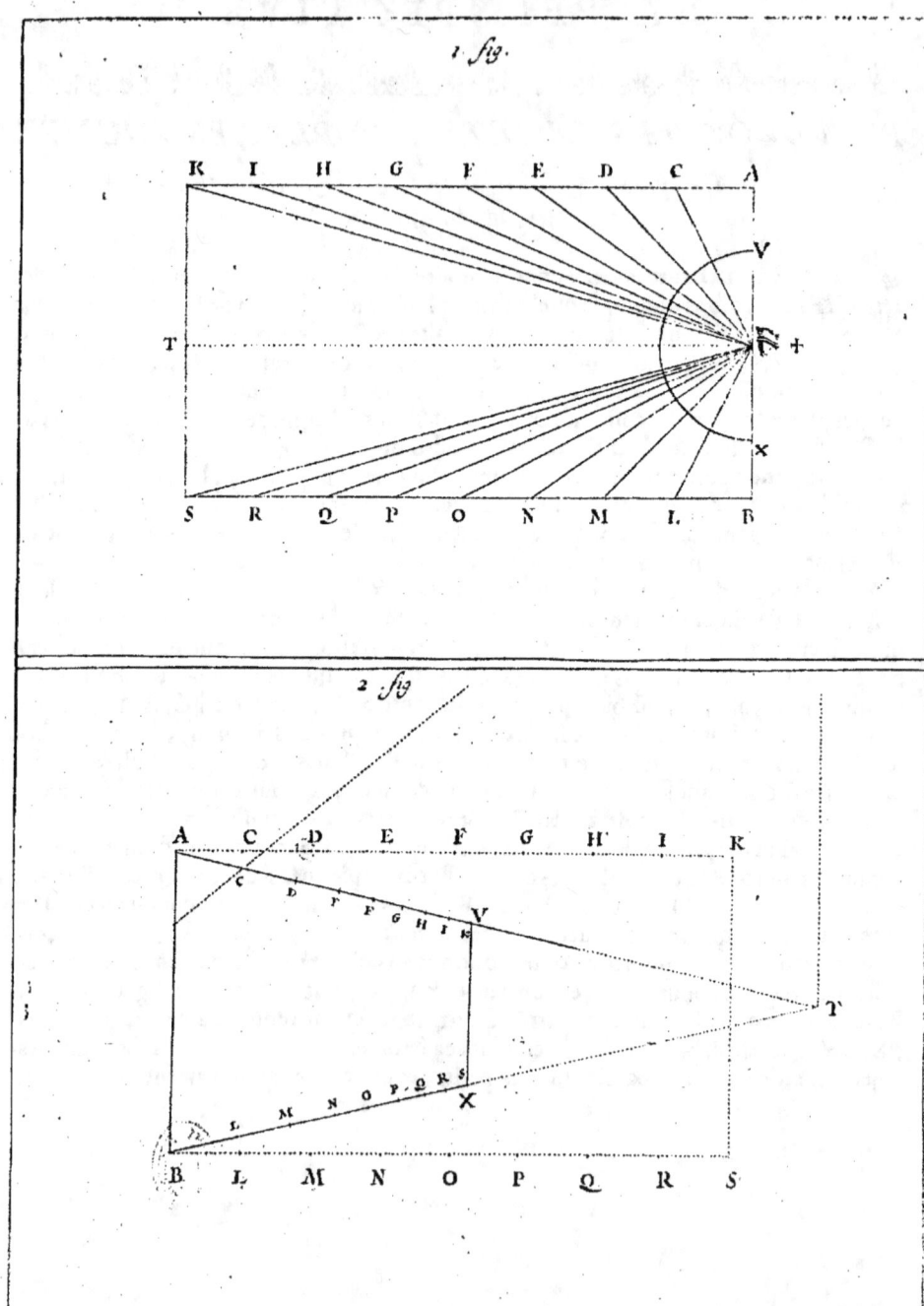

1 fig.

2 fig.

POVRQVOY LES OBIETS S'APPETISSENT
estant veus de loing.

NOvs auons desia dit que les choses apparoissent selon l'angle dans lequel elles sont veuës; cét angle se prend à l'œil où se rencontrent les lignes qui comprennent l'objet : Exemple, le premier objet estant BC, si l'œil A, le regarde, il fera les rayons AB, & AC, qui donnent l'angle BAC : tellement qu'vn objet veu dans vn grand angle paroistra grand; & vn autre veu dans vn petit angle, paroistra petit : or est-il que les objets estant égaux, les plus esloignez sont veus dans vn plus petit angle : il faut donc conclure que les objets les plus esloignez doiuent estre plus petits aux Perspectiues. Exemple, si l'œil est en A, l'objet BC, qui est le premier, luy paroistra le plus grand, parce qu'il est veu par vn plus grand angle, le 2, 3, 4, & 5, objets luy paroistront tousiours plus petits, quoy qu'ils soient egaux : la raison est, d'autant que les angles se diminuent à mesure que les objets s'esloignent : si l'œil estoit remis en MKL, ☽ paroistroit le plus grand, & BC, ne seroit pas plus grand que NO.

Cette 2. figure est en suite de ce que nous venons de dire : car supposé que les objets apparoissent tels qu'est l'angle dans lequel ils sont veus, il s'ensuit de là, que si l'on tire plusieurs lignes dessous vn mesme triangle, qu'elles doiuent paroistre egales entr'elles : aussi disons nous que toutes les lignes qui sont comprises entre les lignes du triangle NOP, paroistront gales entr'elles. Or puis que tous les objets compris par mesme angle semblent egaux, ceux qui seront compris par vn plus grand angle sembleront plus grands, & ceux qui seront compris par vn plus petit angle sembleront plus petits.

Supposé ce que nous auons dit, s'il y auoit quantité de colomnes, ou de pilastres de costé & d'autre dedans vne salle, il faudroit de necessité que les objets fussent dessous vn mesme angle, & que tous allassent aboutir à vn poinct qui est dans l'orizon O. Par exemple, L'œil estant en A, descouurant le premier objet DE, si des poincts DE, l'on tire les rayons visuels DO, EO, ils feront le triangle DOE, qui enfermera les pilastres DE, FG, HI, KL, MN, Donc ils doiuent paroistre tous egaux.

Ce que nous venons de dire des costez, se doit aussi entendre des pauez & planchers : car les diminutions des angles, dessous lesquels l'on voit les objets qui s'esloignent, se font aussi bien au dessus & au dessous de nous, qu'aux costez. C'est pourquoy nous n'en dirons autre chose, sinon qu'il faut prendre garde qu'il y ait autant de quarreaux entre les objets les plus esloignez, qu'entre ceux qui sont les plus pres : Car encore que les objets les plus reculez se resserrent autant qu'ils s'esloignent, ils ne laissent pas de garder leur mesme distance, comme on peut voir entre BCDE, qui est l'interual des pilastres; il y a 16. quarreaux; Il y en a aussi 16. entre les plus esloignez KLMN.

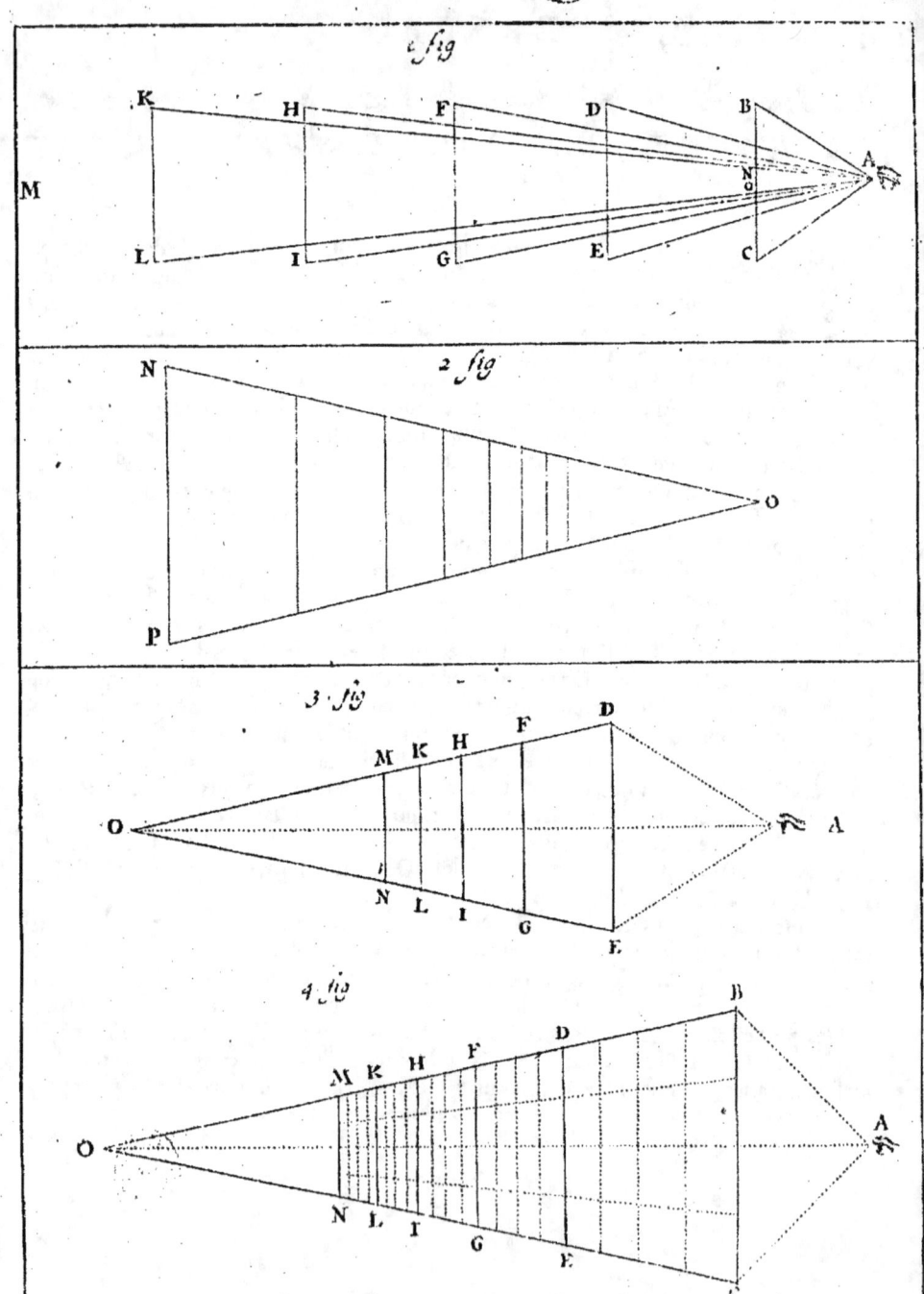

IL s'enfuit de ce que nous venons de dire, que fi l'on joint 2. triangles comme le
penultieme, pour les coftez; & 2. des derniers, pour le deffus & deffous; que tous
quatre enfemble fe termineront en vn feul poinct A, qui eft le poinct de veuë, où tous
les rayons vifuels fe vont joindre, & par ce moyen, donner preuue de ce que nous venons de dire, Qu'à mefure que les objets s'efloignent ils s'appetiffent; ceux de deffous
s'efleuent; ceux de deffus s'abbaiffent; & ceux des coftez fe ferrent, comme on peut voir
en la 1 figure: Ce qui nous fait voir à l'œil des renfoncemens qui fuyent, & qui fem-
blent s'efloigner de nous, quoy que nous les ayons tous pres de noftre œil.

Ces arbres eftans produits pour la mefme caufe, font le mefme effet que les colomnes: car eftant tous compris deffous vn mefme angle, & ces 2. rangées ayans chacune
vn triangle, les triangles fe joignent en vn poinct A, & forment vn 3. qui eft la terre,
& le 4. fi vous voulez, fera l'air: & ainfi nous donnent vne gayeté qui nous refiouyt &
recrée la veuë.

Nous allons commencer à dire comme il faut proceder pour mettre en Perfpectiue
quelque plan, corps, & figure que ce foit.

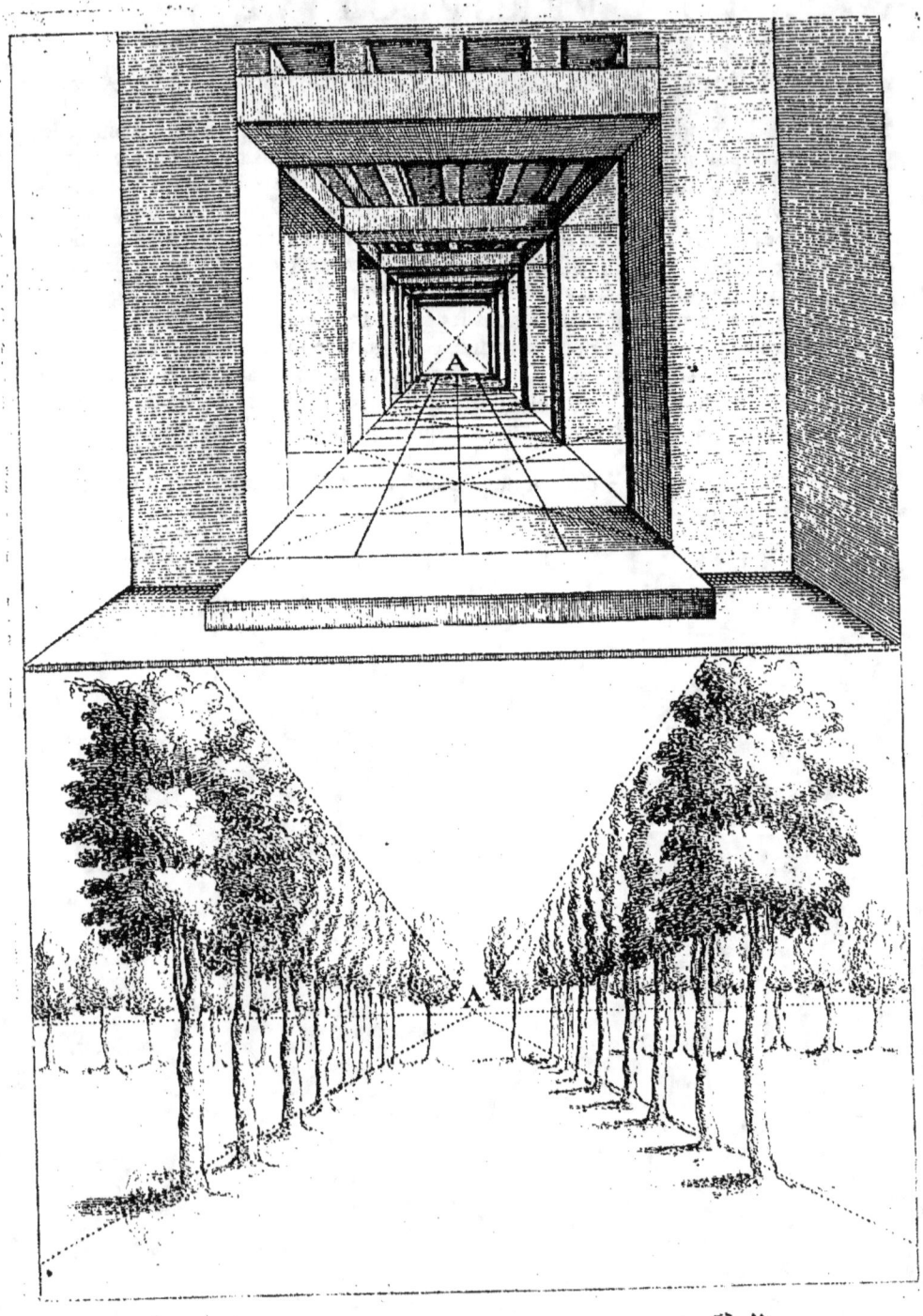

DE L'HORIZON.

'HORIZON, en l'art de Perspectiue, n'est autre chose qu'vne ligne que nous donne la hauteur de nostre œil : de façon que si nous sommes esleuez comme est le premier homme, nostre horizon sera haut ; si nous ne sommes que de nostre hauteur comme le deuxiesme homme, il ne sera que de nostre hauteur ; & si nous sommes couchez ou assis comme le troisiesme, nostre horizon sera bas : tellement que l'horizon monstre de combien l'œil est esleué de terre.

C'est la piece principale du tableau, & qui doit donner l'ordre à tout le reste, tant pour la pante des bastimens & architectures, que pour les mesures & hauteurs des figures. Ce qui a causé vne petite dispute entre les meilleurs Peintres : car les vns disent qu'il faut que tous les tableaux ayent leur horizon dans œuure, & que la Perspectiue permet qu'vn tableau bien esleué au dessus de l'œil, porte son horizon particulier. Les autres ne veulent point ce second horizon, & se seruent tousiours du naturel, en quelque lieu que soit mis le tableau, s'imaginant que toute la hauteur & largeur qu'ils ont deuant eux est comme vn grand tableau, duquel celuy qui est esleué en effect doit prendre ses mesures. L'honneur que ie porte aux vns & aux autres, ne me permet pas d'en determiner, veu que plusieurs bons Autheurs les ont soufferts tous deux. Mais si l'on me presse de dire mon sentiment, ie diray franchement que ie suis de l'aduis des derniers, à raison que tout ce qui est au tableau y paroist plus naturel.

Cette ligne porte tousiours les poincts de veuë, de distance, & quelquesfois les contingents ou accidentaux : bref c'est celle qui separe le ciel de la terre, & qui borne la veuë ; elle est tousiours parallelle au bas du tableau, ou plan sur lequel l'objet est assis ; d'où il appert qu'on ne peut mettre aucune chose pardessus l'horizon, qui ne surpasse la hauteur de l'œil. Que si l'objet est si haut qu'il passe cet horizon, il faut pourtant que le plan du mesme objet soit au dessus ; comme par exemple, vn arbre ou vne montagne peut bien auoir sa cime au dessus de l'horizon ; mais neantmoins le pied en est bien au deçà.

Tout ce qui est au dessous de l'horizon fait paroistre son dessus, & aussi-tost qu'on le passe on ne peut plus le voir. Exemple, les deux pieces posées sur le fondement de la premiere figure A B, monstrent leur dessus, parce que l'horizon est au dessus ; celle de la deuxiesme figure DC, ne le monstrent pas, & si elles sont quasi en mesme ligne ; à plus forte raison celles de la troisiesme E F, le doiuent moins monstrer puis qu'elles le passent de beaucoup ; elles sont neantmoins aussi hautes les vnes que les autres, c'est donc l'horizon qui cause cette difference.

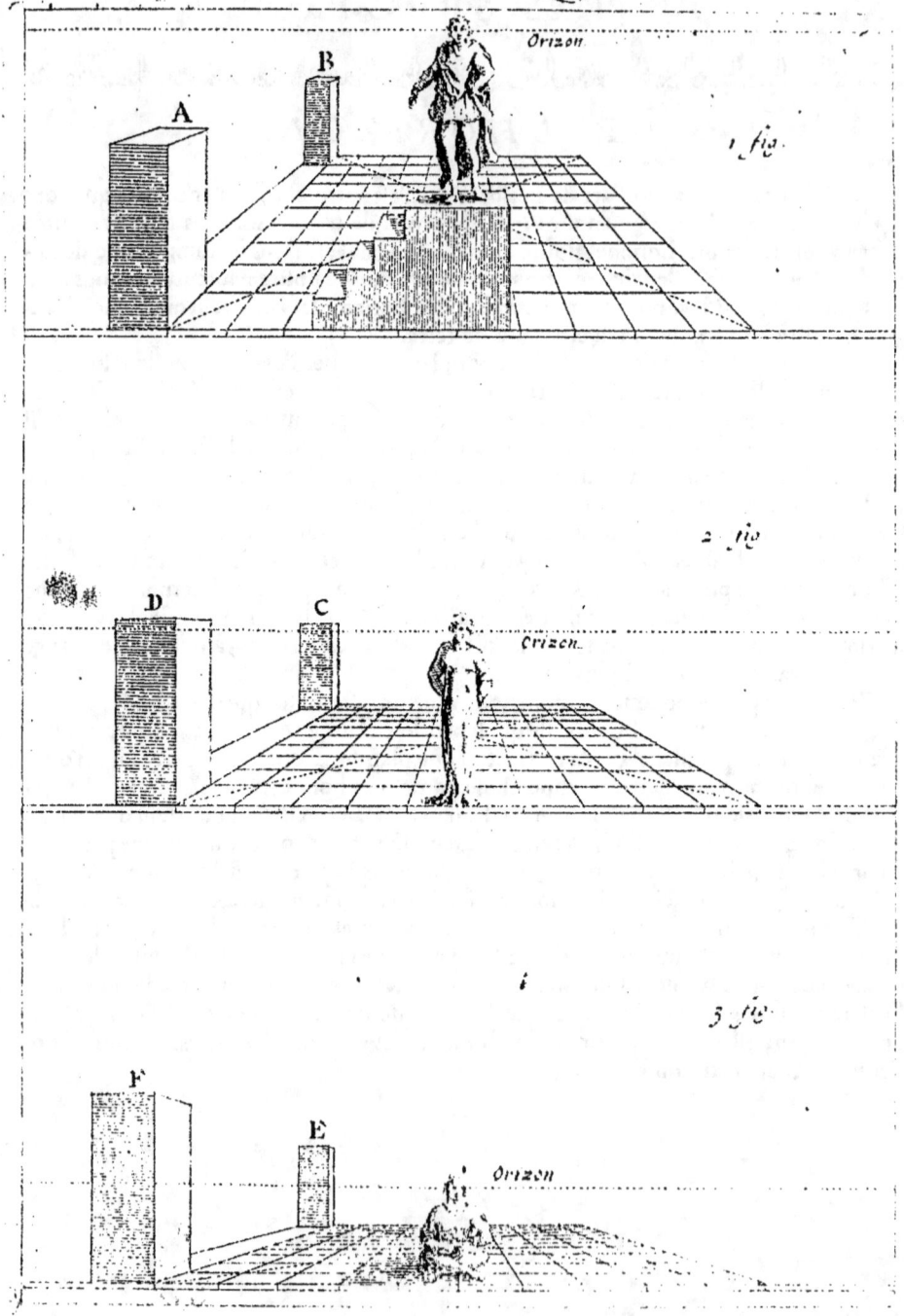

LA PERSPECTIVE

DE LA LIGNE DE TERRE.

IGNE DE BAZE, DE TERRE, OV DE PLAN, C'eſt vne ligne ſur laquelle doit eſtre l'objet, & chaque objet a la ſienne, laquelle eſt touſiours paralelle à l'horizon, comme eſt AB, de la 1. figure; FG, de la 2. NO, de la 3. Cette ligne ſert quelquesfois pour donner les longueurs & largeurs, comme nous verrons par apres. Elle eſt touſiours le bas du tableau qui doit donner toutes les meſures.

DV POINCT DE VEVE, POINCT DE PERSPECTIVE, Poinct oculaire, ou Poinct principal.

POinct de veve, de Perspective, principal, ov ocvlaire, C'eſt vn poinct que fait l'axe de l'œil, ou le rayon centrical deſſus la ligne orizontale, comme E, de la premiere figure eſt le poinct oculaire deſſus l'orizon CD, auquel doiuent ſe joindre toutes les lignes ou rayons viſuels; Il s'appelle auſſi poinct de l'œil, à raiſon qu'il eſt oppoſé à celuy qui le regarde.

DES POINCTS DE DISTANCE.

POinct de distance, ov poincts de distances, Eſt vn poinct, ou des poincts (car on en met 2. quoy qu'il ne ſoit pas neceſſaire) qui doiuent eſtre mis egalement diſtans du poinct de veuë : On les appelle poincts de diſtance; parce que la perſonne doit eſtre autant eſloignée de la figure, ou du tableau, & de la ligne de terre, que ces poincts ſont eſloignez du poinct oculaire, & doiuent eſtre touſiours dans la ligne orizontale: comme HI, c'eſt l'orizon; K, le poinct de veuë; L, & M, ſont les poincts de diſtance qui ſeruent à donner tous les racourciſſemens : Car par exemple, ſi des extremitez de la ligne EG, l'on tire 2. lignes au poinct K, & que des meſmes poincts FG, on tire 2. lignes aux poincts de diſtances M, & L, ou ces 2. lignes GL, & FK, ſeront couppées au poinct X, & GK, & FM, au poinct Y, ce ſera la Ligne d'Enfoncement; & le racourciſſement du quarré, dont FG, eſt vn coſté & la baze; les lignes qui vont au poinct de veuë ſont tous rayons viſuels, & celles qui vont aux poincts de diſtance ſont Diagonales.

DES POINCTS ACCIDENTAVX.

POincts contingents, ov accidentavx, Sont certains poincts où aboutiſſent les objets qui peuuent eſtre jettez negligemment, & ſans ordre deſſous le plan : c'eſt pourtquoy ils ne ſont tirez au poinct oculaire, ny aux poincts de diſtances : mais à l'aduenture & par hazard où ils ſe rencontrent en l'orizon : comme par exemple, ces 2. pieces de bois X, & Y, ſont les poincts V, V, V, V, deſſus l'orizon P, & Q, & ne vont pas en poinct de veuë, qui eſt R, ny aux poincts de diſtance S, & T; Et quelquesfois les corps ou objets ſont ſi mal diſpoſez, qu'il faut faire ces poincts hors de l'orizon, comme nous ferons voir en ſon lieu. Ils ſeruent auſſi pour les ouuertures des portes, des feneſtres, des montées, & choſes ſemblables. Ce qui ſe verra cy-apres.

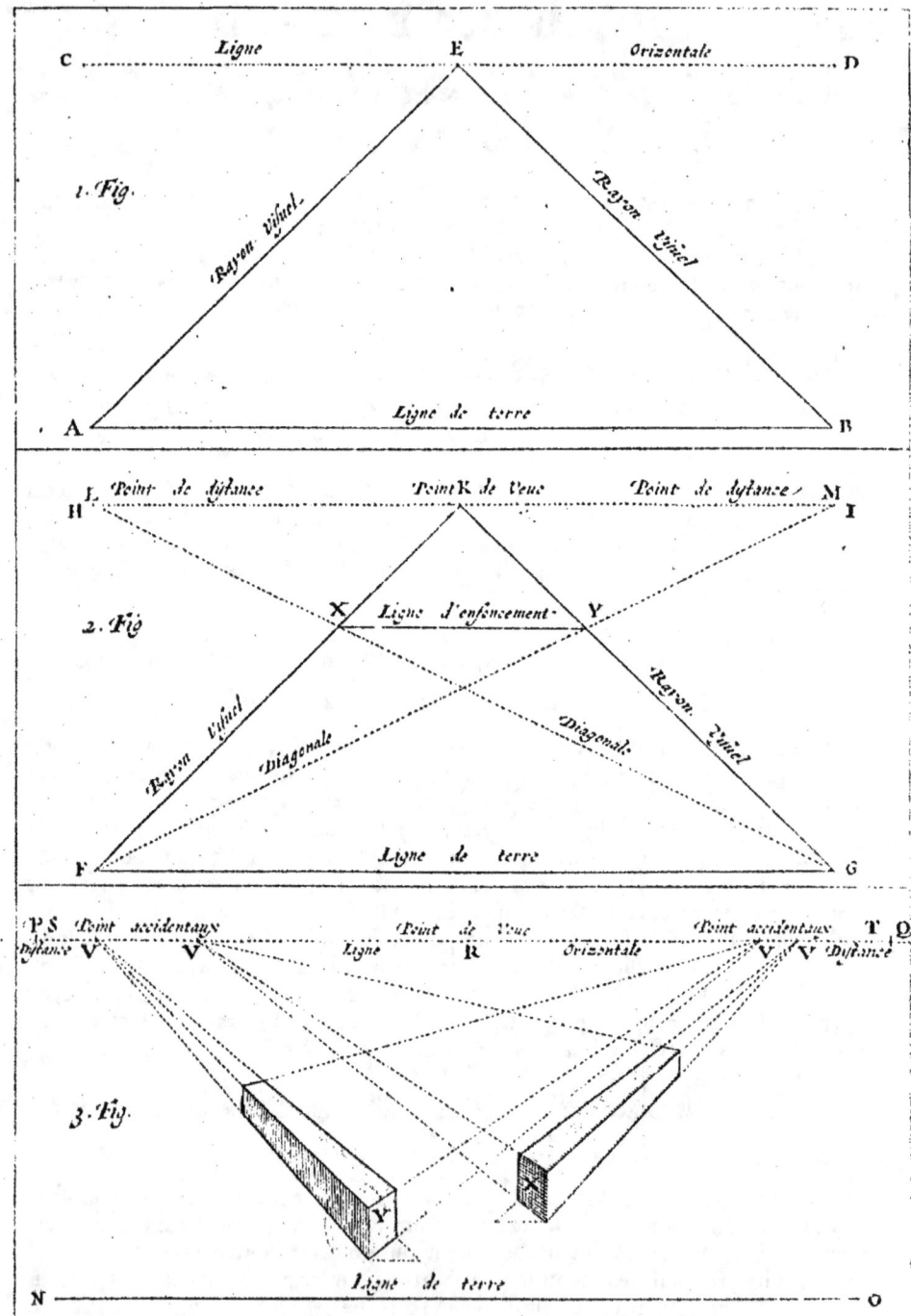

1. Fig.

Ligne Orizontale
C — E — D
Rayon visuel — Rayon visuel
A — Ligne de terre — B

2. Fig.

Point de distance — Point K de Veue — Point de distance
H L — — M I
X — Ligne d'enfoncement — Y
Rayon visuel — Diagonale — Diagonale — Rayon visuel
F — Ligne de terre — G

3. Fig.

P S Point accidentaux — Point de Veue — Point accidentaux T Q
Distance V — V — Ligne R Orizontale — V — V Distance
X
Y
N — Ligne de terre — O

D

DV POINCT DE FRONT.

OINCT DE VEVE DIRECTE, OV DE FRONT; C'eſt quand nous auons l'obiet tout deuant nous, ſans qu'il ſoit plus d'vn coſté que d'autre, & pour lors l'on a l'objet tout droit; c'eſt à dire, qu'il ne monſtre que le deuant, quand il eſt eſleué, & vn peu du deſſus s'il eſt deſſous l'orizon; mais iamais il ne monſtre ſes coſtez, ſi l'objet n'eſt polygone. Par exemple, Le plan A B C D, eſt tout de front, auſſi ne verroit-on rien des coſtez A B, ny C D, s'il eſtoit eſleué; mais ſeulement le deuant A D, La raiſon, c'eſt que le poinct de veuë E, luy eſtant directement oppoſé, il cauſe la diminution de coſté & d'autre; cecy ſe doit entendre, ſi l'objet eſtoit vne eſleuation : car quant il n'y a que le plan, il monſtre tout comme A B C D,

DV POINCT DE COSTE'.

POinct DE VEVE OBLIQVE, OV DE COSTE', C'eſt quand nous voyons l'objet à coſté de nous, & que nous ne le voyons que de trauers, ou du coing de l'œil, noſtre œil eſtant neantmoins touſiours vis à vis du poinct de veuë : car pour lors l'on voit l'objet de coſté, & nous monſtre deux faces. Exemple, Si l'œil eſt en F, poinct de veuë, l'objet G H I K, luy paroiſtra de trauers, & luy monſtrera deux faces G K, & G H, & pour lors ce ſera vn poinct de coſté. On doit faire tout de meſme en ces poincts de coſtez, qu'aux poincts de front, mettant vn poinct de veuë, & ceux de diſtances, &c. Bref on fait tout de meſme qu'à la veuë de front.

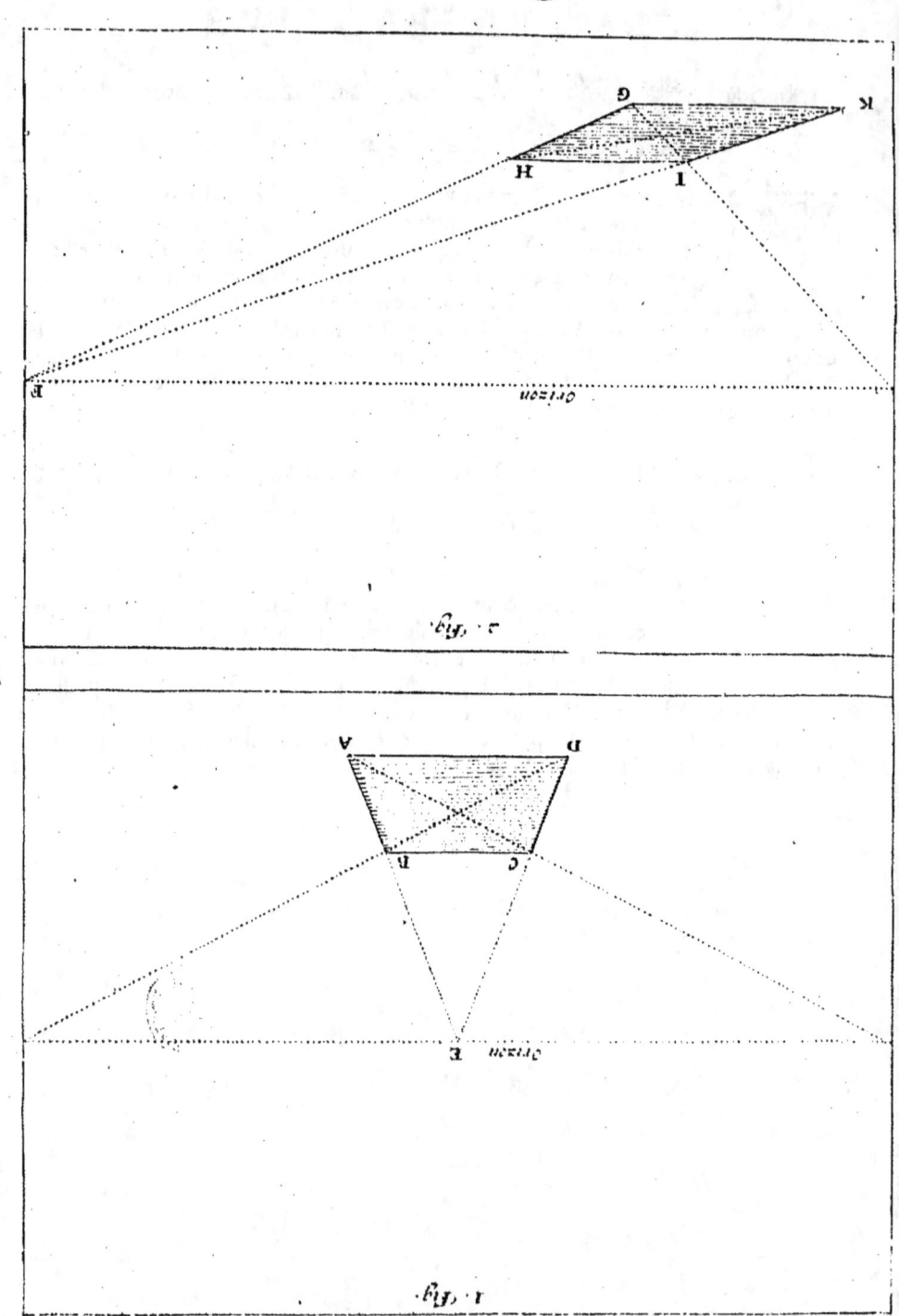

DES RAYONS VISVELS.

CETTE maxime eſt generále, que toutes les lignes qui ſont perpendiculaires à la ligne de terre dans vn plan geometral, doiuent touſiours eſtre tirées au poinct de veuë, quand on veut mettre les meſmes plans en Perſpectiue. Exemple; au petit plan de la 1 figure, la ligne de terre eſt A B, ſur laquelle toutes les lignes Z, luy ſont perpendiculaires.

Cela ſuppoſé, ſi on donne vne plus petite ou plus grande ligne que celle du plan, comme eſt la grande ligne AB, qui ait le meſme nombre de diuiſion que la petite, & que de toutes ces diuiſions Z, on tire au poinct de veuë toutes ces lignes de Z, à E, ſeront toutes perpendiculaires à la ligne de terre; ſelon les raiſons de la Perſpectiue, on les pourroit auſſi nommer radiales, & proprement rayons viſuels : les derniers deſquels ſont appellez extremes, à raiſon qu'ils ſont à l'extremité de la ligne de terre, comme ſont ceux A B.

DES DIAGONALES, OV DIAMETRALES, ET DE LEVRS SECTIONS.

C'EST encore vne maxime, que toutes les diagonales des quarrez en Perſpectiue, ſe tirent au poinct de diſtance. Exemple; au petit plan de la 2. figure, les diagonales GO, FO, ſont tirez aux poincts de diſtances, au plan en Perſpectiue, lequel fait que les poincts de diſtâces nous donnent les racourciſſemens des objets que le poinct de veuë nous fait eſloigner : tellement (comme nous auons deſia dit) que ſi on tire des extremitez de la ligne de baze FG, aux poincts de diſtances LM, ce ſeront des diagonales, & où ces lignes couperont les rayons extremes FK, & GK, aux poincts O, ce ſera le racourciſſement du quarré, dont FG, eſt vn coſté : & où ces meſmes lignes couperont les lignes Z, au poinct Q, il faudra tirer des parallelles, qui donneront le racourciſſement de tous les quarreaux, & vn nombre pareil de tous les coſtez, comme au petit plan. Et tant plus ces poincts de diſtances ſont eſloignez du poinct de veuë, tant plus les objets ſe racourciſſent & ſe reſſerrent : C'eſt pourquoy toute la beauté de la Perſpectiue depend des poincts de diſtances qui ne doiuent eſtre ny trop pres ny trop loing du poinct de veuë, ce qui ma fait mettre cette 3 figure auec diuerſité d'éloignemens pour faire croire la verité de ce que ie viens de dire. Suppoſons donc que R, ſoit le poinct de veuë, & SS, les rayons extremes, ſi on met les poincts de diſtance à T, il coupera le rayon SR, au poinct V, qui ſera le racourciſſement du quarré dont SS, eſt vn coſté, ce qui eſt ridicule de voir vn quarré qui paroiſtroit trois fois plus creux qu'il ne doit eſtre, à raiſon que le poinct de diſtance T, eſt trop preſ du poinct de veuë R. Car il faut pour le plus pres, que le poinct de diſtance ſoit auſſi eſloigné du poinct de veuë, que la moitié du tableau, ou de la Perſpectiue qu'on veut faire voir : Comme eſt X, eſloigné de R, à raiſon que ces eſloignemens donnent touſiours vn angle droit à l'œil du regardant. En I, il ſeroit plus agreable, coupant le quarré à 2 : Et à 3, il ſeroit mieux, le coupât à 4 : A 5, il ſeroit aſſez eſloigné, & feroit le quarré plus court en 6, comme nous en dirons la raiſon à la fig. ſuiuante.

Quelqu'vn me pourroit dire, pourquoy i'ay donc mis en toutes les figures de ce liure les poincts de diſtances ſi pres, puis qu'eſtans plus eſloignez, le tout en euſt eſté plus agreable. Il auroit raiſon, ſi i'auois fait ce liure pour eſtre ſeulement veu par curioſité ; mais eſtant fait pour enſeigner, il falloit que tout fuſt veu pour mieux comprendre nos pratiques : C'eſt pourquoy ie les ay mis dâs œuures autant que i'ay pû; Si l'on me reſpond qu'il valloit mieux faire le liure plus long : Il euſt donc fallu le faire encore plus gros, & ne mettre qu'vne figure à chaque page ; Ce que i'ay voulu éuiter, & faire vn liure qu'on puiſſe porter auec ſoy ; & ſuffira d'aduertir que dans les pratiques qu'on fera, il les faut eſloigner; ce qui eſt

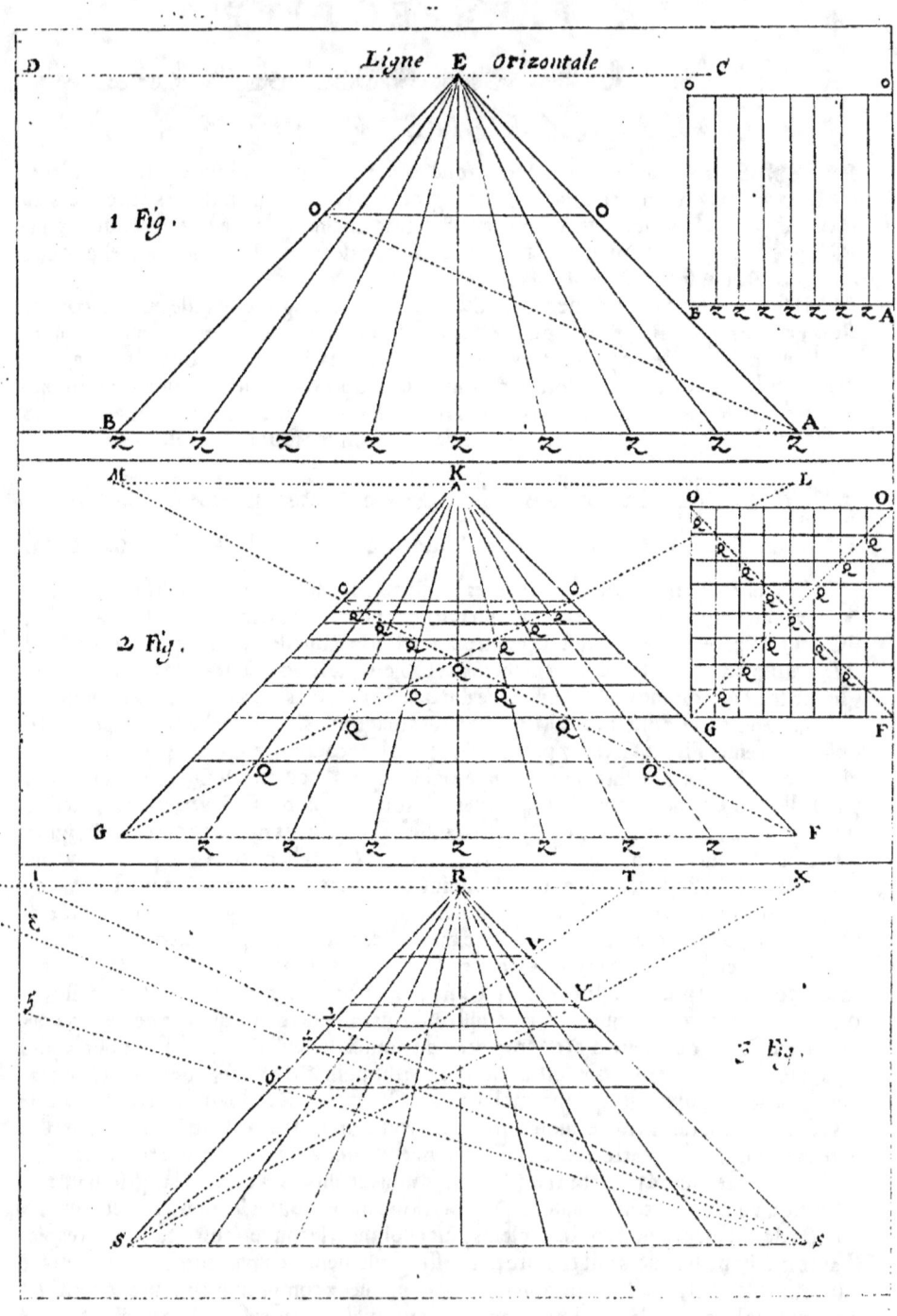

Ligne E Orizontale

1 Fig.

2 Fig.

3 Fig.

DE LA DISTANCE, OV ESLOIGNEMENT.

Ovs auons dit, parlant des rayons visuels, que l'œil ne pouuoit commodément descouurir plus, que ce qui peut estre compris dans vn angle droit visuel. C'est à dire, que la veuë ne reçoit pas nettement, ny entierement les objets, quand les rayons passent l'angle droit : En voicy la raison; La prunelle estant proche du centre de l'œil, ne peut receuoir nettement qu'vn quart de cercle; tellement que les rayons qui sont au de-là, n'ont qu'vne veuë confuse & trouble, quand l'angle est plus de 90. degrez : c'est pourquoy il vaut mieux le faire plustost plus petit, que plus grand, comme seroit de 2. tiers, qui sont 60. degrez, mais non pas moins; d'autant que les rayons estans si restressis, ne donneroient pas contentement à l'œil, à raison que les angles estans si petits, ne font quasi qu'vn poinct dans la prunelle : Voyons cette difference par figures, Supposé que ces plans, & ces quarreaux soient les mesmes qu'en la derniere figure : La distance du poinct T, à R, nous donnera la distance de T, à la ligne de terre, où estant, il seroit necessaire que l'angle s'ouurit bien dauantage, pour voir les extremitez Y, Y : car s'il ne s'ouure que de l'angle droit, l'œil ne pourra tout voir, comme T, angle droit, ne peut voir que les poincts V, V, ce qui feroit la Perspectiue toute fautiue, à raison que ce qui nous deuroit donner vn quarré, nous formeroit vn parallellogramme. Le plus prés que l'on peut mettre, c'est au poinct X, qui est, comme i'ay dit tantost, la vraye mesure de l'angle droit qui comprend toute la piece Y, Y : Si l'on le recule encore dauantage du poinct de veuë, il en sera encore plus agreable, comme en I, qui n'a l'angle que de 72. degrez : Que si on le recule iusqu'à Z, ce sera la perfection; d'autant que les rayons n'estans pas si dilatez, ont plus de forces, & comprennent mieux les objets : mais ie ne voudrois iamais aller plus loing que 5. pour la raison que nous venons de dire; que les angles ne sont quasi qu'vn poinct dedans l'œil, & vne confusion dans l'objet; Ce qui nous doit obliger à bien prendre, garde où nous mettons ces poincts, puis qu'ils sont si importans & necessaires. Et tenir pour maxime generale, qu'il faut pour le moins que la distance soit égale à l'espace, qui est depuis le rayon droit, iusqu'au coing de la Perspectiue. Par exemple, ✚ R, est le rayon droit, & ✕ ✚, la moindre distance qui est egale à ✚ Y, dont ayant pris la mesure, il la faut porter de part & d'autre du poinct de veuë, comme icy R, SS; ou d'vn costé seulement, comme on verra au fueillet suiuant.

Voila ce qu'on en peut dire, par les raisons de l'œil; mais la pratique donne cette belle reigle, qui pourroit estre generale, pourueu qu'on s'en seruit auec discretion : Qu'ayant choisi la place, où vous voulez faire la Perspectiue, vous determiniez de quel endroit elle sera le mieux en veuë, & d'où elle doit estre regardée; & alors faut prendre la mesure de ce dernier lieu iusqu'au premier, & mettre cet interuale par vne petite eschelle, depuis le poinct de veuë, iusqu'au poinct de distance; pourueu qu'elle ne soit pas trop esloignée : & c'est en cecy qu'est requise la discretion; pour ne le pas mettre trop pres, & euiter ce que nous venons de dire; ny trop loing, de peur de ne point trouuer de retours où l'on en voudroit mettre : car les objets si esloignez de la veuë ne donnent point de retour : C'est pourquoy il ne faut donner que le trait aux bastimens esloignez, comme nous dirons cy-apres.

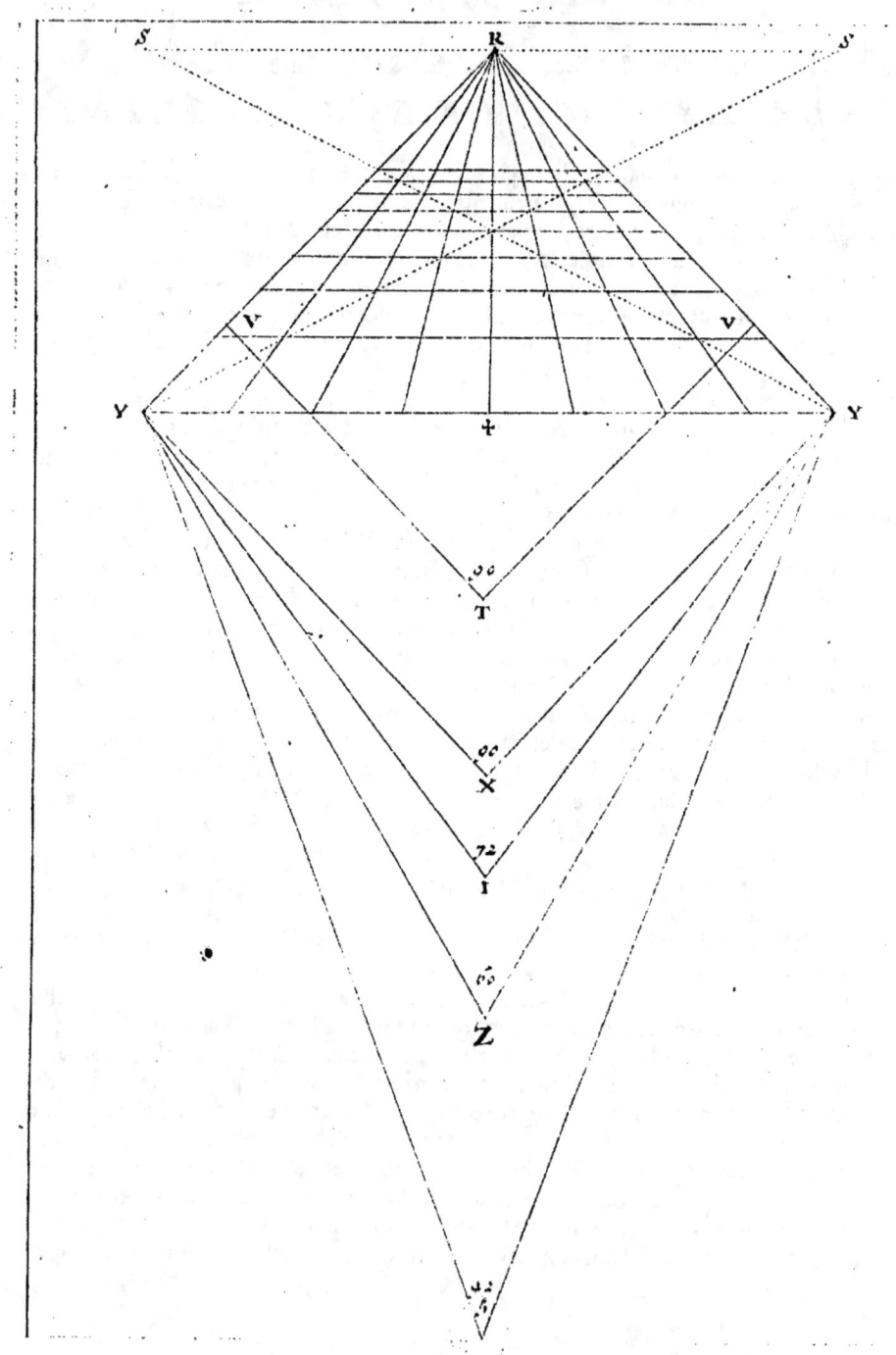

PREMIER ADVIS DV POINCT DE COSTE'.

ON ne change iamais les reigles du poinct de front pour les poincts de coste; car ils ont tous pour principe vne mesme cause, qui produit tousiours semblables effets: C'est pourquoy ie n'en parleray pas en particulier, puis que la pratique du poinct de costé est la mesme que du poinct de front, comme on peut voir en la 1. figure où la ligne de terre AB, a tout autant, & les mesmes diuisions que les precedentes. Que le poinct de veuë soit en C, & le poinct de distance en D, duquel si vous tirez la ligne AD, vous aurez les sections Q, qui donnent le racourcissement des quarreaux au mesme nombre que l'autre. Le reste se connoistra aux pratiques suiuantes.

DEVXIESME ADVIS DES ENFONCEMENS.

L'ON peut renfoncer les Perspectiues autant qu'on voudra, par le moyen de la ligne de terre EF, si on tire des lignes aux poincts de distances HI: car où elles couperont les visuelles EG, & FG, au poinct K, ce sera le racourcissement du premier quarré, comme nous auons desia dit deux ou trois fois. Or si nous prenons cette ligne KK, pour la ligne de terre, & que de ses extremitez KK, nous tirions des lignes aux poincts de distances, où elles couperont la mesme ligne E G, & F G, au poinct L L, ce sera le racourcissement du second quarré, qui aura tout autant de diuisions & de quarreaux, que le premier: si nous prenions encore cette ligne L L, & que nous fissions les mesmes operations, nous aurions le racourcissement du 3. quarré au poinct M: Et si nous recommencions encore par celuy-là, nous en aurions vn 4. & ainsi nous irions iusqu'à vn poinct: ce qui seroit vne longueur qui paroistroit à l'infiny; Et par ce moyen il est aisé d'enfoncer & de racourcir les Perspectiues: Car si vous voulez le double de sa largeur, faites comme nous venons de dire; si vous n'en voulez que la moitié, tirez vne ligne où se croisent les lignes des poincts de distances, comme en N, & vous aurez ce que vous desirez.

Puis que cela est si infaillible, qu'autant de rayons visuels qui coupent la ligne diagonale tirée des poincts de distances à la ligne de terre, autant a-t'on de quarreaux d'enfoncemens; l'on peut, comme nous venons de dire, donner tels creux que l'on voudra à la Perspectiue. Car si au lieu de prendre du poinct de distance O, au rayon F, vous le tirez du rayon Q, Il s'en faudra 2. quarreaux que vous n'ayez tout le quarré racourcy R, comme on void en S, qui est ce que vous auez manqué à prendre de tout le quarré: Que si outre le quarré vous voulez encore 2. quarreaux, faites vne ligne du mesme poinct O, qui coupe deux rayons comme V, vous aurez ce que vous demandez. Si vous en voulez 4. prenez X; Si 6. Y; Si le quarré entier Z: ce qui est vne grande facilité quand on l'entend bien.

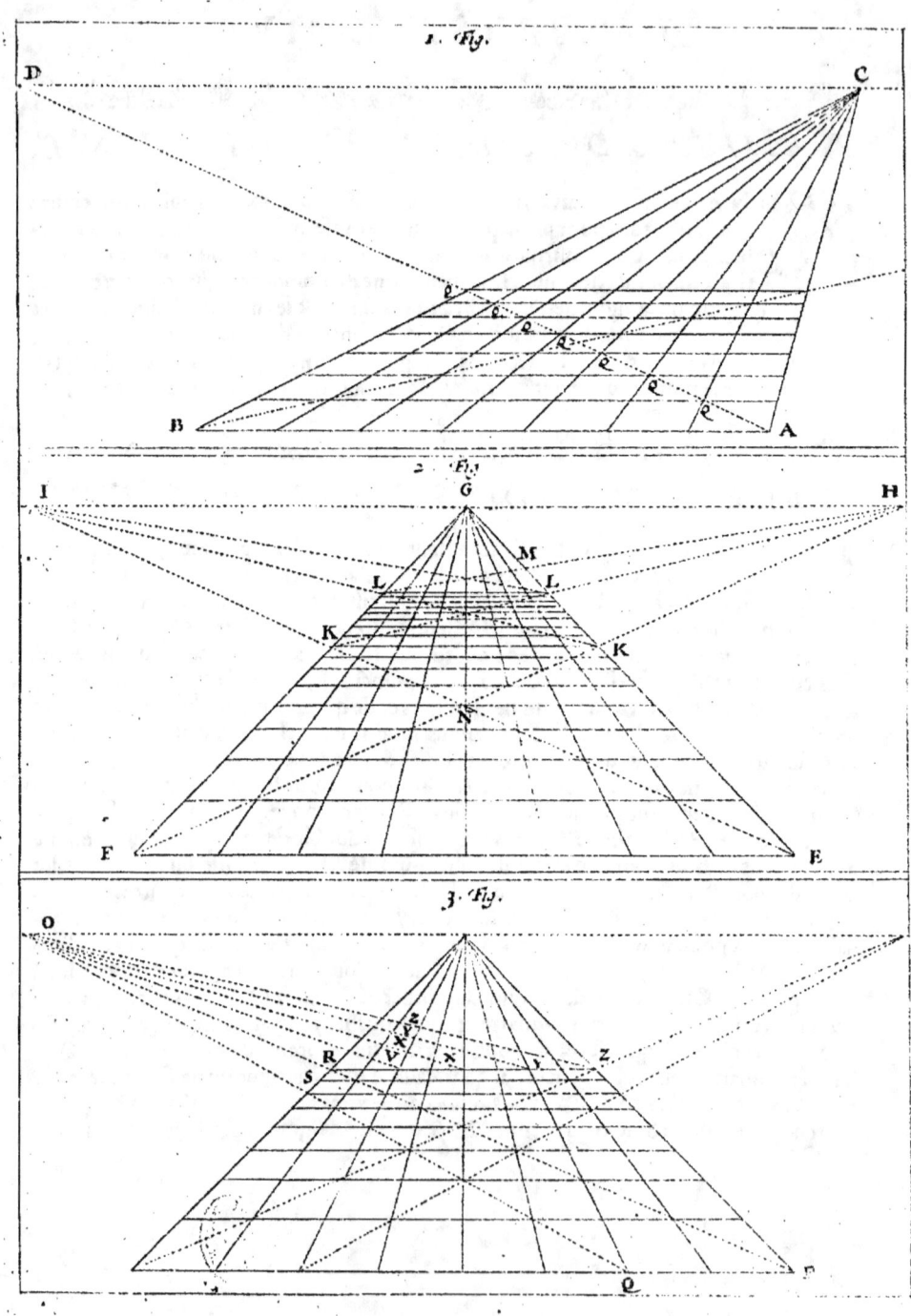

TROISIESME ADVIS, DES MESVRES
fur la ligne de terre.

LA ligne de terre feule, peut feruir pour donner tel enfoncement que l'on voudra, & en quel lieu l'on voudra, fans fe feruir des quarreaux; c'eft vn moyen bien expedizif, mais il eft vn peu mal-aifé à apprendre: Ie tafcheray neantmoins de le faire entendre le mieux que ie pourray, car nous nous en feruirons fouuent. Exemple, Que la ligne de terre foit BS, le poinct de veuë A, les poincts de diftances DE, Si vous voulez faire le plan d'vn cube BC, il faut tirer aux poincts de veuë deux lignes occultes, ou poinctées des extremitez BC, Puis pour luy donner fa largeur, prenez la mefme mefure BC, que vous transporterez fur la ligne de terre CF egale à BC, duquel poinct vous tirerez vne ligne au poinct de diftance D, & où cette ligne coupera le premier rayon C au poinct G, ce fera le racourciffement du plan du cube B H G C.

Si vous voulez vn obiet plus auant deuers le milieu, il en faut prendre la largeur, & la diftance deffus la ligne de terre, comme I K; Or pour en auoir le renfoncement, mettez le tel que vous voudrez deffus la mefme ligne de terre, comme feroit L M, d'autant qu'il eft large au poinct L, & autant pour fa largeur au poinct M, Puis de ces poincts LM, tirez vne ligne occulte au poinct de diftance D, & où ces lignes couperont le rayon K aux poincts N O, il faudra tirer des parallelles à la ligne de terre, & vous aurez le quarré QP O N.

Par cette façon, vous pourrez transporter de l'autre cofté le quarteau, qui feroit deffus la ligne de terre, comme B H G C eft transporté en V, & les poincts M, & T, qui ne font efloignez que de 2. pieds du poinct S, donnent vne figure fort eftroite, parce qu'ils font affez pres, & la mefme diftance qu'ils font efloignez, comme on voit X.

QVATRIESME ADVIS, DE LA LIGNE DE TERRE,
& d'vn feul poinct de diftance.

PVis que l'on peut auoir les largeurs & profondeurs, par le moyen de cette ligne de terre, on n'auroit quafi plus affaire de prendre la peine de faire des quarreaux ; ce que ie veux faire voir en cet exemple. Suppofons que vous vouliez faire vne rangée de colomnes, ou d'arbres de chaque cofté; Il faut mettre deffus la ligne de terre l'endroit & la diftance que vous voudrez, auec leur largeur ou diametre, comme ABCDEFG, Puis pofant la reigle deffus le poinct de diftance O, iufqu'à chacun de ces poincts ABCDEFG, où elle marquera les fections deffus le rayon vifuel AH, ce feront les termes des objets que vous defirez. Pour les transporter de l'autre cofté, fur le rayon GH, Pofez vne iambe du compas au poinct oculaire H, & de l'autre prenez les mefures fans bouger la iambe du poinct H, faites vn arc auec l'autre où il coupera le rayon GH, ce fera le mefme terme; comme M, eft le mefme que N, Et ainfi des autres, par lefquels vous tirerez des parallelles qui vous donneront les largeurs; Et pour la longueur, donnez la telle que vous voulez, & la mettez depuis A, comme pourroit eftre P, puis tirez de ce poinct P, au poinct H, & où il coupera les autres parallelles, ce feront les plans que vous defirez, que vous pouuez rendre ronds ou quarrez.

CINQVIESME ADVIS, POVR NE POINT
s'abufer aux mefures.

IL ne faut iamais mettre du cofté du poinct de diftance, où l'on veut tirer pour donner l'enfoncement, les objets qu'on defire produire dedans le plan. Exemple, Le rayon vifuel fur lequel on doit marquer, foit AB, Si vous vouliez y produire le poinct C, & D; il ne fe peut pas tirer du poinct de diftance E; mais bien de celuy qui luy eft oppofé F: Si C, & D, eftoient au dedans comme GH, il fe deuroit tirer du poinct E: parce que la ligne de la fection fe rencontre entre-deux, & non pas du poinct E. Et ainfi tant l'vne, que l'autre fe couperont en vn mefme poinct I K.

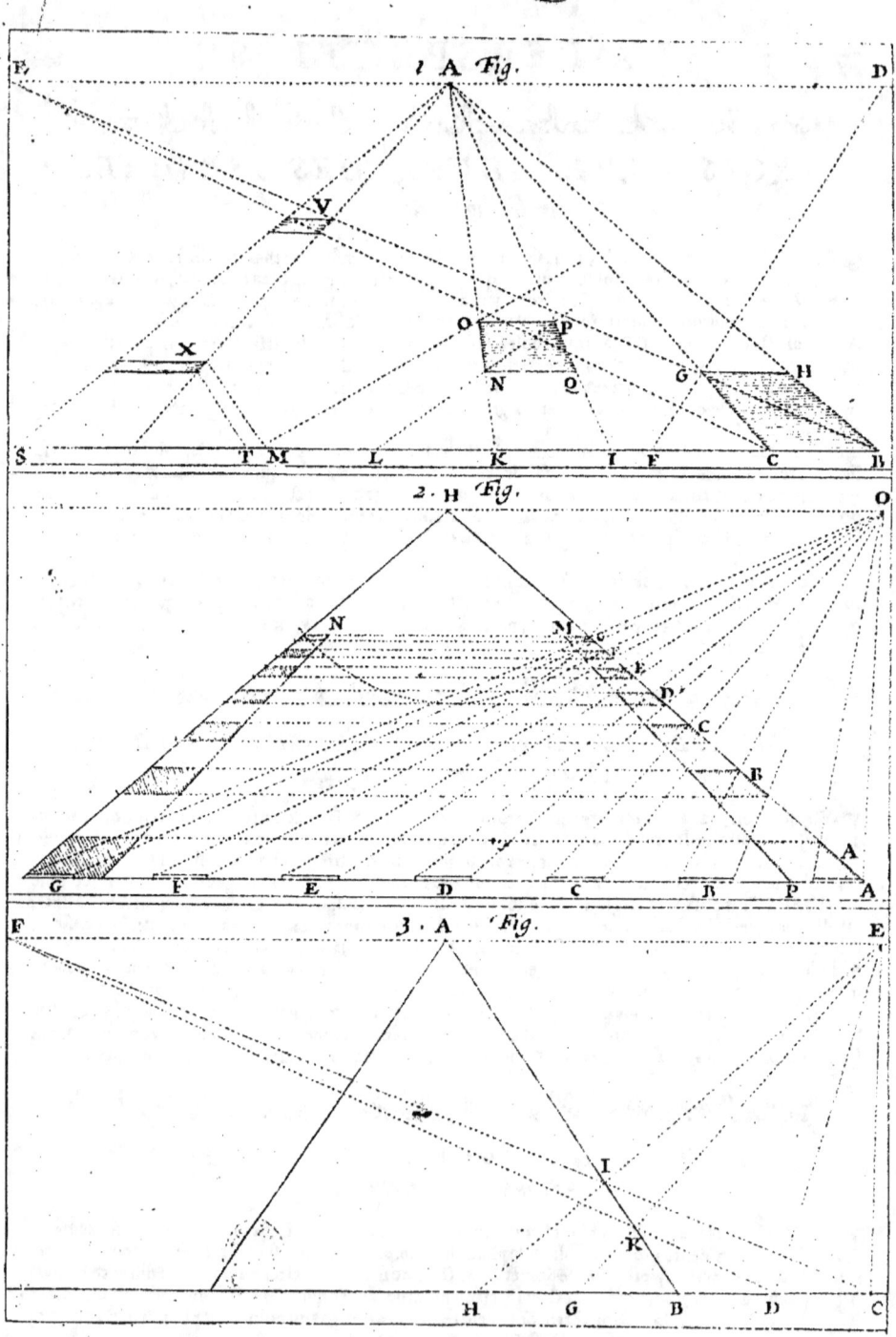

SIXIESME ADVIS, DV SEVL POINCT DE DISTANCE.

ON est quelquesfois si à l'estroit, pour le peu de place que l'on a, soit contre vne muraille, toile, ou papier; qu'il est impossible de faire plus d'vn poinct de distance; & pour lors ceux qui ont tousiours accoustumé d'en auoir 2. se trouuent en peine, Il les en faut tirer, & leur faire entendre, qu'vn seul poinct suffit par cette pratique: Supposons que nous voulions faire vn paué de quarreaux, & que nous ayons desia tiré tous les rayons visuels au poinct A, Pour en auoir le racourcissement, il faut tirer aux poincts de distances, & les sections nous donneront les poincts où il faut tirer, comme nous auons desia dit: mais s'il n'y en a qu'vn, comme B, il faut tirer ce seul trait diagonal C B, qui coupera tous les rayons visuels. Or pour marquer les mesmes sections dessus les rayons opposez, pour y tirer des parallelles, Il faut, comme nous venons de dire, mettre vne iambe du compas au poinct A, & de l'autre parcourir toutes les sections, comme I P: Mais cela n'est bon que pour ce qui est veu de front; Donc il en faut vne qui serue aussi pour celle de costé; la voicy: Prenez vn compas, & posez vne iambe dessus la ligne de terre; de l'autre, prenez le plus perpendiculairement que vous pourrez la section que vous desirez transporter, comme D, & la portez dessus cette ligne perpendiculaire, comme E O, & marquez vostre mesure F, puis tirez de D, à F, & vous aurez le mesme que s'il y auoit 2. poincts de distances: Et ainsi de toutes les autres sections.

SEPTIESME ADVIS, POVR NE SE POINT SERVIR DE DIAGONALE.

QVand on se veut seruir du rayon extreme pour ligne de section, comme seroit GH, Il faut mettre les objects dessus la ligne de terre, comme sont K L M N O, & de là les tirer au poinct de distance I, qui doit estre reculé le plus qu'il sera possible, afin que le racourcissement de la Perspectiue en soit plus agreable; car si le poinct estoit plus pres du poinct de veuë G, les objets auroient trop de creux, (Ie veux dire, par exemple, qu'vn quarré paroistroit vn parallellogramme) Et de ce poinct I, parcourir tous les objets K L M N O, & marquer la section du rayon G H: Et de ces poincts tirer des parallelles à la ligne de terre, ou de l'horizon, comme est icy PQ. Cette methode est la moins en vsage, quoy que quelques-vns la prisent.

HVICTIESME ADVIS, POVR RACOVRCIR DE PLVSIEVRS FASONS.

SI quelquefois on se treuue à l'estroit, & que l'on ne puisse esloigner le poinct de distance, Il faut esleuer du pied du rayon SR, vne petite perpendicule, comme TS, qui receura les sections, & donnera vn plus petit racourcissement; Et si on le vouloit encore plus petit, il n'y auroit qu'à incliner vne ligne, comme est X, laquelle, à cause de son inclination, fait que les sections sont plus pressées: Puis pour tirer les parallelles, il n'y a qu'à transporter cette ligne X, ou T, dessus le pied de l'autre rayon, comme est V, & de tous ces poincts tirer des lignes parallelles à la ligne de terre, & vous aurez ce que vous desirez.

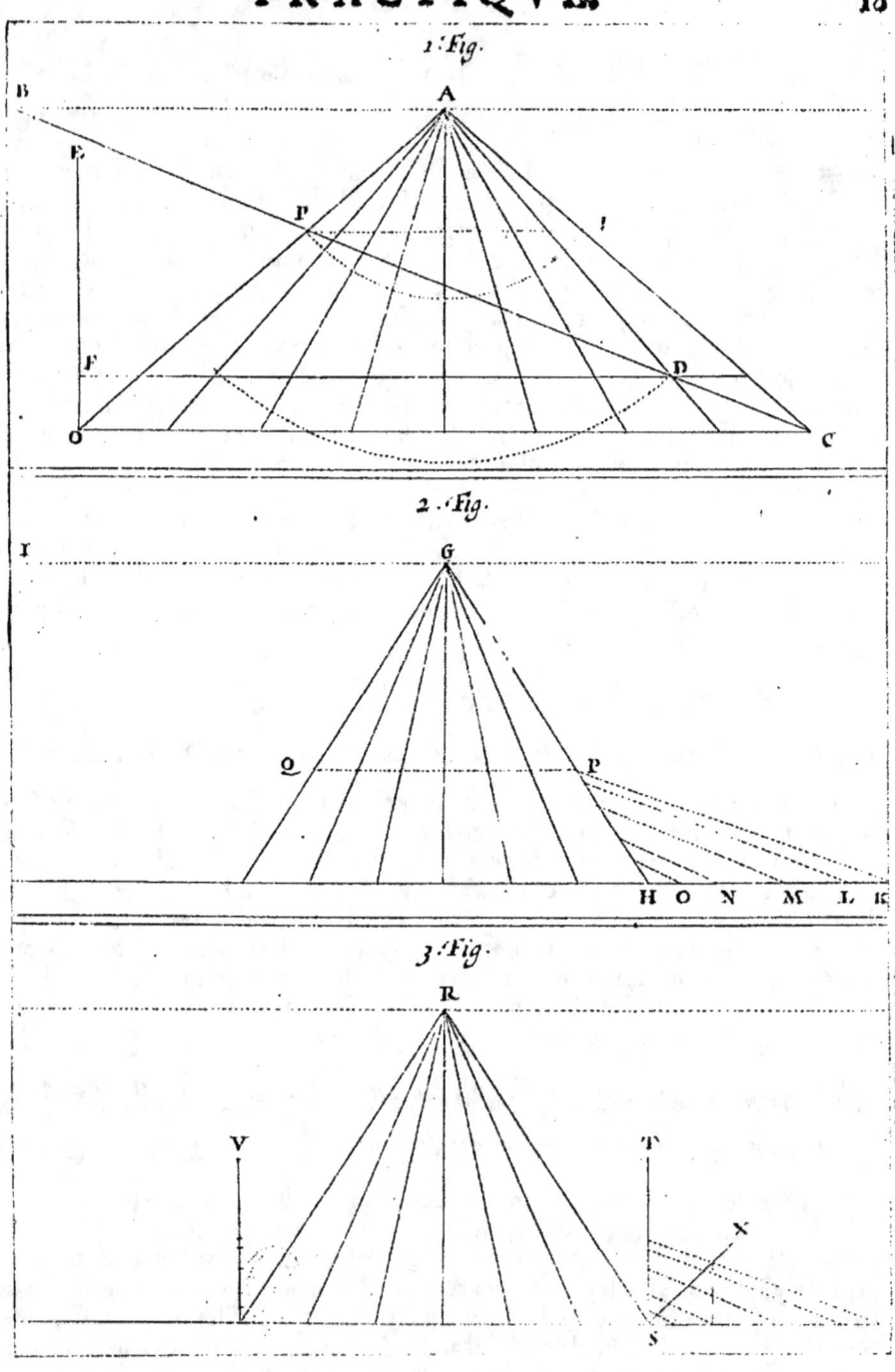

1. Fig.

2. Fig.

3. Fig.

PRATIQVES
DES PLANS
EN
PERSPECTIVE.

DES PLANS VEVS DIRECTEMENT, OV DE FRONT.

'ON aura veu aux 3. & 4. aduis, & les esleuations suiuantes feront connoistre que ce n'est pas mon dessein qu'on se serue de Plans Geometriques, pour faire des Perspectiues: car ce seroit doubler le trauail, Et pas vn Peintre ne voudroit prendre cette peine, voyant que ie luy enseigne à faire la mesme chose, par le moyen de la ligne de terre. Mais comme il n'y a regle si generale qui n'ait son exception, Aussi y a-il certaines figures que l'on ne peut mettre en Perspectiue, que par l'aide de ces Plans : Outre que l'on se trouueroit en peine, si l'on donnoit vn de ces Plans à mettre en Perspectiue, & que l'on n'eust pas appris comme il y faut proceder : Ces raisons m'ont obligé de mettre ceux qui suiuent, lesquels suffiront pour apprendre à mettre en Perspectiue tous ceux qu'on pourroit presenter, & mesmes s'imaginer.

1. *Racourcir vn quarré* A B C D. Il faut tirer A B, au poinct de veuë E, & des mesmes angles A B, deux diagonales F B, A G, & où elles couperont les rayons A E, & B E, aux poincts H, & I, ce sera le quarré A B C D racourcy en A H I B. Pour le faire sans le Plan Geometrique, Il faut tirer de B, à F, ou de A, à G; ou bien transporter A B, dessus la ligne de terre, comme B K, & du poinct K, tirer au poinct F, il donnera la mesme section I, sur le rayon B E.

2. *Racourcir vn quarré veu par l'angle* D. Ayant fait le Plan A B C D, il faut tirer vne ligne qui frize l'angle B, & doit estre en angle droit dessus la ligne B D, Cette ligne de terre estant produite, il faut poser la reigle sur les pans du quarré, comme A D, & D C, & où cette reigle coupera la ligne de terre, y faire des poincts H I, puis tirer H, & B, aux poincts de distances P, & B I, à l'autre poinct de distance G, Et à la section de ces lignes faire des poincts qui vous donneront le quarré K L M B. Pour le faire sans le Plan, Il faut mettre le diametre de part & d'autre du milieu B, comme H, & I : Mais tant d'vne façon que d'autre, il ne faut point tirer au poinct de veuë O.

3. *Racourcir vn cercle.* Il le faut enfermer d'vn quarré A B C D, Et des angles A D, & C B, tirer des diagonales qui diuiseront le cercle en 8 parties, & où elles le couperont au poinct O, tirer dessus la ligne de terre des perpendiculaires E F, puis tirer 2. lignes diametrales Q R S P, qui se couppent en angles droits au centre G, Le plan estant disposé de la sorte, il faut tirer toutes les perpendicules au poinct de veuë H, & où ils sont couppez des diagonales A K, & B I, faire des poincts; desquels les 2. derniers M N, sont les traits du quarré, qu'on diuise en 4. par la section des diagonales au poinct P, Puis des extremitez de cette croix, on tire des lignes courbes par ces poincts, qui donnent la forme du cercle en Perspectiue. Cette façon peut passer pour des petits : Mais nous en donnerons vne plus exacte pour des grands.

4. Cette figure est composée des deux premieres : c'est pourquoy ie n'en diray rien; car qui en aura fait vne, ou deux, la pourra faire facilement.

La 5. despend encore des 2. premieres : mais il y a de plus vne liziere tout autour qu'ils n'ont pas. Pour mettre cette liziere en Perspectiue, Il faut tirer ces 4. rayons A B C D, au poinct de veuë G, & où les rayons interieurs B, & C, sont couppez des diagonales A F, & D E, il faudra tirer des paralleles à la ligne de terre, & vous aurez ce que vous demandez.

6. C'est la mesme que la 2. horsmis qu'elle est entourée de 2. lizieres : c'est pourquoy ie n'en diray rien d'auantage.

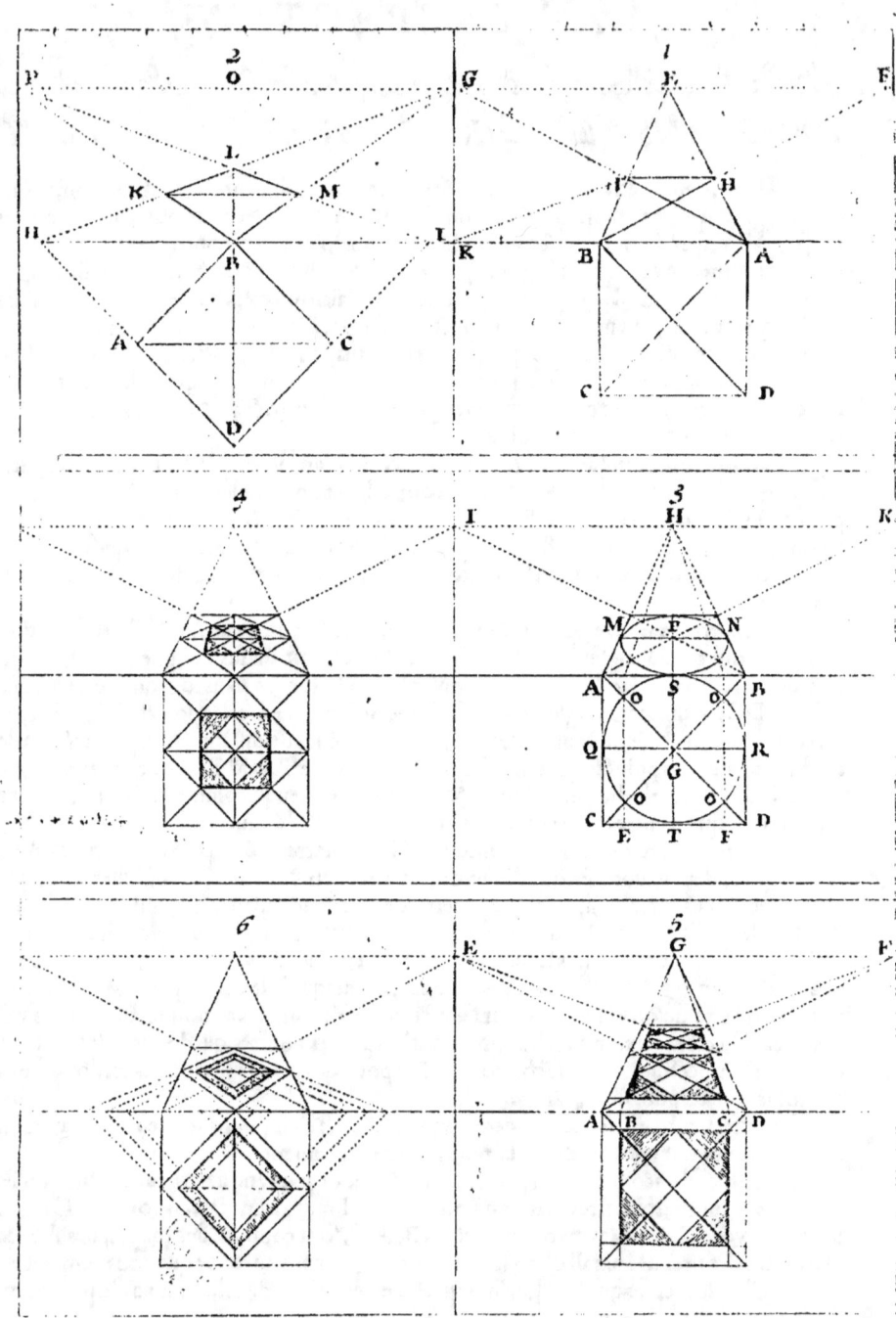

PLANS VEVS OBLIQVEMENT, OV DE COSTE'.

Es Plans eſtans ceux que nous venons de quitter, ſe doiuent faire tout de meſme : Ce qui me fait croire, que ce ſeroit perdre le temps de repeter comme on les doit racourcir en Perſpectiue : Car il me ſemble que les figures ſuffiſent pour faire voir qu'il n'y a autre difference à ceux du deuant, que la ſituation de l'objet qui eſt icy veu de coſté, & l'autre eſt veu de front.

Tous les A A A, ſont poincts de veuës ; Et les B B B, poincts de diſtances.

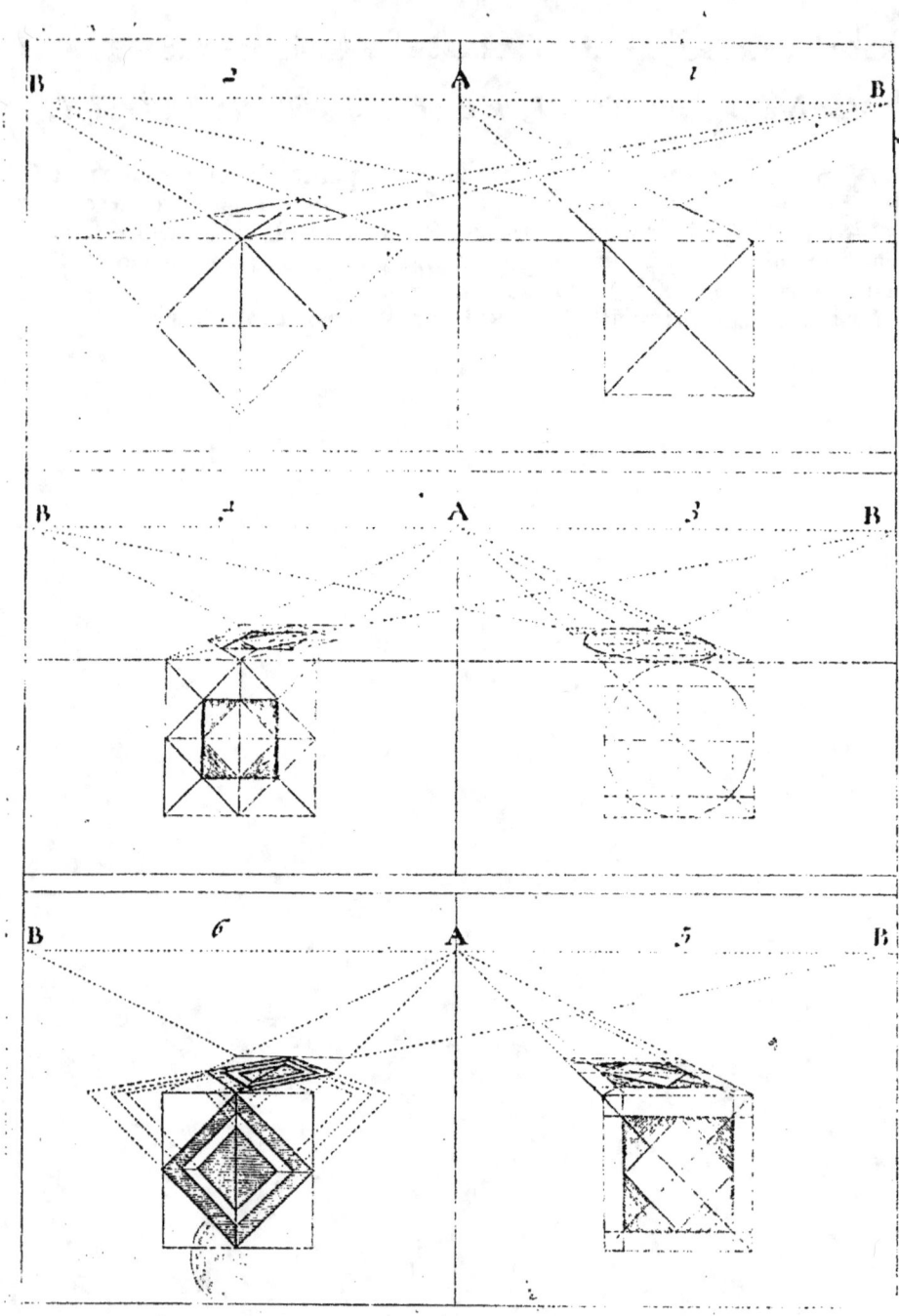

DV TRIANGLE.

LES TRIANGLES selon les nombres, deuroient preceder les quarrez; mais selon la raison, ils doiuent aller apres en cet ouurage, pour estre plus difficiles à mettre en Perspectiue : non pas à cause du plan, qui est assez facile, puis qu'il est construit & formé de 3. lignes egales, jointes ensemble : mais à cause de l'obliquité de ses costez.

Nous voicy à la pratique des aduis que nous auons donné des mesures, dessus la ligne de terre A B, car pour faire ce triangle en Perspectiue, il faut de tous ces angles 1. 2. & 3. tirer des perpendicules dessus AB, & poser vne jambe du compas en leur section, & de l'autre prendre l'esloignement de l'objet à la ligne de terre, & mettre encore cet esloignement dessus la mesme ligne de terre, en faisant vn quart de rond, comme 1. 1. & 1. le mesme à 2. 2. & 2. & de mesme à 3. 3. & 3. Puis ayant fait vne autre ligne de terre en autre lieu, comme est celle cy-dessous E F, il y faut transporter les mesures qui sont dessus celle A B, & tirer au poinct de veuë C, les poincts 1. 2. & 3. des perpendiculaires. Puis ayant pris vn poinct de distance D, y tirer des autres poincts d'enfoncement 1. 2. & 3. & à la section des rayons visuels, par celle-cy, faut produire des lignes qui vous donneront vostre triangle.

Si vous voulez luy donner cette liziere, il ne faut qu'en faire encore autant, repetant ce que nous venons de faire, en posant d'autres ciffres, afin de ne rien confondre, comme vis à vis de 1. 4. & 2. vn 5. & 3. vn 6. Puis tirez les perpendicules au poinct C, & où les autres les couperont, y tirer les lignes comme vous voyez.

Le triangle equilateral, comme celuy-cy, est circulaire; c'est à dire qu'on l'enferme dans vn cercle, dont chaque costé a 120. degrez.

Il n'est pas besoin de sçauoir les degrez des angles, pour construire tous ces polygones, ainsi qu'on pourra voir à la 4. planche; mais ie n'ay pas laissé de les mettre, pour le contentement de ceux qui s'y connoissent.

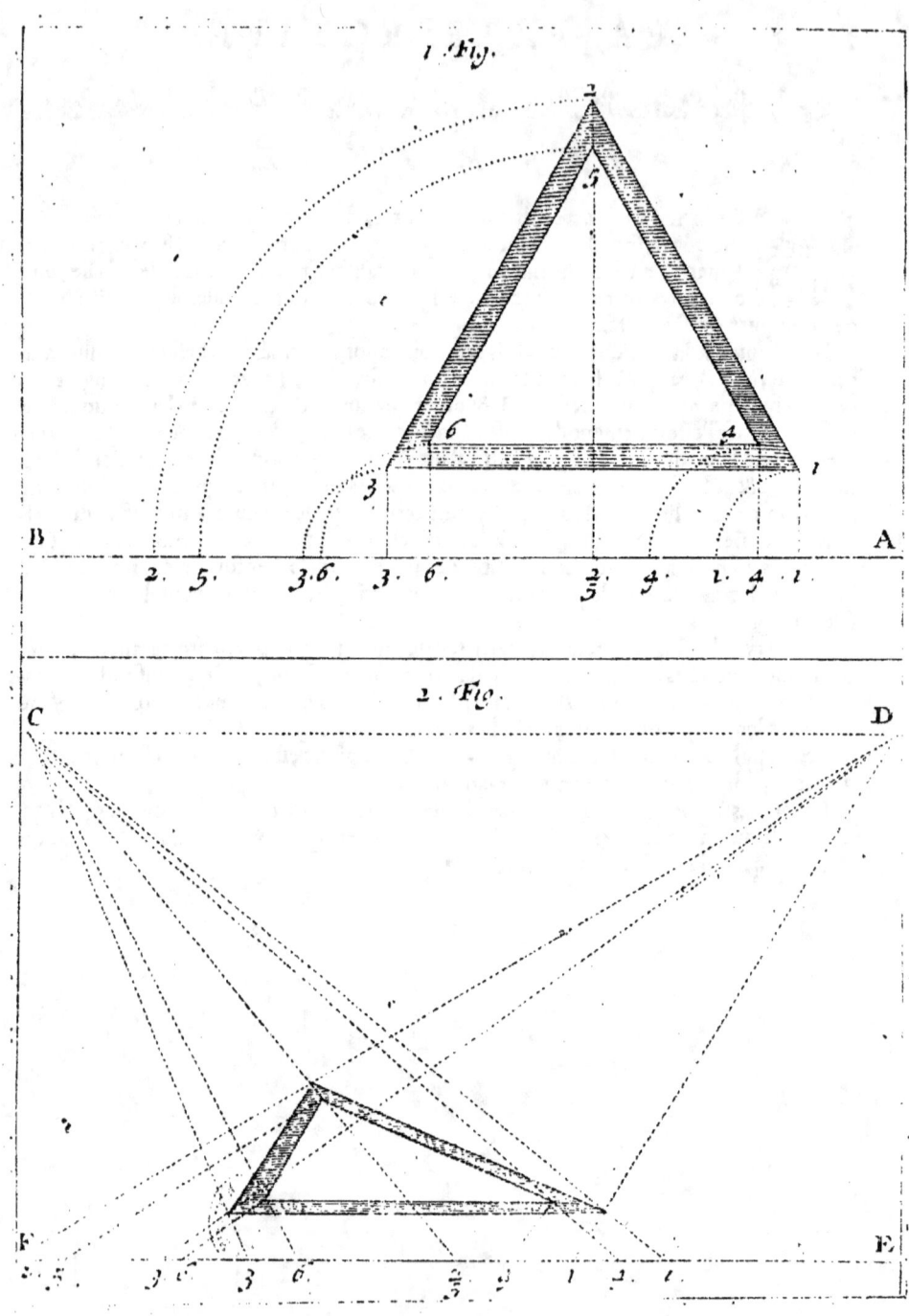

1. Fig.

2. Fig.

DV PENTAGONE, OV CINQANGLE.

A pratique de conftruire vn Pentagone, eft qu'il faut faire vn cerclé & le diuifer en 5. parties egales de 72. degrez à chaque cofté. Maintenant pour le mettre en Perfpeétiue, c'eft toute la mefme chofe que du triangle , comme l'on
peut voir par cette figure, horfmis qu'il eft auec vne liziere, & ie ne l'ay marqué deffus la ligne de terre que fimple, à raifon qu'on doit auoir appris du trianglé, comme
elle fe doit faire. Le poinét de veuë, tant de front, que de cofté, eft A. Le poinét de diftance B. Les rayons vifuels qui font les perpendiculaires des angles du plan fur la ligne
de terre, font tirez au poinét de veuë A. Et les autres qui donnent le racourciffement,&
le lieu des angles au poinét de diftance B. Comme 2. couppe le rayon marqué 2. qui
donne le 2. angle. 4. donne le 4. angle, & ainfi des autres. Tout le refte eft affez clair.
Il faut prendre garde à vne chofe, qui eft que tous les angles doiuent tirer au centre 6:
C'eft pourquoy il le faut mettre aux Plans en Perfpeétiue, comme au Plán Geometrique, pour y tirer tous les angles.

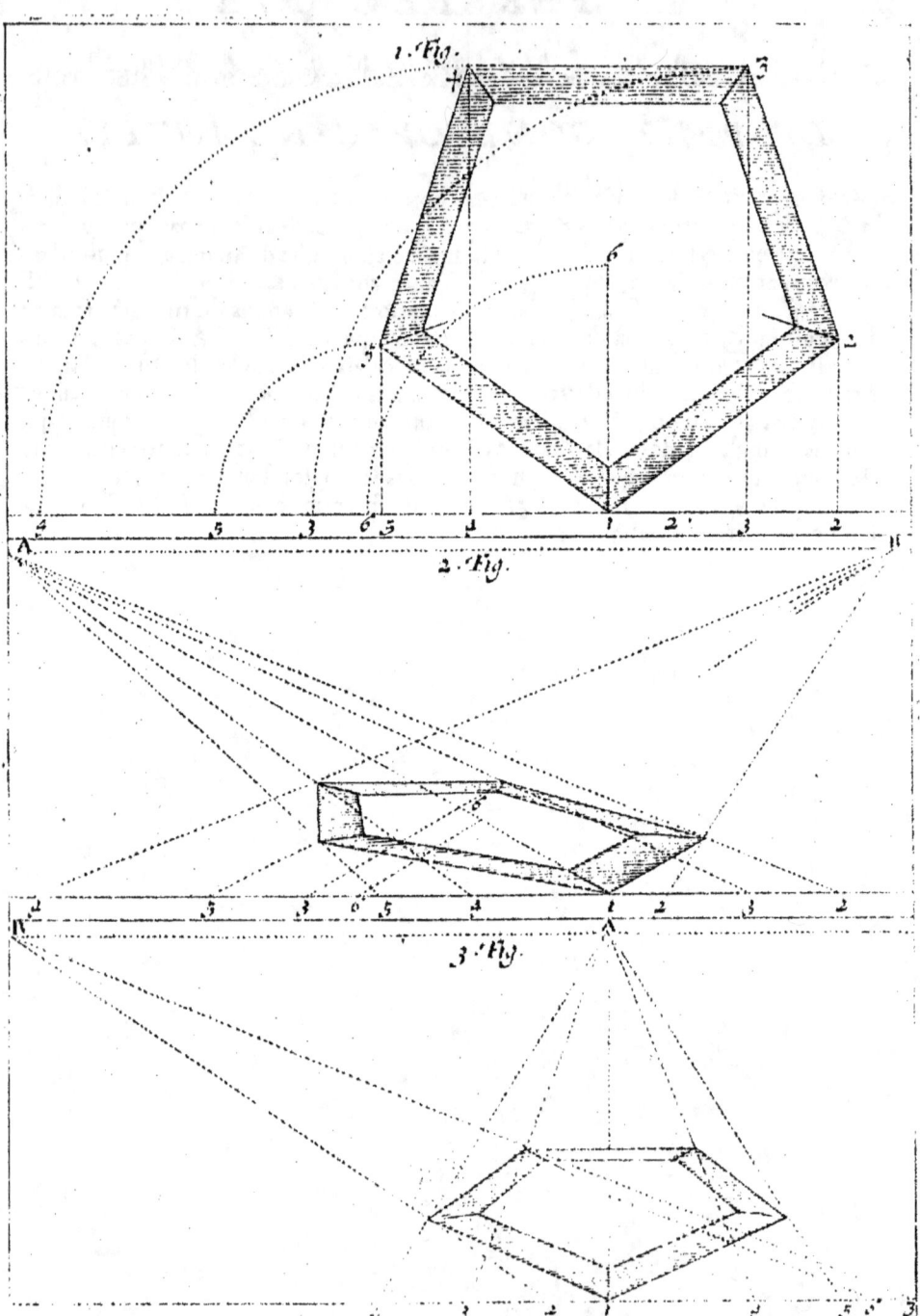

1. Fig.

2. Fig.

3. Fig.

DE L'HEXAGONE, OV SIXANGLE.

L'HEXAGONE eſt vn plan qui a ſix angles, & ſix pans ou faces, Il eſt le plus aiſé de tous les polygones, c'eſt à dire de toutes les figures à pluſieurs pans: car la meſme ouuerture du compas, dont on vient de faire le cercle qui eſt ſon demy-diametre, donne les coſtez de l'Hexagone de 60. degrez pour chaque coſté. Pour ce qui eſt de le mettre en Perſpectiue, il n'y a pas de difference du triangle, & du pentagone, tant pour le ſimple plan, qu'auec la liziere, ou eſpaiſſeur. A, c'eſt le poinct de veuë. B, celuy de diſtance.

Puis que nous auons plus de place en ce feuillet qu'aux autres, nous donnerons vne petite pratique de mettre en Perſpectiue les lizieres, ou eſpaiſſeurs de quelques polygones qui puiſſent eſtre, ſoit reguliers, ou irreguliers : Seruons nous de cet Hexagone, pour donner vn exemple de noſtre propoſition: ſuppoſé que le plan de front de la 3. figure n'a que le ſimple trait, & qu'il doit auoir vne eſpaiſſeur, ou liziere, qui tourne tout à l'entour. Pour la mettre en Perſpectiue, il faut poſer la reigle le long des pans du ſimple trait, & faire vn poinct deſſus l'horizon où elle ſera couppée, comme mettant la reigle le long du pan A B, elle coupera l'horizon au poinct C, puis la remettant de meſme ſus le plan B D, elle donnera le poinct E, & de meſme de tous les autres pans. Auant que de rien faire dauantage, il faut de tous ces angles tirer des lignes qui paſſent par le centre F, & ces lignes qui doiuent eſtre occultes, ſeruiront pour receuoir les ſections qui donnent la diminution. Toutes ces diſpoſitions eſtant faites, il faut mettre la largeur que vous voulez donner à la bande, ou liziere deſſus la ligne de terre, comme A H, & tirer cette premiere largeur au poinct de diſtance G, & où cette ligne G H, coupera I, ce ſera le terme de l'eſpaiſſeur du premier pan, & qui la donnera à tous les autres : Car de ce poinct il faut tirer au poinct du pan C, & à la ſection de la ligne K, ce ſera la diminution; de laquelle tirant au poinct du pan B D, qui eſt E, vous aurez l'autre diminution au poinct L, qui ſeruira pour le dernier pan L M, Puis transportant toutes ces meſures de l'autre coſté, vous aurez la figure complette.

Nous donnerons encore cy-apres vne autre façon.

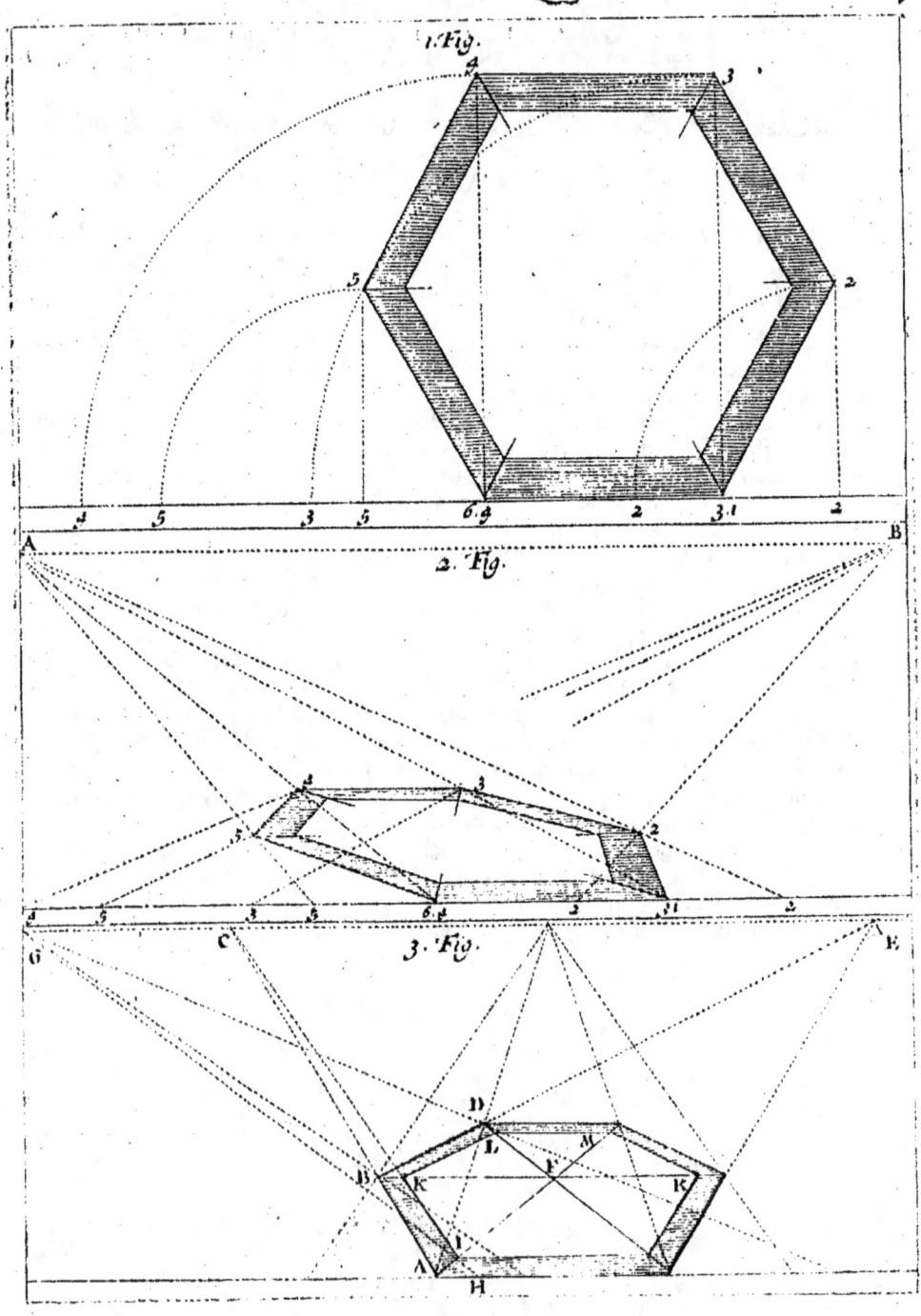

DE L'HEPTAGONE, OV SEPTANGLE.

'HEPTAGONE prend ſa forme dedans vn cercle, comme les autres polygones. On le diuiſe en 7. parties; c'eſt à dire, qu'on donne 51. degrez, 25. minutes, & vn peu plus, pour chaque coſté. La pratique de le mettre en Perſpeĉtiue,
eſt pareille aux precedentes; pour ce qui eſt des perpendicules, qui tombent
des angles deſſus la ligne de terre, leſquelles ſe tirent toutes au poinĉt de veuë A : Mais
pour ce qui eſt du racourciſſement, & des lignes qui donnent le lieu des angles, elle eſt
d'vne autre maniere, & ſelon le 7. aduis que nous auons donné; quoy que nous ne l'ap-
prouuions pas, la pratique du 8. aduis eſtant meilleure : mais pour condeſcendre à ceux
qui s'en ſeruent, & leur faire voir, qu'elle ne racourcit pas aſſez.

     Ayant tiré des perpendiculaires des angles du plan deſſus la ligne de terre, comme aux
precedentes; il faut à quelque coſté, à droit, ou à gauche, faire vne perpendicule, comme
A B, qui receura les ſeĉtions des parallelles, qu'on tirera par tous les angles; comme icy le
premier angle poſé deſſus la ligne de terre du 2. & 7. je tire vne parallelle qui les marque
tous deux, & ſe va couper au poinĉt C. Le 3. & le 6. donneront la ſeĉtion au poinĉt D. Et
le 4. & 5. donneront les dernieres au poinĉt E. Cette ligne A B, eſtant ainſi diuiſée, il la faut
tranſporter deſſus la ligne de terre du plan qu'on veut racourcir, commençant à mettre
le poinĉt B, au poinĉt F, comme icy : & puis marquer les autres diuiſions CDE, deſquelles on tirera au poinĉt de diſtance O, & des ſeĉtions du rayon extreme tirer des
parallelles à la ligne de terre; Et où elles couperont les rayons qui portent les nombres
des angles, il y faudra faire des poinĉts, leſquels eſtant conjoints par lignes droites,
donneront la figure que l'on deſire. Pour l'eſpaiſſeur, ou liziere, on la fera de l'vne des
deux pratiques precedentes.

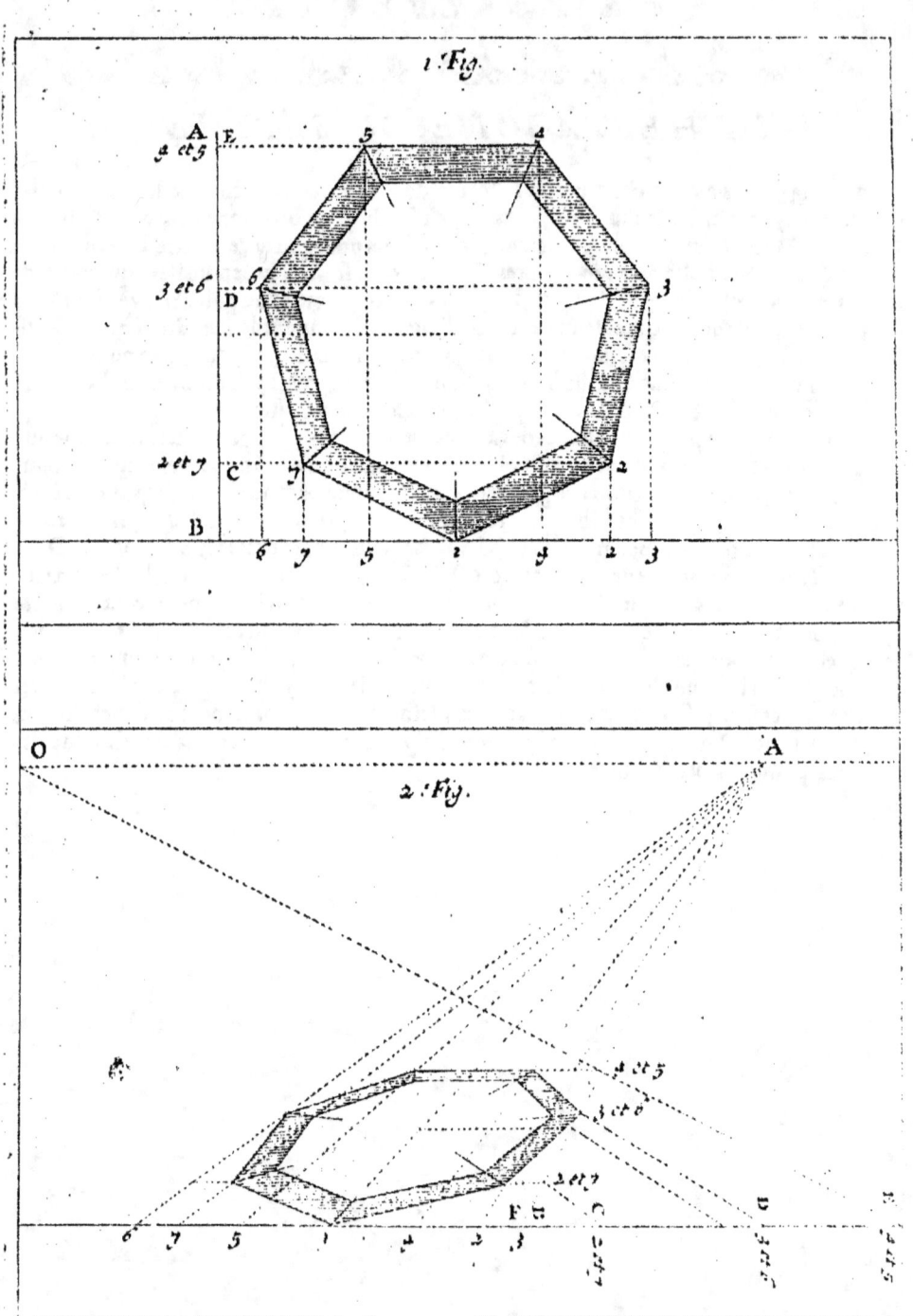

1. Fig.

2. Fig.

DE L'OCTOGONE, OV HVICTANGLE.

L'Octogone est fait d'vn cercle diuisé en huict parties de 45. degrez pour chaque costé ; desquelles diuisions tirant des lignes , l'on a la forme d'vn Octogone ; c'est à dire vne figure qui a huict angles , & autant de faces. Les pratiques precedentes donnent assez à connoistre comme on le doit mettre en l'perspectiue , soit de front, ou de costé : l'aduertiray seulement que le plan racourcy de front , est fait selon le huictiesme aduis; Et celuy de costé , selon le septiesme. Le poinct de veuë c'est A, & celuy de distance B. Le reste se voit assez sans explication.

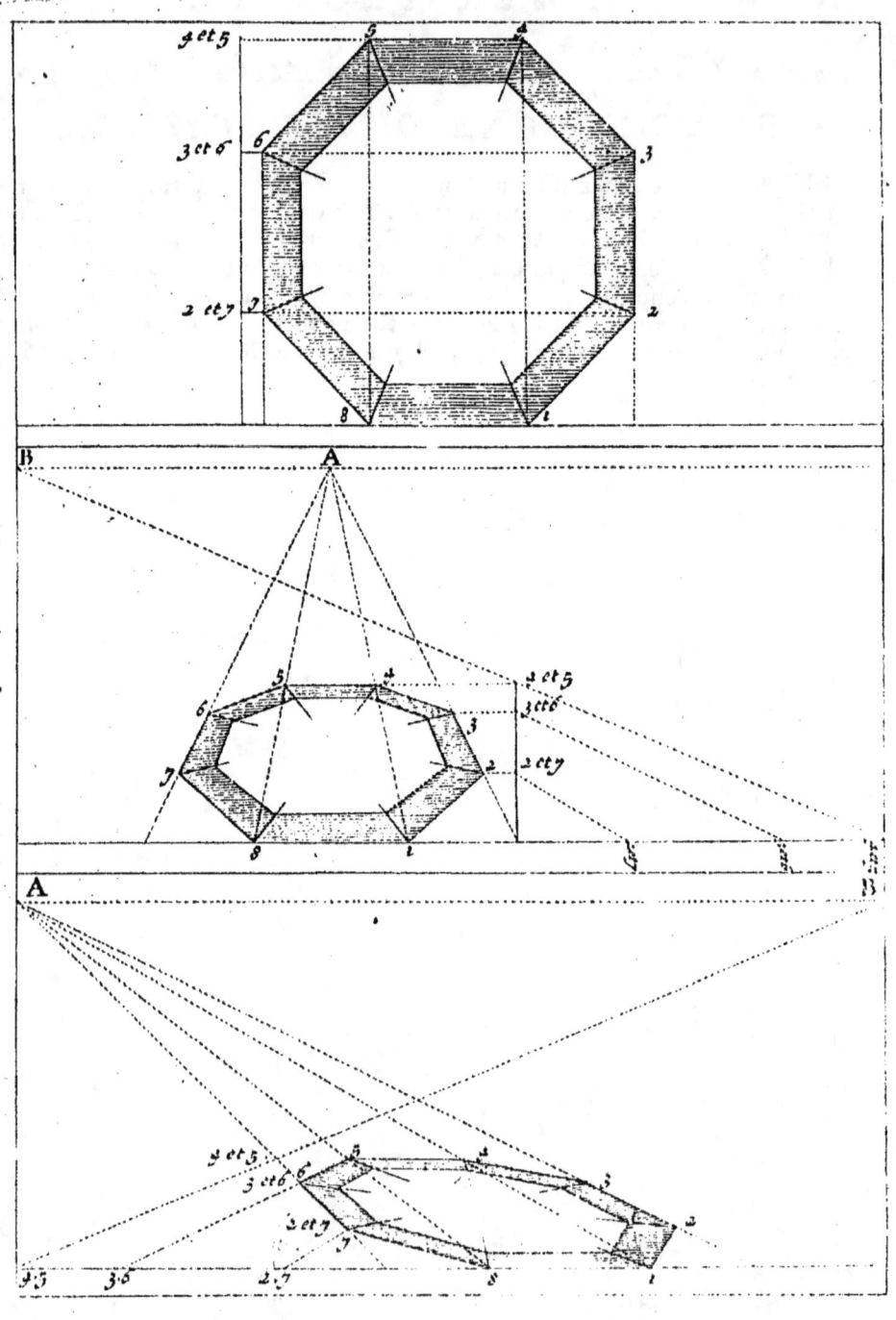

DE L'OCTOGONE D'VNE AVTRE PRATIQVE.

LA maniere de faire cet OCTOGONE, a efté inuentée par Serlio : Elle fe fait en cette façon. Ayant formé vn quarré par la voye ordinaire , comme eft ABCD, il faut diuifer la ligne de terre CD, en dix patties, & en laiffer 3. de chaque cofté ; & de la troifiefme diuifion de part & d'autre EF, tirer des lignes aux poincts de veuë G, & aux fections de ces lignes par les diagonales O, faut tirer des parallelles à la ligne de terre , qui touchent les coftez du quarré aux poincts HIKL, puis conioignant par des lignes les poincts EH, IE, FK, LF, vous aurez vn Octogone, comme il fe peut voir par la figure premiere.

DE L'HEXAGONE, OV SIXANGLE.

LE mefme Serlio a fait encore L'HEXAGONE de la mefme façon. Soit tiré vn quarré, comme par cy-deuant ABCD, & que la ligne de terre AD, foit diuifée en quatre parties, de l'vne defquelles, de chaque cofté EF, foient tirez des lignes au poinct de veuë H, Puis de la fection des diagonales, qui eft le milieu du quarré G, tirer vne parallelle à la ligne de terre qui touche les coftez, du quarré aux poincts IK, Puis tirant des lignes par ces poincts EIE, & FKF, il fe formera vn Hexagone. Figure deuxiefme.

Ie ne diray rien de cet OCTOGONE veu de cofté, puis que (comme nous auons defia dit tant de fois) c'eft la mefme pratique, que celle de la veuë de front. Figure troifiefme.

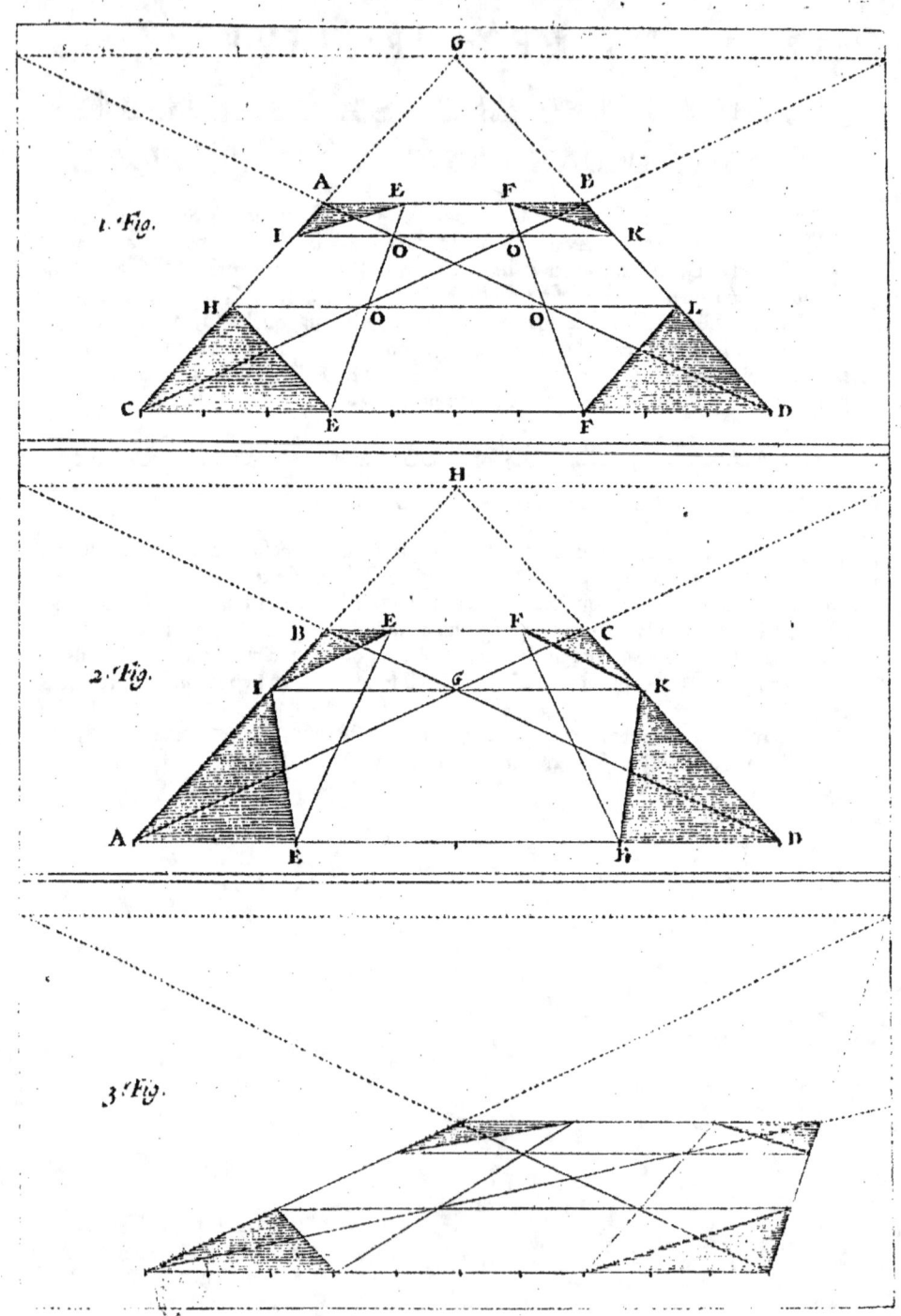

1. Fig.

2. Fig.

3. Fig.

DE L'OCTOGONE DOVBLE.

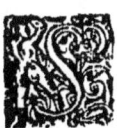Vppofé que nous ayons defia fait vn OCTOGONE fimple; Pour le faire double, ou luy donner vne efpaiffeur, ou liziere, il y faut proceder de la forte. Mettez telle largeur, ou efpaiffeur que vous luy voulez donner, au dedans du quarré qui comprend l'Octogone fimple, comme icy A, B, de cofté & d'autre; & tirez de ces poincts au poinct de veuë C, Et où ces lignes croiferont les diagonales au poinct O, tirez des parallelles D; ce qui fera comme vne bande autour du quarré; Puis tirez d'angles en angles des lignes occultes, ou des poincts paffans par le centre N, Et où celles-cy croiferont, ou couperont les lignes de ce quarré interieur aux poincts EFGHIKLM, ce feront les termes de l'octogone de dedans.

DE L'HEXAGONE DOVBLE.

ON pourra faire le mefme de L'HEXAGONE figuré dedans vn quarré; Ce qui fait que ie ne croy pas qu'il foit befoin d'vfer de redite, puis que l'on pourra voir par la figure, ce dequoy l'on pourra douter.

L'Octogone veu de cofté, eft tout de mefme pratique que celuy de front; Le poinct de veuë eft A, & celuy de diftance B.

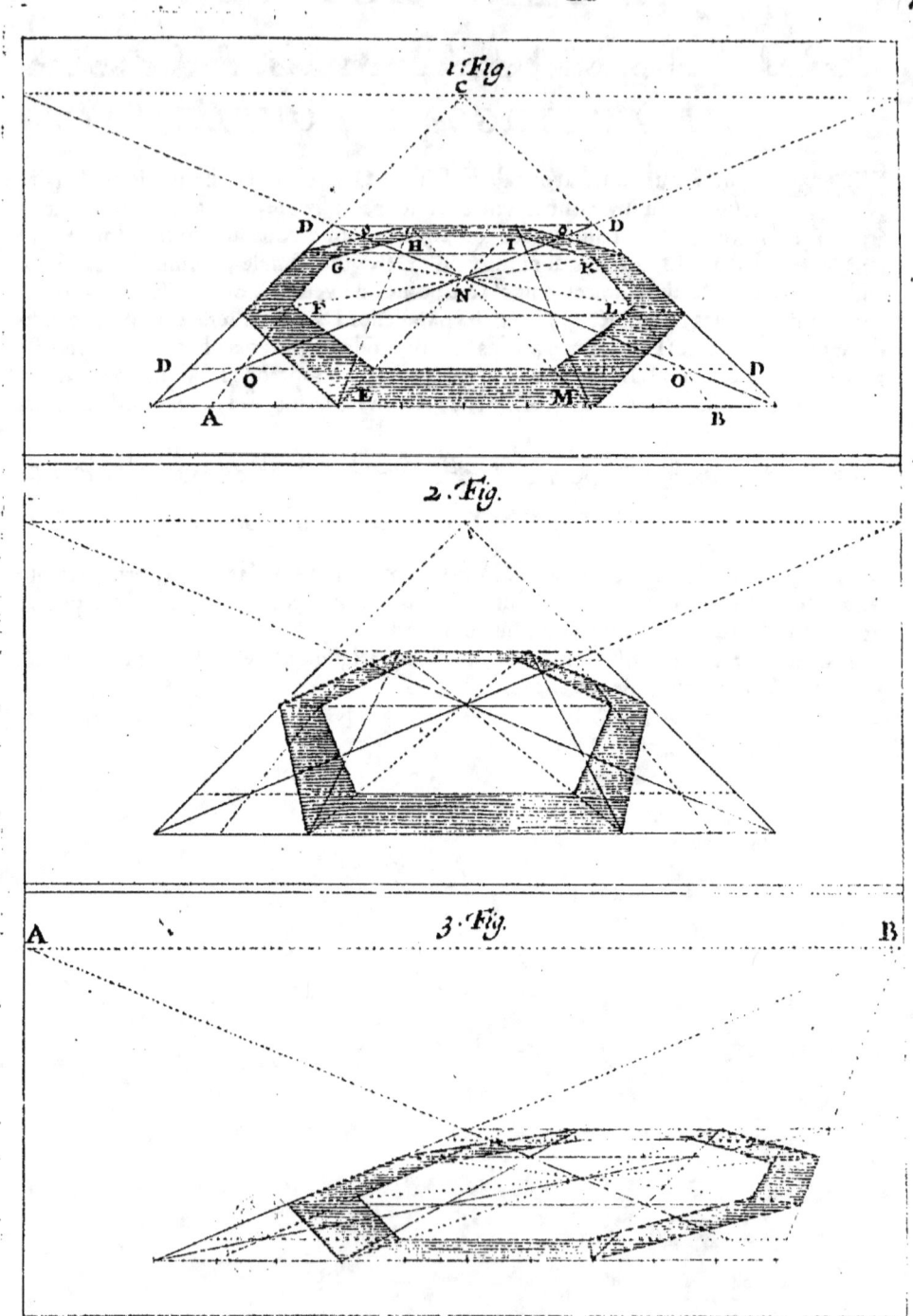

1. Fig.

2. Fig.

3. Fig.

DV CERCLE.

ANT plus vne forme circulaire aura de faces, pluſtoſt & plus facilement pour-ra-elle eſtre conuertie en rond. C'eſt pourquoy Serlio dit qu'il faut former vn demy cercle, & que de cette circonference, on faſſe tant de parties égales que l'on voudra; car tant plus il y en aura, tant plus cette rotondité ſera-elle parfaite : Par exemple, Le demy cercle à plomb eſt diuiſé en 8. parties, qui en don-neront 16. pour le rond entier; & de ces diuiſions Z, eſleuer des lignes perpendiculai-res deſſus la ligne de terre aux poinĉts E, Puis faut tirer les deux diagonales aux poinĉts de diſtances, qui ſont icy plus eſloignez que la planche n'eſt large; mais que l'on doit ſuppoſer dans l'horizon à l'ordinaire : qui donneront vn quarré A H I B; Or le quarré eſtant formé, il faut tirer tous les poinĉts E, au poinĉt de veuë F, iuſques à la ligne HI, & aux ſections de ces lignes, tirer des parallelles par tout : lors faut commencer au mi-lieu de l'vn des coſtez du quarré à faire vn poinĉt comme a, & vn autre poinĉt à l'angle oppoſite, comme ſi on vouloit tirer vne diagonale, comme b, continuant ainſi à faire des poinĉts d'angles en angles, ſuiuant les lignes diagonales, comme a b c d E f g h i K l m n o p q, Ces poinĉts formeront vne rotondité parfaite: Alors faut conduire auec la main des lignes courbes, ou circulaires; & vous aurez voſtre rond en Perſpectiue. Il faut que le Perſpectif ayt cette reigle, & pratique de racourcir les ronds, fort familiere, car on s'en ſert ſouuent, tant pour des colomnes, voutes, arcades, ouuerture des portes & feneſtres, que pour pluſieurs autres rotonditez.

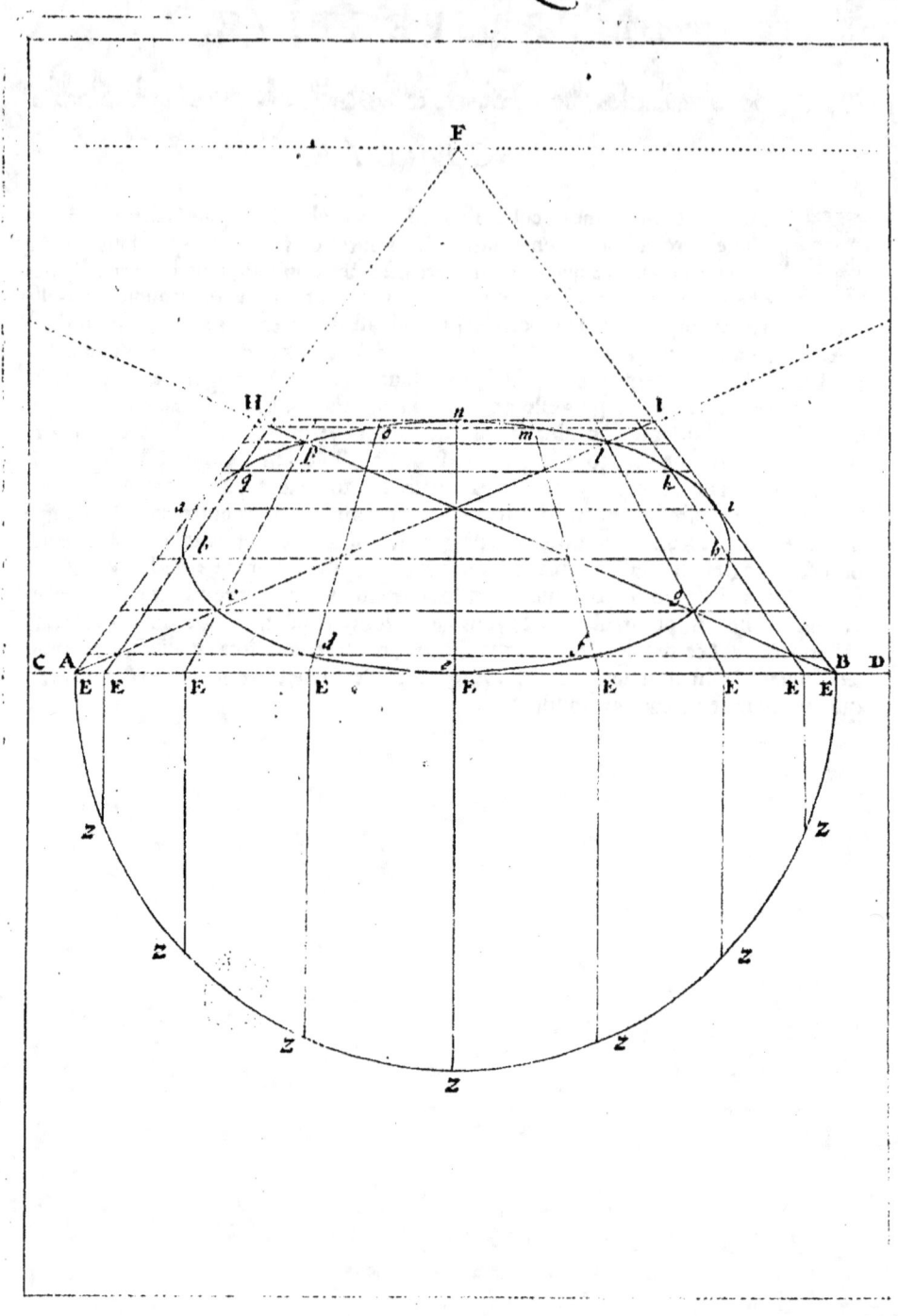

DV CERCLE DOVBLE.

I L faut fuppofer que le premier cercle A B, eſt céluy que nous venons de faire, & que nous luy voulons donner vne eſpaiſſeur, ou liziere, en faiſant vn autre plus interieur, en cette maniere; Nous luy donnerons telle largeur qu'il nous plaira, comme A C, & du centre du grand demy cercle G, nous en tirerons le petit C D, que nous diuiſerons comme l'autre grand, en tirant des lignes occultes des diuiſions du grand iuſqu'au centre G, Et à la ſection de ces lignes des poincts du grand, deſſus le petit demy cercle aux poincts I, il faut tirer des perpendiculaires I, comme celles que nous auons faites au grand, deſſus la ligne de terre; Et afin qu'elles ne confondent rien, il les faut marquer de poincts: De ces poincts I, de la ligne de terre, nous tirerons au poinct de veuë F, des lignes de poincts iuſqu'à la ligne H K, & à leurs ſections par les diagonales, tirez des lignes de poincts M N, qui donneront autour du quarré l'eſpaiſſeur G Q, que doit auoir tout le Cercle. Cela fait, il faut tirer des lignes de tous les angles du grand Cercle, tendantes au centre; Et où celles-là croiſeront les lignes de poincts a b c d e f g h i k l m n o p q, qui vont à l'horizon, ce ſeront les poincts, pour former auec des lignes courbes, la circonference, ou rond de dedans.

Qui voudroit auoir vn plan de 3. 4. 5. ou 6. ronds, ou Cercles, en Perſpectiue; Il les faudroit mettre au plan Geometrique, comme on y a mis le ſecond, & faire toutes les meſmes operations.

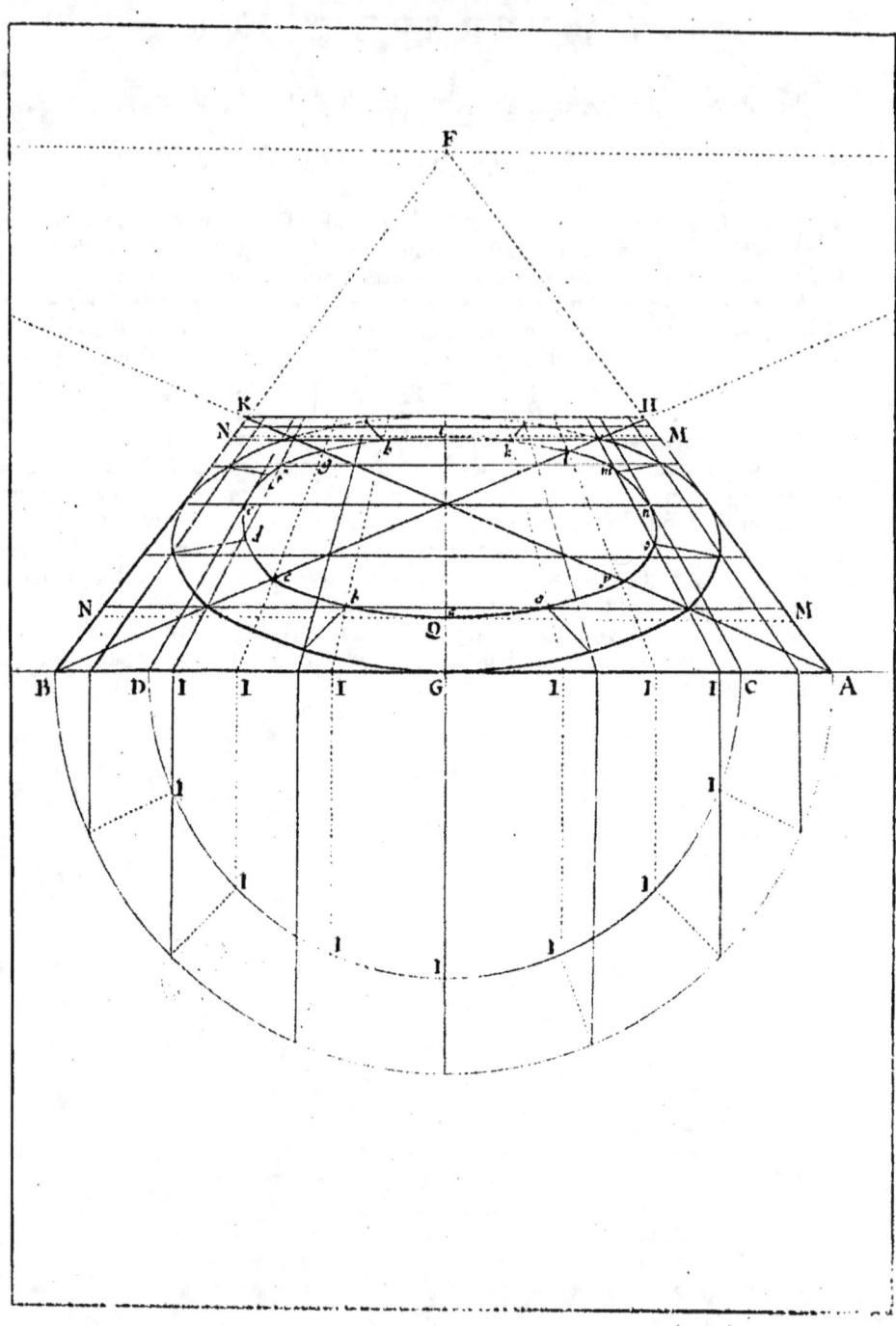

LA PERSPECTIVE

PLAN DV QVARRE' VEV DE L'ANGLE.

VI voudroit faire vn quarré par vn angle directement opposé à l'œil, il n'y a qu'à suiure la pratique que nous auons defia dite, qui est de doubler le le diametre A B, deffus la ligne de terre, comme est A C, Et du poinct A, & C, tirer deux lignes au poinct de diftance D, Puis tranfporter la mefure A C, deffus la ligne de tetre en A E, Et tirer de E, & de A, au poinct de diftance F, à la fe-ction de ces lignes H I K. Ce feront les termes du quarré A I H K, que l'on defire.

Quand on voudra diuifer vn plan de cette forme en plufieurs parties, Il faut mettre le nombre des parties, aufquelles on le voudra diuifer, entre les poincts C, & A, & au-tant de l'autre cofté A E, Et de tous ces poincts tirer aux poincts de diftances, comme on void par cette figure qui a 8. quarreaux de chaque cofté, & 64. en tout.

Si deffus le mefme plan veu de l'angle, on veut feulement faire voir 4. autres petits plans aux extremitez des angles, comme 4. corps de logis, colomnes, arbres, ou quelqu'autre objet que ce foit; Il en faut mettre la largeur fur la ligne de terre au dedans de la longueur du pan, ou cofté du quarré A B, ou A C, qui ont D, & E, entre A B, Et F G, entre A C, Defquels poincts tirant aux poincts de diftances H, & I, leurs fe-ctions donneront les 4. plans K L M N, Qui eft ce que l'on demande.

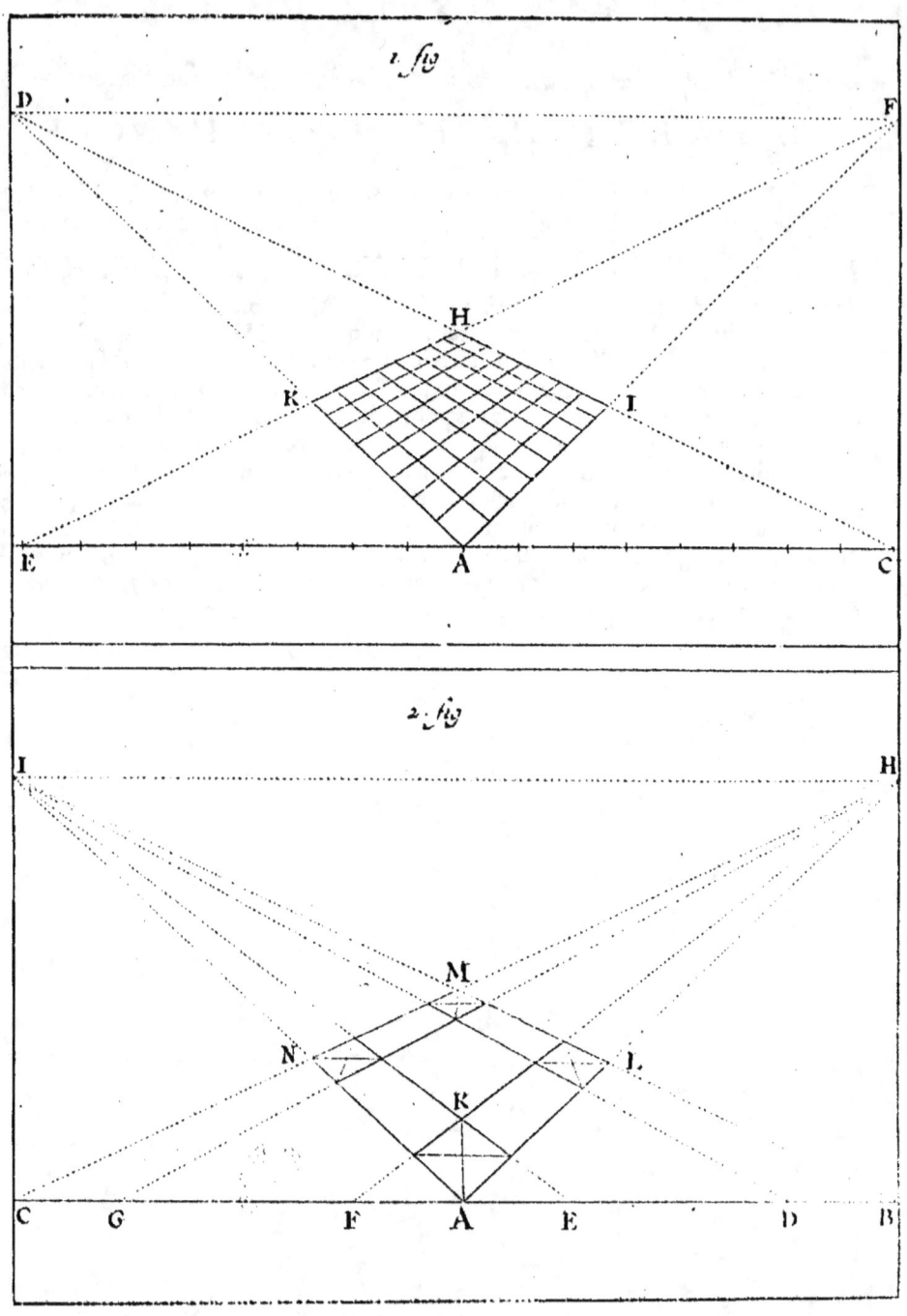

1. fig

2. fig

PAVE' DE QVARREAVX VEVS PAR LES ANGLES.

PVisque nous sommes à ces quarreaux veus par les angles, nous monstrerons comme l'on fait vn PAVE' de salle, d'Eglise, ou de quelqu'autre lieu. Ayant pris l'horizon parallelle à la ligne de terre A B, le poinct de veuë C, & les poincts de distances D, & E ; Il faut diuiser la ligne de terre en autant de parties que l'on veut faire de quarreaux : Puis des extremitez de cette ligne, tirer au poinct de veuë C, comme A C, & B C, Et de ces mesmes poincts A B, tirer deux diagonales aux poincts de distances D E, qui donneront le quarré de la Salle aux poincts de sections FG, par lesquels on tirera la ligne d'enfoncement H I; que nous auons desia dit plusieurs fois: Alors il faudra tirer de tous les poincts qu'on aura diuisé, la ligne de terre au poinct de distance D, & E, & vous aurez entre les rayons A B, ce que vous desirez ; comme la figure vous le monstre. Mais voicy vne difficulté, qui est d'emplir la place qui reste B B, & G I, A A, & H F, des mesmes quarreaux : car ie suppose que la ligne de terre ne se puisse prolonger dauantage. Quand cela arriuera, prenez sur la ligne d'enfoncement FG, vne des mesures des quarreaux, comme seroit K G, & la transportez dessus cette mesme ligne H I; autant de fois qu'elle y pourra estre, & vous aurez les poincts L M N O P Q, & R, par lesquels tirant aux poincts de distances, vous ferez les mesmes quarreaux, comme sont les lignes marquées de poincts. Cette façon de transporter les mesures dessus la ligne d'enfoncement, se pratiquera aux autres Pauez qui suiuront cy-apres.

DES QVARREAVX ENTOVREZ D'VNE LIZIERE, OV FILET.

LA pratique de faire ce second Paué auec vne bande à l'entour, est la mesme que des simples quarreaux veus de front. C'est pourquoy nous ne perdrons point le temps à l'enseigner, puis que nous en auons desia tant fait de figures. J'aduertiray seulement qu'il faut diuiser la ligne de terre en parties inégales, comme A, B & C, Et tirer toutes ces diuisions au poinct de veuë D, & où elles seront couppées des diagonales A E, & G F, y tirer des lignes parallelles à la ligne de terre ; comme on voit en la figure.

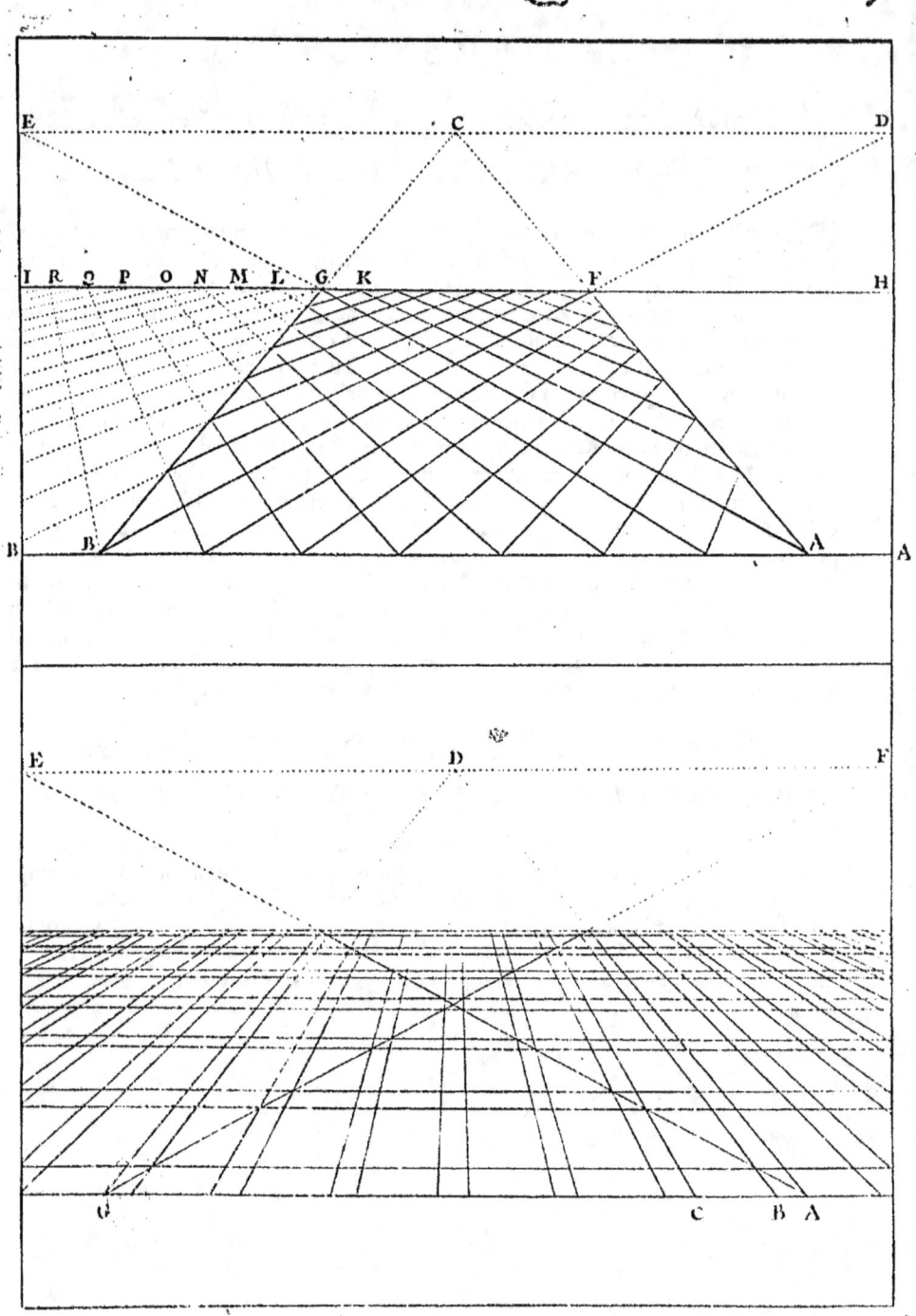

PAVEZ VEVS DE L'ANGLE, ENTOVREZ
d'vne bande, ou filet.

POVR faire cette forte de paué, Il faut diuiser la ligne de terre A B, par parties inégales, dont les plus larges C, seront pour les quarreaux; & les petites D, pour la bande, ou filet; Et de toutes ces diuisions tirer aux poincts de distances E F; Comme nous auons fait cy-deuant aux quarreaux simples.

PAVEZ DE QVARREAVX VEVS DE FRONT, ENTOVREZ
de bandes, ou lizieres, qui ont des quarreaux veus de l'angle au milieu.

POVR faire cette quatriesme forte de pauez, Il faut faire la mesme pratique de la deuxiesme façon, en diuisant la ligne de terre par parties inégales: Mais pour y faire ce quarreau veu de l'angle qui est au milieu, il faut seulement diuiser la plus grande en deux, comme A B C D E F G, Et de tous ces poincts tirer aux poincts de distances, qui vous donneront les quarreaux veus de l'angle, ou lozange qui est au milieu.

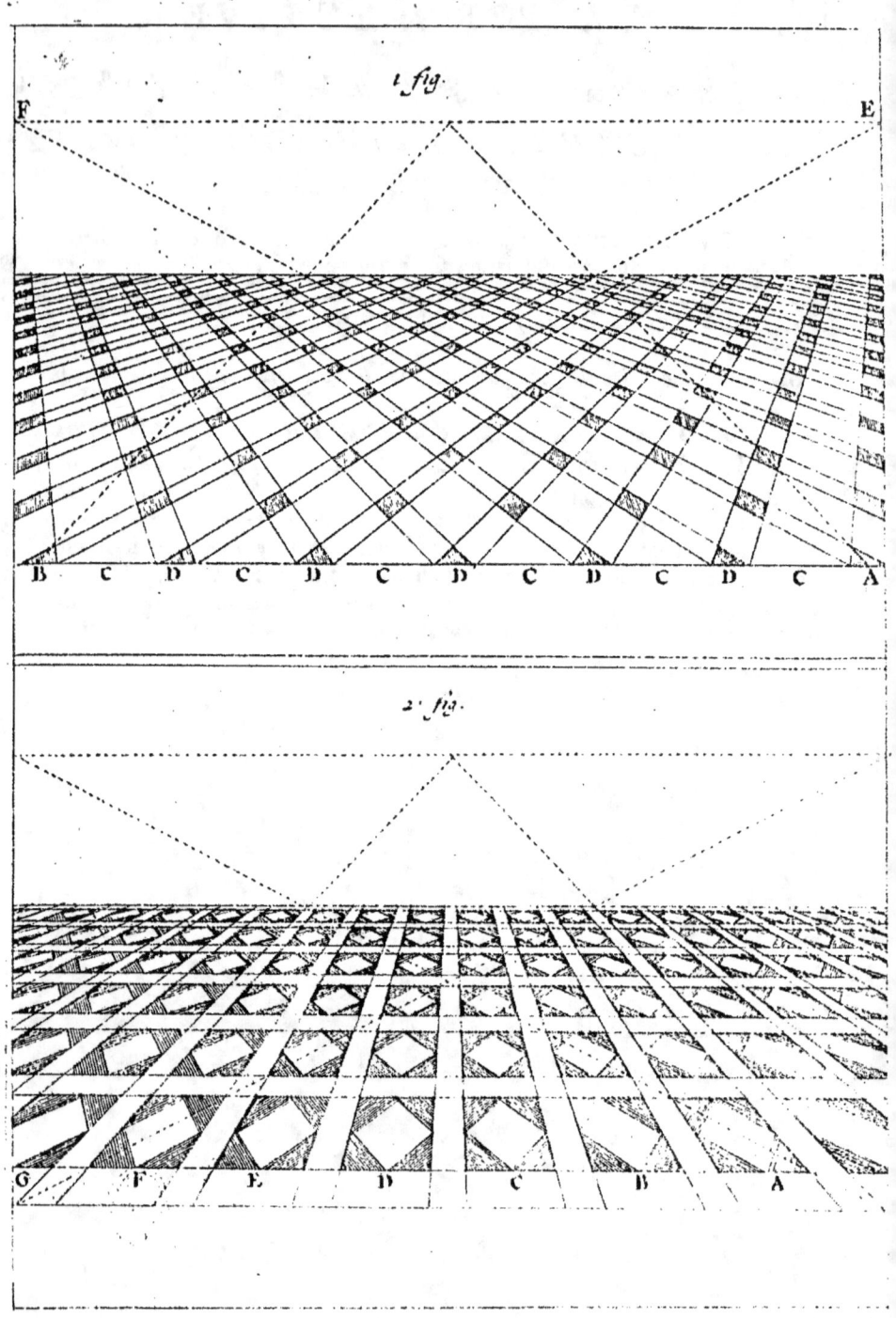

1 fig.

F E

B C D C D C D C D C D C A

2 fig.

G F E D C B A

PAVE' DE QVARREAVX VEVS DE L'ANGLE, AVEC des chaisnes de quarreaux de front.

IE suppose qu'on ait fait la Perspectiue, ou Diminution du quarté pour tirer la ligne d'enfoncement, afin de ne point vser de tant de redites aux pauez suiuans.

Pour faire cette cinquiesme forte de paué, Il faut diuiser la ligne de terre en parties égales, & en prendre quelques-vnes que l'on tirera droit au point de veuë, comme A B C, Et de toutes les autres parties, il faut tirer aux poincts de distances, sans passer pardessus celles qui sont droites; Mais apres que tous ceux qu'on voit de l'angle seront tirez, il faudra tirer des paralleles aux autres, où ceux-là les toucheront du costé; Comme des angles D, & E, tirer la ligne F, Et ainsi par tous les autres, comme la figure le monstre. Il faut prendre garde d'observer tousiours vn mesme nombre de quarreaux entre les chaisnes: Comme icy de 3. entre A B.

PAVE' DE QVARREAVX DE FRONT, AVEC DES chaisnes de quarreaux veus de l'angle.

CETTE sixiesme forte de pauez se fait presque comme la precedente; En diuisant la ligne de terre par parties égales, Et tirant des lignes au poinct de veuë pour former des bandes, ou chaisnes G H I: Il y a neantmoins plus d'affaire: car il faut prendre garde de donner aux chaisnes de trauers, la mesme largeur qu'aux autres qui vont au poinct de veuë O, qui est vn quarré par tout; Et qu'il y ait vn mesme nombre de quarreaux entre les vuides. Le reste se void assez.

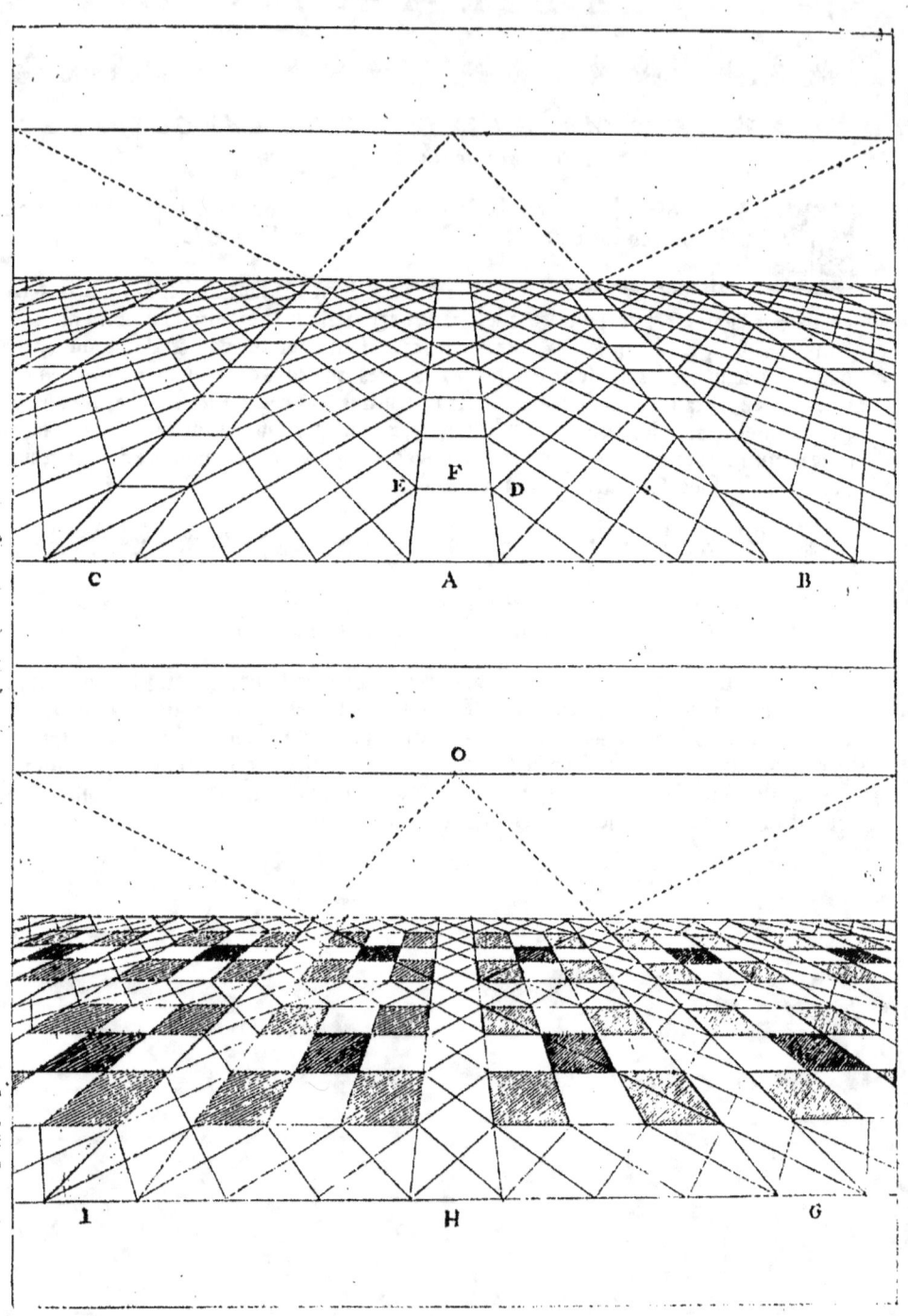

PAVÉ DE QVARREAVX OCTOGONES, meſlez de quarreʒ.

E ne ſeroit iamais fait, ſi l'on voulòit mettre icy toutes les façons de pauez, qu'on peut faire par le moyen des quarreaux : car vne perſonne ingenieuſe en inuentera vne infinité de façon, ſelon ſa fantaiſie. Ceſte ſeptieſme façon eſt aſſez ſimple, auſſi ne l'ay-je faite que pour ouurir l'eſprit, & donner moyen d'en compoſer d'autres. Il n'y a qu'à diuiſer la ligne de terre en quantité de parties, deſquelles on formera des quarreaux, comme nous auons dit cy-deuant, Et de ces quarreaux en prendre vn nombre, comme icy 9. dont il y en a 5. tout pleins ; & 4. à moitié. Les pleins donnent le dedans de la figure 1. 2. 3. 4. 5 Et les diagonales des autres 6. 7. 8. 9. donnent les pans, ou coſtez. Le reſte ſe voit aſſez.

PAVÉ DE QVARREAVX SIMPLES VEVS DE FRONT.

I'AY mis cette façon de Paué des dernieres ; non pas pour eſtre la plus difficile, puis qu'elle eſt le commencement de toute la Perſpectiue, & le plus aiſé de tous les plans : mais pour faire cognoiſtre qu'il eſt le plus vtile & neceſſaire : Car tous les autres ſe peuuent faire, & ſe font d'ordinaire quand tout eſt fait, ne ſeruant que pour l'ornement ; Et celuy-cy ſert de fondement, ſur lequel on eſleue ce que l'on deſire faire paroiſtre ; Comme nous verrons cy-apres.

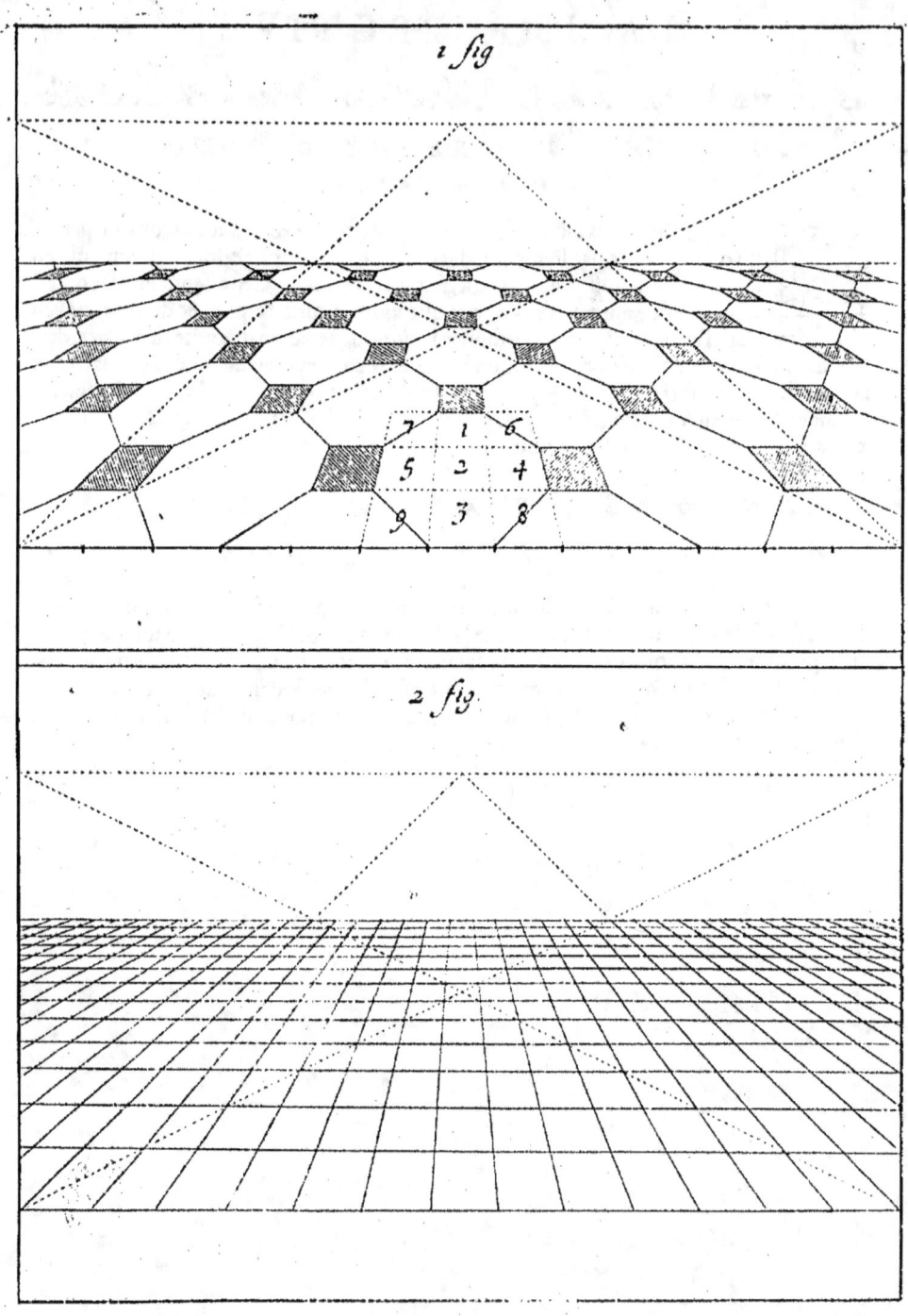

1 fig

7 1 6
5 2 4
9 3 8

2 fig

PLAN D'VN IARDIN RACOVRCY.

E que nous venons de dire se confirme par ce plan : Car tirant toutes ces diuisions, qui sont dessus la ligne de terre, au poinct de veuë, les diagonales donneront la profondeur de tout le plan, & le racourcissement des petits quarreaux; Puis en prenant la mesme quantité, tant pour les Allées, que pour les Figures que le plan Geometrique en occupe, vous aurez en Perspectiue le mesme Parterre, qui est dessus le plan ; Comme la figure le monstre.

Quelque plan que vous ayez a racourcir, & mettre en Perspectiue ; le plus aisé est de l'enfermer dans vn quarré, & diuiser ce quarré en plusieurs quarreaux : Car mettant le quarré, & la quantité des quarreaux en Perspectiue par les voyes ordinaires, vous n'auez qu'à prendre garde, d'occuper le mesme nombre des quarreaux au Plan Racourcy, qu'au Plan Geometrique : Et vous ferez en l'vn, la figure de l'autre.

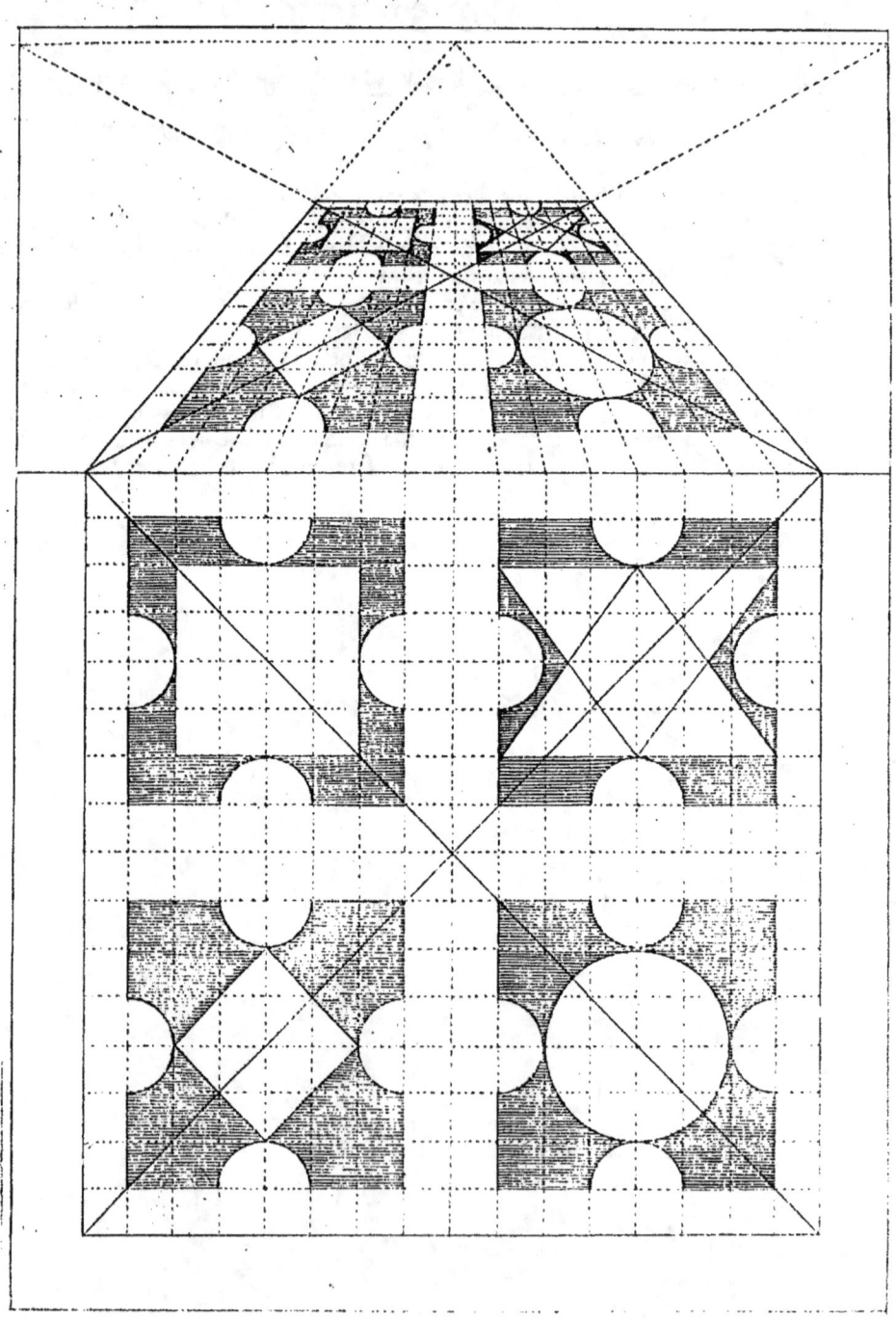

PLAN D'VN BASTIMENT RACOVRCY.

ERLIO dedans son Traicté de Perspectiue, prise fort cette inuention de mettre les Plans en Perspectiue ; comme vne chose tres-vtile aux Architectes , par laquelle ils peuuent faire voir tout d'vn coup vne partie des bastimens esleuez , & le reste en Platte forme, & Parterre : Mais puis que c'est la mesme pratique que celle du Iardin , que nous venons de faire , nous n'en dirons rien dauantage. La figure fera entendre le reste, & de ce peu colliger les plus grandes & plus difficiles.

En la seconde partie vous aurez la methode de faire voir en Perspectiue vne Maison parfaite, où l'on verra le Logis acheué & accomply ; & par mesme moyen tous les Departemens de chaque Estage, depuis la Charpenterie iusqu'à la Caue; & le seul espace qu'occuperoit le Plan Geometral.

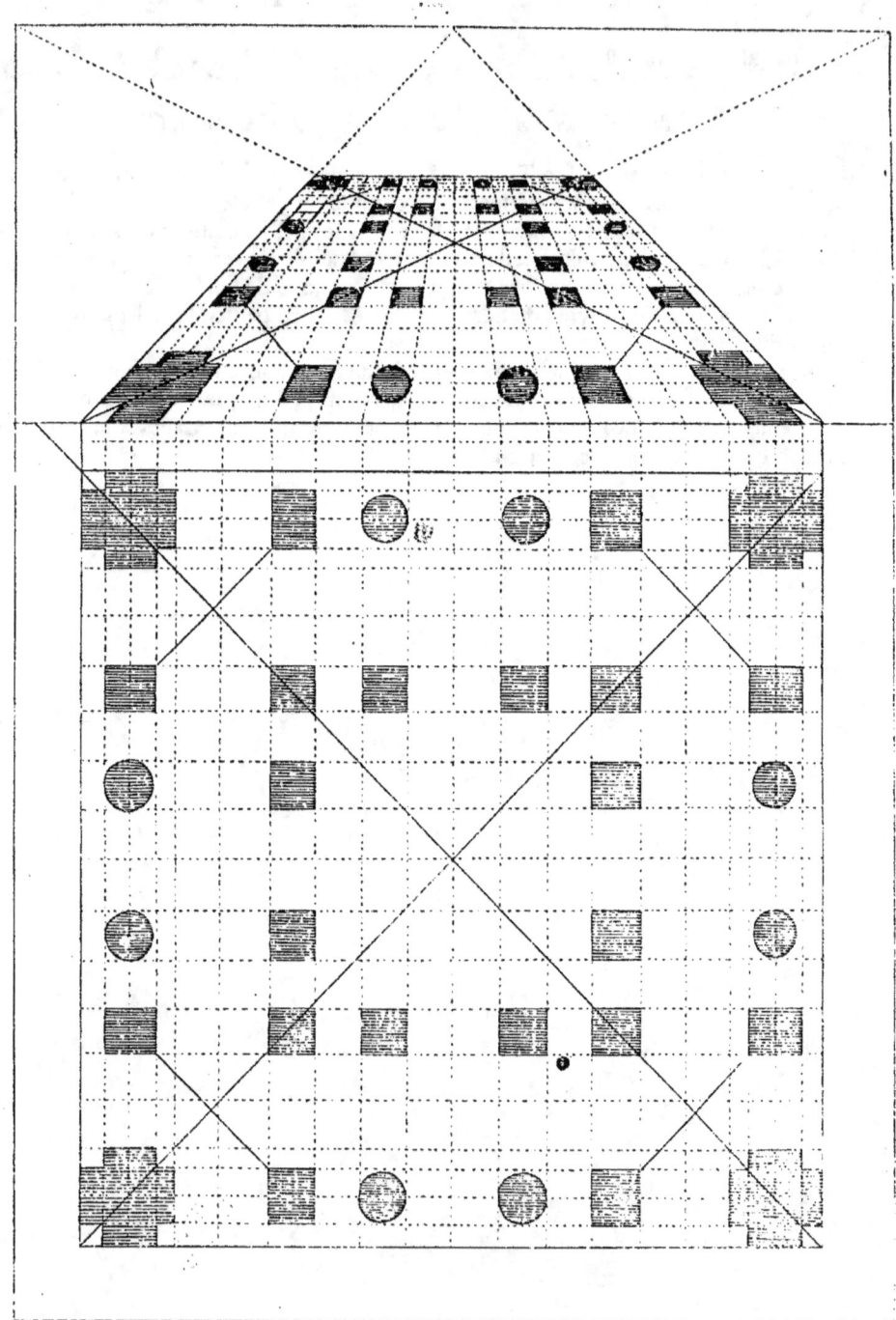

PLAN D'VNE EGLISE RACOVRCIE.

E Plan d'Eglise eſt fait ſelon ce nous auons dit au ſeptieſme aduis; C'eſt à
dire, que tous les coſtez qui ſont perpendiculaires à la ligne de terre, ſe doiuent tirer deſſus la ligne de terre, comme ſont icy les places des Murailles,
& des Pillaſtres; Et de la ligne de terre les tirer au poinct de veuë; Et tous
les autres coſtez, qui ſont parallelles à la ligne de terre, ſe doiuent tirer à coſté; Et marquer deſſus vne ligne, comme O P, toutes les largeurs, comme on void A b c d e f g h i k l;
Et puis tranſporter toutes ces meſures deſſus la ligne de terre; deſquelles tirant au
poinct de diſtance, les ſections du rayon extreme donneront les termes, pour tirer les
parallelles qui donneront le racourciſſement de chaque choſe; Ce qui ſe monſtre par
les lettres aa, bb, cc, &c.

Cette façon de racourcir ſur le rayon extreme eſt pratiquée par pluſieurs: Mais,
qui me voudra croire, la laiſſera, pour prendre les pratiques du 8. aduis, où l'on met
vne ligne perpendiculaire au bout de la ligne de terre, pour receuoir les ſections, &
oſter le deffaut de cette preſente pratique, qui ne racourcit pas aſſez, ſi ce n'eſt que
les poincts de diſtances ſoient bien eſloignez; car pour lors, l'effect eſt tout ſemblable
aux autres methodes.

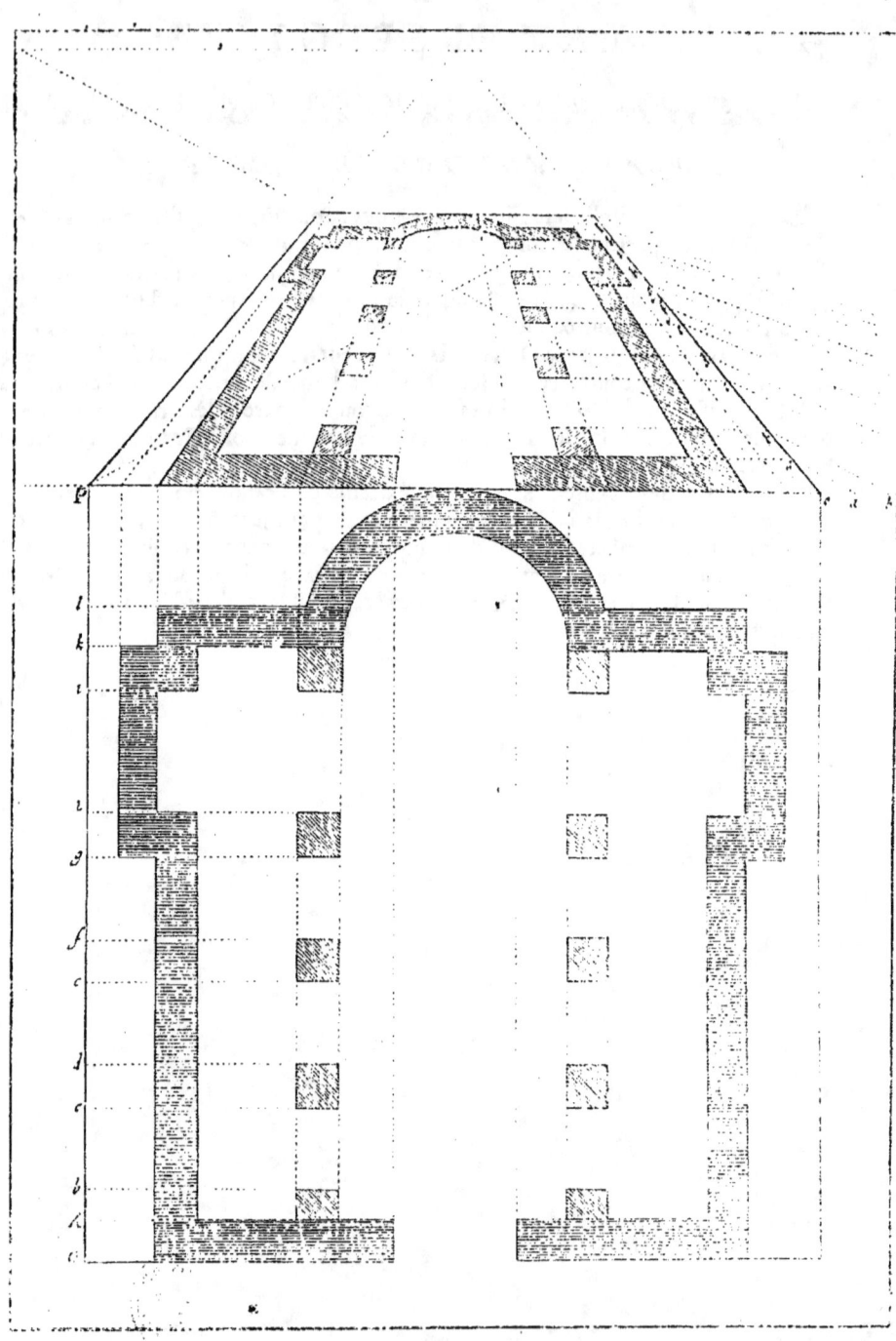

PLAN D'VN LOGIS AVEC VN IARDIN.

A pratique de mettre ce Plan de Logis en Perspectiue, est toute la mesme que du Iardin, dont nous venons de parler; ce qui deura suffire pour l'vn & pour l'autre, afin de ne point tant repeter. Il est mis icy pour monstrer qu'on peut racourcir toutes sortes de Plans, soit qu'ils soient composez de parties égales, ou inegales.

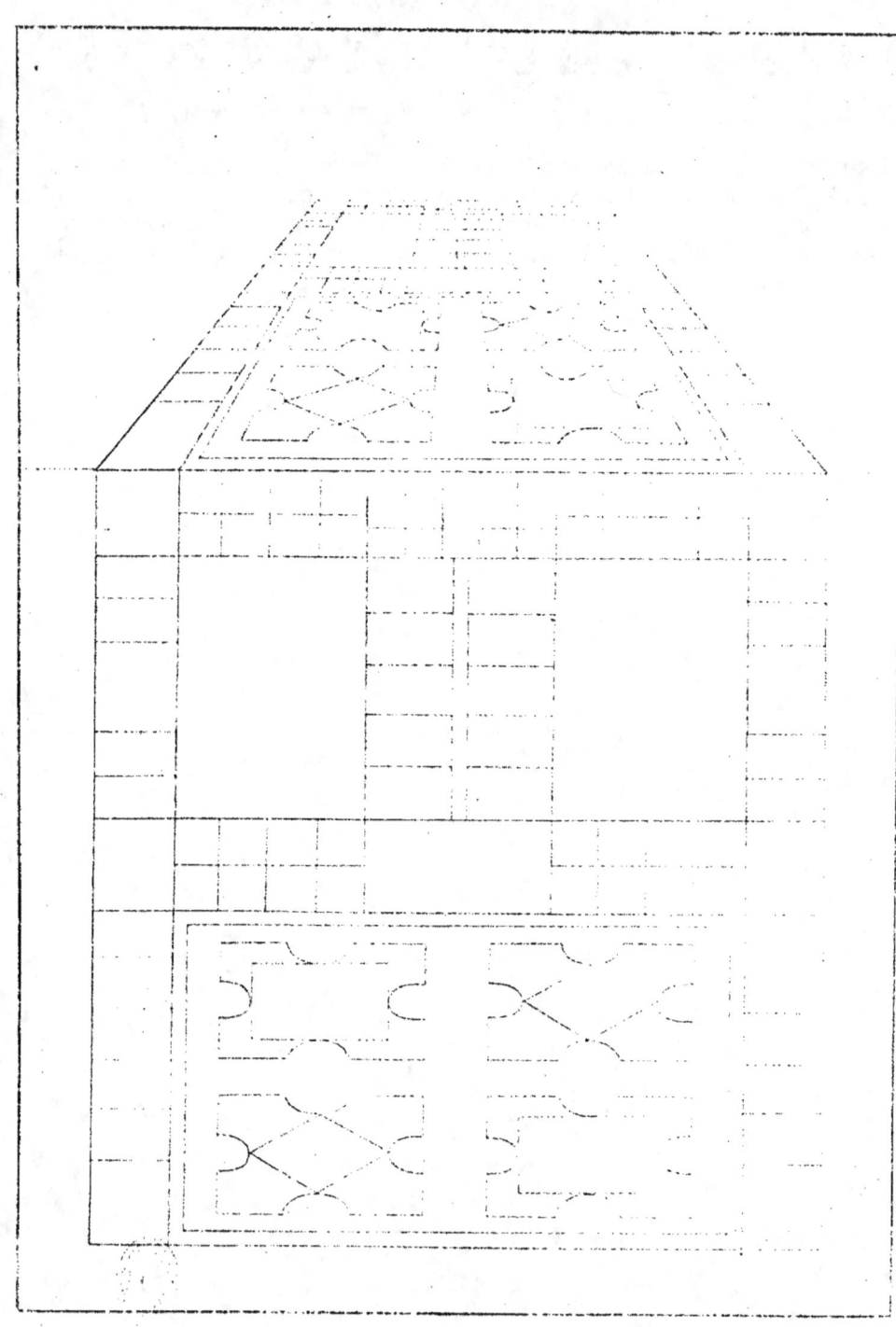

PLAN DE FORTIFICATION, RACOVRCY.

POVR mettre toutes Fortifications, & quelqu'autre piece que ce soit en Perfpective, il fe faut feruir du fixiefme, & huictiefme aduis. C'eft la pratique que nous venons de dire pour l'Eglife, & pour le Logis; Qui eft de tirer de tous les angles, des lignes perpendiculaires deffus la ligne de terre; & de la ligne de terre, des rayons au poinct de veuë; Et des mefmes angles tirer encore des parallelles à la ligne de terre qui marquera les diuifions deffus vne ligne à cofté, comme A B, Laquelle ligne A B, fe doit mettre deffus la ligne de terre; Et de ces mefures tirer au poinct de diftance pour nous donner la ligne de fection C D : Mais à caufe que la place ne nous permet pas de la mettre deffus la ligne de terre ; ie l'ay tranfportée au deffous de la figure, comme eft A B. Puis ayant mis le poinct de diftance en E, de la hauteur E F, il y faut tirer de toutes ces diuifions de A B, afin de coupper la ligne de fection C D, en autant de patties; Laquelle ligne C D, auec fes diuifions, fe doit tranfporter au pied du rayon extreme, ou bien de cofté & d'autre D D; Et de tous ces poincts qui font deffus la ligne D C, tirer des parallelles : ou bien feulement marquer vn poinct deffus le rayon qui part de l'angle du plan qui luy eft propre : Et tous ces poincts eftans conjoints de lignes, vous donneront ce que vous defirez. La figure feruira à faire mieux entendre la pratique.

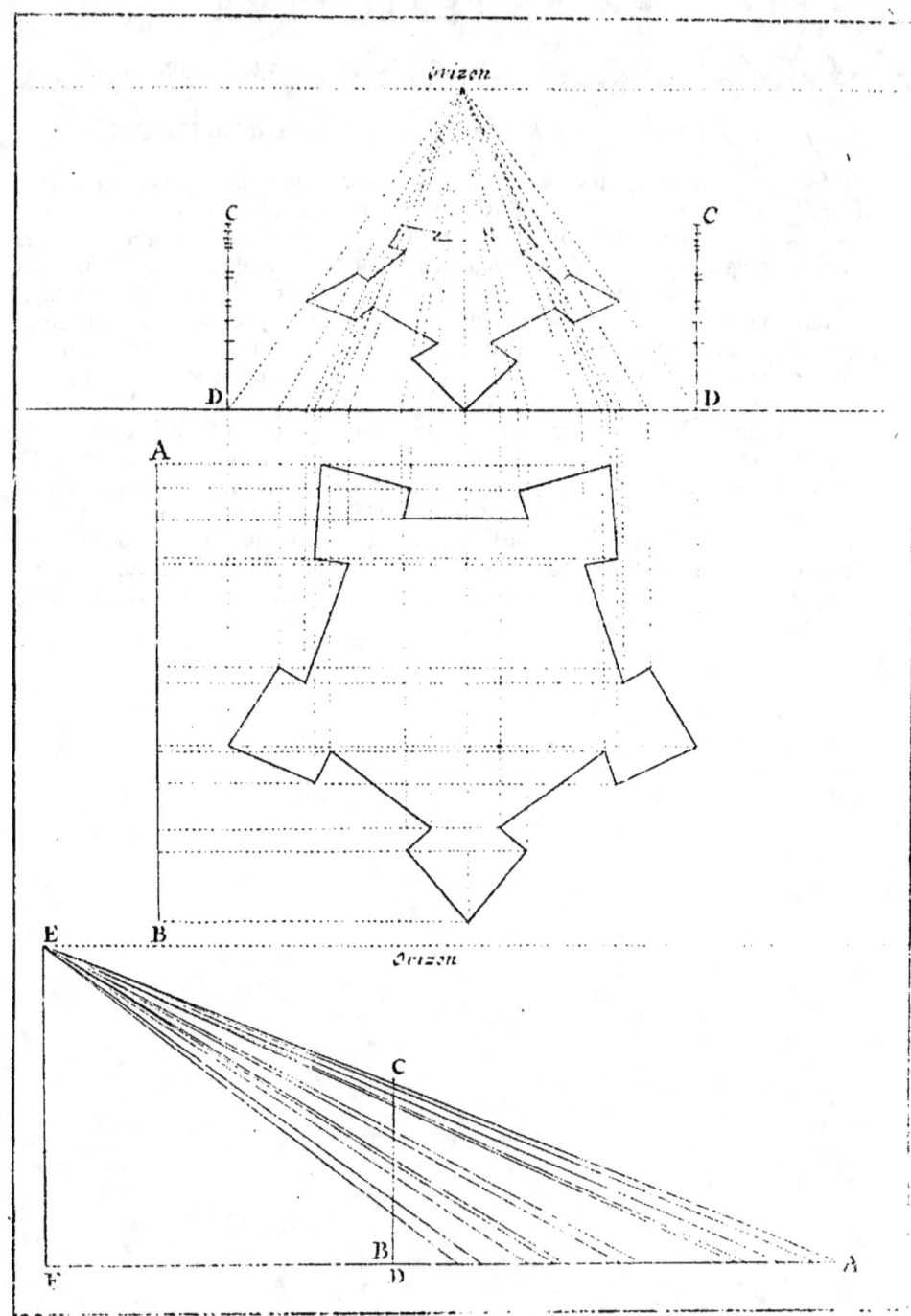

PLAN, ET FIGVRE IRREGVLIERE RACOVRCIE.

QVi fera bien ce que nous venons de quitter, n'aura point de peine à tout le reste : car c'est ce qui est le plus mal-aisé des Plans en Perspective. I'ay creu neantmoins qu'il estoit bon de mettre encore quelque chose irreguliere, qui parut difficile de premier abord; afin de faire cognoistre, qu'il n'y a rien qu'on ne puisse racourcir de quelque veuë, ou aspect que ce soit.

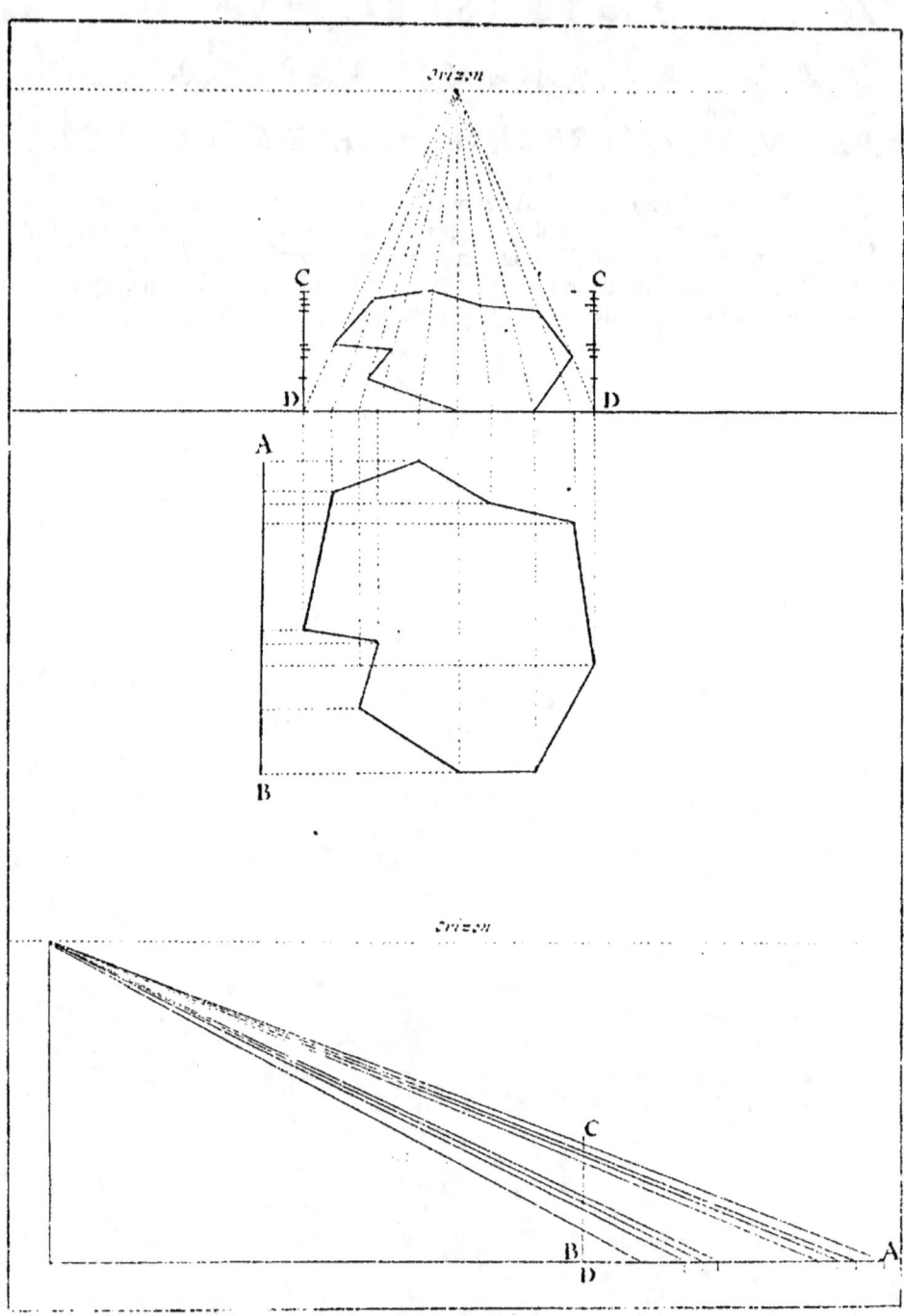

AVTRE PLAN D'EGLISE, RACOVRCY.

L ſemble que cette pratique de Perſpective ſoit tout autre, que celle dont nous venons de nous ſeruir, à cauſe que la diſpoſition n'en eſt pas de meſme; Ce que i'ay fait à deſſein, pour faire cognoiſtre qu'il y a pluſieurs façons & pratiques, qui ſe rapportent toutes en vne; car celle-cy eſt la meſme, que celle dont nous nous ſommes ſerui pour racourcir les Fortifications; les Pieces irregulieres, & autres Plans, ſelon le huictieſme auis; auec cette ſeule difference, Que nous auons marqué les parallelles à la ligne de terre deſſus vne ligne a coſté; Et icy nous les auons marqué deſſus vne ligne au milieu du Plan : Et tant d'vne façon que d'autre, on a touſiours vn meſme effect; car tirant de toutes les diuiſions de cette ligne du milieu à l'œil A, vous aurez la ligne de ſection B C, qui ſe fera deſſus la ligne, qu'on pourroit dire de terre D E.

Pour le mettre en Perſpective ; Tranſportez en quel lieu vous voudrez toute la longueur de la ligne de terre, comme cy-deſſus D E, & la hauteur de l'œil A F, Puis ayant mis de coſté, & d'autre, ou au milieu la ligne de ſection B C, tirez des parallelles à la ligne de terre par toutes ces diuiſions, iuſqu'au rayon extreme D A, E A, faut mettre la largeur des Pilaſtres D K, deſſus la ligne de terre, & tirer vne ligne au poinct de veuë A, Et la ſection des lignes parallelles par celles-cy K A, ſera la largeur des Pilaſtres.

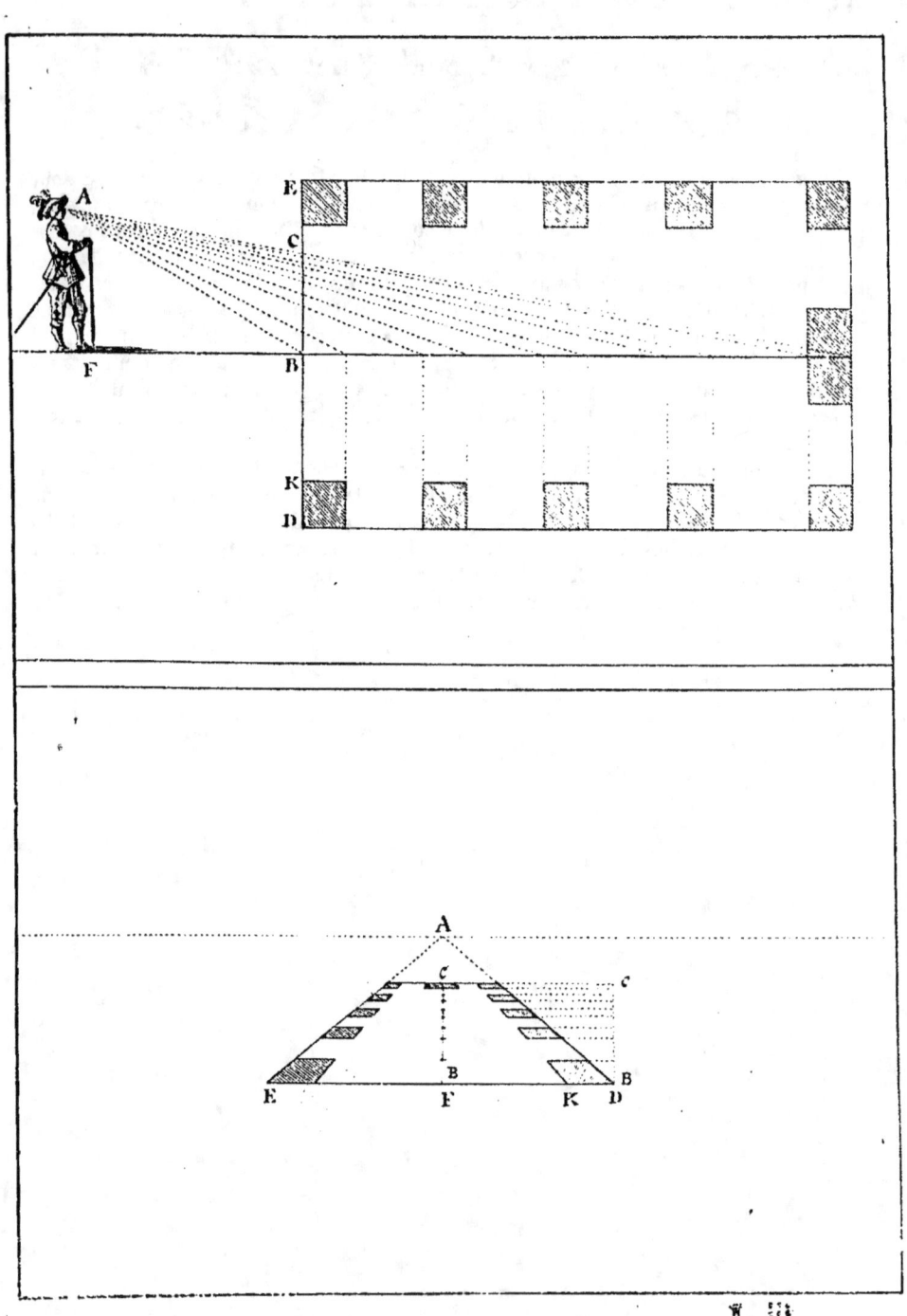

PRATIQVES
DES
ESLEVATIONS.

QVELQVES ADVIS NECESSAIRES, POVR
les Practiques suiuantes.

IL me semble auoir fait entendre suffisamment, ce qui appartient à l'Ichnographie, & Planigraphie, qui est necessaire pour fondement de l'Orthographie, & Scenographie. L'Orthographie, c'est la face, ou le deuant, &c. comme on peut voir aux Definitions. Scenographie, c'est l'esleuation de tout ce qu'on a dessein de faire, &c. Voyez les Definitions qui sont au commencement de ce Liure.

Pour me rendre plus clair à ceux qui n'ont pas l'vsage de ces mots, Nous nommerons doresnauant (comme i'ay desia dit aux Definitions) l'Ichnographie, le Plan; l'Orthographie, & Scenographie, du mot commun à l'vn & à l'autre, d'Esleuation : Tellement que pour dire l'Orthographie, nous dirons l'Esleuation du deuant; Et pour Scenographie, l'Esleuation du tout.

Auant que passer plus outre, faut remarquer que les Esleuations ne donnent iamais à l'œil tous les angles du plan, & que la quantité des faces dependent de l'aspect qui fait voir l'objet : Car s'il est veu de Front, comme la Figure A, il ne monstrera qu'vne face, quoy que le plan en ait quatre; S'il est veu de l'Angle, quoy que de Front, il en monstrera deux, comme B, & iamais dauantage, de quelque aspect que l'on le voye. Cela se doit entendre du Quarré, puis que les figures à plusieurs Pans, en peuuent donner 3. 4. 5. & dauantage. Or est-il que pour peu, que les objets declinent du poinct de veuë, ils sont veus de l'angle; donc ils doiuent monstrer deux faces : Et tant plus ils s'esloignent du poinct de veuë, plus ils se descouurent : Comme KE se descouurent dauantage, que CL, quoy que leur espaisseur soit egale.

Vne autre, chose qui est encore à remarquer, est; Que ce qui est parallelle à l'horizon, quand l'objet est veu de Front, quoy qu'en Perspective, comme CDEF de la porte à la premiere figure, deuient rayon visuel; quand le mesme objet est veu estant en vn retour, ou obliquement: Comme en la deuxiesme figure, que CDEF, qui est de Front au dessus, se fait rayon visuel à celle de dessous; Et au contraire, ce qui est rayon à celle de dessus, se fait parallelle à la ligne de terre à celle de dessous, comme DGFHL; Les Perpendiculaires sont tousiours Perpendiculaires.

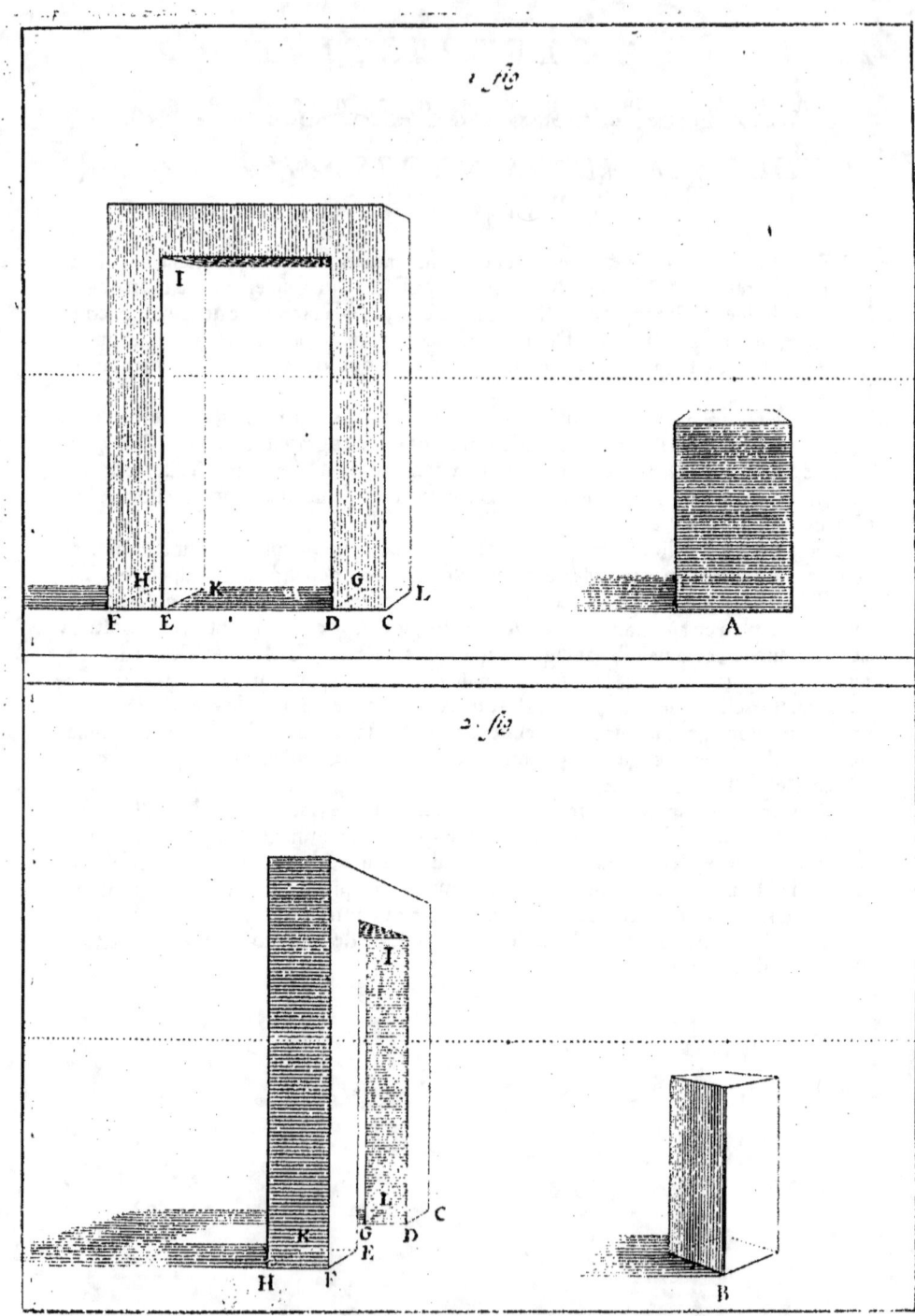

1 fig

I

H   K   G   L
F   E   D   C

A

2 fig

I
F
L   C
G   D
K
E
H   F

B

DE LA LIGNE D'ESLEVATION POVR DONNER LES Hauteurs à toutes fortes de Corps, & Figures, & en tel lieu que l'on voudra dans vn Plan.

L faut tafcher de bien poffeder cette reigle, qui eft de telle importance, que qui la fçaura parfaitement, n'aura nulle peine dans les Efleuations, de quoy que ce foit. Comme pour faire les Plans, nous nous fommes ferui de la ligne de terre : Pour les Efleuations il nous faut auffi feruir d'vne ligne qui nous dirigera, & portera les mefures des Hauteurs qu'il faut, à chaque chofe qu'on veut efleuer.

Cette ligne d'Efleuation doit eftre perpendiculaire deffus la ligne de terre A B, qui eft toufiours la plus proche de noftre veuë, & la premiere du plan ; Par confequent capable de donner, & porter les mefures de tout ce que l'on veut faire au tableau ; c'eft pourquoy la ligne d'Efleuation C D, eft pofée deffus la ligne A B perpendiculairement, comme doiuent eftre fur le plan toutes celles dont nous nous feruirons dorefnauant : Il faut donc fe fouuenir, que quand nous dirons des perpendiculaires, ou perpendicules au refte de nos pratiques, il faut toufiours entendre des lignes à plomb deffus le plan, ou lignes de terre.

Puis que cette ligne d'Efleuation doit receuoir, & donner les Hauteurs à tous les objets que l'on veut efleuer d'vn Plan ; Il faut qu'il ait le mefme horizon que le Plan ; c'eft pourquoy il faut du pied de cette ligne que l'on met à gauche, ou à droit, tirer dans l'horizon comme l'on voudra ; c'eft à dire, qu'il n'importe pas où ce poinct foit mis dans l'horizon : car en quelque endroit qu'il foit, il donnera toufiours vn mefme effet, comme eft du pied de la ligne C, au poinct E, on le peut mettre au poinct de veuë, fi l'on veut. I'ay mis cette ligne de cofté & d'autre en la premiere figure, & leur poinct different, dans l'horizon, pour faire cognoiftre qu'il eft bien par tout.

Si du poinct H, qui eft au Plan de la deuxiefme figure, vous voulez efleuer vne ligne de deux pieds de haut ; Il faut mettre deffus la ligne d'Efleuation deux parties egales, que vous ferez valloir chacune vn pied, commençant au poinct C, comme font C F, qui eft haut de deux pieds, tirer au poinct E, & vous aurez vne Efleuation de deux pieds, entre les deux lignes C, & F, tirées au poinct E.

Pour donner la hauteur de deux pieds à vne ligne efleuée du poinct H ; Il faut de ce poinct H, tirer vne parallele occulte à la ligne de terre, iufques à ce qu'elle coupe la ligne d'embas C E, qui fera le poinct I. Si du poinct I, on efleue vne perpendicule I K, entre C F, elle fera la hauteur qu'il faudra pour la ligne du poinct H, qu'il faut prendre auec vn compas, & la porter au poinct H, qui donnera H L, de deux pieds de haut.

Si du poinct M, vous en voulez vne de mefme hauteur de deux pieds ; Il faut faire la mefme operation, & vous aurez entre C F, la perpendicule N O, qui fera la hauteur qu'il faut au poinct M. Et faifant la mefme operation du poinct P, vous aurez la perpendicule Q R, pour la hauteur de la ligne du poinct P.

Pour leur donner la hauteur de 3. 4 5. 10. 20. & 30. pieds ; C'eft toufiours la mefme pratique, il n'y a qu'à mettre ces diftances & hauteurs fufdites deffus la ligne d'Efleuation ; Et du poinct de la hauteur que vous voulez donner, tirer au poinct de la ligne dans l'horizon, qui eft icy le poinct E, & faire toutes les mefmes operations, que nous venons de faire : Et vous aurez ce que vous defirez.

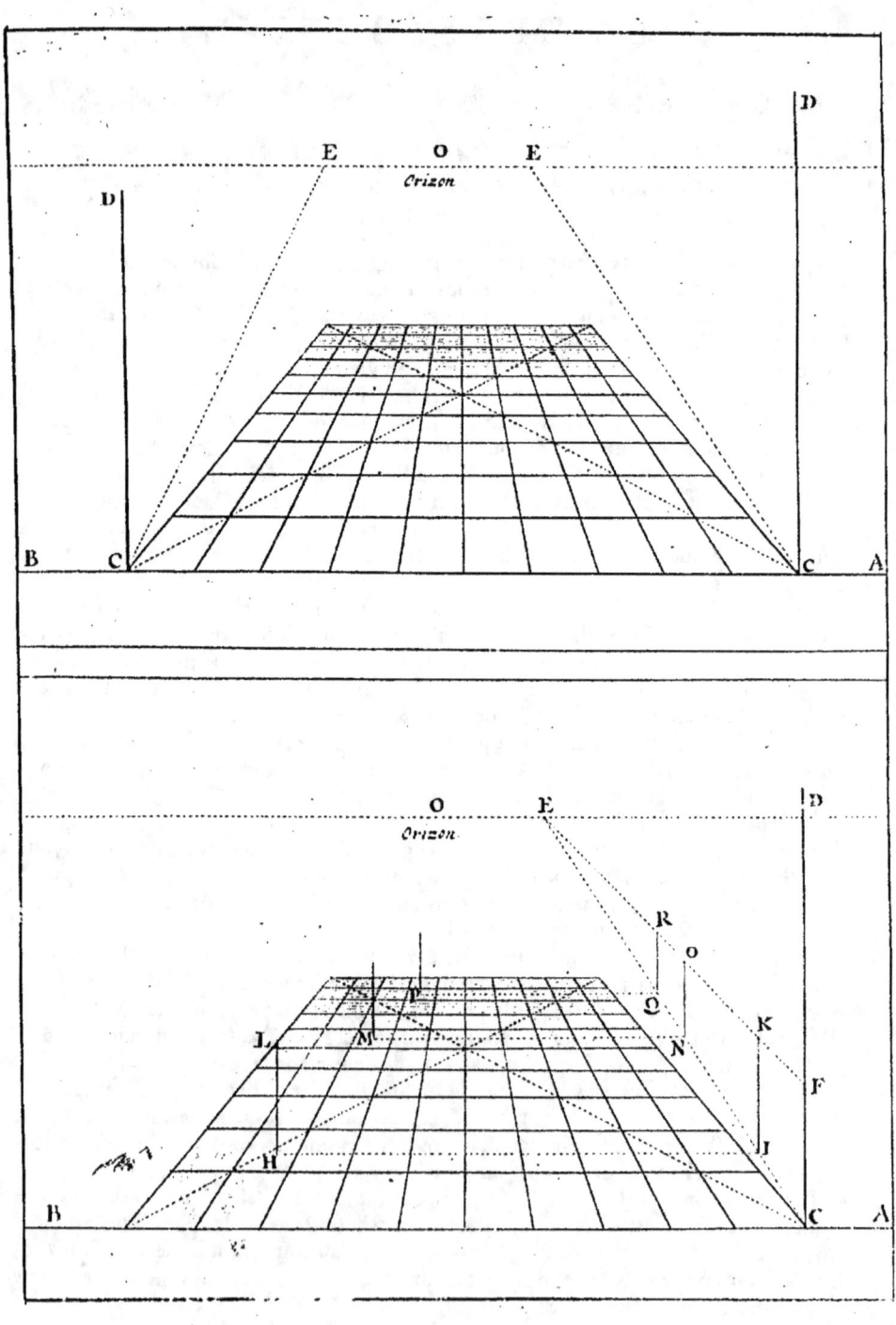

ESLEVATION D'VN CVBE EN PERSPECTIVE.

AYANT fait le plan par les pratiques precedentes, & ayant mis la ligne d'Esleuation à quelque costé du plan, comme est F L, dessus la ligne de terre, Il faut mettre dessus cette ligne F L, la hauteur du Cube, qui est vne Figure quarrée en toutes les Faces, comme vn Dez, qui sera F M, desquels poincts F M, il faut tirer au poinct de la ligne d'Esleuation E. Puis de tous les angles du Plan ABCD, mener des parallelles à la ligne de terre, iusqu'à ce qu'elles rencontrent la ligne FE, qui est le bas de la ligne d'Esleuation & de leurs sections F, & H, esleuer des perpendicules F M, & H K, entre les lignes M F, qui sont tirées au poinct E ; Puis prendre ses mesures auec vn compas, & les porter perpendiculairement dessus les angles. Par exemple, Prendre auec vn compas la hauteur F M, & la porter perpendiculairement dessus les lignes esleuées des angles AB, qui seront A G, B G, Puis prendre encore la hauteur H K, & la porter dessus les angles du fond C D, qui donneront C O D O, Puis joindre de lignes droites G O O G, Ce sera le Cube esleué.

Si vous voulez auoir l'Esleuation de quelque Figure que ce soit: Tirez tousiours des angles de son plan des parallelles à la ligne de terre, iusqu'au traict du pied de la ligne d'Esleuation, & gardez la mesme methode que nous venons de dire pour le Cube, & vous verrez qu'il n'y a chose, pour difficile & inegale qu'elle soit, que vous ne mettiez en Perspectiue, comme nous ferons voir aux Polygones suiuans.

La seconde Figure, est vn autre Cube esleué d'vne maniere fort peu differente de la premiere, que ie vay dire en trois mots ; Et s'en seruira qui voudra, n'estant point à rejetter.

Ayant fait le Plan par la voye ordinaire ; Il faut de tous ses angles B C D E, esleuer des perpendiculaires, Et dessus les premiers, mettre la hauteur qu'on luy veut donner, comme B A C A, Et des poincts A A, tirer aux poincts de veuë F, ou au poinct de distances G H, & où les perpendiculaires des angles D E, seront coupez au poinct I L, ce sera la ligne d'enfoncement, & le dessus du Cube tout esleué.

Cette derniere pratique n'est pas si vniuerselle que la premiere, qui a tousiours esté en vsage, & pratiquée par les vieux Autheurs: Elle a neantmoins quelques vtilitez, que l'on cognoistra à quelqu'vne de pratiques suiuantes.

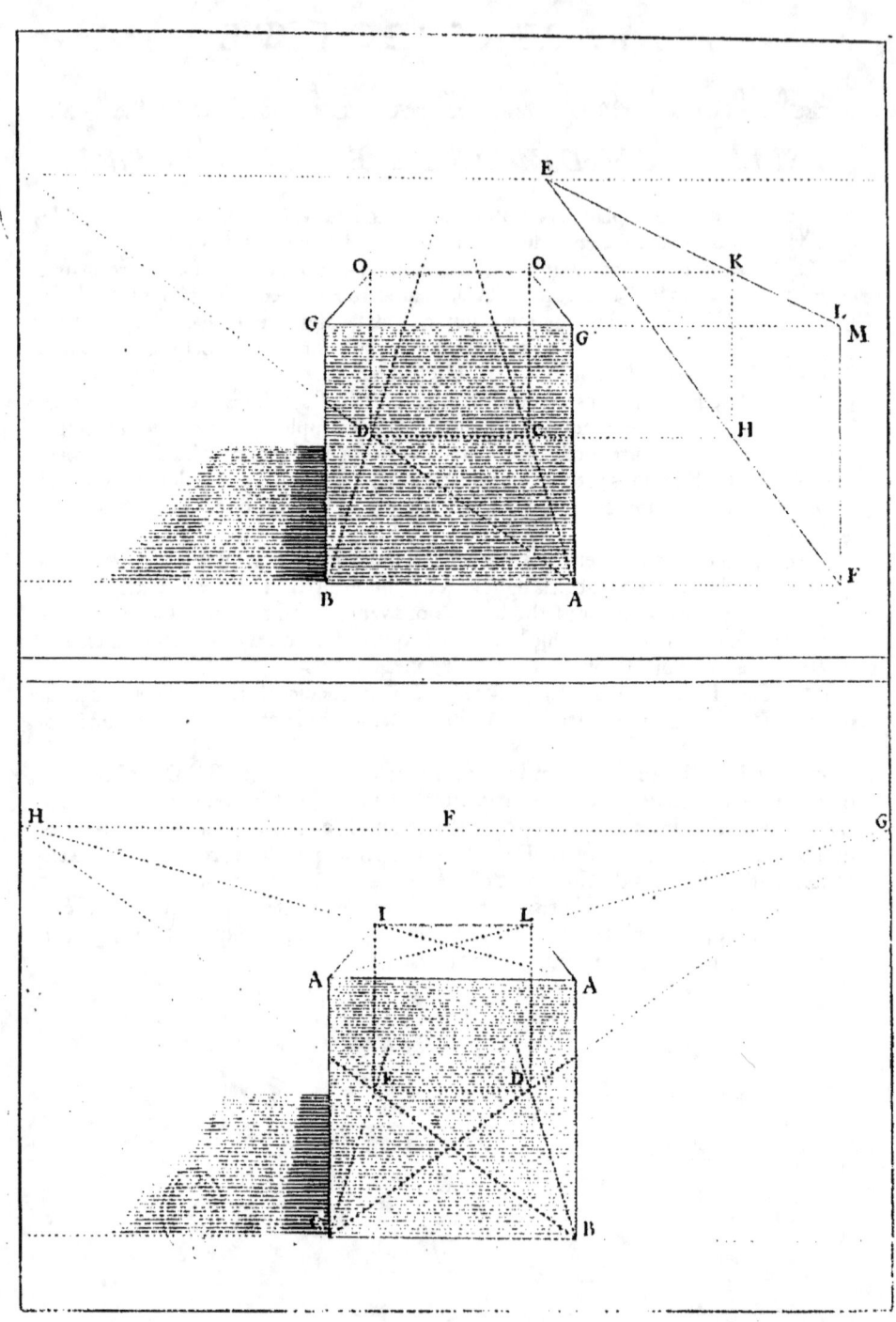

LE TRIANGLE EN PERSPECTIVE.

E N la premiere pratique, i'ay promis de faire voir la facilité d'esleuer toutes Figures ; dont les plus penibles font les Polygones, ou Figures à plusieurs Pans: & pour garder que' ¡ue ordre, nous commencerons par le TRIANGLE.

Ayant formé vn Plan, par les pratiques precedentes, feuillet 21. où nous enseignons à le faire auec vne Liziere, ou vn Bord : Il faut, comme nous venons de dire, mettre la ligne d'Esleuation à costé, de telle hauteur que l'on voudra, comme est AB, de trois pieds ; Puis de tous les angles du Plan, tirer des parallelles à la ligne de terre, iusqu'au bas de la ligne d'Esleuation BE, Et de leurs sections, esleuer dès perpendicules entre les lignes AB, & porter toutes ces hauteurs dessus les angles d'où partent les parallelles. Par exemple, La hauteur AB, doit estre portée aux angles CD, qui donnera CR, & DS; L'autre hauteur FI, aux angles GO, qui donnera GT, & OV, Celle HL, à l'angle K, qui donnera KX, Et la derniere hauteur NP, à l'angle Q, qui donnera QY, Puis joindre de lignes droites tous ces poincts RSY, Puis TVX, pour l'espaisseur de la pierre, à la premiere figure.

LE PENTAGONE, OV CINQANGLE, EN PERSPECTIVE.

L E, PENTAGONE est vne Figure à cinq Faces, ou Pans; & à cinq Angles. Nous auons donné la methode de le former, & mettre son Plan en Perspective au Traicté des Plans, feuillet 22. Ce seroit perdre le temps, de donner la maniere de l'esleuer; puis que la figure 1. fait cognoistre, que c'est la mesme pratique, que du Cube, & du Triangle.

L'HEXAGONE, OV SIXANGLE, EN PERSPECTIVE.

L'HEXAGONE est vne Figure à six Angles, & six Faces, ou Pans; comme il se void de deux manieres, au Traicté des Plans, feuillet 23. & 27. où il est racourcy. La pratique pour les esleuer se voit assez en la troisiesme figure.

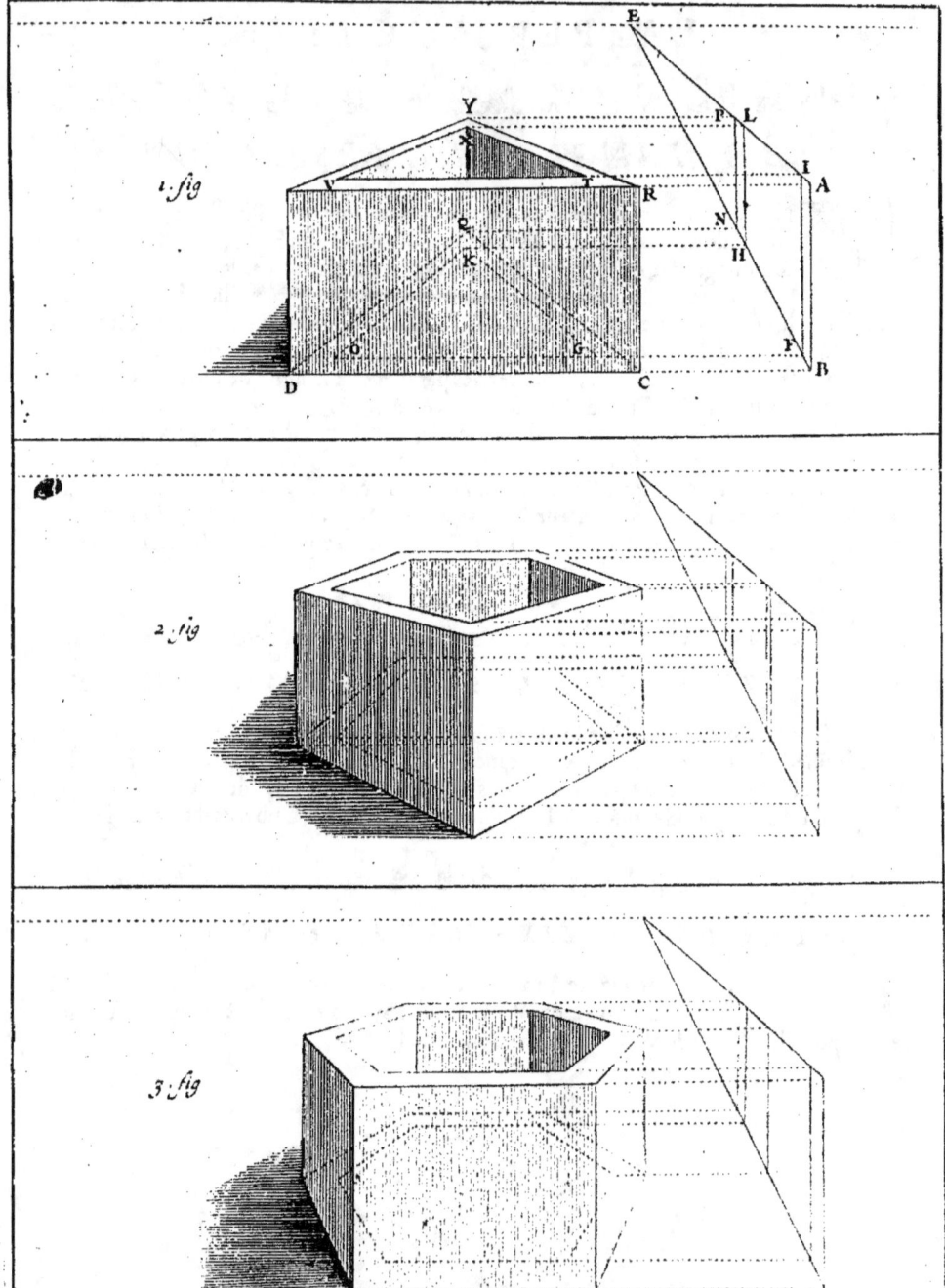

1. fig

2. fig

3. fig

DE L'HEPTAGONE, OU SEPTANGLE, EN PERSPECTIVE.

'HEPTAGONE est vne Figure à sept Pans, ou Faces, & à sept Angles : De laquelle nous auons mis cy-deuant, feuillet 24. comme l'on doit former, & mettre son Plan en Perspective. Son Esleuation est la mesme pratique, que du Triangle; comme on void à la premiere figure.

DE L'OCTOGONE, OU HVICTANGLE, EN PERSPECTIVE.

L'OCTOGONE est vne Figure à huict Anglés, & huict Faces : comme la deuxiesme Figure le monstre au Traicté des Plans, feuillet 25. & 26. On pourra voir comme il le faut mettre en Perspective de deux differentes manieres. L'Esleuation est comme aux precedentes.

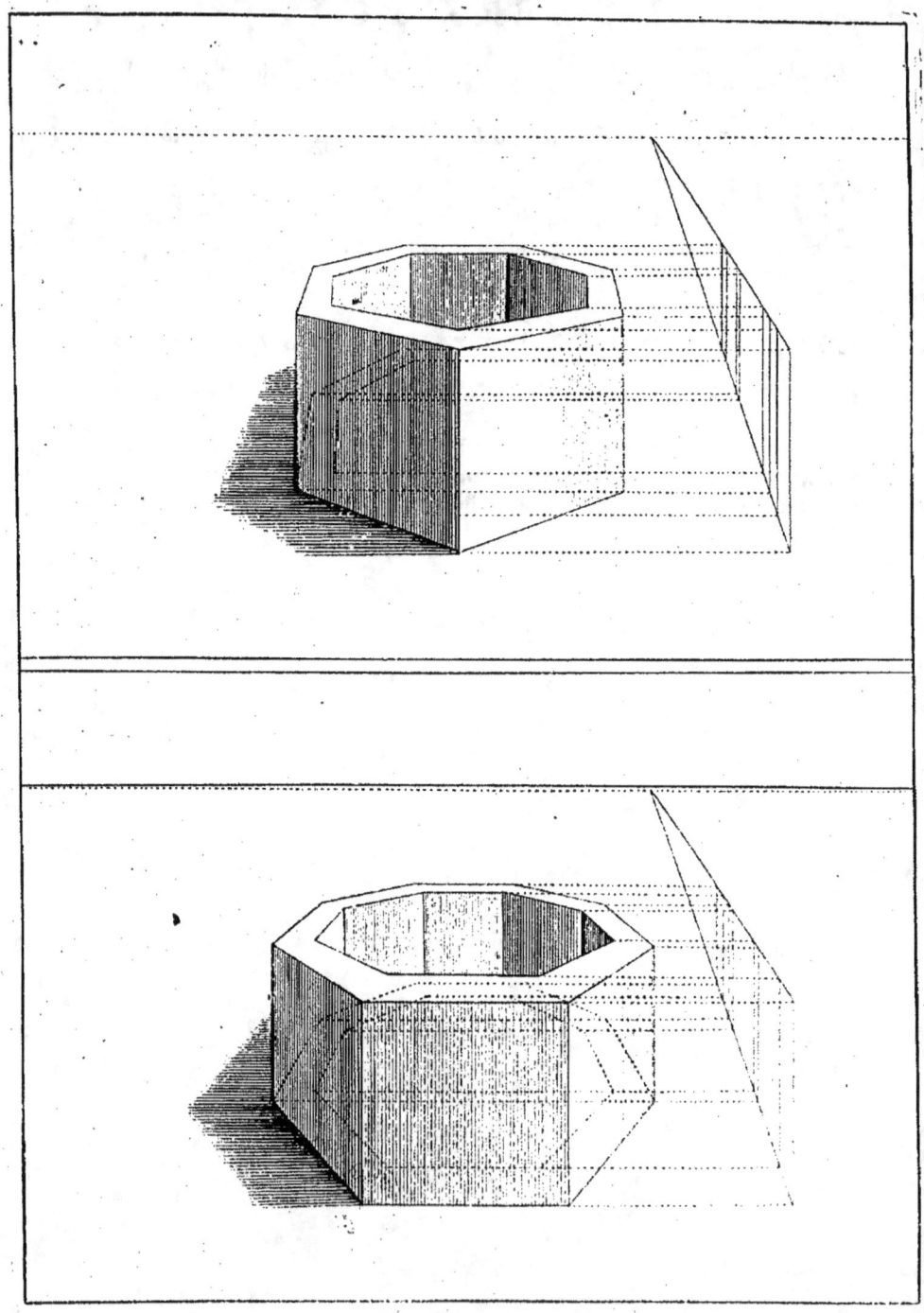

VNE CROIX DOVBLE EN PERSPECTIVE.

'Ay mis cette Figure, & celle de deſſous, que le Sieur Marolois a dans ſes œuures, ſelon la premiere pratique que nous ſuiuons. Ce qui ſeroit plus difficile à
mettre en Perſpectiue, par vne autre maniere, pour la diuerſité des Angles; Et
de cette methode elle eſt fort aiſée, en eſleuant de tous les angles du Plan,&c.
comme nous auons dit des Polygones, & qu'il ſe void clairement à la premiere figure.

VNE PIERRE CANNELEE EN ESTOILLE, EN PERSPECTIVE.

N'Ayant point mis le Plan de cette Figure auec les autres Plans: I'ay creu le deuoir
mettre deſſous ſa Figure, pour la racourcir à l'ordinaire, comme nous auons mis les
autres. Le Plan Geometral eſt aiſé à faire: C'eſt vn cercle diuiſé en ſix, dont les diuiſions
doiuent eſtre jointes de lignes droites, en laiſſant vn poinct entre-deux; Comme par
exemple, de I, à 3. laiſſant 2. Puis prendre 2. & 4. laiſſant 3. & ainſi des autres. Le reſte
ſe void aſſez en la deuxieſme Figure.

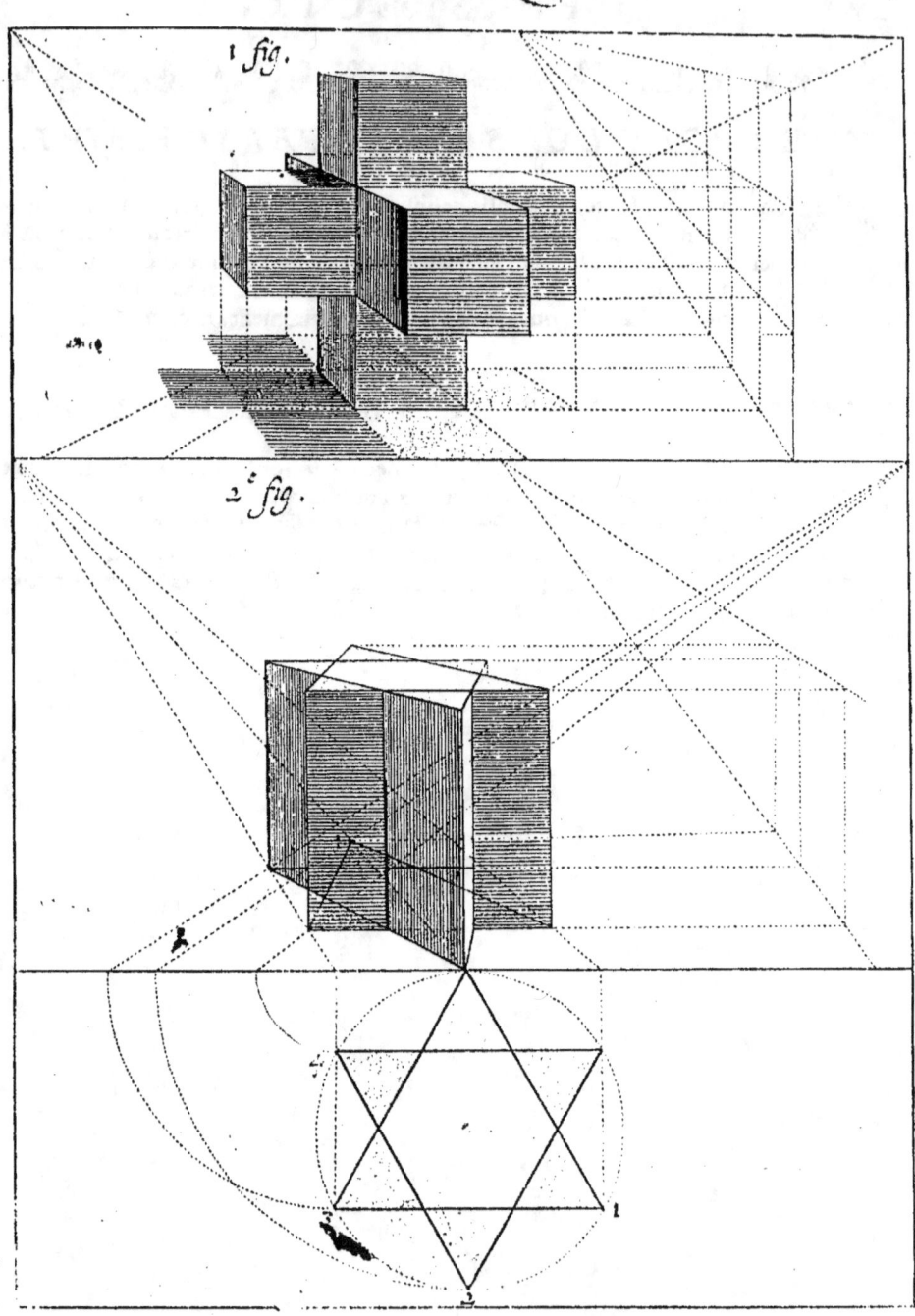

1. fig.

2. fig.

DES PILASTRES EN PERSPECTIVE.

VAND on voudra faire quelques Pieces, comme COLOMNES, PILASTRES, OV MVRAILLES, qui auront mesme hauteur : Il n'est pas besoin de la ligne d'Esleuation ; Il suffit de faire comme en la deuxiesme pratique ; Qui est, qu'ayant esleué des Perpendiculaires des Angles du Plan, comme est A B C D, de la premiere Figure ; Il faut mettre la hauteur qu'on veut, dessus la premiere, ou deuxiesme perpendicule, comme est A F, ou D E, Puis tirer le rayon E, au poinct de veuë F ; Il faut que toutes les Perpendicules que l'on esleuera, soient iusqu'à cette ligne E F, & lors ▄▄ les Pilastres G H, seront égaux aux premiers.

Si l'on ne veut point se seruir de Quarreaux au Plan, Il faut mettre sur la ligne de terre les mesures, & tirer les rayons au poinct de veuë F, & ce qui doit racourcir au poinct de distance K, pour exemple L M, est vn costé du Pilastre ; Il faut tirer ces deux poincts L M, au poinct de veuë F, pour la largeur de tous les Pilastres qu'on y mettra. Pour la profondeur de chaque Pilastre, que nous voulons faire quarré ; Il faut prendre la distance L M, & la mettre deuant L, comme est N, Puis tirer la ligne N K, qui est la distance, & donnera la profondeur du Pilastre au poinct O, desquels poincts L M O, faut esleuer des Perpendicules, & faire le reste, comme nous venons de dire. Si l'on veut la largeur de deux Pilastres, entre l'vn, & l'autre ; Il les faut mettre dessus la ligne de terre, & apres mettre la profondeur du deuxiesme Pilastre egale au premier, comme est P Q, Et de ces deux poincts P Q, à la distance K, qui donneront les poincts R S, dessus le rayon L. De S, il faut tirer vne petite parallele, qui coupera le rayon M F, comme est S T, Puis de ces 3. poincts R S T, esleuer des Perpendicules, & faire comme au premier : Le troisiesme, & plus si l'on y en veut, se doiuent faire de mesme, gardant tousiours les mesures dessus la ligne de terre, comme en la premiere figure.

DES PILASTRES VEVS PAR L'ANGLE.

NOvs auons dit cy-deuant, que le Plan des Quarreaux se fait, en tirant des mesures de la ligne de terre aux distances. Pour ce qui est des Esleuations, c'est le mesme que ce que nous venons de dire ; Car ayant mis la hauteur A B, dessus la premiere Perpendicule ; il faut tirer du poinct B, aux distances C D, qui couperont, & donneront les hauteurs aux deux autres Perpendicules esleuez des costez ; Puis ayant donné les distances qu'on veut entre les deux Pilastres, qui sont icy deux Quarreaux, faut esleuer le second ; Et par la mesme pratique le troisiesme : Leur hauteur se trouuera, tirant vn rayon visuel du poinct B, au poinct de veuë E, à la section que ce rayon fera des premieres Perpendicules au poinct F F, & des poincts F F, aux Distances, comme au premier Pilastre.

Ceux qui sont faits sans Plan, doiuent prendre leurs mesures dessus la ligne de terre : Comme si l'on veut leur donner pareille largeur qu'à ceux de dessus veus de Front : Il la faut mettre comme G H, & tirer le rayon G, au poinct de veuë E, pour auoir tous les Milieux, ou les Diametres : Puis mettre encore la mesme largeur de G, au poinct I, Et de ces trois poincts G H I, mener des lignes aux Distances C D, pour former le premier Plan : De ce Plan il faut esleuer des Perpendicules ; Et sur la premiere mettre la hauteur, comme est G K, Et du poinct K, tirer aux distances, pour auoir le racourcissement des Perpendicules des costez.

Pour le deuxiesme Pilastre, Il se fera de mesme, des poincts L M ; Et le troisiesme, des poincts N O : Le reste est assez aisé à faire, voyant la deuxiesme figure.

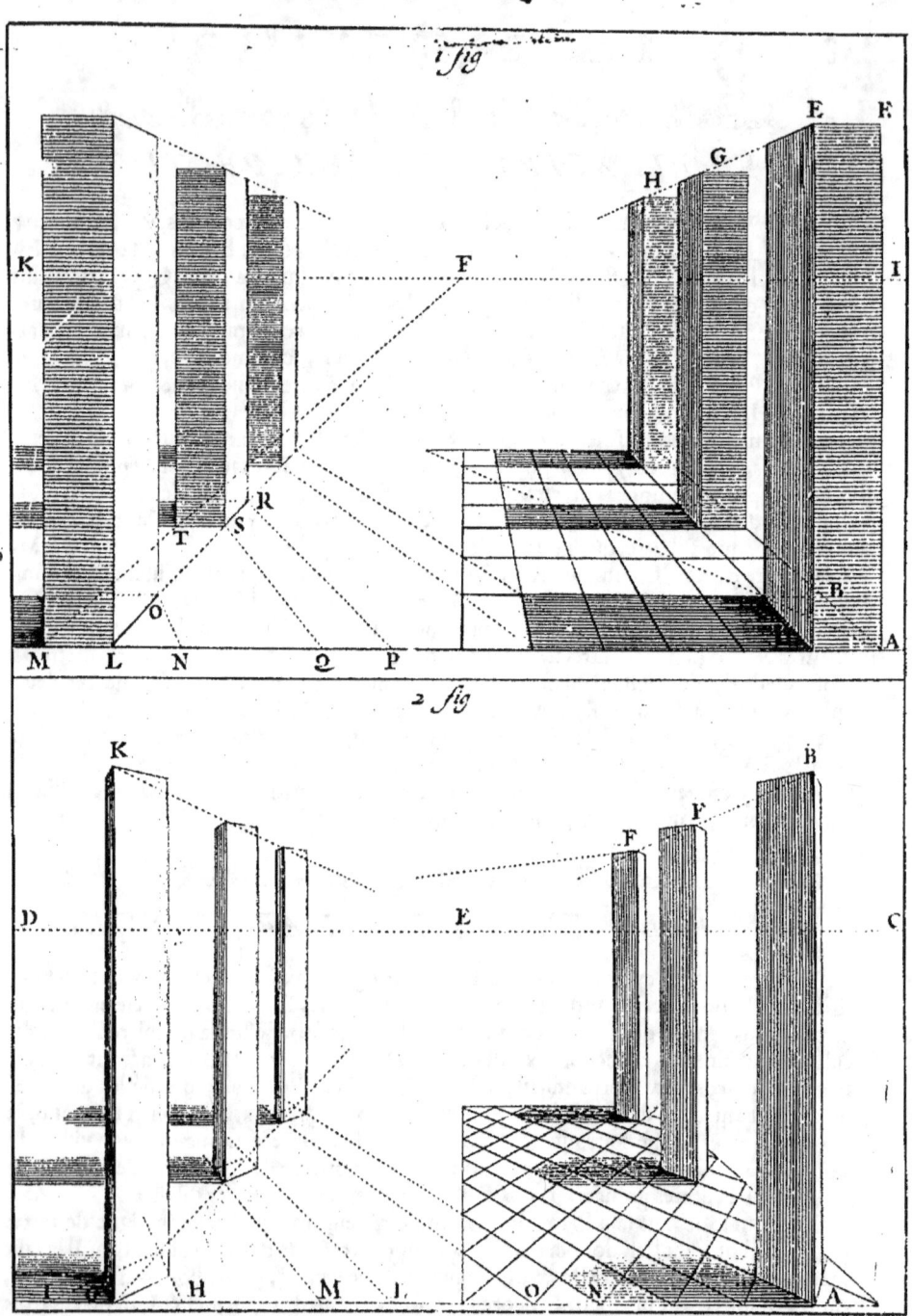

LES EFFETS DE LA DIVERSITE' DES ORIZONS.

Lvs on eſt eſleué au deſſus de quelque objet, tant plus deſcouure-on ce qui eſt Deſſus; Par conſequent ſi l'on eſt plus bas, on en deſcouurira moins; Et ſi l'on eſt au Deſſous, on ne peut voir que le Deſſous, & rien de ce qui eſt Deſſus.

La premiere propoſition, ſe verifie par la premiere Figure : La ſeconde par la deuxieſme : Et la troiſieſme par la derniere.

Le premier, & ſecond Cube, ſe fait comme nous auons enſeigné ; Le troiſieſme ſe fait auſſi par les meſmes pratiques, quoy qu'elles ſemblent plus difficiles, à raiſon que l'on void les objets par Deſſus. Mais ſi vous renuerſez le Papier, ou le Tableau, & tirez au poinct de veuë, & aux diſtances B C, comme aux autres pratiques, vous aurez la meſme facilité. Ie ne mets rien des objets veus de Coſté : puis que i'ay dit tant de fois, que c'eſt le meſme que de ceux de Front : Et pour donner plus de cognoiſſance à les mettre en pratique ; Il y en a vn à ſimple Trait, Et l'autre ombré dauantage.

Auant que de quitter cette troiſieſme Figure : Il faut remarquer que la Baſſeſſe de l'Orizon, eſt cauſe que nous voyons le Deſſous des objets qui ſont eſleuez au Deſſus, comme D E F, Et des deux autres, qui ſont G H, poſez deſſus l'Orizon, l'on ne peut voir, ny Deſſus, ny Deſſous ; Le Deſſus, à raiſon que l'orizon eſt plus bas ; Ny le Deſſous eſtant poſé ſur l'Orizon.

Il y a pluſieurs Peintres qui manquent en cecy, ne laiſſant pas de faire paroiſtre le Deſſus de pluſieurs choſes, quoy que l'Orizon ſoit plus bas.

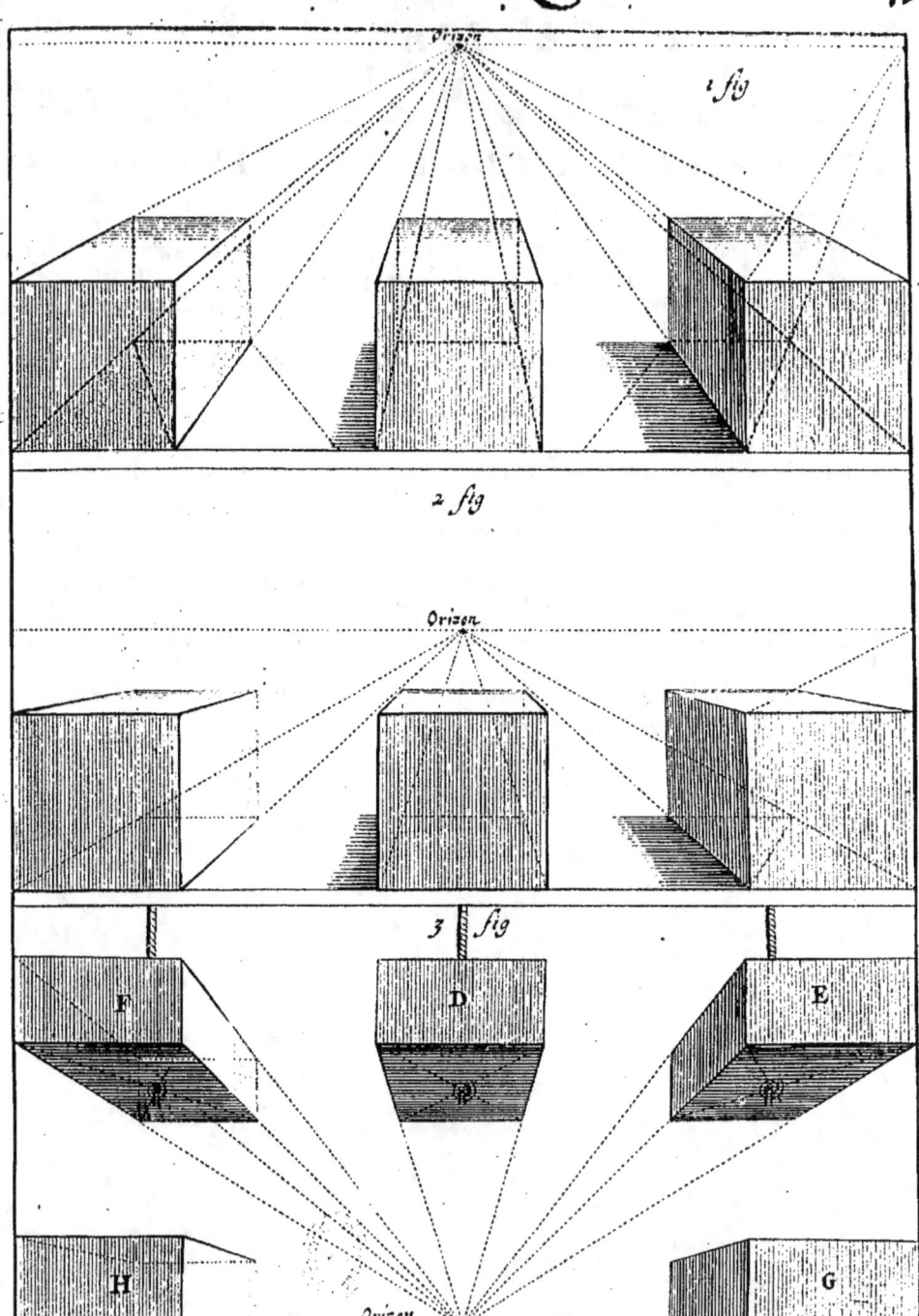

1. fig

Orizen

2. fig

Orizen

3. fig

F   D   E

H   G

C   Orizen   A   B

ESLEVATION DES OBIETS VEVS DE L'ANGLE.

NOVS auons monftré par les deuxiefmes Figures du 19. & 20. feuillet, comme les Plans fe font; Tirant aux poincts de diftances, & iamais au poinct de veuë, fi ce n'eft pour en trouuer le diametre ; Il faut garder la mefme reigle pour les Efleuations, comme il eft aifé à voir par les premieres Figures, qui ont toutes leurs lignes aboutiffantes aux poincts de diftances B C, & pas vne à celuy de veuë A.

La premiere Figure D, eft pour monftrer, que quand il y auroit vne infinité de parties en vn mefme objet veu de l'Angle, il les faudroit tirer toutes aux poincts de diftances B & C. Si vous en voulez faire vn de mefme, en voicy la pratique : Ayant fait vn Plan, & eft-ué des Perpendiculaires occultes, comme nous auons dit, il faut mettre la hauteur que vous luy voulez donner, au premier Angle E F. & tirer du poinct F, aux poincts B C, pour auoir la hauteur du 2. & 3. Angle au poinct G; Puis de ce poinct G, tirer derechef aux poincts B C, & vous aurez le 4. Angle de la Platte-forme. Les autres Petits Corps s'ef-leuent de mefme façon, en mettant ce que l'on veut donner de hauteur, deffus la pre-miere Perpendiculaire, comme de F, à H; & de H, tirant aux poincts, comme nous ve-nons de dire du poinct F, Nous aurons les hauteurs de tous les Angles; Et les poincts I K, donneront les efpaiffeurs de tous les Petits Corps, & la Platte-forme de celuy du milieu, en tirant toufiours aux poincts B, & C; Le refte fe voit affez par la Figure, que l'on peut faire feruir pour vn Chafteau, deffendu de quatre Tours Quarrées, ou pour vn Palais, cantonné de quatre Pauillons.

Les deux autres Corps qui font de part & d'autre du Gros, font veus de Cofté; dont la pratique eft femblable à celuy que l'on voit de Front : Par exemple, Si vous efleuez des perpendiculaires de tous les Angles du Plan L, & que vous donniez voftre hauteur au premier, comme M N, en tirant du poinct N, aux poincts de diftances B C, ils donne-ront les Angles 2. & 3. au poinct O, Puis du poinct O, tirant encore aux poincts B C, vous aurez le 4. qui eft l'Efleuation du Tout. Cefte pratique eft de la premiere, & de la deuxiefme pratique, on auroit tout le mefme.

La feconde Figure de deffous eft de mefme pratique, Il n'y a que la difference de l'O-rizon qui eft plus bas.

La troifiefme monftre le Deffous des objets, mais la pratique eft tout de mefme que celle de Deffus, tirant tous aux poincts de diftances Q R, qui eft la ligne orizontale.

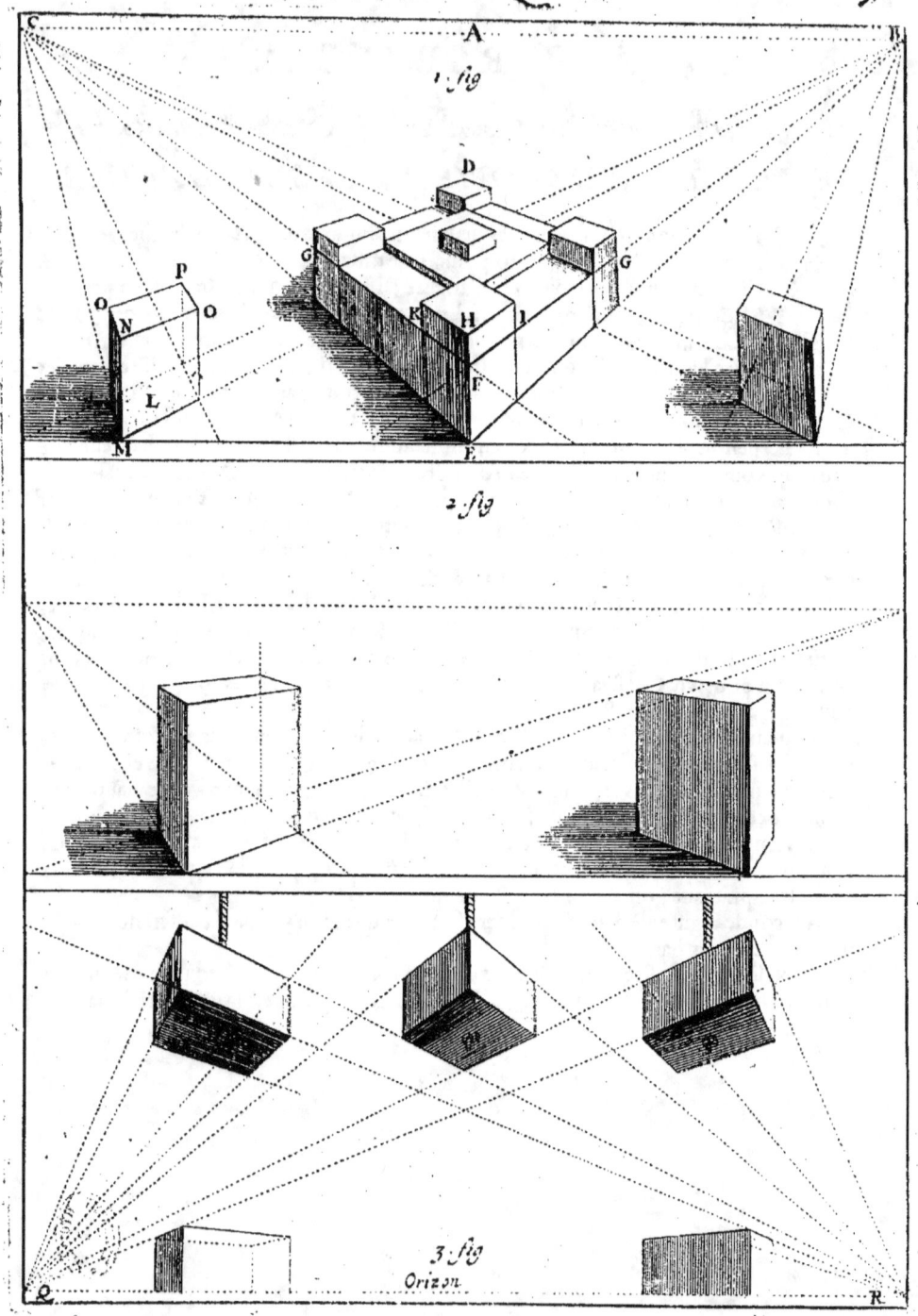

1. fig

2. fig

3. fig
Orizon

POVR ESLEVER DES CORPS, ET LES ESLOIGNER
comme on voudra.

VOvs voulez auoir le premier Corps de 2. pieds de haut, & d'vn pied de creux, & vn de large, à 2. pieds plus loing. Vn autre de 2. pieds de creux, d'vn pied de large, & 3. pieds de haut, & 3. pieds plus loing. Vn autre d'vn pied de large, 5. pieds de creux, & 4. pieds de haut.

Voicy comme il y faut proceder.

Ayant fait vn Plan de Quarreaux que nous ferons valoir chacun vn pied : (on les fait valoir ce qu'on veut) selon la façon ordinaire, par les poincts de veuë A, & distances BC. Vous esleuerez du premier angle vne perpendiculaire, selon la premiere pratique, qui portera les mesures que vous voudrez donner aux objets, comme celle-cy DE, sur laquelle vous transporterez quatre fois la mesure DF; Puis que le plus haut ne doit auoir que 4. pieds: De tous les angles de ce premier quarreaux FIGD, il faut esleuer des perpendiculaires occultes; Et ayant donné la mesure à la premiere D, 2. puis que vous voulez 2. pieds de haut, il faut tirer du poinct 2. au poinct de veuë A, & il coupera la perpendicule de l'angle G, au poinct H, il faudra tirer vne parallele à la ligne de terre, qui coupera la perpendicule de l'angle I, au poinct K, & vne autre parallele du poinct 2. qui coupera la perpendiculaire de l'angle F, au poinct L; Et ioignant ces 4. poincts H K L 2. de lignes droites, vous aurez vostre premier corps. Puis que vous voulez donner 2. pieds d'espace entre le premier & le second corps, il faut laisser deux quarreaux entre l'vn & l'autre, & sur les premiers angles du troisiesme, esleuer des perpendicules, & faire tout le mesme qu'au premier corps, auec ces differences; que la hauteur de ce second doit estre prise au 3. poinct de la ligne DE, puis qu'il doit auoir trois pieds de haut, & doit contenir deux quarreaux, puis qu'il doit estre de deux pieds de creux: Entre ce 2. & le 3. corps, il faut laisser 3. quarreaux, puis que vous le demandez à trois pieds l'vn de l'autre, & des premiers angles du 4. esleuer des perpendiculaires comme au premier; & les derniers apres 5. quarreaux, qui est la ligne d'enfoncement, & le terme de 5. pieds que doit auoir de creux le troisiesme corps. Le 4. poinct de la ligne DE, luy donnera sa hauteur, qui doit estre de quatre pieds, en coupant les perpendiculaires, comme vous auez fait au premier: Ceux qui sont ombrez de l'autre costé, sont faits de mesme pratique, & de mesme proportion; mais le mur du milieu est d'egale hauteur de quatre pieds seulement, vne ouuerture de 3. pieds au milieu.

En la deuxiesme Figure sont trois Murs d'egale hauteur: Celuy du milieu est encore vn quarreau plus creux que ceux des bouts; & entre les vns & les autres, il y a trois pieds d'ouuerture, pour des Portes, ou des Fenestres; de l'autre costé est vn mur continué de 14. pieds de creux, & de hauteur semblable aux autres.

La pratique est de mesme que de ceux de dessus.

Ce que nous auons appellé Muraille, peut aussi seruir pour Haye, ou Pallissades des Iardins.

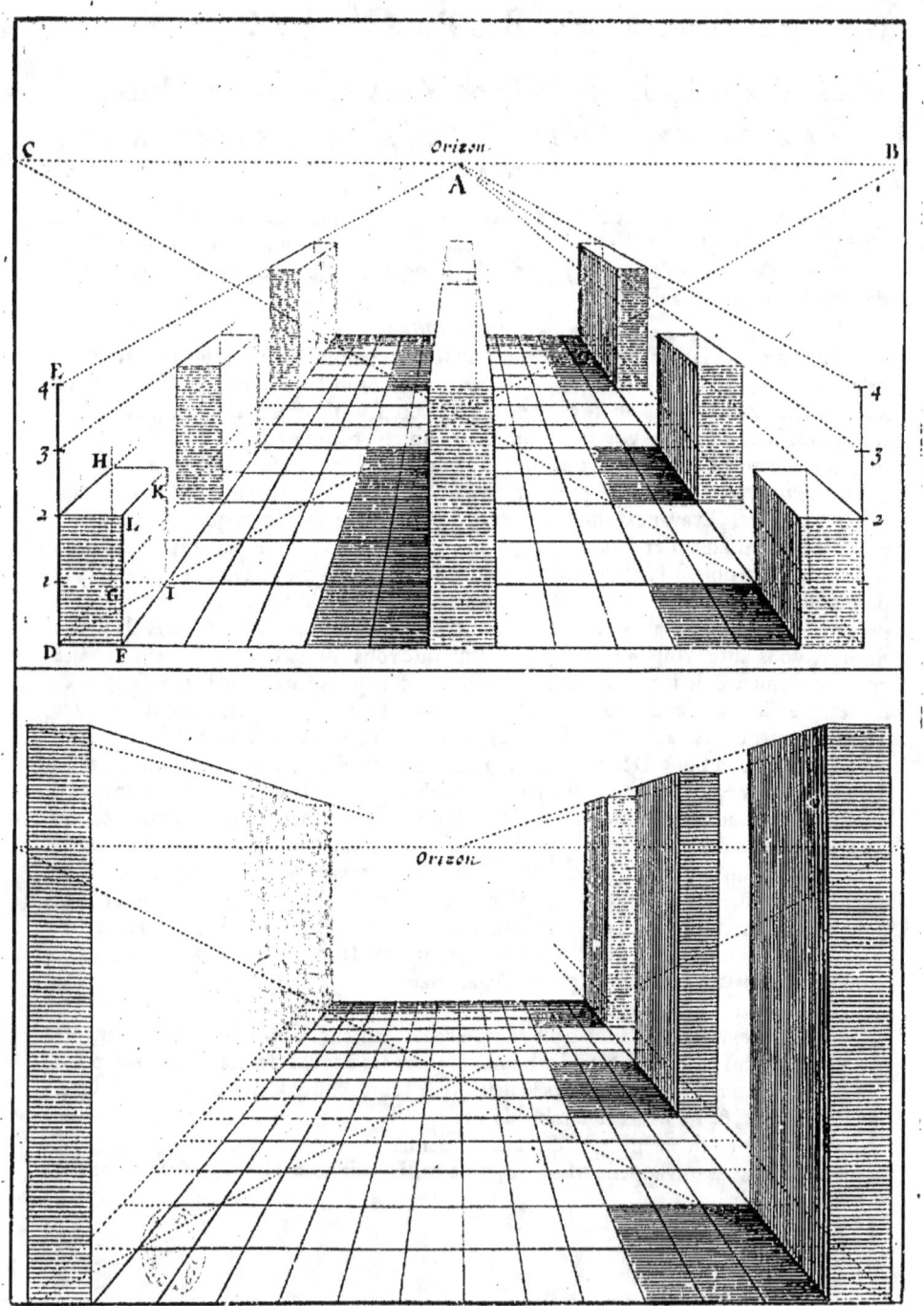

DES MVRAILLES VEVES DIRECTEMENT.

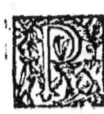 A R ce que nous venons de dire, l'on pourra faire *toutes sortes de Murailles*, veuës obinque-
ment: Et quoy que cette mesme pratique puisse seruir pour les mesmes murailles veuës dire-
ctement, il m'a semblé necessaire de mettre encore cette Figure, pour deux raisons: La premiere, que l'on ne fait pas tousiours des Plans, & en ce cas on seroit en peine des Espaisseurs.
La deuxiesme, pour donner les espaisseurs aux Portes, & Fenestres, qui se pourroient rencontrer en ces murailles.

Pour faire des murailles paralleles à la ligne de terre, ou à l'orizon dessus vn plan, vous leur donnerez telle longueur qu'il vous plaira, dessus les paralleles à l'orizon. Pour la largeur, vous pouuez prendre celle d'vn quarreau, des angles duquel vous esleuerez des perpendicules A B, que vous ferez si hautes qu'il vous plaira, comme C; Puis du poinct C, tirez au poinct de veuë D, Ce rayon C D, donnera la
diminution & la perfection à la Muraille.

Quand on n'a poinct de plan, il faut mettre au premier coing du mur, dessus vne parallele à la ligne
de terre, ou à l'horizon, l'espaisseur qu'on veut donner à la muraille, comme E F, Puis du poinct F, tirer
au poinct de veuë D, & du poinct E, au poinct de distance G, de la section de ces 2 lignes au poinct H,
il faut esleuer vne perpendiculaire, & de ce poinct F, vne autre dessus cette derniere; il faudra prendre la
hauteur de la muraille F I, Puis du poinct I, tirer au poinct de veuë D, pour auoir la diminution du mur
à la section de la perpendicule H. Pour la longueur, vous luy donnerez telle qu'il vous plaira, dessus la
premiere parallele E F. Pour les Portes & Fenestres aux mesmes murailles, il en faut marquer la largeur & hauteur, comme icy K L M N, & mettre l'espaisseur qu'on leur veut donner dessus vne parallele,
dessus, ou dessous les portes ou fenestres, au coing le plus proche du poinct de distance, comme icy N O,
ou L O, Puis tirez des poincts L, & N, au poinct de veuë D, & des poincts O, au poinct de distance G, Et
de la section de ces lignes P; il faudra tirer les espaisseurs.

AVTRE MVRAILLE VEVE DE L'ANGLE.

A Y A N T le plan, il n'y a qu'à leuer des perpendicules des angles que l'on s'est determiné, & marquer
la hauteur qu'on leur veut donner dessus la perpendicule de l'angle le plus proche de vous, comme
est Q R, Et de ce poinct R, tirer aux poincts de distances S T, Les sections que ces lignes feront des perpendicules esleuées des angles du plan, donneront la longueur & l'espaisseur de la muraille. Si l'on n'a
point de plan, il faut mettre la mesure qu'on veut donner tant à la largeur, profondeur des portes, & des
fenestres, dessus la ligne de terre: Comme icy V X, est la largeur, X Y, la profondeur, Z I, la largeur d'vne
fenestre: Puis tirer de tous ces poincts aux poincts de distances S T: Premierement X T, qui est le rayon
de la baze; Puis de V T, vne petite ligne occulte qui coupera le rayon X S, au poinct 5, qui est l'espaisseur
de la muraille. Pour la profondeur, le rayon Y S, la donnera à la section qu'il sera de celuy X T, au poinct
6. & Z I, La largeur de la fenestre aux poincts 7. 8. Desquels poincts X, 5. 6. 7. 8, il faut esleuer des perpendicules, & mettre dessus la premiere X, la hauteur 2. Et tirant de ce poinct 2. aux poincts S T, on aura la
hauteur de tous, aux sections des perpendicules. De la hauteur de la fenestre marquée par 3, 4. tirez à
T, & où coupera les per perpendicules 7. 8. il faudra tirer des lignes droites; Et des coings 9. à S, pour la
profondeur 10. au poinct T, & de la section 11. tirer vne ligne perpendiculaire, Tout cecy peut seruir de
Pallissade, comme de muraille.

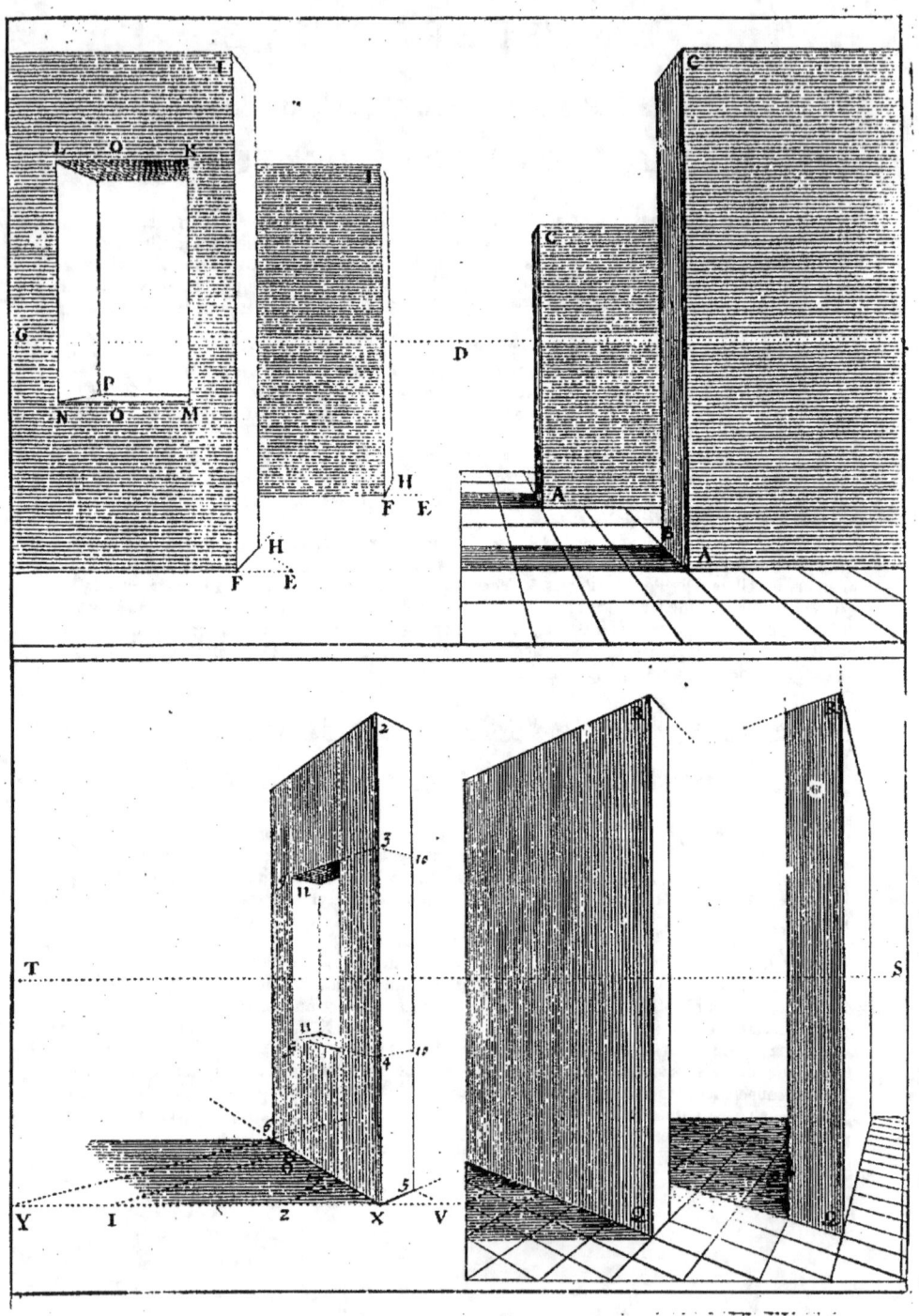

IL faut esleuer vne Muraille, comme nous venons de dire, de 1 de 2. ou de 3. pieds d'espaisseur, dessus les poincts H I, & la conduire au fond de mesme hauteur. Puis si vous sçauez à peu pres la mesure de la Porte que vous voulez faire; mettez la Largeur dessus la ligne de terre, comme icy A, & B, du plan de dessous, qui contient 3. pieds; & a costé de A, & B, la largeur d'vne bande C, D, Et tirez ces 4. lettres A B C D, au poinct de veuë K; & où ils couperont cette parallele à l'orizon M N, au poinct O, il faudra esleuer des perpendiculaires de telle hauteur qu'on voudra : voila desia la largeur de la porte Pour sa Hauteur, il faut transporter D F E, du plan de dessous au coing du mur I, & tirer ces poincts F E, au poinct K, & où ils couperont la perpendicule M P, au poinct ., tirez Q R. parallele à M N, qui donneront la hauteur de la porte, & la bande de dessus. Son Espaisseur, ou Profondeur, sera de mesme que celle de la muraille, qui est G F; Et si vous tirez du poinct G, au poinct de veuë K, il coupera la perpendicule M P, au poinct S, Tirez S T, parallele à Q R, vous aurez le Dessous de la porte V, qui est son espaisseur, & de tout le tour de la porte.

Pour faire la PORTE au mur de costé, il se faut souuenir de la pratique du feuillet 17. qui est, qu'on met toutes les mesures dessus la ligne de terre, & tirant de ces mesures au poinct de distance, on a tous les racourcissemens qu'on desire. Exemple, vous voulez vne porte 4. pieds dans la chambre, vous mettrez 4. distances egales I C, Puis tirez au poinct de distance L, les mesures de la porte C A, & B D, Et où le rayon I M, sera coupé de ses poincts esleuez des perpendiculaires X Y; qui donneront la largeur de la porte. Pour sa Hauteur, il faut tirer au poinct de veuë K, les poincts E F, & les sections des perpendiculaires X Y, vous la donneront. Pour l'Espaisseur de dessus & dessous, il faut tirer l'espaisseur du mur G H, & F I, au poinct de veuë K; puis tirant vne petite parallele à la ligne de terre, où à l'orizon du coing de la porte X, & autant du coing de dessus, vous aurez X Z, espaisseur de dessus & dessous, qu'il faudra joindre d'vne perpendiculaire, côme vous voyez en la figure.

Si vous vouliez encore vne Porte de l'autre costé, il n'y a qu'à tirer des lignes paralleles à la ligne de terre du poinct X, au rayon I N, & puis les esleuer comme nous venons de dire; le reste est de mesme que le costé ombré. La Porte du fond n'est pas au milieu, il y a à dire vn pied & demy; ce que i'ay fait à dessein pour reprouuer l'erreur de ceux, qui sans autres mesures, tirent deux diagonales de leur tableau, quoy qu'il soit d'enorme grandeur, & veulent que tous les objets, soient egalement distans de la section de ces lignes; c'est à dire, du milieu du tableau, tellement qu'à leur compte il faudroit estre tousiours monté pour voir leur ouurage dans sa perfection; en quoy ils se trompent : car quand vn tableau auroit quarante pieds de haut, & qu'il seroit pour estre veu posé à terre, il ne faudroit pas mettre l'horizon plus haut que cinq pieds, & plustost moins que plus; Et selon leur regle cet horizon seroit à vingt pieds de haut, N'est-ce pas vne lourde faute?

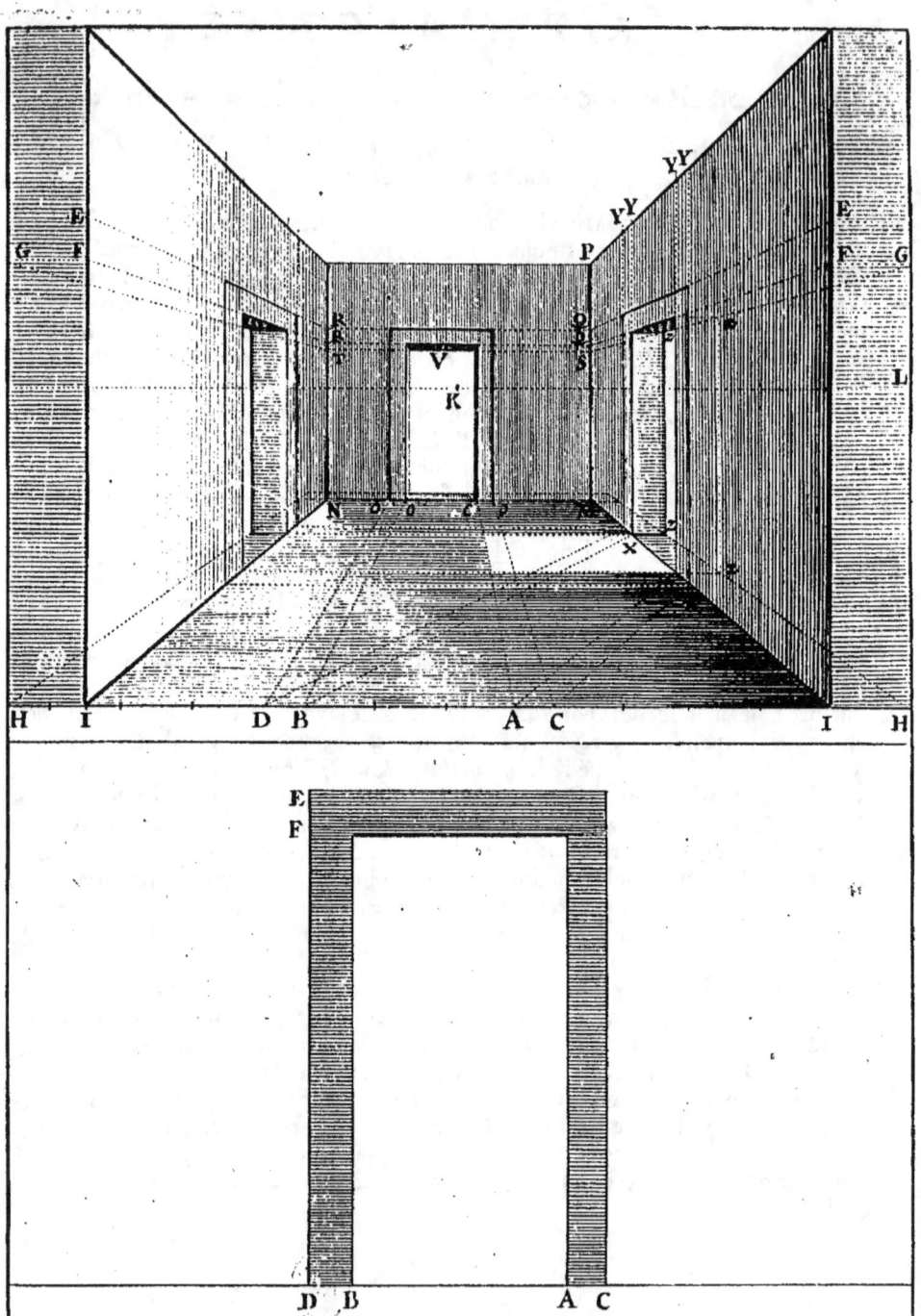

POVR CONSTRVIRE DES FENESTRES EN PERSPECTIVE.

A pratique pour faire *vne Feneftre*, eft toute la mefme que d'vne Porte; car fi vous faites vn montant, ou vne croifée dans vne porte, ce fera vne feneftre, & non plus vne porte; tellement qu'il n'y a plus qu'à apprendre à faire vne croifée fimple, & double, & vous fçaurez faire des Feneftres. Si vous en voulez faire vne au mur A B, de telle largeur qu'il vous plaira; il faut mettre fa mefure deffus la ligne de terre. comme D E, & tirer de ces poinéts D E, au poinét de diftance F, & de la feétion que ces poinéts G, feront au rayon A C, il faudra efleuer des perpendicules G H, qui donneront la largeur de la feneftre, qui n'ft icy que de deux quarreaux : Pour la hauteur; on les fait ordinairement le plus pres qu'on peut du plancher de deffus; Mais l'accoudoir ne doit pas eftre plus haut que de 3 pieds, ou 3 pieds & demy; Ayant donc pris cette mefure, il la faudra mettre deffus la perpendiculaire A B, comme A I, & tirer I K, Et où cette ligne coupera G H, ce fera l'accoudoir : Et de mefme tirant L, qui eft le deffus au poinét de veuë K, la feétion de G H, fera le deffus de la feneftre, ce qui nous donnera vn quarré long, ou parallelogramme, auquel adjouftant vne croifée, ce fera vne feneftre. Pour faire cette croifée, il faut diuifer l'efpace D E, en deux parties egales; Et à cette diuifion, donner telle largeur qu'il vous plaira; pour l'ordinaire c'eft 4. pouces, ou tout au plus, demy-pied, Et tirer cette largeur M; au poinét de diftance F, Et des feétions du rayon A C, efleuer des perpendicules N O, qui fera le montant du milieu de la feneftre. Pour des croizons, vous en mettrez tant qu'il vous plaira, il n'y a qu'à obferuer cecy, qu'il leur faut autant d'efpaiffeur qu'au montant; c'eft pourquoy ayant pris cette mefure M; il la faudra transporter deffus la perpendicule A B, comme eft P; & tirer cette mefure au poinét K; & la feétion que ces rayons feront des perpendiculaires G H, G H, ce feront les croizons; & par confequent la feneftre faite. Pour fon Efpaiffeur, elle n'eft icy que de la moitié du mur; pour la donner à cette feneftre, il faut tirer des lignes occultes du poinét Q, au poinét K, & tirant des petites paralleles à la ligne de terre des coings de la feneftre S, elles donneront l'efpaiffeur au poinét qu'elles couperont la ligne Q K, comme nous auons dit de la Porte.

Cefte Feneftre eft à fleur de la muraille par dedans, ce qui n'eft pas d'ordinaire, puis qu'on en fait qui ont des embrafures, ou efcoinfons; c'eft à dire, qu'elles rentrent dans la muraille, quelquefois d'vn pied, plus ou moins.

La pratique en eft tout de mefme, horfmis qu'au lieu de prendre les feétions fur le rayon A C K, Il le faut prendre à celuy qui rentre dans la muraille, autant que l'on veut faire rentrer les feneftres, comme il fe void à la Figure de deffous le rayon O K, qui reçoit les mefures que l'on a mifes deffus la ligne de terre; Et qu'il faut tirer au poinét de diftance F, tout le refte, comme à celles de deffus, prenant les efpaiffeurs de la feneftre entre la perpendicule O; iufques à celle F, qui eft la derniere. Puis quand la feneftre fera toute acheuée deffus le rayon O K, & de la largeur de la muraille O F, il faudra efleuer la perpendicule A, & la tirer au poinét K; Puis du coing d'embas de la feneftre aux poinéts P, faire vne petite parallele qui coupe le rayon A K, au poinét Q; qui fera l'efpaiffeur de la muraille, qui couurira vn peu de la feneftre, & fera voir l'efpaiffeur R P, Du poinét R, faut efleuer la perpendicule R V, qui coupera le rayon T K, au poinét V, qui fera l'efpaiffeur de deffus la Feneftre. Des mefures de celle-là on en fera tant qu'on voudra, en gardant toufiours le mefme ordre.

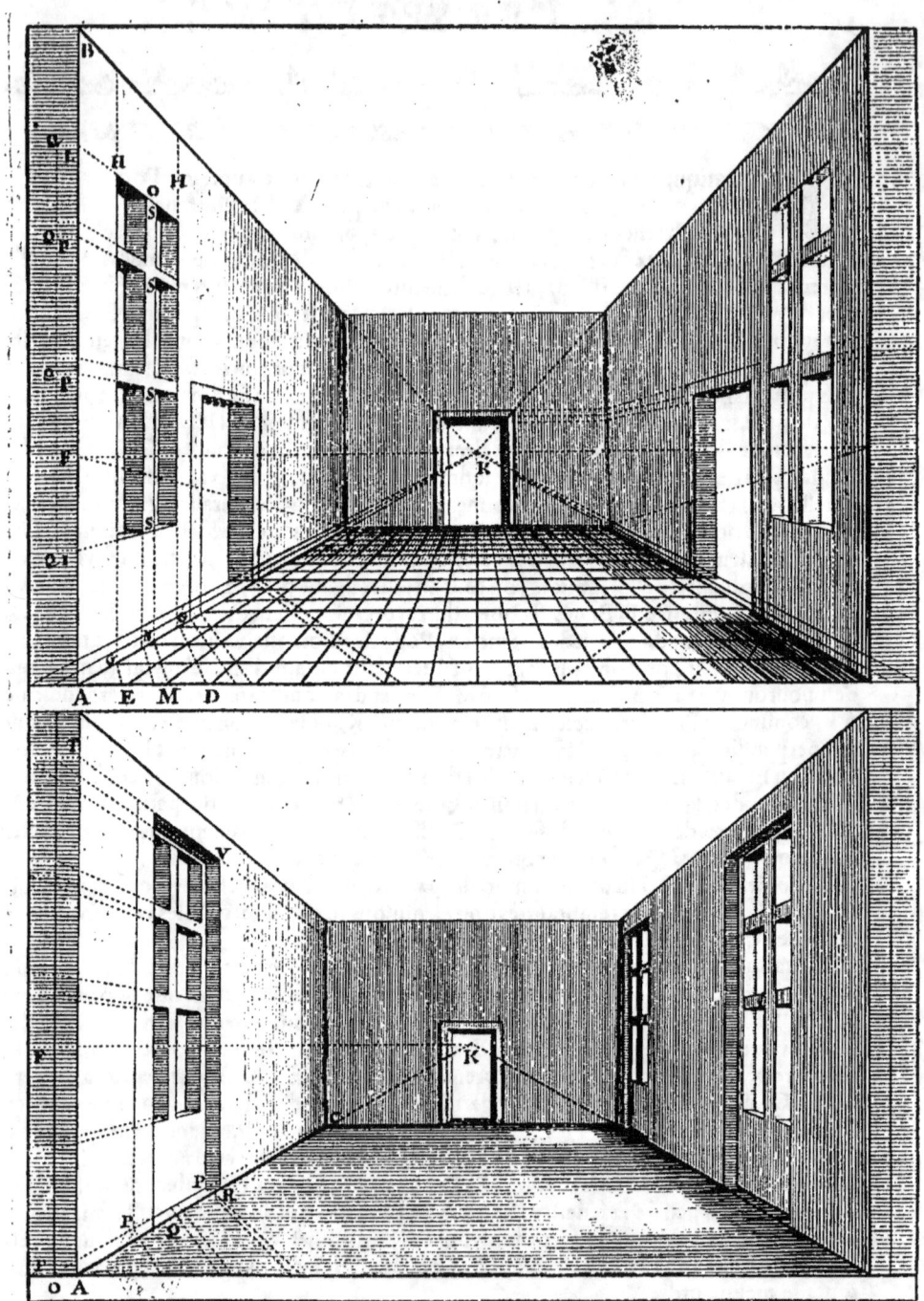

DES PLANCHERS DE DESSVS.

E Perspectif doit quasi suiure le mesme ordre que gardent les Maçons, qui esleuent & font sortir de terre, petit à petit, de tres-belles Maisons. Le Paué, ou Plancher de dessous, luy sert de fondement, sur lequel il esleue des Murailles qu'il perce en tant d'endroits qu'il veut (non pas pourtant sans raison) pour auoir des portes & des fenestres, comme nous auons dit.

Que les Murailles esleuées soient A B, dessus lesquels il faut premierement mettre *les Poutres, ou Soliues* & par dessus ces Soliues *les Quartiers, ou Soliueaux.* Ayant pris la mesure du quarré de sa piece (comme seroit icy vn pied) il la faut porter au haut de la muraille, comme C D, desquels poincts C D, on tirera des lignes occultes au poinct de veuë E, qui donneront les rayons C G D F. Il faut encore porter cette mesure C D, dessus la parallele à l'orizon D H, qui doit porter les mesures & quantité de Soliues, que vous voulez mettre dessus la muraille, comme nous auons mis ces trois I K L, & tirer toutes ces mesures au poinct de distance M, & des sections du rayon D F, au poinct O, faire tomber des perpendicules qui couperont les rayons C G, aux poincts P ; Puis tirant des Paralleles à l'orizon de ces poincts O, & P, iusqu'à l'autre costé, vous aurez des poutres posées, comme vous voyez à la premiere figure.

Mettons maintenant *les soliueaux* dessus ces poutres, ou pour faire plus proprement, emboistons les-y : La ligne Q R, seruira de ligne de terre, sur laquelle vous mettrez vos soliueaux, en tel nombre, & si pres, & loing l'vn de l'autre, qu'il vous plaira: ceux-cy sont esloignez l'vn de l'autre, de deux fois leur espoisseur. Puis que nous les voulons emboister, il faut prendre leur espoisseur dans celle de la poutre Q S, comme est Q T, & tirer vne ligne occulte T V ; Puis entre Q R, & T V, mettre vos soliueaux X, & de tous leurs angles qui se peuuent voir, tirer au poinct de veuë Y, Et afin de ne point passer la moitié des autres poutres ; Il faut tirer du milieu de la premiere, qui est le poinct T, vn rayon occulte au poinct de veuë Y, qui coupera toutes les autres poutres par la moitié au poinct Z ; Puis de ce poinct Z tirer des paralleles à l'orizon, afin qu'on ne les passe pas, en tirant les soliueaux au poinct Y : Si vous ne voulez pas prendre tant de peine, mettez vos soliueaux Z, au dessus de la ligne Q R, comme ils sont dessous : Puis tirez hardiment d'vne poutre à l'autre, de tous les angles X, au poinct Y, & vous aurez ce que vous demandez.

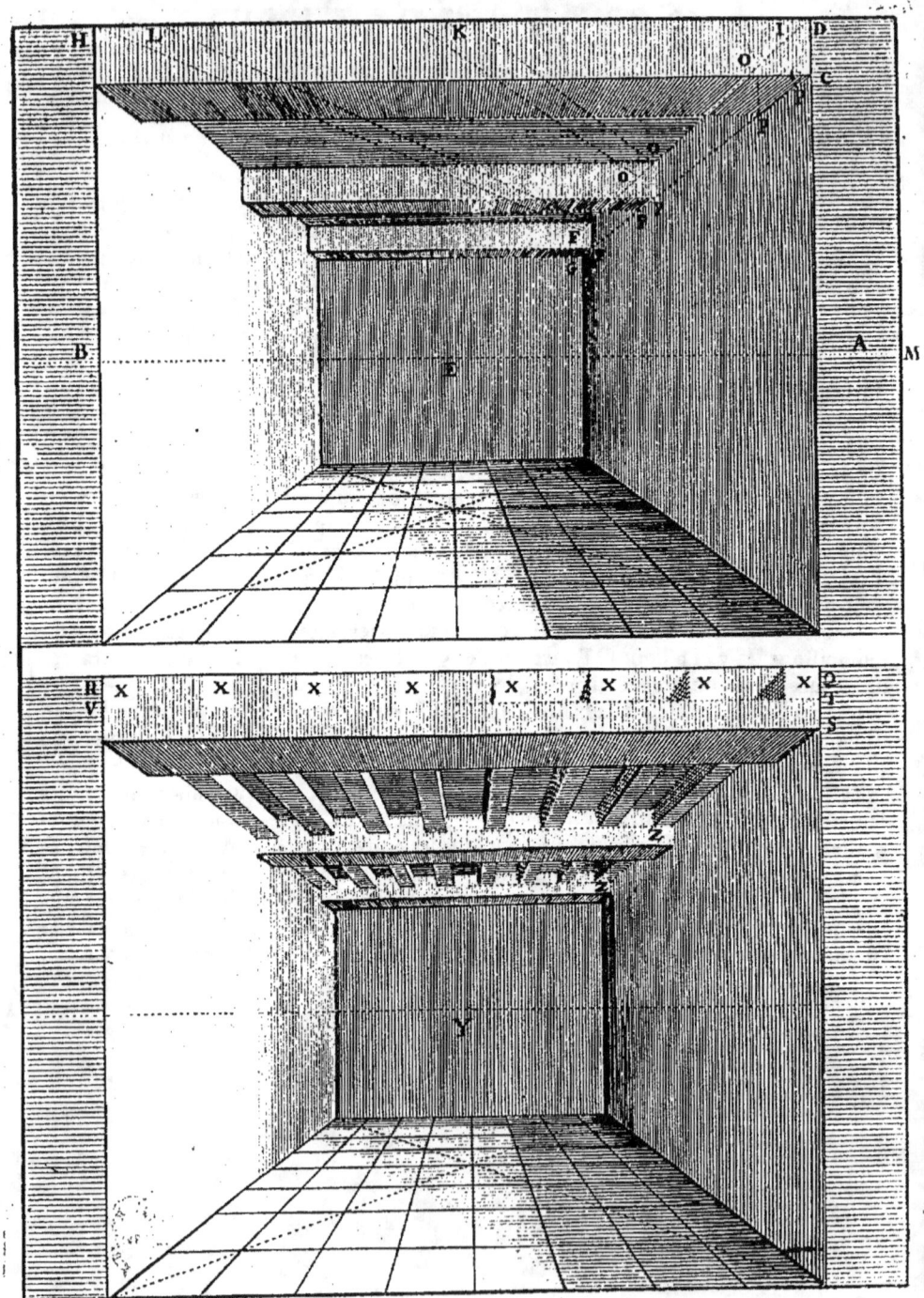

CETTE Figure n'eſt miſe icy que pour faire voir l'effet de la pratique que nous venons d'enſeigner, où l'on remarquera, que la quantité des Eſtages les vns deſſus les autres, ne rendent pas la pratique plus difficile.

Les Soliueaux ne ſont pas emboiſtez dans les poutres en l'eſtage de deſſus, comme à l'eſtage de deſſous.

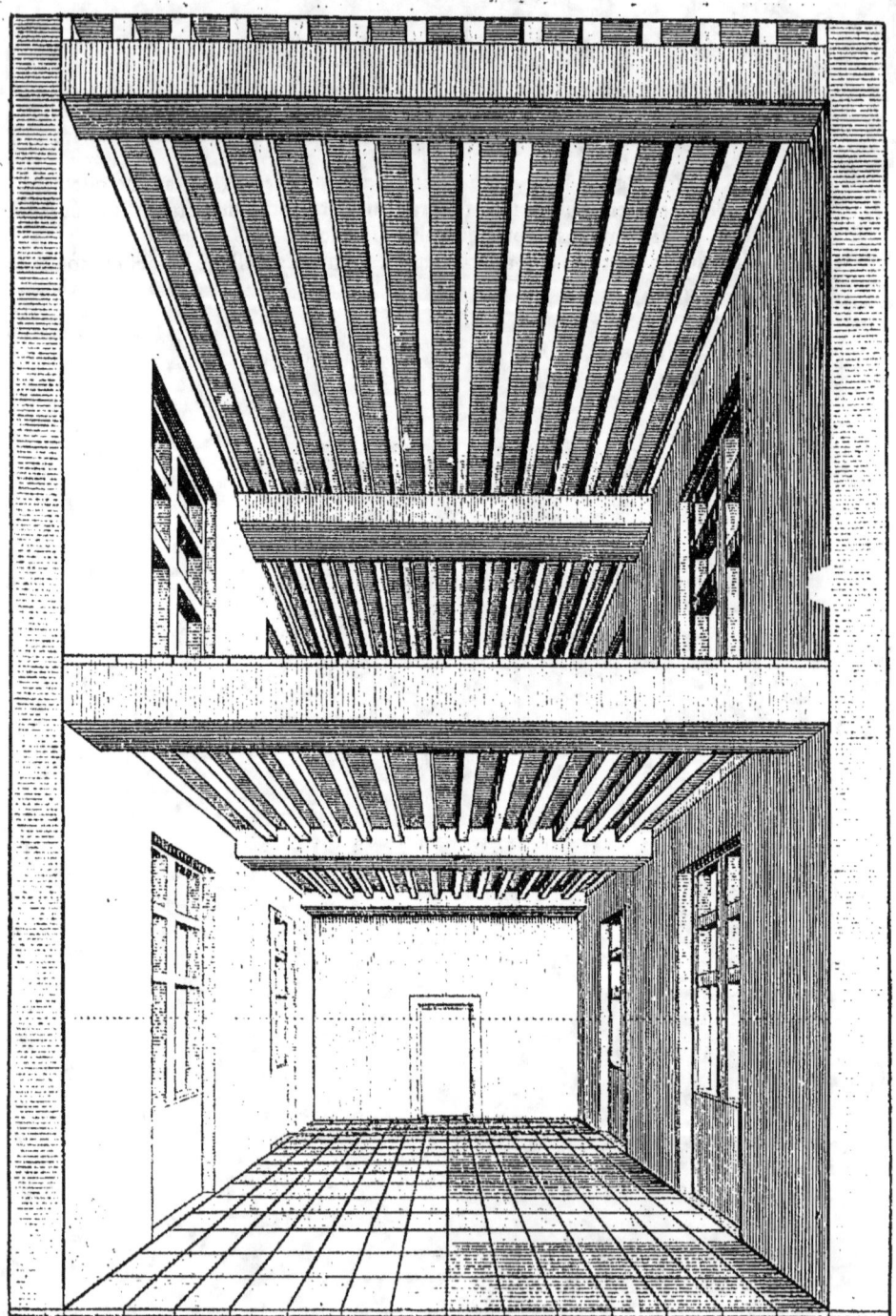

AVTRE DISPOSITION DE PLANCHERS, EN PERSPECTIVE.

ETTE façon se doit pratiquer tout de mesme que celle que nous venons de quitter; Il faut seulement changer la disposition des pieces; c'est à dire, qu'il faut mettre les Poutres de long, pour les tirer au poinct de veuë, & les Soliueaux de trauers; c'est le contraire de l'autre.

Les Murailles seront A B, dessus lesquelles, ou dessus des consoles qui en sortent, vous poserez l'espaisseur de la poutre C D, desquels poincts C D, faudra tirer des paralleles à l'orizon C E D F, entre lesquels l'on mettra tel nombre de poutres qu'on voudra, comme icy trois G H I, qu'il faut tirer au poinct de veuë K, & prendre garde où le rayon D P, coupera la perpendicule L P : Puis du poinct P, tirer vne petite parallele à l'orizon P M, qui sera le terme des autres rayons, comme P N, Et du poinct N, esleuer vne perpendicule N O; & ainsi à toutes les pieces. Voila pour ce qui est des poutres.

Pour mettre les Soliueaux de trauers dessus ces poutres, il faut mettre leur espaisseur dessus la ligne Q R, & tirer ces mesures V, au poinct de distance S, & de la section que les angles V, feront au rayon Q T; Il faudra tirer des paralleles à l'orizon, iusqu'au dessus de la poutre de l'autre costé. Si vous voulez les emboister, ou enclauer dans les poutres; Il faut prendre l'espaisseur des chevrons dans la poutre, comme est Q X, Et de X, tirer vne parallele à la ligne de terre, iusque de l'autre costé X X, Et entre ces deux lignes Q R, & X X, mettre les diuisions V, qui seront Y, Et de tous les poincts, tirer à la distance S, pour auoir les espaisseurs de costé, & de dessous, qui se prendront en la section du rayon X T, au poinct Z, desquels tirans des paralleles à l'orizon, on fera le plancher comme l'on void en la seconde figure.

Voila comme il faut mettre en Perspective des simples Planchers de Charpenterie. Si par apres ou à la place de ceux-là, vous y voulez quelque beau Plat-fond de tableaux, ou quelqu'autre compartiment; Suiuez ce que nous auons dit au feuillet 35. parlant des compartimens des Iardins, & vous seruez de la ligne Q R, pour ligne de terre : Vous y ferez tout ce qu'il vous plaira.

Pour des Planchers de dessous, il y en a de quelques façons aux feuillets 30. 31. 32. 33. & 34. des Plans, pour donner ouuerture au Perspectif d'en inuenter d'autres. Voila iusqu'icy pour faire vne Sale, ou Chambre, parfaitement. Nous enseignerons les Meubles sur la fin de cette premiere partie.

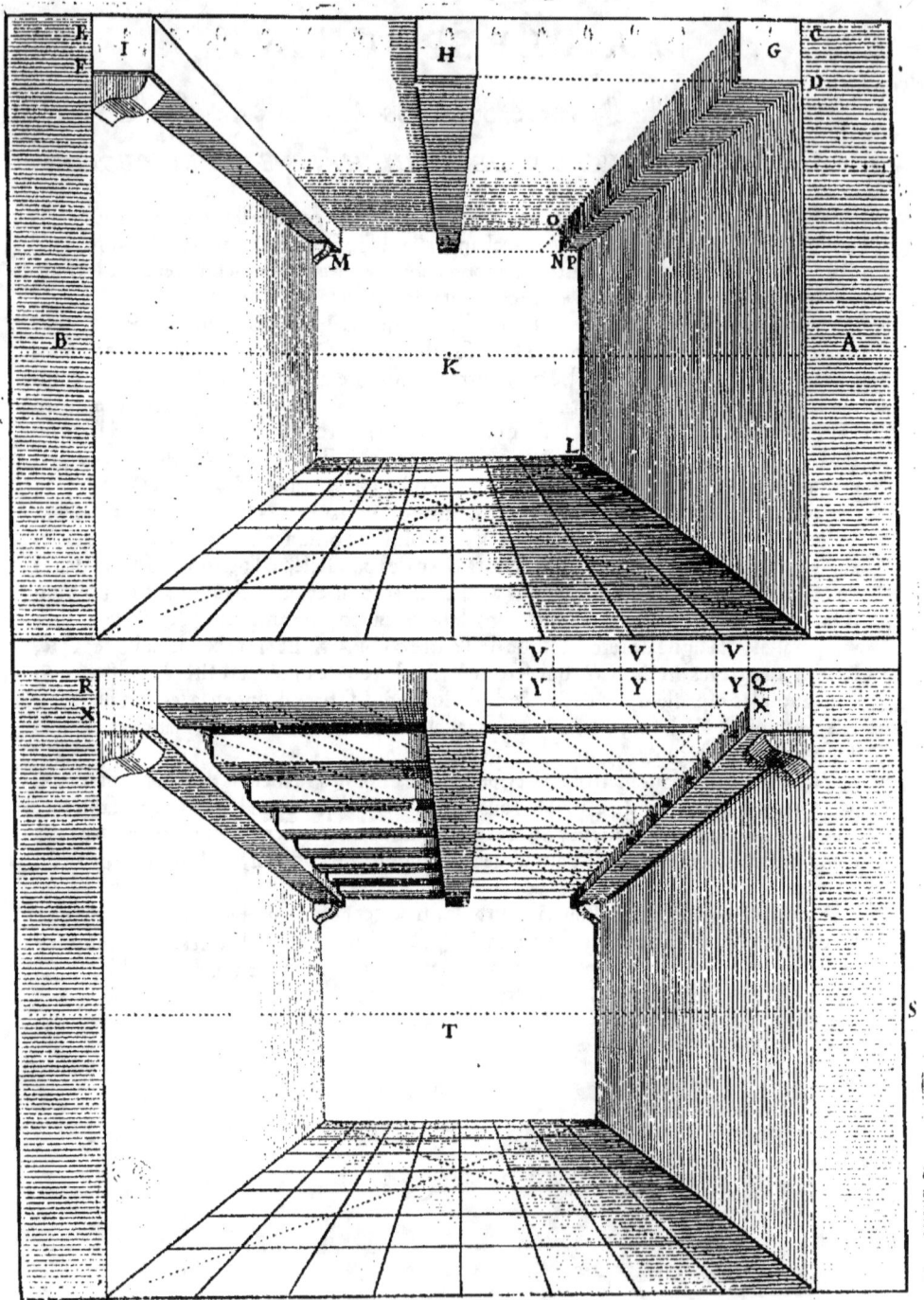

Cᴇᴛᴛᴇ Figure monstre au net le Plancher que nous venons d'expliquer, & où les ligues rendent la figure vn peu confuse.

Nous enseignerons en vn autre endroit à faire cette Porte à pans.

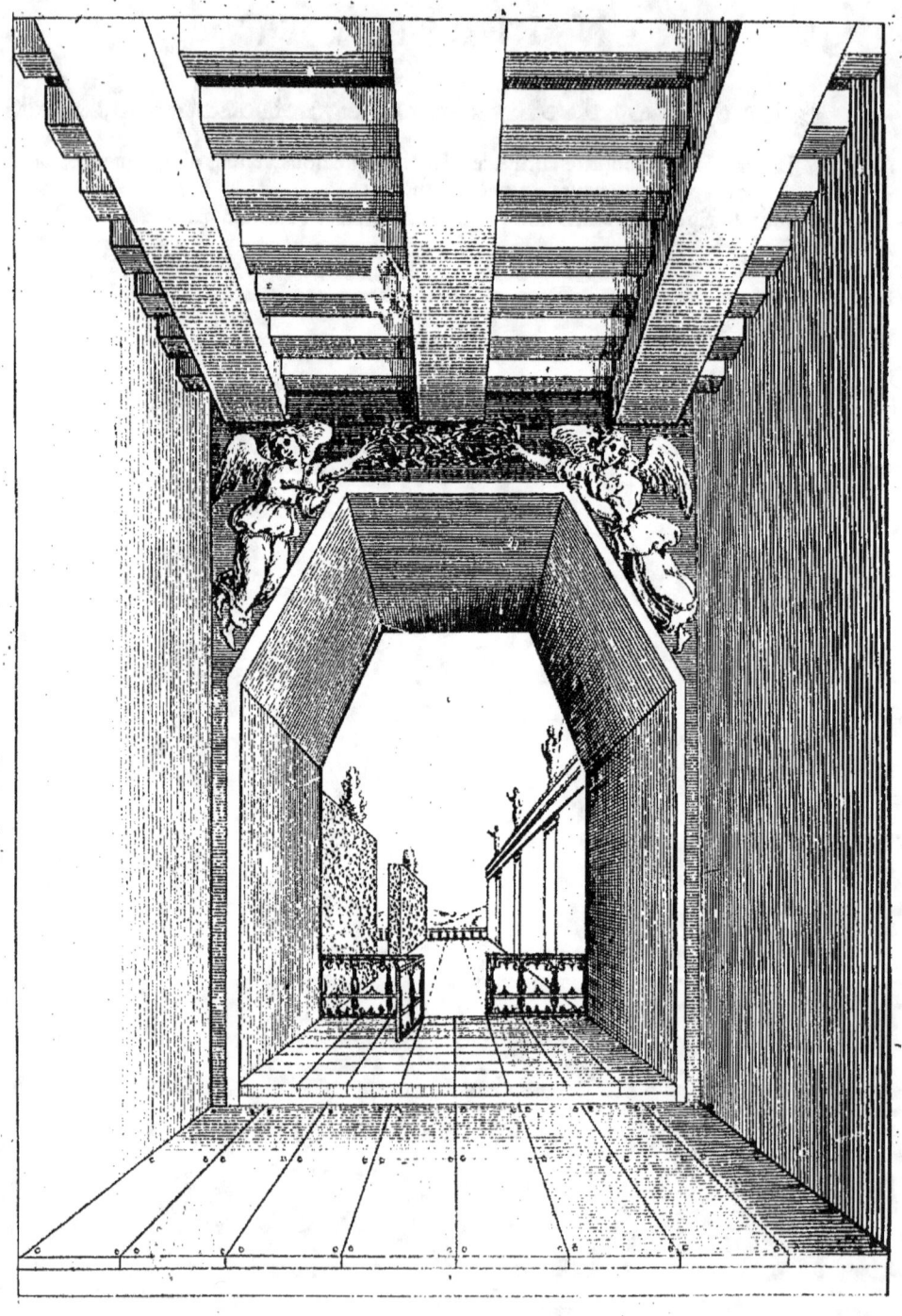

❧❧❧❧❧❧❧❧❧❧❧❧❧❧❧❧❧❧❧❧❧❧❧❧❧❧❧❧❧

SIMPLE TRAIT DES PORTES, ET ARCADES
rondes veuës directement.

Y A N T dit ce qui eſt neceſſaire pour des Salles, Chambres, Feneſtres, & Portes quarrées : Il faut ſçauoir maintenant *comme ſe font les Rondes*, pour en mettre où l'on voudra.

Suppoſé que A B C D E F, ſoient des pilaſtres eſleuez ſur quelque plan, Pour y poſer des Arcades, il faut diuiſer la largeur de deſſus G H, en deux parties egales au poinct I, deſſus lequel ayant mis vne jambe du compas, on fera de l'autre vn demy-rond G H, qui donnera la premiere arcade.

Pour faire toutes les autres de meſme hauteur & largeur ; il faut tirer des lignes des poincts H G, au poinct de veuë K, & ces deux rayons couperont ces perpendicules C D E F, aux poincts L, deſquels poincts L, il faut tirer des paralleles à G H, leſquelles paralleles L L, il faudra diuiſer en deux, pour y faire des demy-ronds, comme au premier; Pour trouuer le centre de ces paralleles L, il n'y a qu'à mettre la reigle au premier centre I, & le tirer au poinct K, il les coupera toutes iuſtement au milieu M M, auſquels poincts vous mettrez vne jambe du compas, & ferez le demy cercle comme le premier. Ceux qui ſont veus de front, & ceux qui ſont veus de coſté ſe pratiquent de meſme, comme il ſe void à la premiere figure.

Quand l'on veut faire vne Eſpaiſſeur ou vne Bande egale par tout, il ne faut qu'vn centre comme O, duquel on a formé les eſpaiſſeurs N P, des Figures de deſſous : Tout le reſte ſe fait comme nous auons dit, tirant au poinct de veuë K ; Ces deux dernieres Figures monſtrent comme ſe doiuent faire toutes ſortes de Voûtes ſimples, ou Verſures qui n'ont que le demy-rond. On les peut enrichir, comme nous dirons cy-apres.

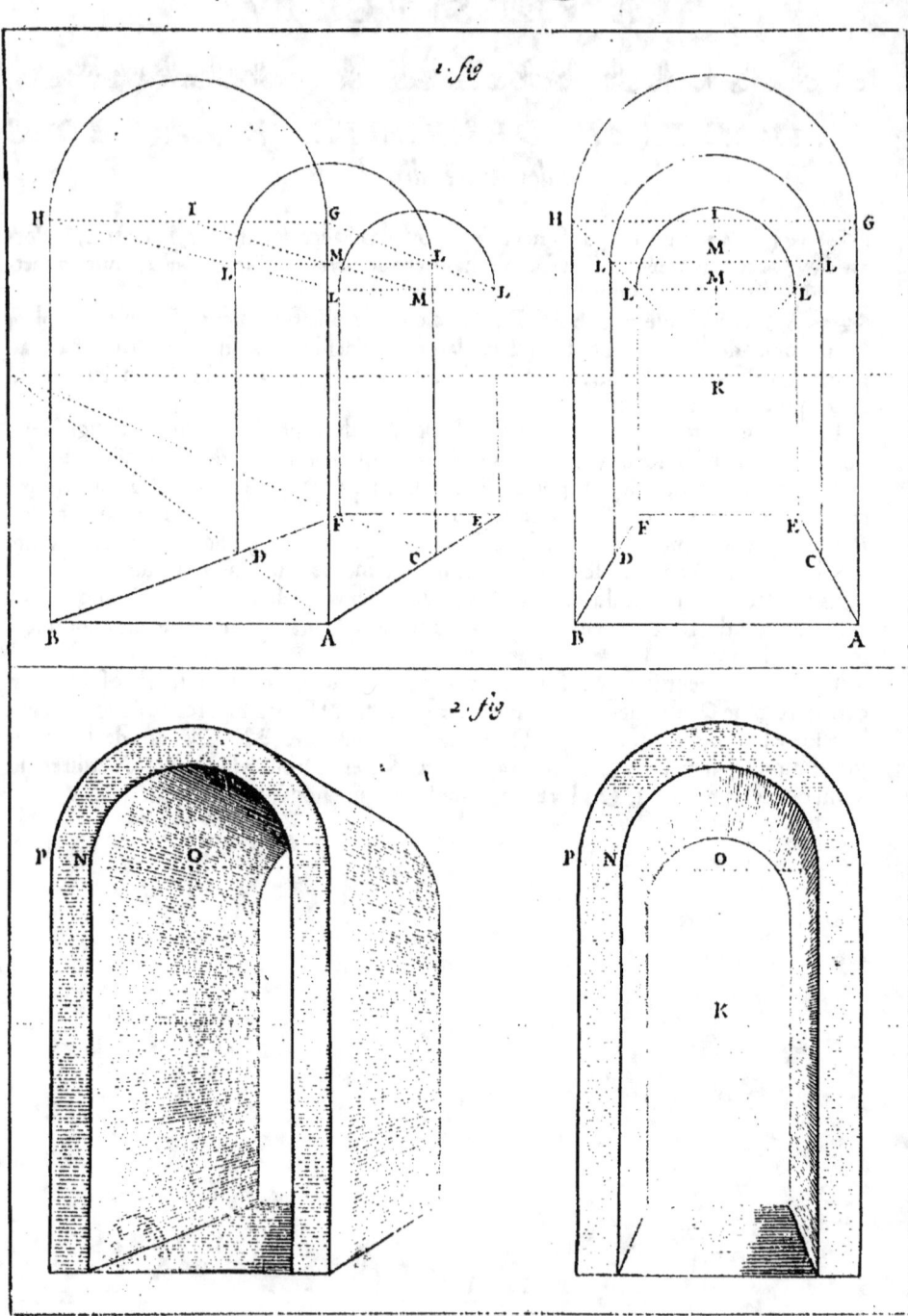

1. fig

2. fig

ARCADES RONDES DESSVS DES PILASTRES
veuës directement.

E fimple Trait que nous venôs de paffer, donne le moyen de faire celle-cy, eftant la mefme pratique, il y a vn peu plus de traits, & non pas plus de difficultez: Car ayant tiré de deffus les pilaftres A B C D, des paralleles à la ligne de terre; il faut diuifer la premiere en deux, & du centre E, faire auec vn compas le premier demy-rond A C, & fans le bouger du mefme centre, faire la bande A G F C: Puis tirant de ce centre E, au poinct de veuë H, le rayon E H, donnera tous les milieux des paralleles pour faire des demy-ronds deffus tous, commençans à B D, iufqu'au dernier I. C'eft la mefme pratique pour celle de cofté.

DV TIERS POINCT EN ARCADE.

L E Trait eftauffi facile que du rond: Quand l'on a donné la largeur, comme K L, mettez vne jambe du compas en K, & faites marcher l'autre vers O, qui formera l'arc L O, remettez le compas en L, & faites l'arc K O, vous aurez *vne Arcade en tiers poinct* K O L, faites-en autant de M N, vous aurez la feconde Arcade du fond M P N: La feconde figure de tiers poinct eft auec vne bande ou liziere à l'entour, qui fe fait du mefme centre: Par exemple, du centre R, on fait l'arc S X, & T V, Et du poinct S, l'arc Q V, & R X, Tout le refte tire au poinct de veuë Y.

Le *vray tiers poinct* eft la Figure ✠, l'on diuife le diametre *a b*, en trois parties egales; puis l'on met vne jambe du compas en vne diuifion, comme *c*, & de l'autre jambe on prend l'ouuerture *c b*, pour faire l'arc *b e*; puis remettant le compas en *d*, l'on fait l'arc *d a e*, qui eft vne arcade en tiers poinct auffi bien que l'autre; on fe feruira du quel on voudra. Les anciennes Eglifes approchent plus du premier que du fecond; encore y en a-t-il qui font plus ferrées.

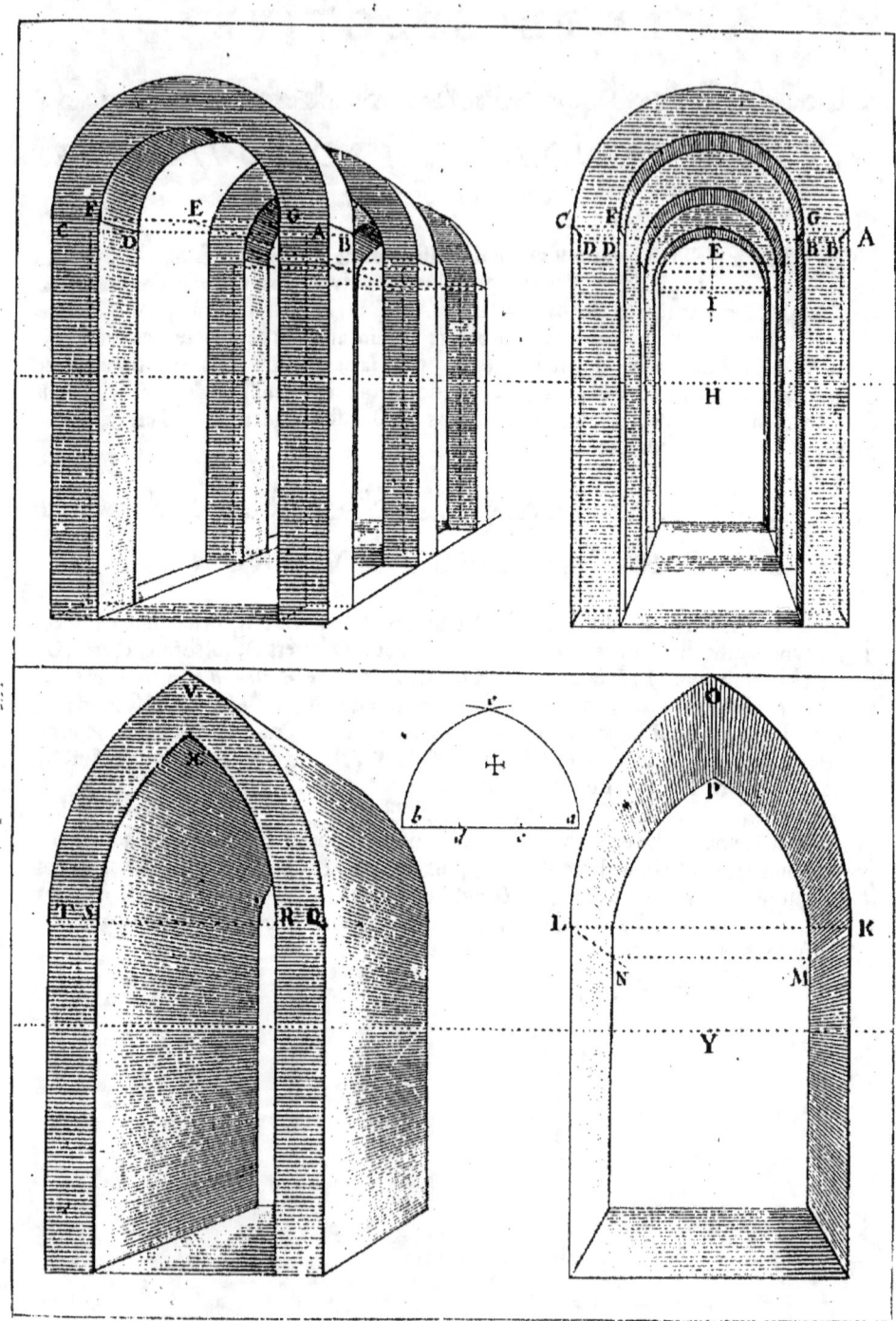

ﻬﻬﻬﻬﻬﻬﻬﻬﻬﻬﻬﻬﻬﻬﻬﻬﻬﻬﻬﻬﻬﻬﻬﻬﻬﻬﻬﻬﻬ

EN SVITTE DE CETTE FIGVRE

I'AY mis vn Berceau de Iardin, qui se fait comme nous venons de dire aux Arca-des veüés directement.

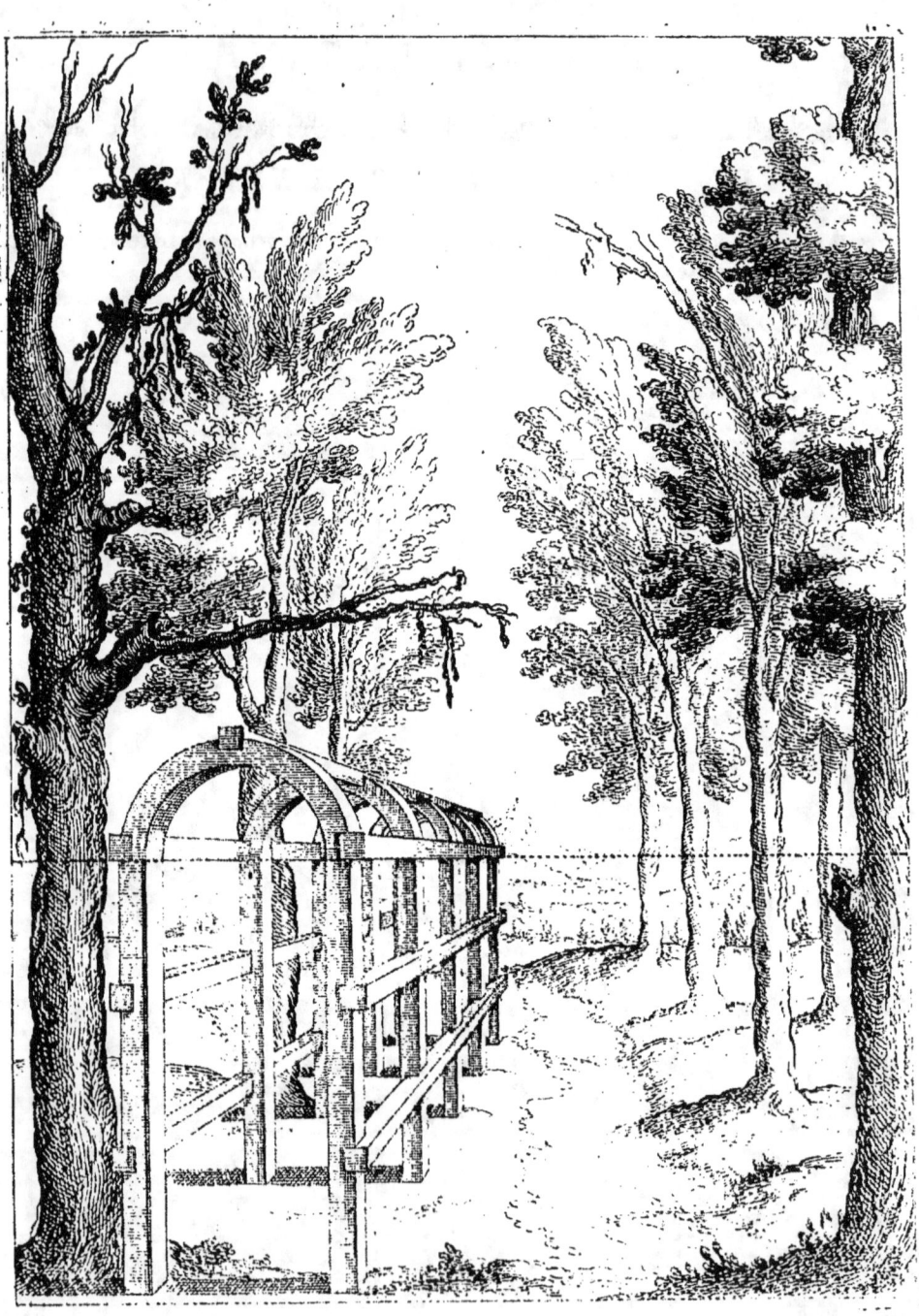

POVR CONSTVIRE, ET METTRE EN PERSPECTIVE,
des Portes & Arcades rondes.

E ROND eſtant difficile à mettre en Perſpective, a beſoing de lignes & de poincts qui le precedent, auant que de le former : Et pour trouuer ces poincts plus facilement ; Il faut entendre la premiere Figure par laquelle on void, que qui voudroit auoir vn demy-rond deſſus le diametre A B, n'auroit qu'à mettre vne jambe du compas au milieu de A B, au poinct C, & de l'autre jambe du compas, tirer vne ligne courbe depuis A, à B, & ainſi porter ſon demy-rond deſſus l'Eſleuation D E, pour auoir vne Porte, ou Arcade ronde, comme en la deuxieſme figure, ainſi que nous auons dit.

Mais pour le mettre en Perſpective, on le diuiſe en autant de parties qu'on veut : le plus qu'on le peut faire, c'eſt touſiours le meilleur, comme nous auons dit & monſtré au feuillet 28. & que nous monſtrerons parlans des Voutes croiſées : Nous diuiſerons celuy-cy en 8. parties ſeulement, 4. pour la moitié : Ayant fait le demy cercle, comme nous auons dit, il faut au deſſus du demy rond, tirer vne parallele à A B, qui le frize au poinct F, & ce poinct F, ſera le milieu du deſſus du cercle ; Puis eſleuer de A B, deux perpendiculaires qui coupent cette parallele F, aux poincts G H, Et des coings A B G H, tirer deux diagonales A H G B, qui ſe couperont en I ; & de ce poinct I, eſleuer vne perpendicule C I F, qui coupera le cercle en deux, & les diagonales le couperont en deux autres parties aux poincts K, par leſquels on tirera vne parallele à la ligne de terre K L. Tranſportons toutes ces diuiſions & meſures deſſus la troiſieſme figure, pour les mettre en Perſpective.

Premierement tirez le coing E, au poinct de veuë M ; Puis du poinct N, egal à D E, au poinct de diſtance P, qui coupera le rayon E M, au poinct Q ; Donc E Q, ſera la largeur de la premiere arcade D E, en Perſpective ; Tirez encore O, au poinct P, il coupera la ſeconde arcade au rayon E M, ou poinct R, n'ayant plus de place ſur la ligne de terre pour prendre la troiſieſme arcade, il faut tirer du poinct N, au poinct de veuë M, & du poinct R, vne parallele à la ligne de terre R S, Puis que R S, eſt deſſous le meſme angle que E N, il eſt donc de la meſme largeur, comme nous auons prouué dés le commencement : Tirant donc de S, à P, il coupera le rayon E M, au poinct T, qui ſera la troiſieſme Arcade.

Il faut donc eſleuer des perpendiculaires V, de ces trois poincts Q R T, leſquelles ſeront coupées du rayon H M, qui ſera le plus haut des arcades ; Puis du rayon B M, qui donnera le plus bas du demy-rond, tirez des diagonales des poincts B V H X, qui ſe croiſans, donneront le lieu de la perpendiculaire Y F, qui diuiſe l'arcade en deux ; Et tirant le rayon L M, il coupera les diagonales en deux, & l'arcade en quatre. Si vous ioignez ces poincts B Z F Z X, de lignes courbes, vous aurez la premiere arcade, & le moyen d'en faire vne infinité de meſme façon. Cette pratique ſert pour des Voutes, Arcades Portes, Ponts, & toute autre choſe qui requiert le demy-rond : C'eſt pourquoy ie laiſſe à faire les deux autres ſans en dire dauantage.

Cette pratique peut encore ſeruir pour des Feneſtres d'Egliſe, Il n'y a qu'à y faire vn ou deux montans, pour y attacher les vitres.

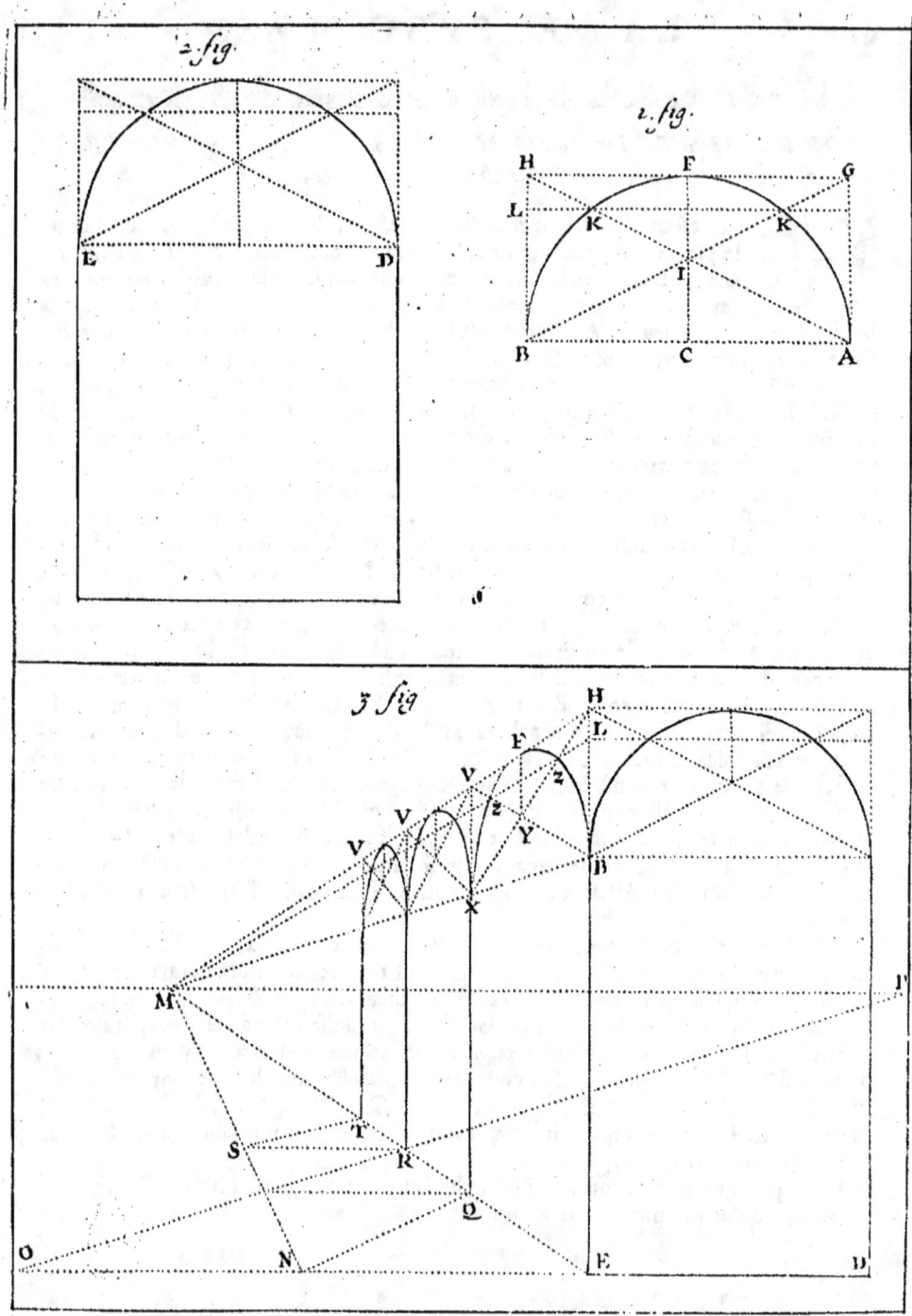

POVR CONSTRVIRE, ET METTRE EN PERSPECTIVE
Portes, & Arcades Rondes, Doubles, ou ayant leurs efpaiffeurs.

E que nous venons de dire, eft feulement pour le fimple Tra ,lequel eftant doublé, donne les largeurs & efpaiffeurs des Arcades , & de ce qui les porte,en ioignant de s lignes droites, toutes les fections de l'vne à l'autre; comme par exemple.

Ayant fait le premier Trait D E, comme nous venons de dire, & tiré D E, au poinct de veuë A, faut mettre l'efpaiffeur deffus la ligne de terre E C, en tirant C, au poinct de diftance B, il coupera le rayon C A, au poinct F; & de ce poinct F, tirer la parallele à la ligne de terre G F, qui coupera le rayon D A, au poinct G, Et de F, & G, qui feront les efpaiffeurs, efleuer des perpendicules I F G : Si du poinct H, vous tirez au poinct A; ce rayon donnera la hauteur de la perpendicule H I, deffus laquelle il faudra prendre la ligne du centre du demy-rond K, en tirant K, au poinct A, qui donnera le poinct L, Duquel tirez la parallele L M, & cette parallele fera la ligne qui doit porter le centre du demy-rond de derriere: Comme N, eft la ligne du centre du demy cercle de deuant; il faut diuifer cette ligne M L, en deux parties egales,en tirant du poinct N, au poinct A, par le poinct O; & deffus ce poinct O, il faut mettre vne jambe du compas, & faire le demy-cercle M L, lequel fera diuifé comme le premier, ainfi que nous auons dit en la Figure precedente; puis tirer des lignes droites des diuifions de l'vne à l'autre; c'eft à dire, du demy-rond de deuant à celuy de derriere, pour des deux n'en faire qu'vne; comme la Figure le monftre, ioignant M, à P Q, à R S, à T V, à X L, à K.

Pour faire les *Arcades, ou Portes Rondes* veuës de front, comme D E F G, il n'eft pas befoin de faire toutes ces diuifions, puis qu'il fuffit d'auoir trouué la ligne M L, pour faire le demy-rond, qui fe rapporte au premier N P K : Mais ie les y ay faites à deffein, de peur de confondre les lettres auec les lignes à cette Figure de deffous,où les Arcades font veuës obliquement, où au retour en tirant au poinct de veuë Y, ces Arcades donneront leur efpaiffeur, en doublant la pratique,que nous auons dite à la figure precedente, & ioignant les diuifions de l'vn à l'autre, comme nous venons de dire, & qui fe void à cette feconde Figure : à laquelle ayant donné l'efpaiffeur E Z, i'ay formé le trait E, de poincts; & Z, de lignes pleines, afin d'éuiter la confufion; & pour faire entendre que tout ce qui eft fait de poincts, ne doit pas eftre veu; le tableau eftant acheué.

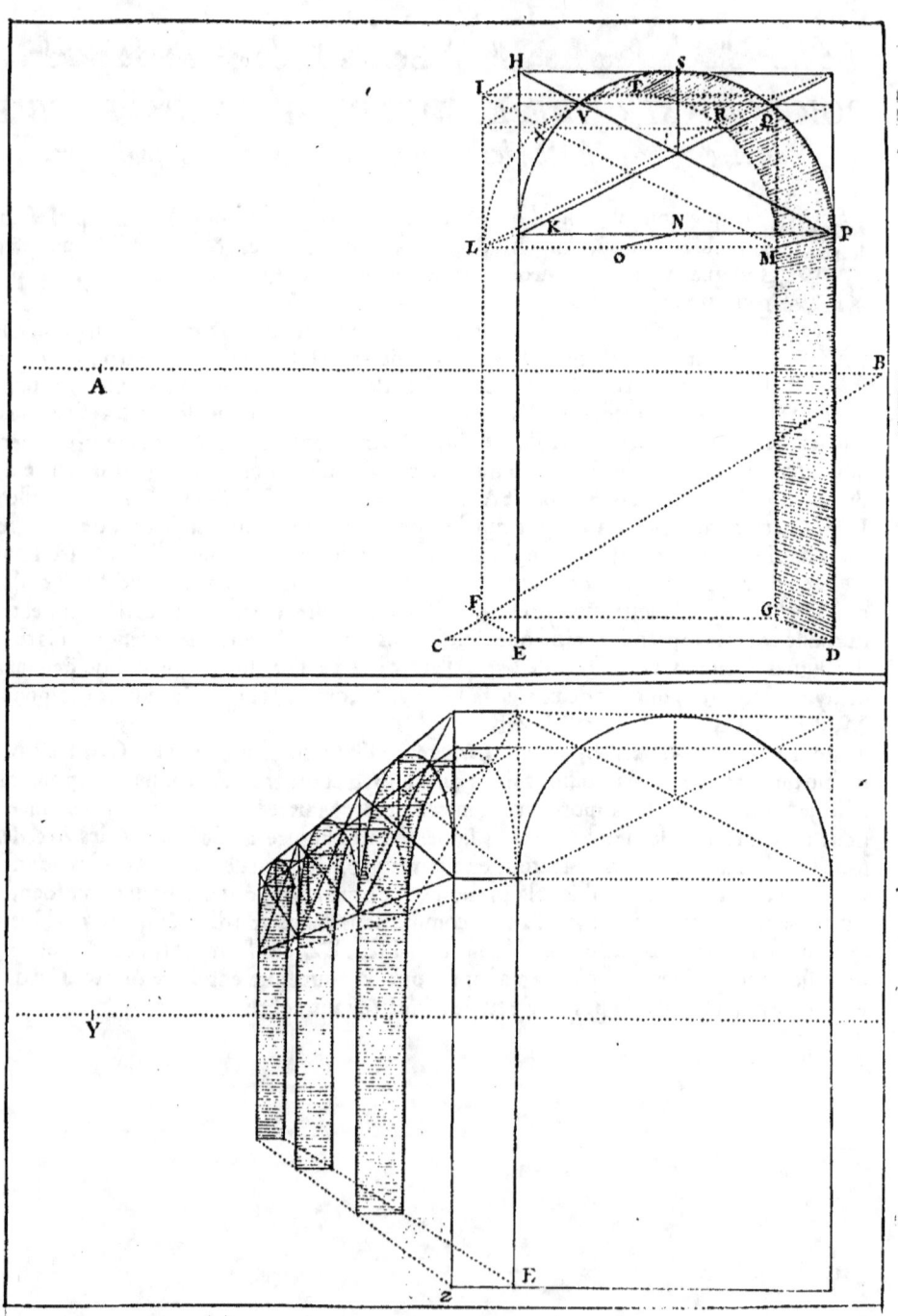

DES FIGVRES EN ARCADES D'AVTRE FASON.

Es *Arcades veües de Front*, que nous auons mifes cy-deuant, font faites exactement; mais elles font vn peu longues dans la pratique. En voicy vne autre façon aussi iuste, & plus courte, que l'on fera bien-aise de sçauoir.

Ayant fait du centre A, le demy-rond, ou le cercle entier B H I, Il faut du centre A, & du bout du diametre B, tirer des rayons au poinct de veuë C, puis mettre dessus B I, la largeur, ou espaisseur que vous voulez donner, comme est D A, Et de c' poinct D, tirer à la distance E, & à la section de cette ligne D E, dessus le rayon A C, au poinct F, il faut tirer vne parallele à la ligne de terre, iusqu'à ce qu'elle coupe le rayon B C, au poinct G; puis mettre vne iambe du compas au poinct F, & de l'autre iambe prendre la distance G, pour faire le demy-rond, ou rond entier, qui fera l'espaisseur de l'arcade, ou du rond; comme on void aux Figures. Toutes les lignes K, se doiuent tirer au centre A, & les autres L, au poinct de veuë C. Cecy peut seruir pour des Fenestres Rondes faites de pierre; & ces lignes feront les ioincts: comme aussi pour des Tonneaux, Cuuiers, &c.

ARCADES VEVES OBLIQVEMENT EN PERSPECTIVE.

CETTE Pratique pourra seruir quand on sera pressé, & que l'on ne voudra pas estre si exact, & aussi pour éuiter vne quantité de lignes, que l'autre pratique oblige de faire.

Ie dis donc, qu'ayant formé la premiere Arcade N O, comme nous auons dit cy-deuant, Il faudra faire dessus ce premier trait, des petites paralleles à la ligne de terre en tel nombre qu'il vous plaira, comme sont celles Q; puis prendre auec vn compas la largeur où commence l'Arcade, comme est P O, & la porter dessus toutes ces petites paralleles Q, qui donneront des poincts R, par lesquels on menera vne ligne courbe, qui formera l'espaisseur de l'Arcade.

Il est certain que selon la Perspective, les objets s'eslargissent quand ils s'approchent de nous, & que la ligne O P, devroit estre la plus petite; mais en cecy la difference de ces largeurs est de si peu, qu'elle tient quasi lieu de rien; Et puis ie ne donne pas cecy pour vne reigle: mais pour vn soulagement aux plus hastez.

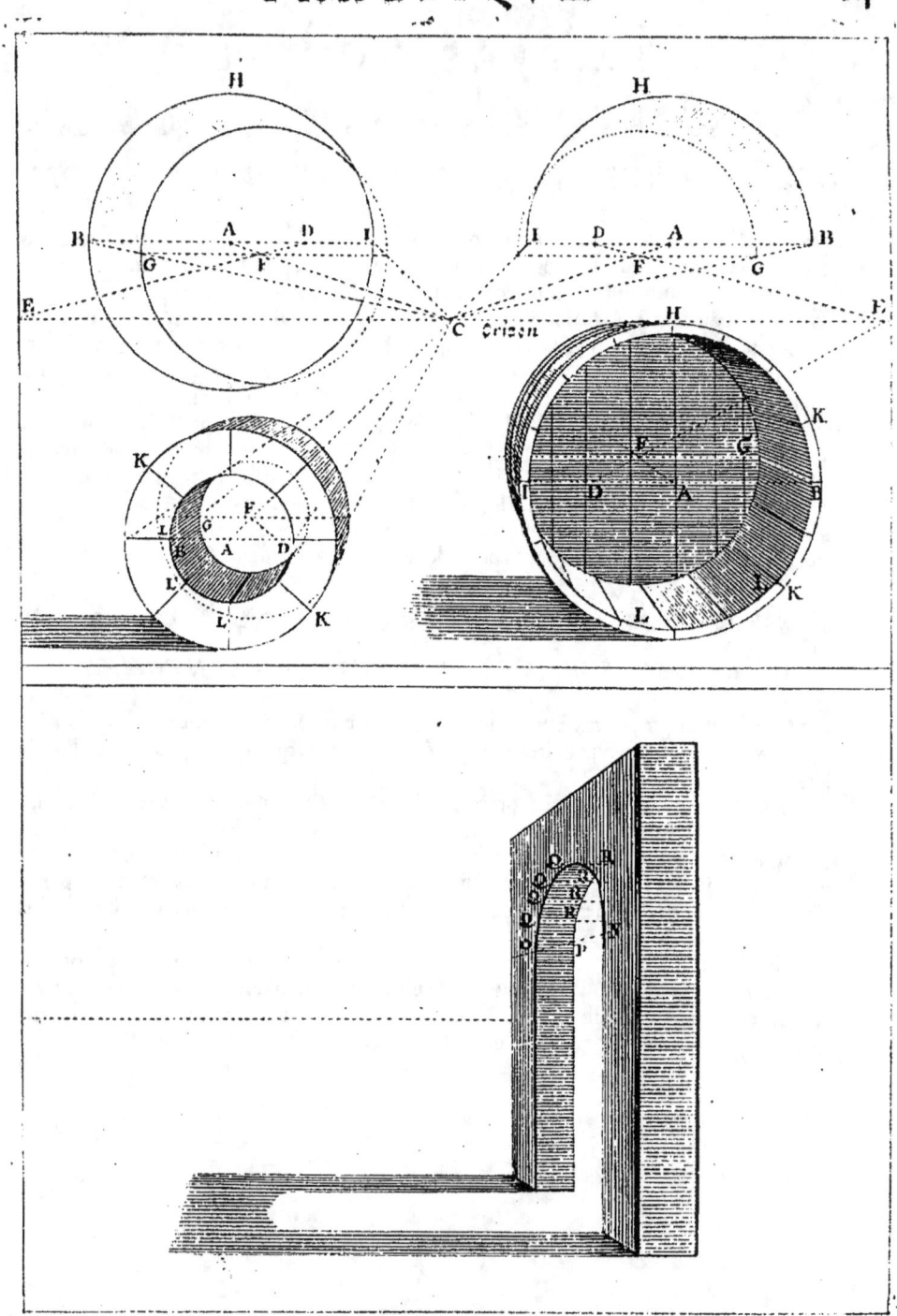

DES ARCADES SVRBAISSEES, OV EN
Anse de Panier.

L A pratique de les mettre en Perspective, est la mesme que du Demy-rond, & des Tiers-poincts, comme l'on void en la figure AB: Toute la difficulté est à trouuer le Trait qui se fait de deux manieres.

La premiere, par deux centres, & vn cordeau, comme nous auons dit aux pratiques de deuant parlant de l'Ouale, à raison que l'Anse de Panier est proprement vn demy-ouale.

La seconde, se pratique ainsi : Si l'on vous donne la ligne C D; pour y faire *vne Arcade Basse*, qui ait la hauteur E F; il faut du centre F, faire le demy-rond C G D, & le diuiser en tant de parties egales qu'on voudra, comme est celuy-cy en douze; & de toutes ces diuisions tirer au centre F; puis derechef de toutes ces diuisions tirer des perpendiculaires dessus la ligne, ou diametre C D, comme sont les lignes L. Apres ces operations, il faut de la hauteur que l'on veut l'Arcade, faire encore vn cercle, comme de E F, le demy-rond HE K, Et des sections que ce petit cercle fera dessus les diuisions du grand, faut tirer des petites paralleles, iusqu'à ce qu'elles touchent les lignes à plomb, ou perpendiculaires qui tombent des mesmes diuisions : comme par exemple L O, Et de tous ces poincts O, formez l'Arcade, comme l'on la void icy faite de poincts.

L'autre Figure fait encore *l' Arcade plus basse*, & on la pourroit encore faire plus Couchée, gardant les mesmes reigles & pratiques.

La Figure de dessous fait voir vne de ces Arcades en Perspective veuë de front, comme elle doit paroistre estant acheuée. Ie ne mets rien de la pratique, ayant desia dit qu'elle est la mesme que des Demy-ronds.

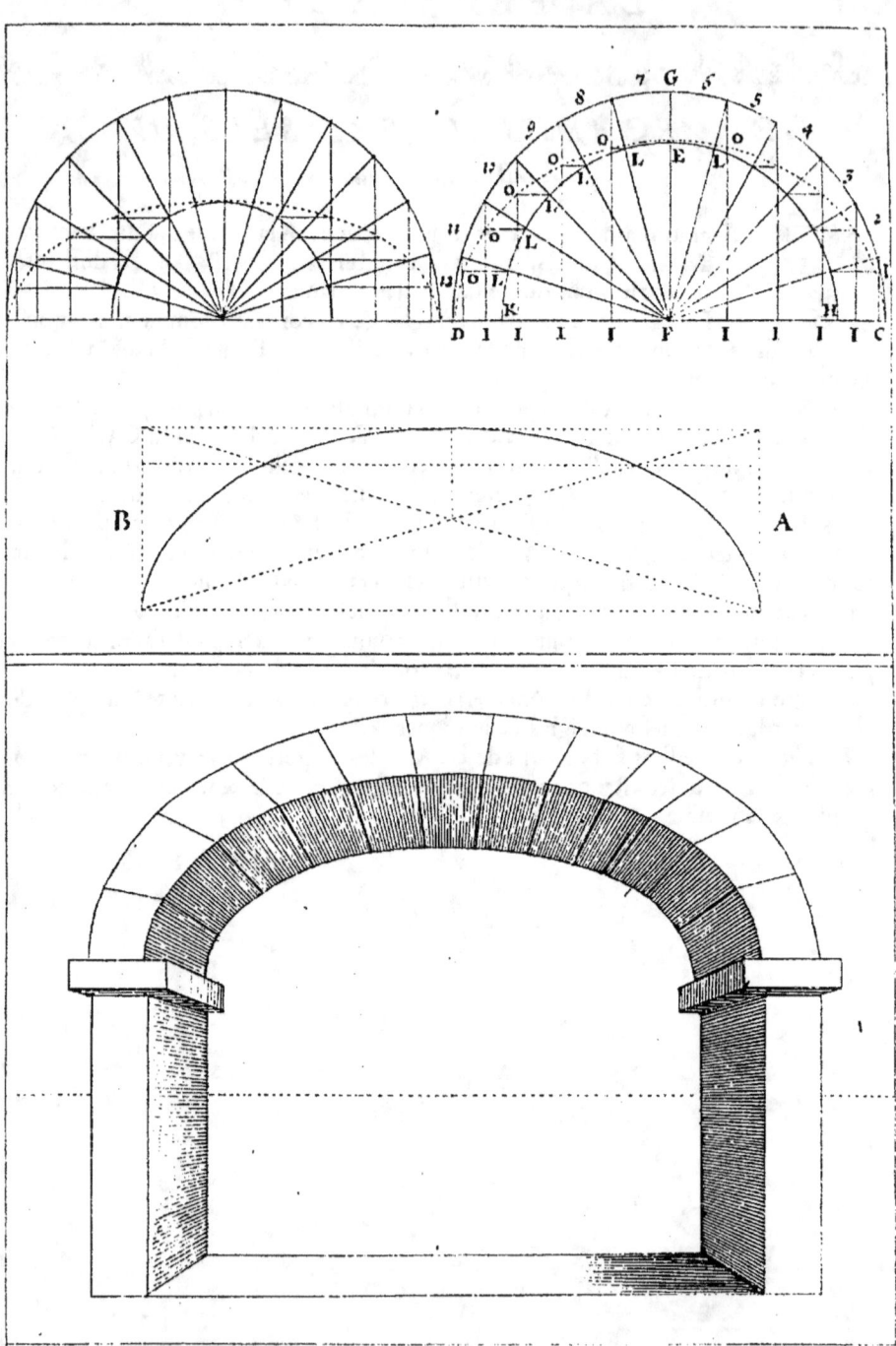

LA PERSPECTIVE

L'O N void en cette Figure le bel effet des Arcades , quand on leur donne bien le Centre, ou le Trait de la Rondeur qu'elles doiuent auoir.

Pour les Degrez, & les Figures, l'on aura cy-apres la maniere de leur donner leurs iustes mesures.

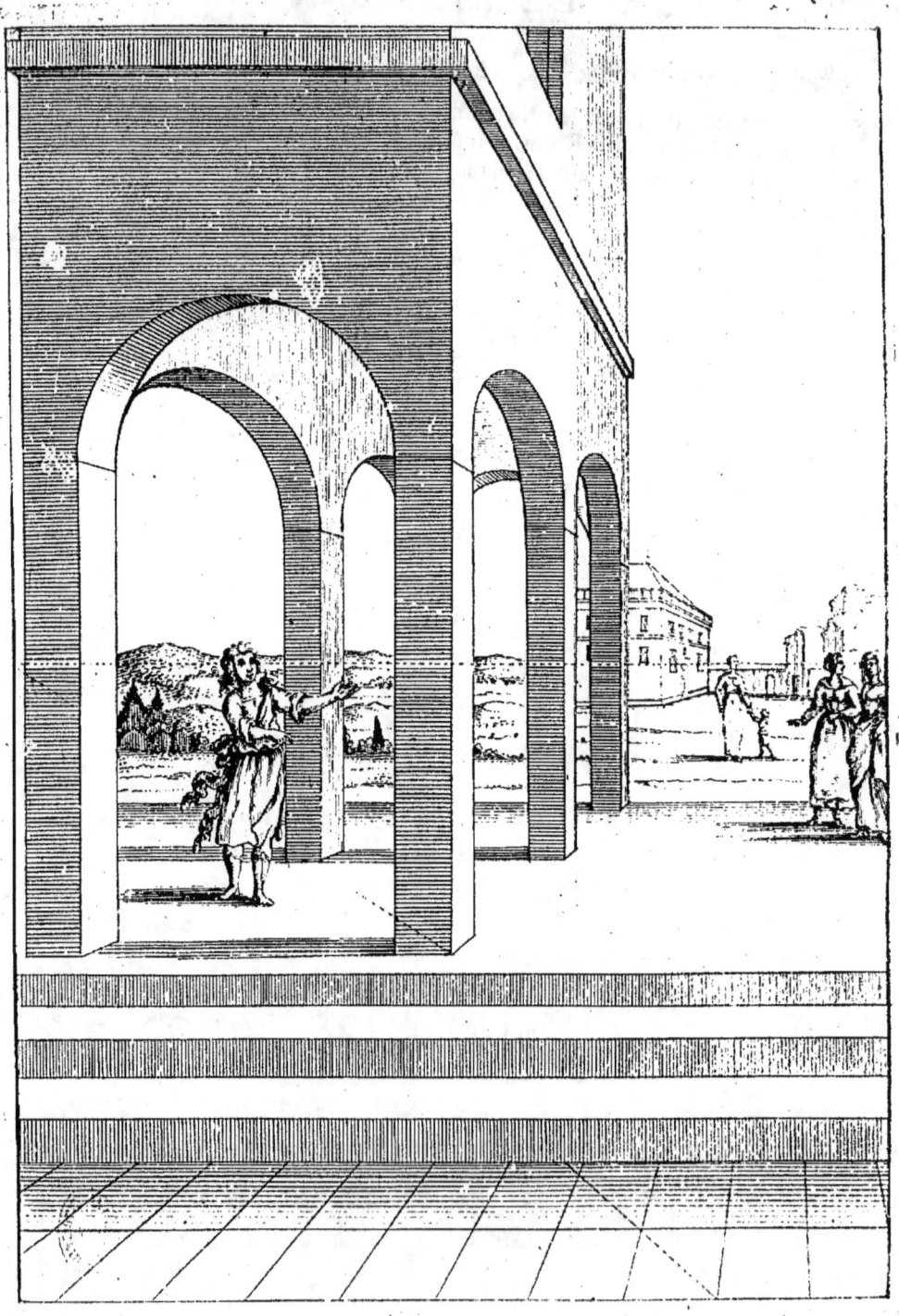

POVR METTRE DES ARCADES DESSVS
des Pilaſtres, ou Colomnes.

O N pourroit dire qu'en la Figure que nous venons de voir, il y a des Pilaſtres qui ne ſont pas au Trait qui le precede, ce qui m'a fait reſoudre à y mettre celle-cy, qui pourra ſeruir à faire cognoiſtre que c'eſt la meſme pratique, & qu'il n'y a qu'à laiſſer la place & largeur du Pilaſtre, qu'on leur veut donner entre deux Arcades; ce qui ſe fait par le moyen du Plan, ou de la ligne de terre, ainſi que l'on a veu les demy-ronds, qui ſont entre chaque Pilaſtre, leſquels ſe font comme nous venons de dire en la derniere pratique.

ARCADES EN TIERS-POINCT.

L Es *Arcades*, & *les Voutes*, en *Tiers-poinct*, ſe pratiquent de meſme que le demy-rond; c'eſt pourquoy en ayant fait l'vn, l'on fera fort bien l'autre: il ſuffit de ſçauoir ſeulement le Trait, puis que la Figure monſtre aſſez le reſte. Pour le Trait, nous auons deſia dit qu'il n'y a rien ſi aiſé. La largeur A B, eſtant donnée pour y faire vne Arcade en Tiers-poinct; il faut ouurir le compas de toute cette largeur, & tenant ferme vne jambe au poinct A, de l'autre faire l'arc B C; puis reporter la jambe à B, & de l'autre faire l'arc A C, où ils ſe couperont, ce ſera la pointe de l'Arcade C. L'autre ſorte de Tiers-poinct eſt la vraye, que nous auons mis cy-deuant marquée ✳.

Puis que tout le reſte ſe pratique, comme au Demy-rond, nous n'en ferons point de redites; il y a ſeulement icy des Pilaſtres entre-deux, qui ne ſont point aux autres, afin de mieux donner à cognoiſtre ce que i'ay dit cy-deſſus, qu'il n'y a qu'à tirer ces meſures de la ligne de terre au poinct de diſtance O, qui couperont le rayon D E, au poinct F, pour eſleuer les perpendicules de deuant; puis ayant mis l'eſpaiſſeur G, tirer le rayon G E, pour la largeur des Pilaſtres H, De ce poinct H, on eſleue des perpendicules qui portent les meſmes diuiſions que celles de deuant, leſquelles ſont jointes de lignes droites, &c. comme au demy-rond.

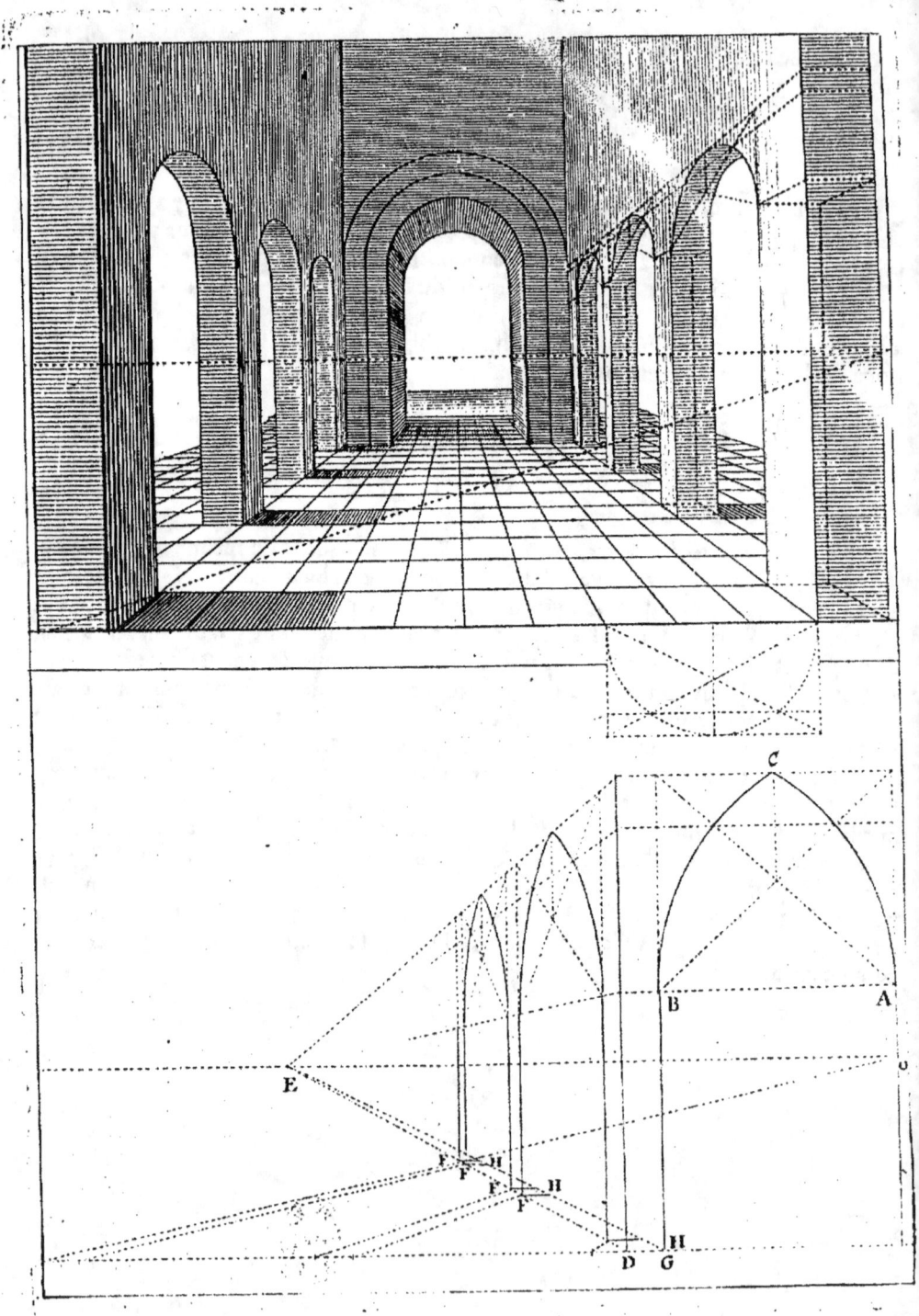

POVR METTRE EN PERSPECTIVE DES VOVTES CROISEES.

IL faut fe fouuenir, ou vôir de nouueau, ce que nous auons dit au feuillet 28, parlant de mettre le grand rond en Perfpective, à raifon que nous auons diui-fé le cercle en plufieurs parties, pour le faire le plus exactement qu'il fe peut; & par confequent les Voutes plus rondes, & plus iuftes. Mais comme il y a vne grande quantité de lignes à cette diuifion de 16. parties; i'ay creu qu'il valloit mieux com-mencer par vne diuifion de 8. quoy qu'elle ne foit pas fi exacte, auffi en fera-elle moins confufe. Nous reprendrons l'autre au feuillet fuiuant.

Ayant donc fait le plan d'vn Rond diuifé en 8. parties, 1. 2. 3. 4. 5. 6. 7. 8. il faut tirer de toutes fes diuifions, des paralleles à la ligne de terre, iufqu'au rayon B A, qui donneront les poincts C, deffus lefquels on efleuera les perpendiculaires C D, il faut tranfporter def-fus la premiere perpendiculaire B, & D, qui eft la ligne d'Efleuation, les mefures du demy-cercle B E F, qui donneront les poincts D H G, defquels il faudra tirer des rayons au poinct A, & aux fections des perpendiculaires C D; l'on aura les mefmes diuifions qu'au Plan 1. 2. 3. 4. 5. Pour vn demy-cercle, l'on tirera des lignes courbes, comme il fe void en l'Arcade du premier cofté, les mefures duquel il faudra tranfporter de l'autre, pour auoir les deux Arcades collaterales; des naiffances defquelles on fera deux cercles auec le compas, l'vn deuant G K, du centre M; l'autre au fond 5. L, du centre N; & ainfi on au-ra les quatre Arcades qui fe rencontrent ordinairement aux Voutes croifées, à areftes, ou à augiues; il ne refte plus qu'à faire la croifée, ou les diagonales courbes, qui doiuent po-fer, & porter deffus les coings G, 5 K L, paffant par la clef O.

Puis que le cercle eft diuifé en 8. parties, les Arcades qui ne font que de la moitié du cercle n'en doiuent auoir que quatre, comme ont celles des coftez; donc il faut auffi di-uifer en quatre le demy-cercle de deuant G K, aux poincts G P Q R K, lefquels doiuent eftre tirez au poinct de veüé A, iufqu'au cercle du fond 5. L; Or ce qui fuit, eft le fecret de la Croifée : C'eft qu'il faut tirer des paralleles à l'orizon, ou à la ligne de terre de toutes les fections du cercle de cofté 1. 2. 3. 4. 5. aux diuifions du cercle de deuant, en telle for-te que G, qui eft la premiere diuifion du cercle, touche en vn poinct la premiere fection 1. de 2. tirer vne parallele à la feconde diuifion P, & faire vn poinct S, de 3. à la troifiefme diuifion Q, qui donnera O, lieu de la clef. de 4. à la quatriefme diuifion R, au poinct T, Puis ioindre des lignes courbes G S O T L, & vous aurez defia vne diagonale; & faites en autant de l'autre cofté, & vous aurez la Croifée entiere, & voftre Voute complette.

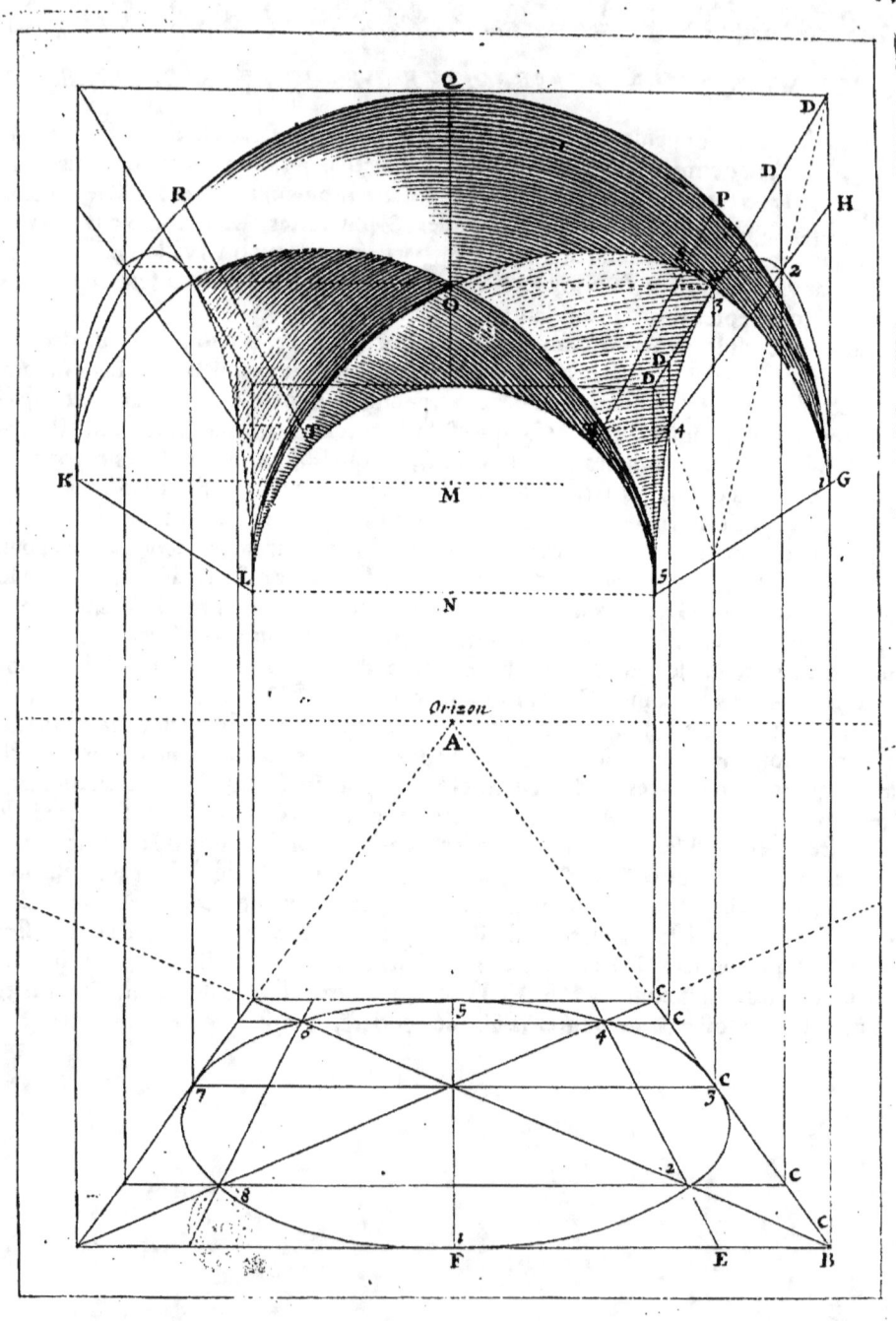

POVR FAIRE LA MESME VOVTE PLVS EXACTEMENT.

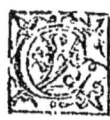E L V Y qui entendra bien la pratique precedente, n'aura point de peine à fai-re celle-cy, puis'qu'il n'y a qu'à doubler les lignes, & prendre garde aux se-ctions qui font en plus grand nombre., à raifon que le cercle eft diuifé en plus de parties.

On apprendra à faire le plan au 28 feuillet : Il faudra tirer des paralleles de toutes les diuifions de ce Plan, depuis 1. iufqu'à 16. ou la moitié feulement au rayon B A, qui donneront les poincts O, deffus lefquels il faut efleuer des perpendiculaires, &c. Tout le refte fe fait comme nous venons de dire en la pratique precedente : Mais celle-cy eft la plus exacte, & fait la voute plus aifément, à caufe que les diuifions fonc plus pres l'vne de l'autre.

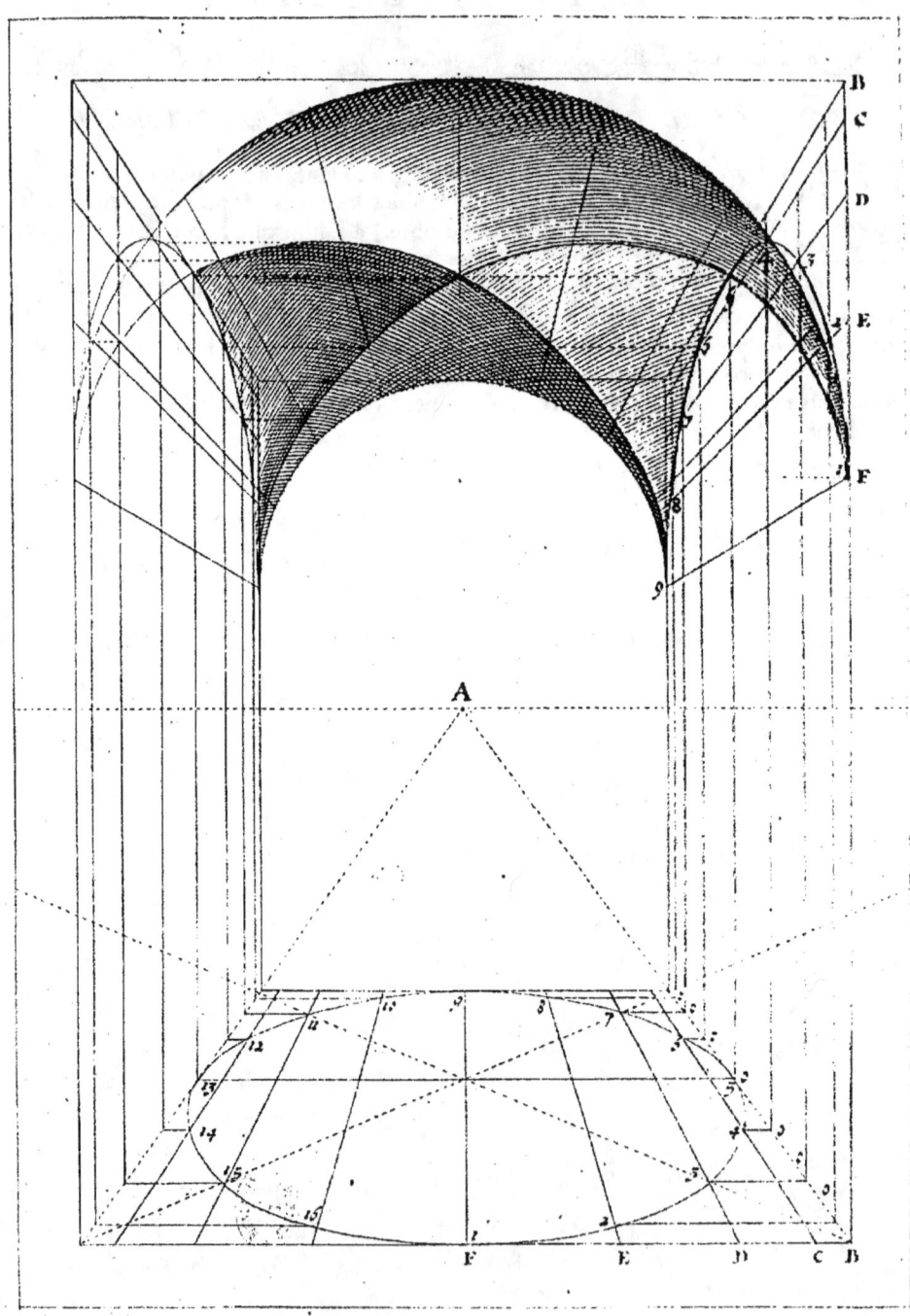

POVR FAIRE LES VOVTES PLVS ESTROITES QVE LARGES.

L y a deux pratiques en cette Figure; l'vne *pour estreßir les Voutes aux costez*; l'autre *pour donner vne espaisseur à la croisée.* Nous commencerons par la premiere.

    Les deux pratiques de Voutes que nous venons de quitter, supposé qu'elles sont toutes quarrées; c'est à dire, que la distance & la largeur des Arcades est egale, tant aux costez, qu'à celles de front; & qui n'en sçauroit faire que de cette façon là, se trouueroit en peine s'il luy falloit dresser vne Eglise, où ordinairement les Arcades des costez sont bien plus serrées, que celles de front.

    Voicy vne belle inuention, par laquelle vous donnerez telle mesure qu'il vous plaira à celles des costez, par le moyen de la ligne de terre A Q: Supposez donc que l'Arcade de deuant A Q, soit large de 40. pieds, & qu'en celle des costez vous n'en voulez donner que 15. 20. ou tant, & si peu qu'il vous plaira; Il faut (selon le quatriesme aduis feuillet 17.) mettre cette mesure dessus la ligne de terre, & la tirer au poinct de distance, qui donnera l'enfoncement de la mesme mesure en A E; comme par exemple, Nous auons mis icy A C, de 20. pieds, tirant du poinct C, au poinct de distance, qui est vn peu esloigné icy, où nostre papier est trop estroit pour le faire voir; il coupera l'enfoncement de 20. pieds, dessus le rayon A D, au poinct E; puis reuenant à la ligne de terre, il faut faire vn demy cercle de cette distance A C, & le diuiser en autant de parties que la plus grande Arcade F G, aura de diuision, comme icy 8. & de toutes ces diuisions I, esleuer des perpendiculaires I H, & des poincts I H, estant tirée au poinct de distance ils couperont le rayon A E, au poinct O, qu'il faut encore esleuer en perpendiculaire O P, n faut faire en quelque lieu separé le plan de ce demy-rond F G: Supposé qu'il n'y en ait point de fait, pour en prendre les diuisions; & les porter depuis E, iusqu'à B : Et puis que le Plan de la Figure precedente est egal à F G, prenez les mesures de la moitié B C D E F, & les portez dessus les perpendicules A F; & de ces poincts B F D C B, tirez au poinct de veuë D, & des sections que ces rayons B C D E F, feront aux perpendicules O P; il faut tirer des lignes courbes, qui formeront l'Arcade de costé, & tirant des paralleles des sections 1. 2. 3. 4. 5. 6. 7. 8. 9. aux diuisions de l'arcade F G, on aura les poincts F R S T V X Y Z, pour former la Croisée, ainsi que nous auons desia dit cy-deuant.

    Pour les Espaisseurs des Nerfs de la Croisée, il n'y a qu'à faire vne petite ligne d'esleuation, *a b*, que i'ay mise au haut de la perpendicule esleuée du poinct 9; & cette ligne *a b*, estant tirée au poinct de veuë D, coupe toutes les autres perpendicules aux poincts *c d*, pour donner les hauteurs proportionnées à chaque perpendicule esleuée des sections de la croisée; c'est à dire, des sections qu'il a fallu faire pour trouuer le Traict de la Croisée, suiuant leur ordre : Par exemple. La premiere Esleuation *a b*, se donnera à la premiere perpendicule G : La seconde Esleuation *c d*, à la seconde perpendicule F e; & ainsi en suitte à toutes les autres, qui donneront les poincts *c*, par lesquels faisant vne ligne courbe pour les joindre; on aura l'espaisseur des nerfs de la croisée de la voute, comme l'on peut voir à la moitié du costé gauche de la Figure cy-deuant.

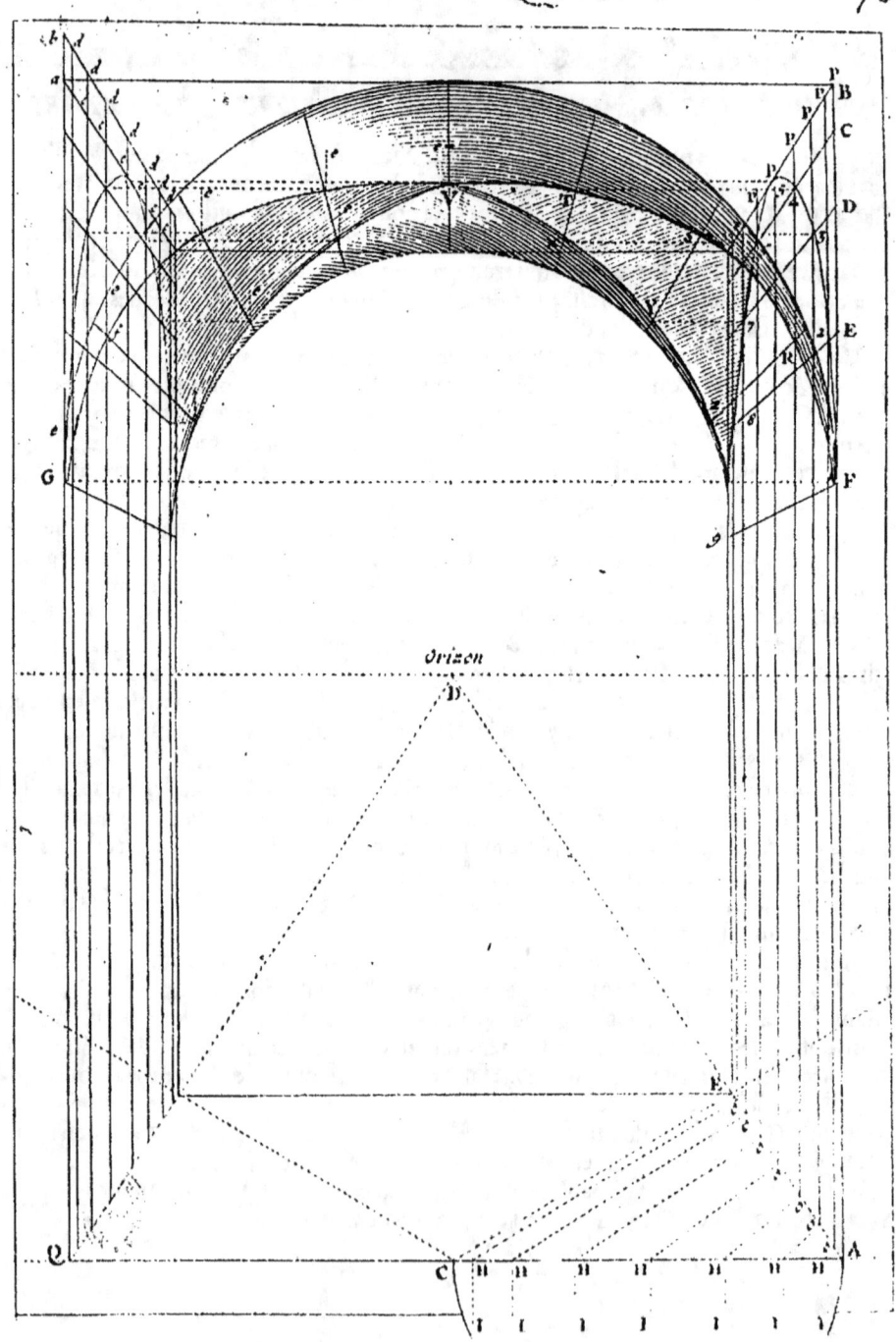

VNE VOVTE FAITE PAR LES PRATIQVES
precedentes.

TOVTES les pratiques precedentes. donnent affez de facilitez pour faire *vne Vou-te parfaite*, comme celle-cy : horfmis ce qui eft des Piliers, ou Colomnes, que nous monftrerons cy-apres.

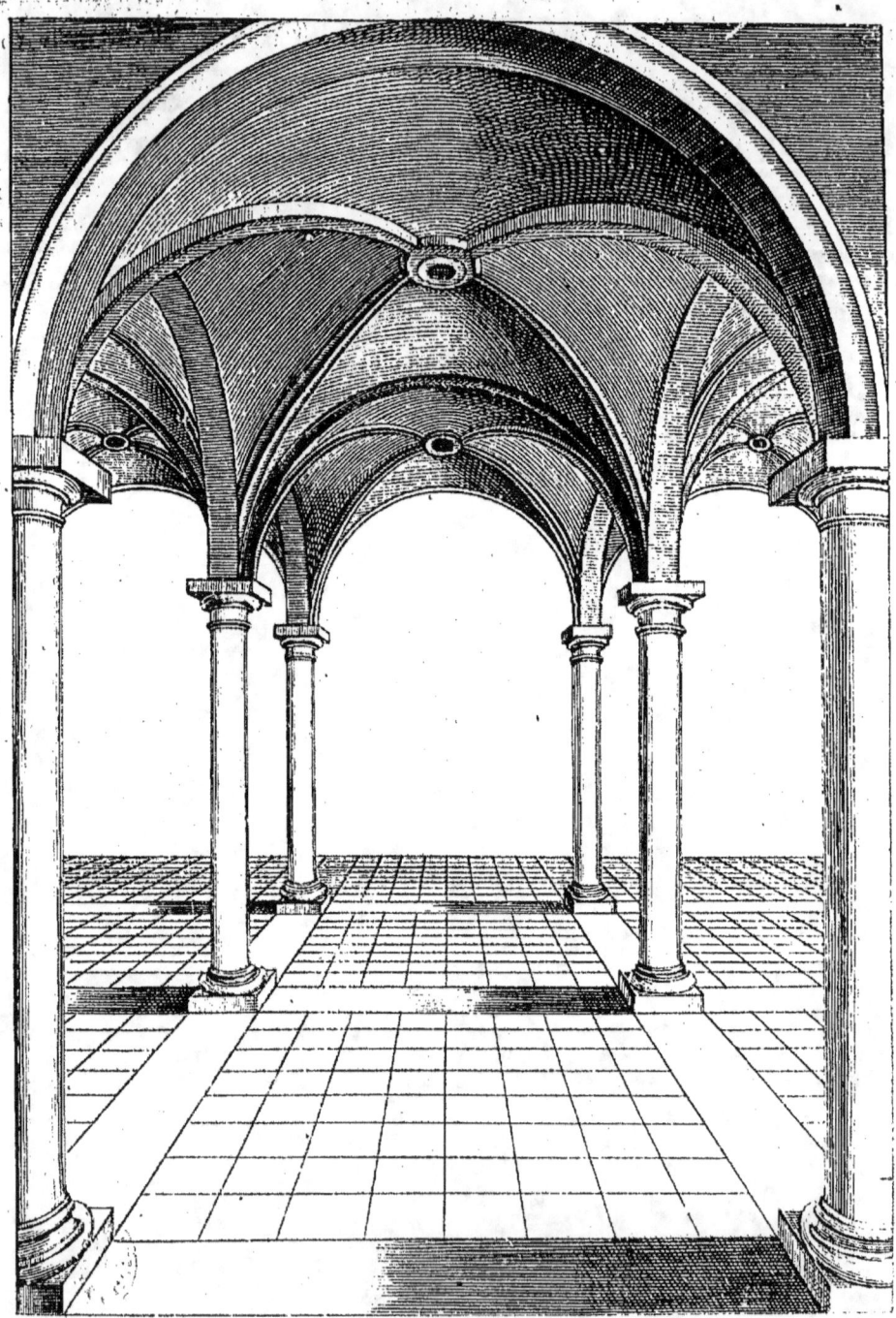

DES ARCADES, ET PORTES A TROIS PANS.

I L y a vn autre espece de *Lambriz*, qui tient lieu de Voute pour des Portes, & Galeries, & mesme aux Eglises, qui fait assez bien en Perspective, & est fort aisée à pratiquer : Ie l'ay mis apres le Rond, à cause qu'elle se forme d'vn demy-cercle, comme vne Porte ronde qu'il faut par apres diuiser.

Ayant esleué les murailles. A B, il faut faire vn demy-cercle, qui comprend toute la largeur C D; puis tenant le compas ouuert de la largeur du demy diametre E C, il faut tenir vne jambe ferme au poinct C, & de l'autre E, tirer vn arc en haut, qui coupe le demy-rond au poinct G, & faire le mesme du poinct D, l'arc E H, Puis ioindre ces quatre lettres C D G H, de lignes droites, qui vous donneront l'*Arcade demy-hexagone*, ou *à trois Pans*; Il faut encore faire vn demy-rond dessus la largeur I K; Pour le Fond, Et pour le diuiser, il n'y a qu'à tirer des angles du premier C D G H, au poinct de veuë F, aux sections qu'il fera du demy-rond au poinct L M, Il faudra tirer des lignes droites, qui formeront l'Arcade du creux.

D'VNE AVTRE ARCADE DEMY-DECAGONE,
ou a cinq Pans.

C Ette Arcade se pratique tout de mesme que la precedente, & n'y a de difference, qu'à la diuision du Cercle; Le premier est diuisé en trois; Et celuy-cy en cinq : Ainsi si vous diuisez le demy-cercle L M, en cinq parties N O P Q, & que vous tiriez de tous ces poincts au poinct R, vous diuiserez le demy-cercle du creux : ainsi que nous auons dit, celuy de dessus à trois pans.

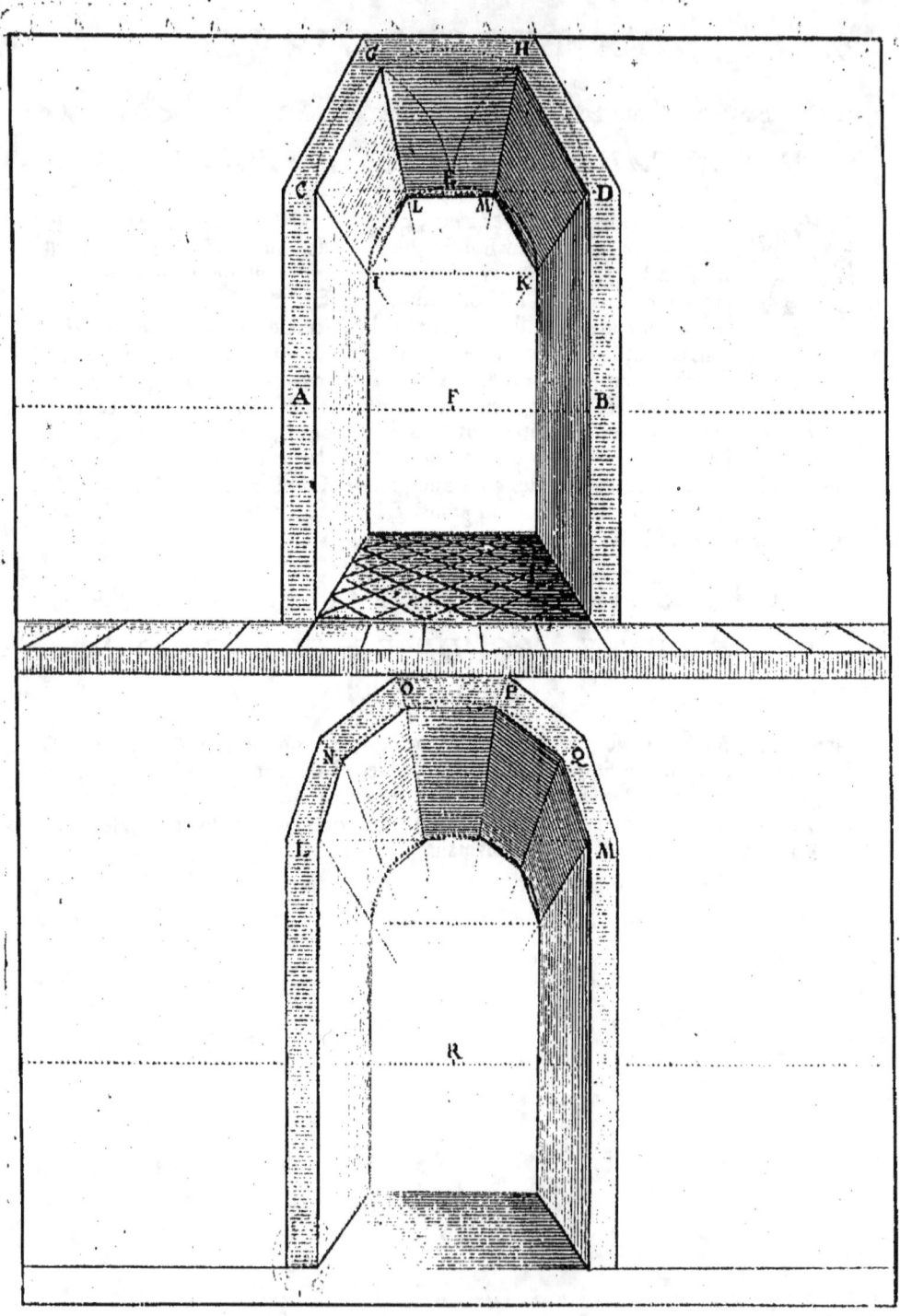

ESLEVATIONS DES FIGVRES RONDES
en Perspective.

E defir que i'ay de donner de la facilité à mettre en Perfpective toutes chofes, m'a fait donner encore icy, comme on doit efleuer d'vn rond, ou cercle, telle hauteur que l'on voudra ; & cette pratique feruira pour toutes Figures Rondes, comme Crouppes d'Eglife, Amphitheatres, Tours, &c.

Ayant fait le plan du Rond en Perfpective, comme il eft pratiqué cy-deuant, & mis à cofté du plan la ligne d'Efleuation A B, felon la hauteur que l'on veut donner : Il faut des angles du plan qui font icy, les poincts defquels on a formé le rond, comme font 1. 2. 3. 4. 5. 6. 7. 8. 9. tirer des paralleles au bas de la ligne d'Efleuation A B, & les efleuer comme nous auons dit, & auec vn compas les transporter deffus les perpendiculaires efleuées des poincts 1. 2. 3. 4. 5. 6. 7. 8. 9. &c. comme aux pratiques precedentes.

Le Demy-rond de deuant, n'a que la moitié de l'efleuation de celuy de derriere ; Et l'vn & l'autre, que le fimple Trait fans efpaiffeur.

Par cette pratique, il n'y a rien de Rond que l'on ne puiffe mettre en Perfpective ; l'entends des rondeurs paralleles à l'orizon : Les autres Rondeurs qui font perpendiculaires à l'orizon, font enfeignées aux pratiques des Voutes.

ESLEVATION DES PILASTRES MIS EN ROND.

IL faut doubler le Rond, comme il eft enfeigné au Plan, feuillet 29. & entre les deux lignes circulaires mettre le plan des pieces qu'on veut efleuer, comme l'on void les Places de deuant A B C D, lefquelles tirent au centre E ; Puis de tous les angles de ces Plans efleuer des perpendiculaires, & leur donner leur hauteur, felon la ligne d'Efleuation F G, par la pratique ordinaire : comme l'on void affez par la deuxiefme Figure.

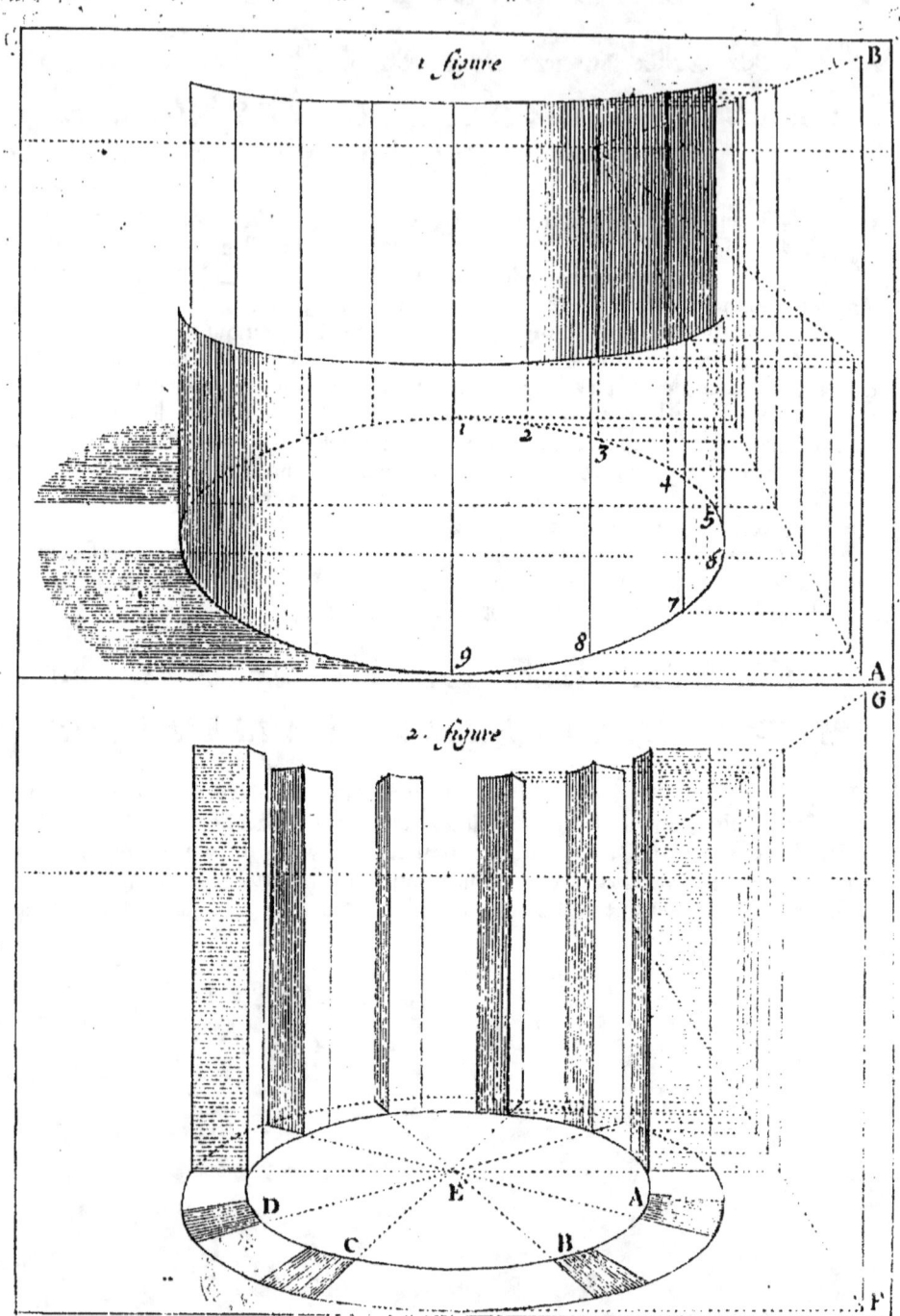

1 figure

2 figure

VOVTE EN COQVILLE, ET EN PERSPECTIVE.

ETTE Figure peut feruir pour *le Creux d'vne Eglife*, pour *vne Grotte*, pour *vne Niche*, & pieces femblables; l'Efleuation fe fait de la maniere, & par les pratiques que nous venons de dire.

Pour cette Platte-bande AB, qui peut feruir pour Corniche; fa diminution fe doit prendre deffus la ligne d'Efleuation en CD; & la porter deffus les Pilaftres.

Pour la Voute, il faut faire la premiere Arcade EF, à la maniere que nous auons dite; & au milieu en dedans faire vn demy-cercle O, auquel on conduira des lignes courbes, qui naiftront de deffus des Pilaftres, & feront les Côftes ou Nerfs de la Voute, comme l'on void GHIK, les hauteurs des Feneftres fe prendront deffus la ligne d'Efleuation entre L, & M: La Figure aidera au refte.

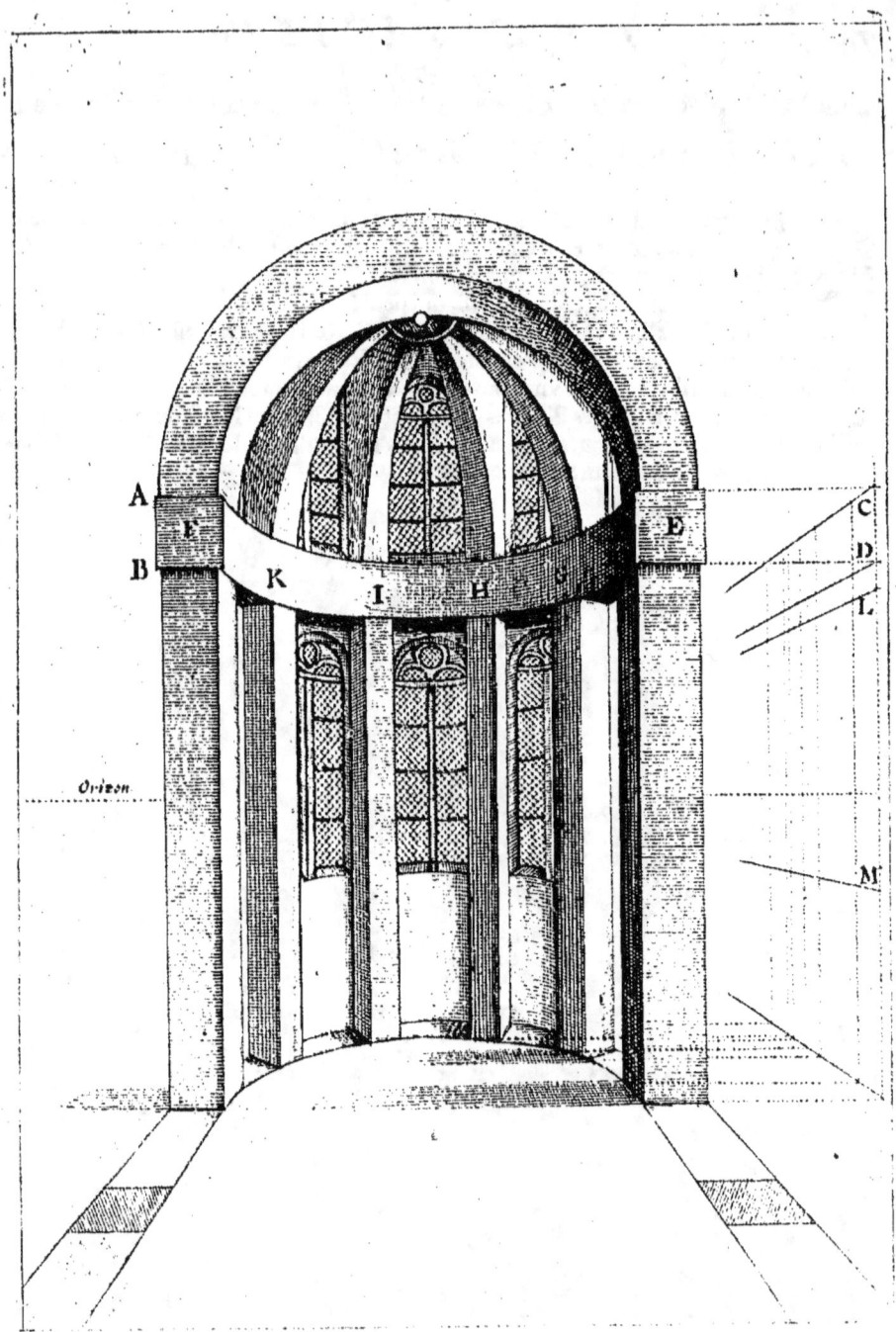

DES DOMES, OV VOVTES PERCEES EN PERSPECTIVE.

AYANT fait le plan du Rond double, feuillet 29. & marqué entre les deux cercles, les places, & le nombre des Pilastres que l'on y veut, lesquels doiuent tous tirer vers le centre A; Il faut marquer la hauteur qu'on veut donner depuis la terre iusqu'au creux du Dome, comme icy la ligne D, & E, en haut : laquelle doit seruir de ligne de terre, où l'on transportera les mesmes mesures qui sont dessus la ligne B C, Et du mesme poinct de veuë G, faire vn plan en haut, comme celuy du bas, dont toutes les places des pilastres tireront vers le centre H. Pour former les pilastres, il n'y a qu'à tirer des lignes des places qui sont opposées l'vne à l'autre, & qui donneront leur largeur & leur espaisseur. Ie n'ay point tiré des lignes aux trois pilastres de deuant; tant pour faire voir ceux du fond, que pour faire cognoistre qu'il en faut en haut comme en bas.

Pour donner l'espaisseur du rond depuis I, iusqu'à H, & depuis K, à L, il faut mettre la hauteur que l'on veut dessus la ligne d'Esleuation D M, tirant à l'orizon au poinct F; Et de tous les poincts dont on a formé le rond, tirer à cette ligne D, sur laquelle on esleuera des lignes à plomb, comme D M, que l'on prendra auec vn compas, pour transporter toutes ces hauteurs dessus les perpendicules qu'on aura esleuées des poincts, comme K, L, N, O, P, Q : Et ainsi des autres.

Qui au lieu du Rond, voudra vn Quarré, ou vn Polygone, il n'a qu'à garder la mesme methode, & il fera tout ce qu'il voudra auec la mesme facilité; puis que celle-cy, qui est la plus difficile, n'est pas mal-aisée.

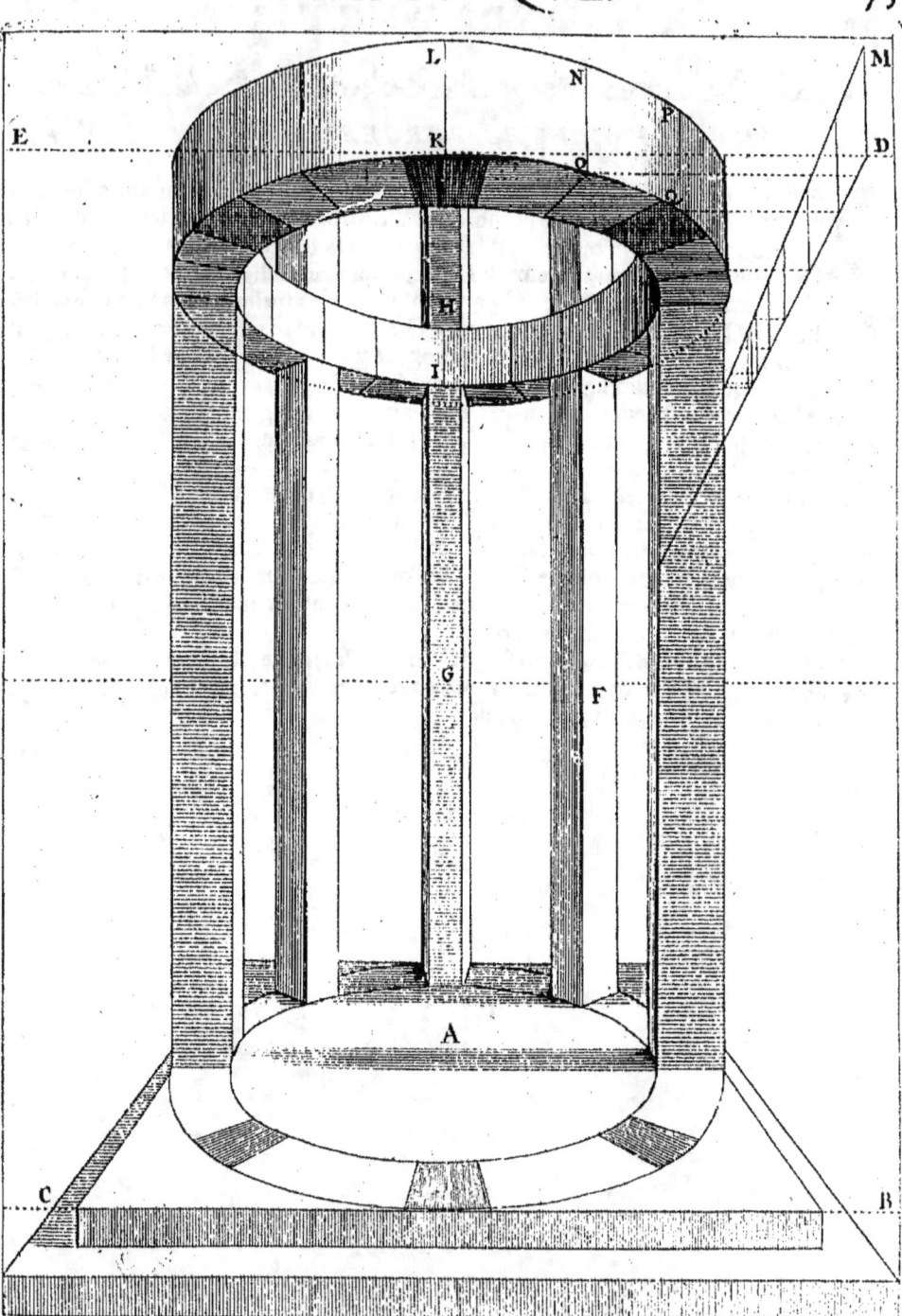

QVE LA QVANTITE' DES OBIETS, ET LA

pluralité des Eſtages, ne doiuent auoir qu'vn poinſt de veuë.

'A y deſia dit autre-part , que l'on ne doit iamais mettre plus d'vn Poinſt de veuë en vn Tableau, & que l'on recognoiſt en cela la grande ignorance des Pein-tres, qui donnent quaſi autant de poinſts de veuës, & d'orizons, qu'ils font de lignes. Il me ſouuient d'auoir veu vn Tableau, où eſtoient pluſieurs Chambres les vnes deſſus les autres, & chacune auoit 2. ou 3. poinſts de veuë; & apres cela le Maiſtre croyoit auoir fait miracle. La Figure preſente eſt pour corriger cet erreur, & faire cognoiſtre qu'il n'y doit auoir qu'vn ſeul poinſt de veuë , comme eſt A, auquel doiuent tirer tous les objets, & toutes les Chambres , quand il y en auroit cinquante les vnes deſ-ſus les autres, ou a coſté de part & d'autre: comme l'on void ces trois-cy, qui tirent toutes au poinſt de veuë A. Tout le reſte ſe fait comme nous auons dit cy-deuant.

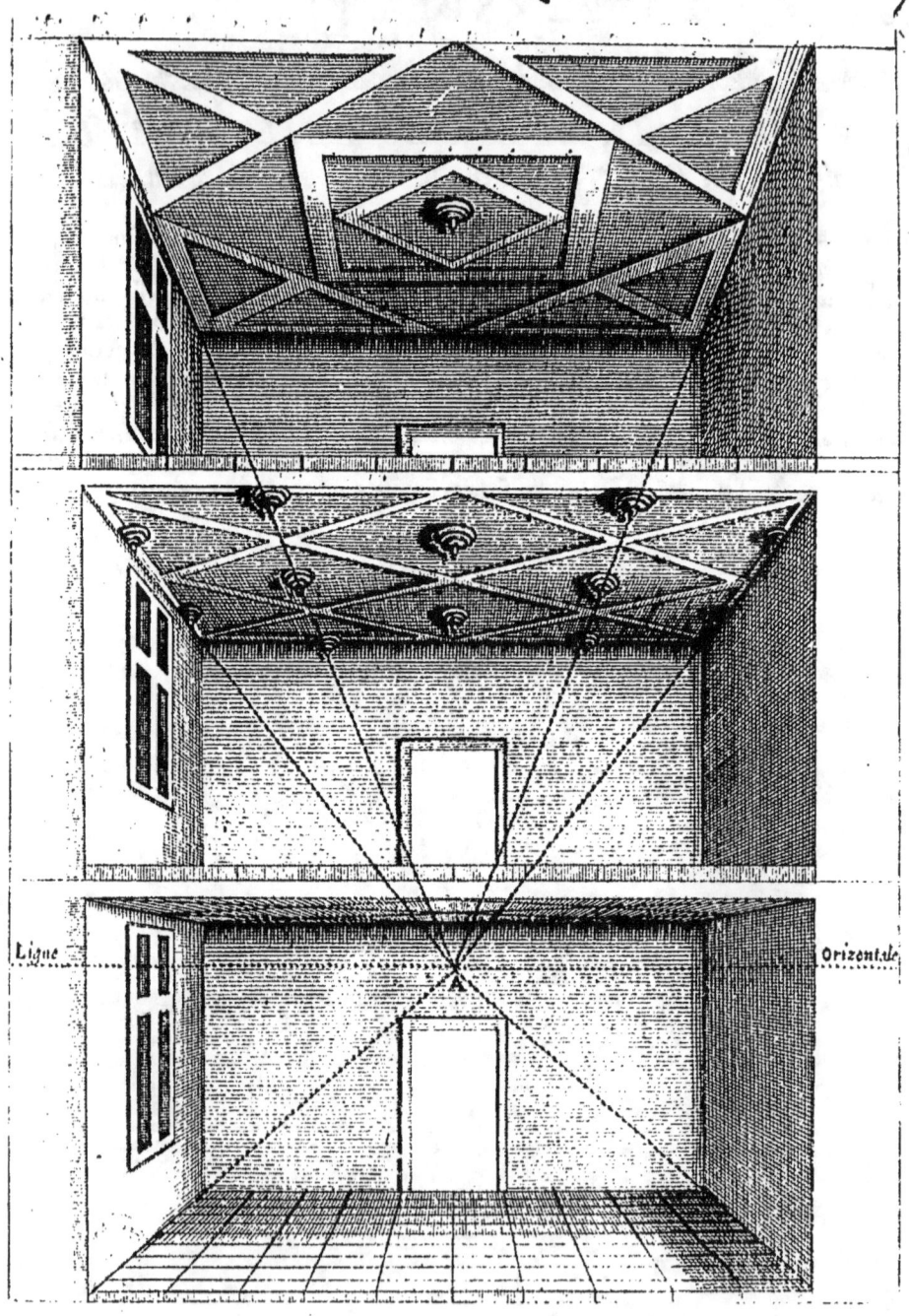

Ligne

Orizont.le

POVR METTRE DES CHEMINEES EN PERSPECTIVE.

IL faut prendre les mesures deſſus la ligne de terre A B, qui doit eſtre diuiſée en parties egales : On fera valoir les diuiſions tant que l'on voudra. Celle-cy A B, l'eſt en dix-huict, de chacune vn pied.

Pour faire *vne Cheminée* à la muraille A, trois pieds dans la chambre ; Il faut prendre trois parties, comme A C, & tirer du poinct C, au poinct de diſtance D, qui donnera l'enfoncement de 3. pieds, coupant le rayon A E, au poinct F, Il faut mettre l'eſpaiſſeur du jambage de la cheminée au delà du poinct C comme eſt G; puis tirant de G, à D, il donnera cette eſpaiſſeur au poinct H ; Il faut encore mettre la largeur de la cheminée, depuis G, iuſqu'à I, qui eſt de quatre pieds & demy ; & pour l'eſpaiſſeur du deuxieſme jambage, vn demy pied, comme à l'autre, commençant au poinct I, iuſqu'à K, puis tirer de I K, au poinct de diſtance D, qui donneront leur meſure deſſus le rayon A E, aux poincts L M, deſquels 4. poincts F H L M, il faut tirer des petites paralleles à la ligne de terre, comme F N H O L P M Q : Pour donner la largeur aux Iambages, il faut prendre vn pied & demy A R, & le rayon R E, coupera les petites paralleles aux poincts N O P Q, deſquels, & de F L, il faut eſleuer des perpendicules. Pour la hauteur du Manteau de cheminée, il faut prendre 5. pieds deſſus la ligne de terre, & les porter au coing de la muraille A, iuſqu'à S, & de S, à T, pour ſa Corniche : Tout le reſte ſe void clairement à la premiere Figure.

L'autre Cheminée qui luy eſt oppoſée, ſe fait de la meſme maniere ; car on doit touſjours faire les jambages comme en la premiere, & de ces jambages faire des colomnes, des termes, & tout ce que l'on voudra : l'ay fait des Conſoles à celle-cy.

La Cheminée du fond doit auſſi prendre ſes meſures deſſus la ligne de terre, comme 1. 2. 3. 4. tirez au poinct de veuë E. Pour trouuer le creux de la cheminée, où les largeurs des jambages, il faut tirer de 7. à E, & couper la ligne d'enfoncement au poinct 5. qui ſera vn pied & demy ; puis du poinct de diſtance V, tirer la diagonale paſſant par 5, qui coupera le rayon 2. E, au poinct 6. & de ce poinct tirer vne parallele qui coupera les quatre rayons 1. 2. 3. 4. aux poincts 9. 6. 9. 9. deſquels il faudra eſleuer des perpendiculaires, & faire tout le reſte comme aux autres.

La deuxieſme Figure fait voir au net, & ſans lignes, ce que nous venons de dire.

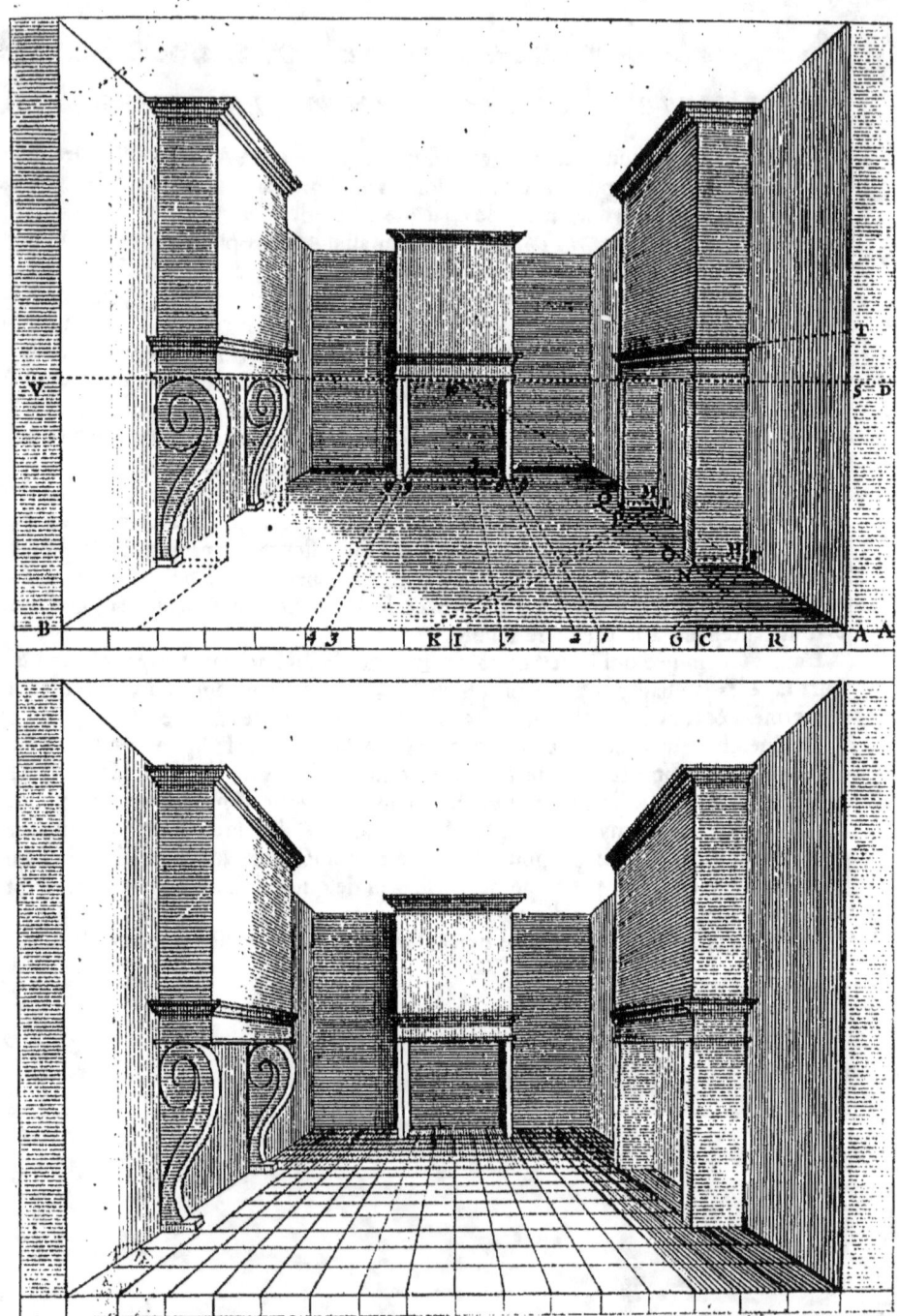

DES DEGREZ EN PERSPECTIVE.

L n'y a rien qui donne tant de grace à vne Perspectiue, ny qui trompe l'œil plus facilement, que la quantité des retours, à raison qu'il y faut plusieurs iours, & ombres diuerses, qui donnent tant de force aux objets, qu'ils semblent les jetter hors d'œuure. Or les Degrez ont cet aduantage, qu'en quelque façon qu'on les mette, ils ont tousiours des iours, & des ombres; & par consequent ils sont agreables à la veuë. I'en mettray icy quelques-vns.

Si on se sert de quarreaux, l'on aura plus de facilité, n'ayant qu'à esleuer des perpendicules, d'autant de quarreaux que l'on voudra auoir de degrez; puis mettre au premier quarreau la ligne d'esleuation diuisée en tant de parties qu'on voudra, & de ces diuisions tirer au poinct de veuë, & l'on coupera les perpendicules où doiuent estre les degrez.

Par exemple, vous voulez *vn Escalier* de 8. degrez, & que le dernier ait la largeur de 3. Il faut prendre dessus le plan ce nombre de quarreaux, commençant à B, comme sont 1.2. 3.4.5.6.7.8. Et 3. pour le dernier marqué 11. De tous ces angles il faut esleuer des perpendicules que l'on coupera, selon les diuisions de la ligne d'Esleuation BD, en cette sorte.

La premiere diuision (haute de 4. pouces, supposé le quarreau d'vn pied) coupera la premiere perpendicule, & la faut continuer iusqu'à la 2. car cela fait aussi le dessus de la marche, comme est E F, & ainsi des autres. Vous ferez ces degrez si longs que vous voudrez: comme ceux-cy sont de 3. pieds, prenant, comme i'ay dit, le quarreau pour vn pied, ainsi qu'est B G, à cette distance, Il faudroit encore esleuer des perpendicules, comme nous auons fait du costé B, Mais pour gagner cette peine, il vaut mieux prendre la hauteur du dernier degré H, & celle du premier I, Puis tirer la ligne H I qui doit razer les angles, ou l'arête des degrez, comme E K, les raze du costé B: car cela estant, il n'y a qu'à tirer des paralleles à la ligne de terre, de tous les degrez du costé B, iusqu'à ce qu'elles coupent la ligne H I, comme on void L M N O P Q, &c.

Sans faire des quarreaux, il n'y a qu'à mettre les mesures dessus la ligne de terre, & les tirer au poinct de distance: On auroit les mesmes mesures dessus la ligne A B.

Ie ne mets rien des autres Figures, puis que celle-cy suffit pour les entendre toutes, & pour les pratiquer.

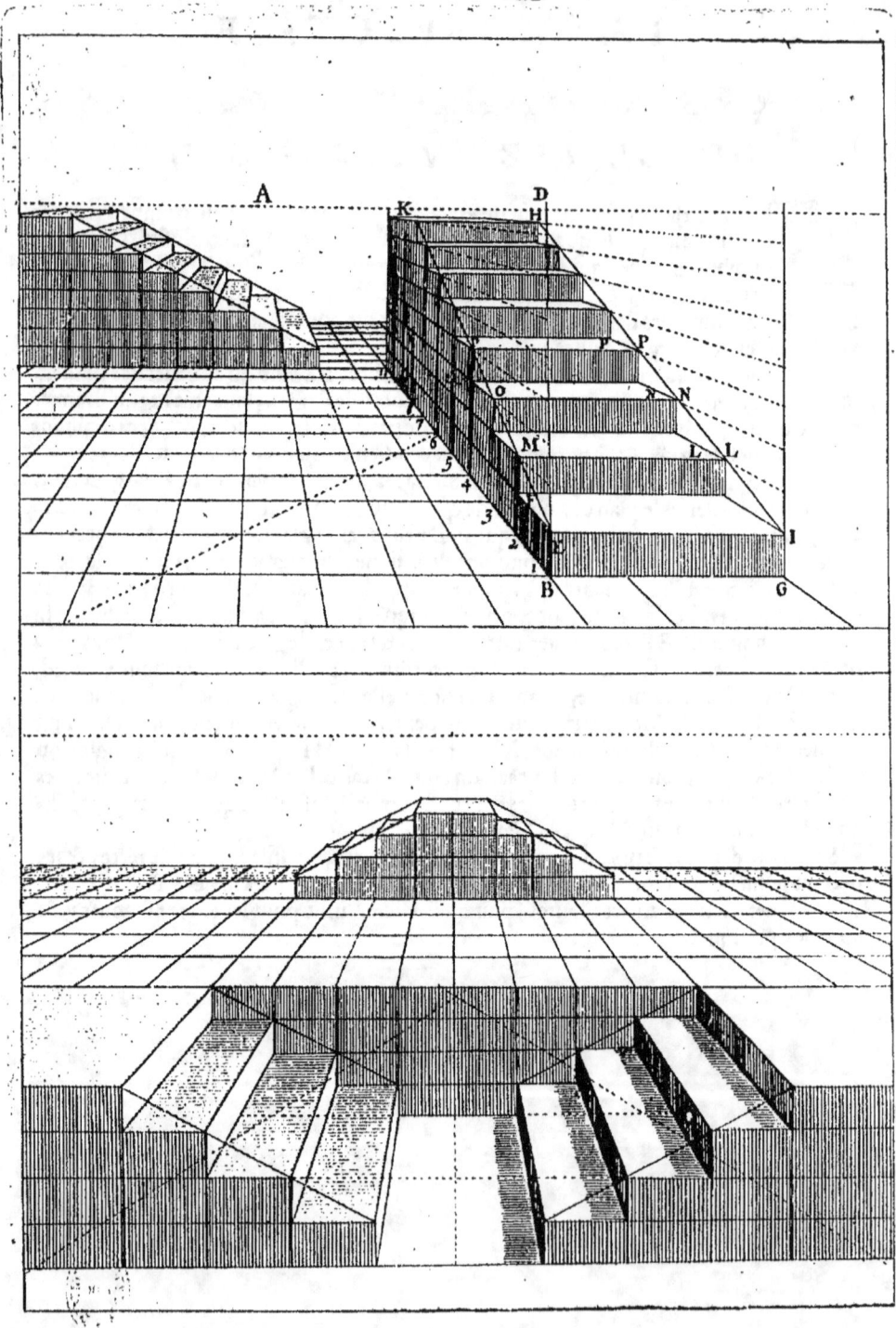

AVTRES DEGREZ PERCEZ DESSOVS
en Perspective.

ETTE maniere de DEGREZ se pratique comme ceux que nous venons de quitter. Pour ce qui est du Creux, il ne faut que voir la Figure, pour cognoistre la façon de les mettre en Perspectiue: Ces deux que ie presente donneront ouuerture au Perspectif d'en inuenter d'autres.

DEGREZ DE FRONT EN PERSPECTIVE.

CETTE façon de DEGREZ est selon la pratique de la ligne d'Esleuation; il faut esleuer autant de perpendicules, des angles des quarreaux du plan que l'on veut de Degrez, comme sont C D E F, & des mesmes angles tirer des petites paralleles iusqu'au bas de la ligne d'esleuation A, qui seront les poincts O O O O, qu'il faut esleuer iusqu'à ce qu'ils coupent les rayons occultes des diuisions de la ligne d'Esleuation A, Puis prendre ces mesures auec vn compas, & les porter dessus les perpendicules esleuées des angles du plan, chacune selon leur ordre: La premiere, pour le premier Degré: La seconde, pour la deuxiesme, &c.

Pour trouuer ces Retours P, il faut des mesmes coings P, tirer à la distance Q, & prendre garde, où elle coupe la ligne du plan, ou le dessous du Degré: Par exemple, Au dessus du quatriesme Degré, i'ay fait le plan du cinquiesme Degré; Or pour auoir son Retour P, Il faut des mesmes poincts P, tirer à la distance Q, & prendre garde où l'on coupera le rayon R, qui sera au poinct S, & ce poinct S, sera le poinct pour tirer la ligne du retour S T, Et ainsi des autres.

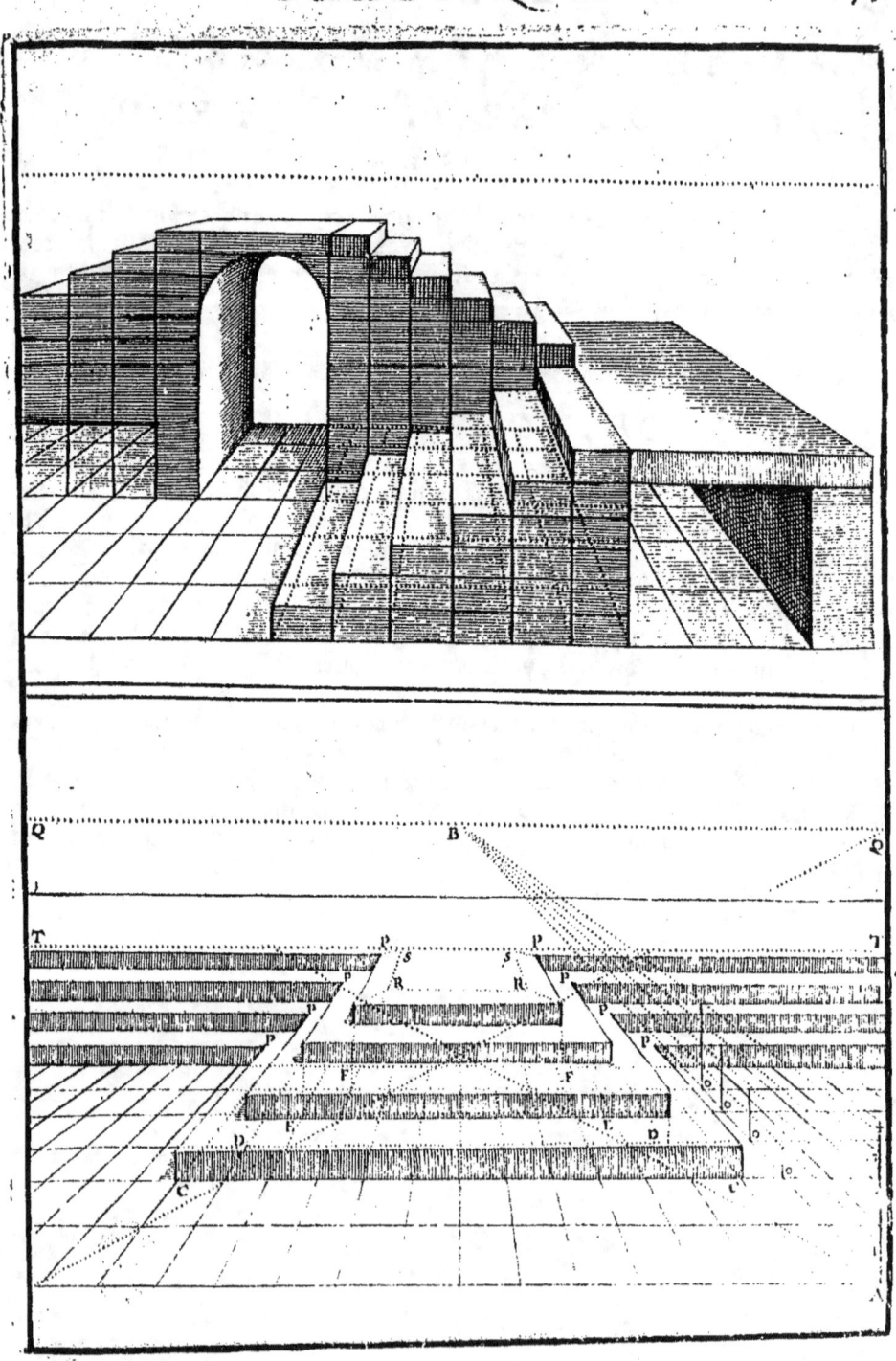

POVR FAIRE DES DEGREZ, QVE L'ON PEVT
monſter de quatre coſtez.

IL y a pluſieurs manieres de faire ces Degrez, en voicy deux qui ſemblent plus ai-
ſées. La premiere; Ayant à faire vn de ces Degrez, il faut prendre la longueur de
la premiere Marche, & mettre deſſus la quantité des Degrez que l'on veut : comme deſſus la ligne A B, i'ay mis les poincts C C C, pour quatre Marches : De ces poincts il
faut faire des rayons au poinct de veuë D ; les rayons ſeront coupez des diagonales A F,
& B E, aux poincts I, deſquels il faudra eſleuer des perpendicules, & tirer des petites paralleles iuſqu'au bas de la ligne d'eſleuation G, qui donneront les poincts H, qu'on eſleuera comme H K.

Il faut deſſus cette ligne d'Eſleuation G, mettre autant de parties egales qu'on veut de
Degrez, comme icy 4. de ces quatre poincts 1. 2. 3. 4. il faut tirer au poinct D, pour couper les perpendiculaires H K, & donner à chacune la hauteur qu'elle doit auoir, comme
le monſtre ce qui eſt fait de poincts.

Il faut prendre ces meſures auec vn compas, & les tranſporter l'vne apres l'autre, commençant à la premiere G, 1. & la porter deſſus la premiere perpendiculaire au coing A,
comme A L; puis tirer vne parallele iuſques à l'autre coſté B, (mais icy ie ne l'ay mis qu'à la
moitié, pour faire voir le Plan en l'autre) Pour le deuxieſme degré il faudra prendre la
ſeconde meſure H, 2. & la porter deſſus la ſeconde perpendiculaire I, puis tirer des paralleles, comme à la premiere : Et ainſi de tous les autres.

AVTRE MANIERE.

LE coſté M N, eſtant donné, il faut faire vne parallele au deſſus, pour l'eſpaiſſeur de
la premiere Marche, comme O P, deſquels poincts O P, on tire 2. rayons au poinct
de veuë Q, & encore aux diſtances R S, Et ces diagonales formeront le quarré à la façon
ordinaire, & ce ſera le premier Degré. Pour le ſecond, il faut mettre la meſure de la largeur que l'on luy veut donner deſſus la ligne O P, comme eſt O T, & du poinct T, tirer
au poinct de veuë Q, & cette ligne ou rayon T Q, coupera la diagonale O, où il faudra
eſleuer le deuxieſme Degré au poinct V, La hauteur de ce Degré ſe prendra de la moitié de
V X, Comme M O, eſt la moitié de O T : Cette meſure eſtant donnée au poinct Y, il faudra tirer des paralleles iuſqu'à la diagonale de l'autre coſté, qui eſt tirée du coing P; Puis
des poincts Y Z, tirer aux poincts de veuë, & de diſtance, pour former le quarré comme
au premier Degré. Pour le troiſieſme Degré, il n'y a qu'à porter deſſus la ligne YZ, la meſure V X, qui ſera Y A, Et du poinct A, tirer au poinct de veuë Q, pour couper la diagonale du poinct Y, qui ſera le poinct B, & le lieu du troiſieſme Degré. Sa hauteur ſera la
moitié de B C, qui eſt touſiours celle de O T, en Perſpective. Tout le reſte de meſme qu'au
premier & deuxieſme; Quand il y en auroit vne centaine, faut touſiours operer de meſme façon.

La troiſieſme Figure fait voir au net ces Degrez, ſans la confuſion des Traits qu'il faut
faire pour trouuer leurs places : Ces Traits ſe doiuent faire en blanc, ou en telle ſorte que
l'on n'y voye rien la Figure eſtant faite.

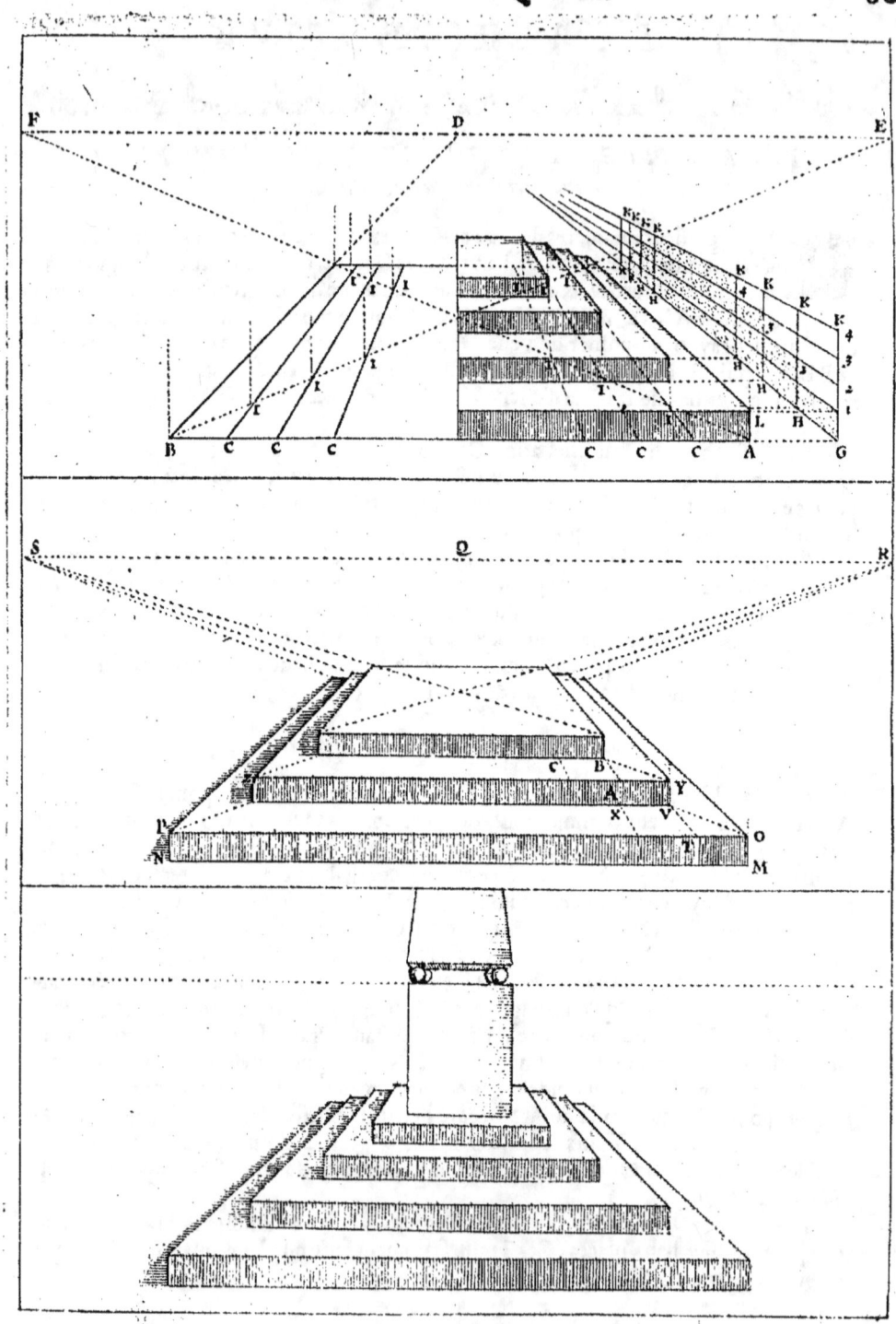

LA PERSPECTIVE

DEGREZ VEVS DE COSTE' EN PERSPECTIVE.

L faut mettre deſſus la ligne de terre, le nombre de Degrez que l'on veut; c'eſt à dire, autant de poinĉts à diſtance egale, comme icy les trois A B C : De ces poinĉts il faut tirer au poinĉt de veuë D. Puis du poinĉt A, au poinĉt de diſtance E ; Et cette diagonale A E, donnera le plan, & le lieu des Degrez à la ſeĉtion des rayons B C, aux poinĉts I, & ſur le rayon F, qui eſt le Pied du Mur, le poinĉt G, lequel eſt le milieu du plan des degrez : De ce poinĉt G, il faut tirer à l'autre diſtance H, pour trouuer le coing du dernier degré au poinĉt K, & le lieu des autres aux poinĉts I. Puis de tous ces poinĉts I, eſleuer des perpendiculaires.

Pour leur donner leur Hauteur, Il faut des poinĉts A B C, qui ſont deſſus la ligne de terre, eſleuer de petites lignes, pour ſeruir de ligne d'eſleuation : ſur leſquelles on mettra les hauteurs ſelon leur nombre. Par exemple, A, qui eſt la premiere, n'en aura qu'vne, B, qui eſt la ſeconde en aura deux, Et C, qui eſt la troiſieſme en aura trois. Tirez de tous ces poinĉts 1, 2, & 3, au poinĉt de veuë D, & vous couperez les perpendiculaires eſleuées du plan, aux poinĉts O, qui ſera la hauteur de chaque degré.

Celuy de l'autre coſté eſt pour le faire voir ſans poinĉts, & ſans lignes, cette façon de Degrez peut ſeruir a quantité de choſes, comme pour vn Autel, pour vn Throne, pour vn deuant d'Egliſe, pour vne Porte, &c.

DEGREZ DANS VN MVR EN PERSPECTIVE.

Mettez autant de diuiſions au bout de la muraille, que vous voulez de degrez, comme icy, pour trois entre A, & B, & tirez A B, au poinĉt de veuë C. Puis ayant determiné l'eſpace qu'on veut donner aux Degrez, comme D E, l'on tirera la parallele à la ligne de terre E F, qui receura aux poinĉts I I, les ſeĉtions des lignes tirées des poinĉts G H, au poinĉt de veuë C ; Et de ces poinĉts I I, on eſleuera des perpendiculaires I K, I K, qui receuront les hauteurs des Degrez, tirant des poinĉts 1, 2, 3, au poinĉt de veuë C, comme l'on void à la deuxieſme Figure.

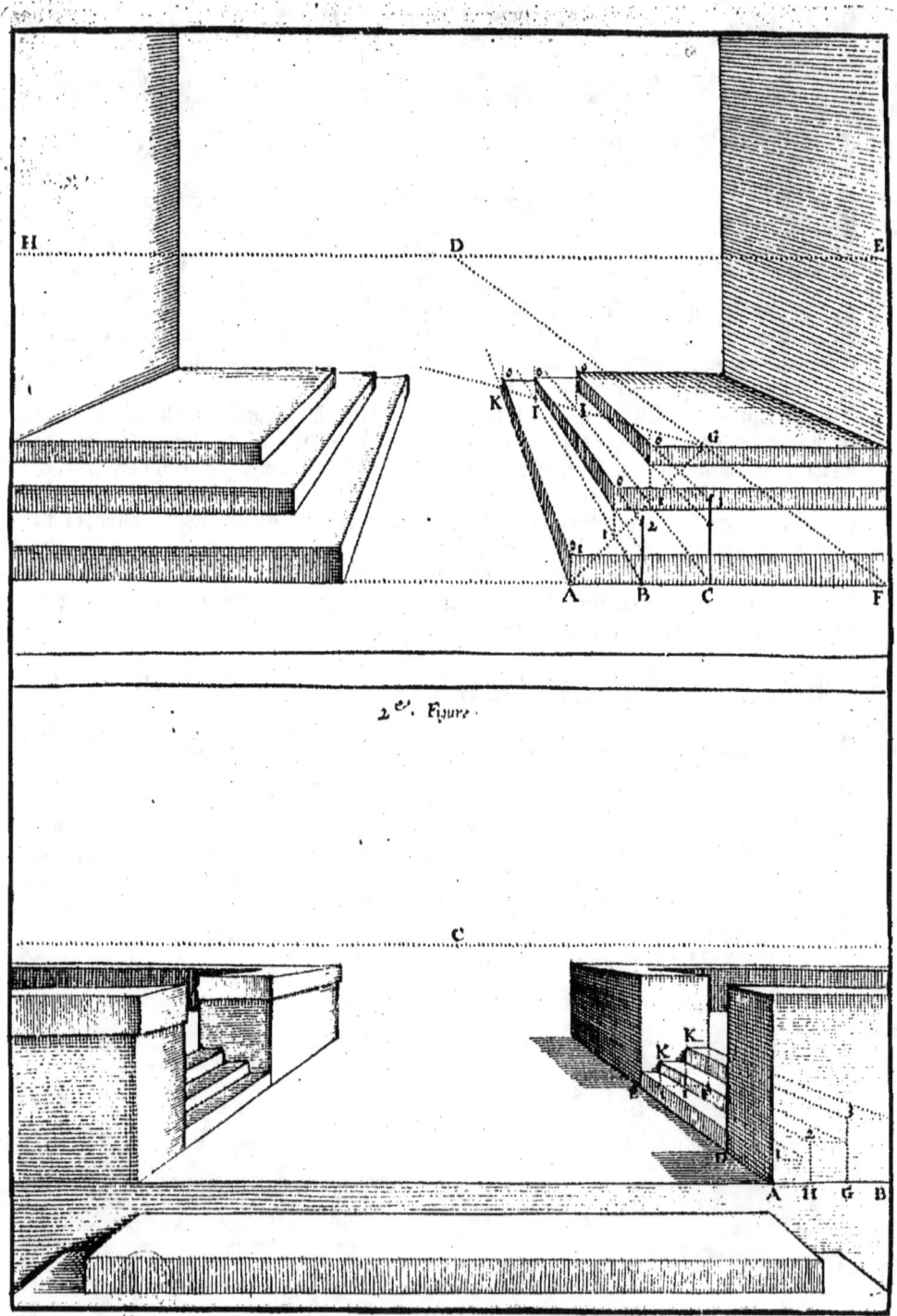

2.ᵉ. Figure

POVR VN ESCALIER AVEC DES REPOSOIRS EN PERSPECTIVE.

I L se faut souuenir des pratiques precedentes des Degrez, & il sera facile de construire ces Escaliers : mais pour éuiter la peine de chercher, nous expliquerons le tout icy.

A raison que les Escaliers de cette Figure ont ordinairement 2. fois autant de Fond que de large : Quand on en voudra esleuer vn en Perspectiue, l'on mettra premierement l'orizon où l'on voudra, Puis il faudra faire vn quarré selon les reigles ordinaires, & le doubler selon l'aduis 2. du feuillet 16. & diuiser ce quarré par vn nombre inégal de quarreaux, afin que la muraille qui doit estre au milieu, soit de la mesure d'vn quarreau.

En cette Figure chaque quarré à 9. Panneaux ou quarreaux, de chaque costé, lequel estant doublé en donne 18. pour tout le Creux; De ces 18. il en faut laisser 4. à chaque bout pour les Reposoirs, restent 10. quarreaux, que nous ferons valoir 1. pied de tous sens, dequoy on formera dix Marches, ou Degrez, comme s'ensuit.

Ayant laissé 4. quarreaux A B, commençant au poinct A, qui tient lieu de muraille, on esleuera bien-haut la perpendicule B, puis la deuxiesme C, & la troisiesme D, & ainsi des autres angles des quarreaux, iusqu'à ce que l'on ait fait les 10. que nous auons icy ; cela estant fait d'vn costé, on en fera autant de l'autre, & toutes ces perpendicules donneront les profondeurs des marches.

Pour les Hauteurs, si elles ont vn pied de profondeur, ou de large, nous leur en donnerons vn demy-pied de haut, qui est la moitié du petit quarré A O : cette hauteur estant prise auec vn compas, il la faudra mettre dessus le premier coing, qui nous seruira de ligne d'esleuation, commençant tout en bas au poinct A, & la marquer autant de fois que l'on veut faire de marches, comme icy 10. iusqu'au premier Reposoir, duquel l'on commence à remonter de l'autre costé opposite; où l'on reprendra la suite des nombres qui y sont marquez de costé & d'autre iusqu'à 23.

De tous ces 23. poincts, il faut tirer au poinct de veuë E, & prendre garde à couper les perpendicules selon leur ordre; c'est à dire, qu'ayant posé la reigle dessus le premier poinct, & au poinct de veuë E, il faudra couper la premiere perpendiculaire B, iusqu'à C, d'vn petit trait pour la premiere Marche: Pour la deuxiesme Marche, il faut du 2. poinct couper la deuxiesme perpendiculaire C, iusqu'à D, Et ainsi de toutes, tant d'vn costé que d'autre.

Des Angles de tous ces petits traits entre les perpendiculaires, il faut tirer des paralleles à l'orizon iusqu'à la muraille F, qui est esleuée au milieu, comme sont des petits traits IIII, que i'ay seulement fait d'vn costé, pour éuiter la confusion. Ce sont seulement ces paralleles qui doiuent former les Marches: Tout ce qui est fait iusques-là, doit estre de lignes occultes qu'on ne doit point voir, quand la figure est acheuée.

Les Reposoirs se doiuent prendre du deffaut des dernieres perpendiculaires iusqu'à la muraille: comme depuis G, iusqu'à H, leur espaisseur H K, est d'vn demy-pied, comme d'vne marche.

La Figure de dessous est la mesme que celle de dessus: mais celle-cy est faite, & l'autre enseigne comme il la faut faire.

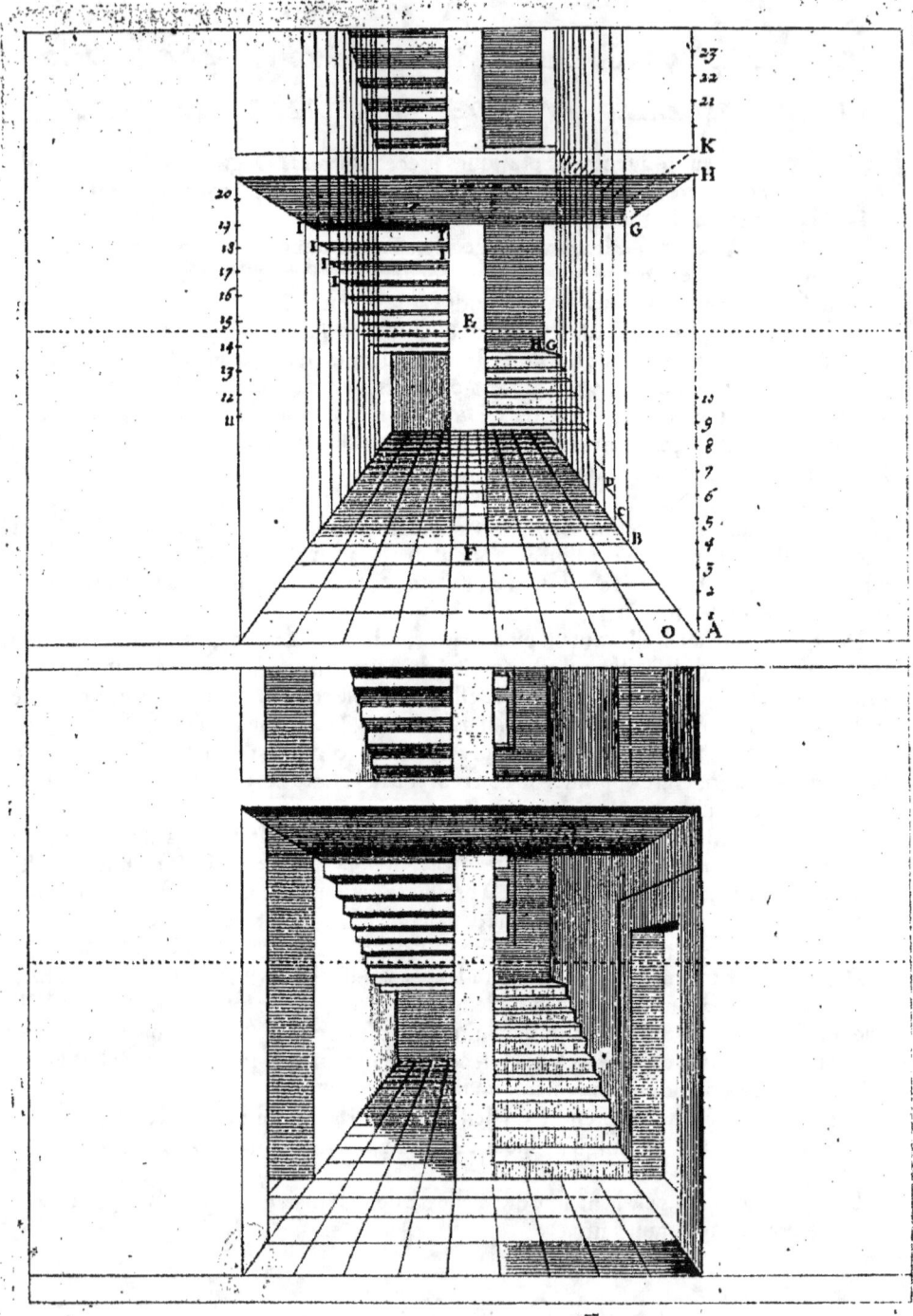

DEGREZ TOVRNANS A VIS, EN PERSPECTIVE.

 L faut mettre deſſus la ligne de terre vn coſté de la Montée, & la diuiſer en autant de parties que vous voulez y mettre de Degrez : Par exemple, le coſté de l'Eſcalier ſoit la diſtance A B, ſi vous voulez 16. Marches pour tout ſe tour du quarré, chaque coſté en aura 4. c'eſt pourquoy cette meſure A B, eſtant diuiſée en 4. il en faut faire vn quarré diuiſé en 16. ſelon les pratiques precedentes.

De toutes les diuiſions exterieures qui partagent en 4. les lignes de chaque coſté, il faut eſleuer des perpendicules qui donneront les termes des Degrez. Soient donc les perpendicules A A, B B, C C, D D, E E; Celle-cy E E, fait pour 3. à raiſon que le poinct eſt au milieu; car elle ſert pour le Noyau, qui eſt le centre de toutes, & la moitié de la ligne de deuant, & de celle du fond ſuiuent F F, G G, H H, I I, K K, L L, M M, N N, O O, P P.

Il faut mettre deſſus la premiere perpendicule A, que nous ferons ſeruir de lignes d'Eſleuation, la hauteur d'vne Marche ou Degré Q A; Et du poinct Q, faut tirer au poinct de veüë X, pour auoir les meſures de tous les Degrez aux ſections des perpendiculaires Q R S T V; A Q, eſt la hauteur de la premiere, F R, de la ſeconde; G S, de la troiſieſme; H T, de la quatrieſme; & I V, de la cinquieſme; celle-cy de toutes celles du fond, comme A Q, l'eſt de toutes celles de deuant.

Puis que G S, eſt la meſure de la troiſieſme, qui eſt le milieu du coſté; ce doit eſtre auſſi la meſure du centre & du Noyau de la Montée; c'eſt pourquoy ayant pris cette meſure G S, auec vn compas, il la faut porter au centre du quarré, & la marquer en allant en haut, autant de fois que l'on veut mettre de Degrez en toute la Montée, ainſi que ie l'ay miſe icy 18. fois pour 18. Marches, ou Degrez.

Tout eſtant diſpoſé de la ſorte, le reſte eſt aſſez facile, puis que pour faire la premiere Marche, il faut prendre la meſure A Q, & la porter deſſus la perpendiculaire D, au poinct I, & de ce poinct I, faire vne parallele iuſqu'à l'autre perpendicule B; puis de ces deux poincts I I, de deſſus les perpendiculaires tirer à cet autre I, qui eſt au centre du quarré; ces trois I I I, formeront la premiere Marche. Pour la deuxieſme, puis que ſon coing vient iuſqu'à la perpendicule B, qui eſt ſur le coſté de deuant, il luy faut donner la meſme meſure A Q, qui ſera 1. 2. Et du poinct 2. tirer au poinct de veüë X, pour couper la perpendicule P, au poinct 2. deſquels poincts 2, 2, des perpendiculaires, il faut tirer au 2. du centre, qui formera la deuxieſme Marche. Pour la troiſieſieſme, puis qu'elle ſe rencontre deſſus la perpendiculaire P, il faut prendre la meſure F R, pour ſa hauteur, & faire comme à la deuxieſme; & ainſi de toutes les autres.

Qui voudra les faire Rondes, il n'a qu'à reduire le quarré en rond, ſelon les pratiques precedentes, & il aura toute la meſme facilité qu'au quarré, en ce qui eſt de tout le reſte.

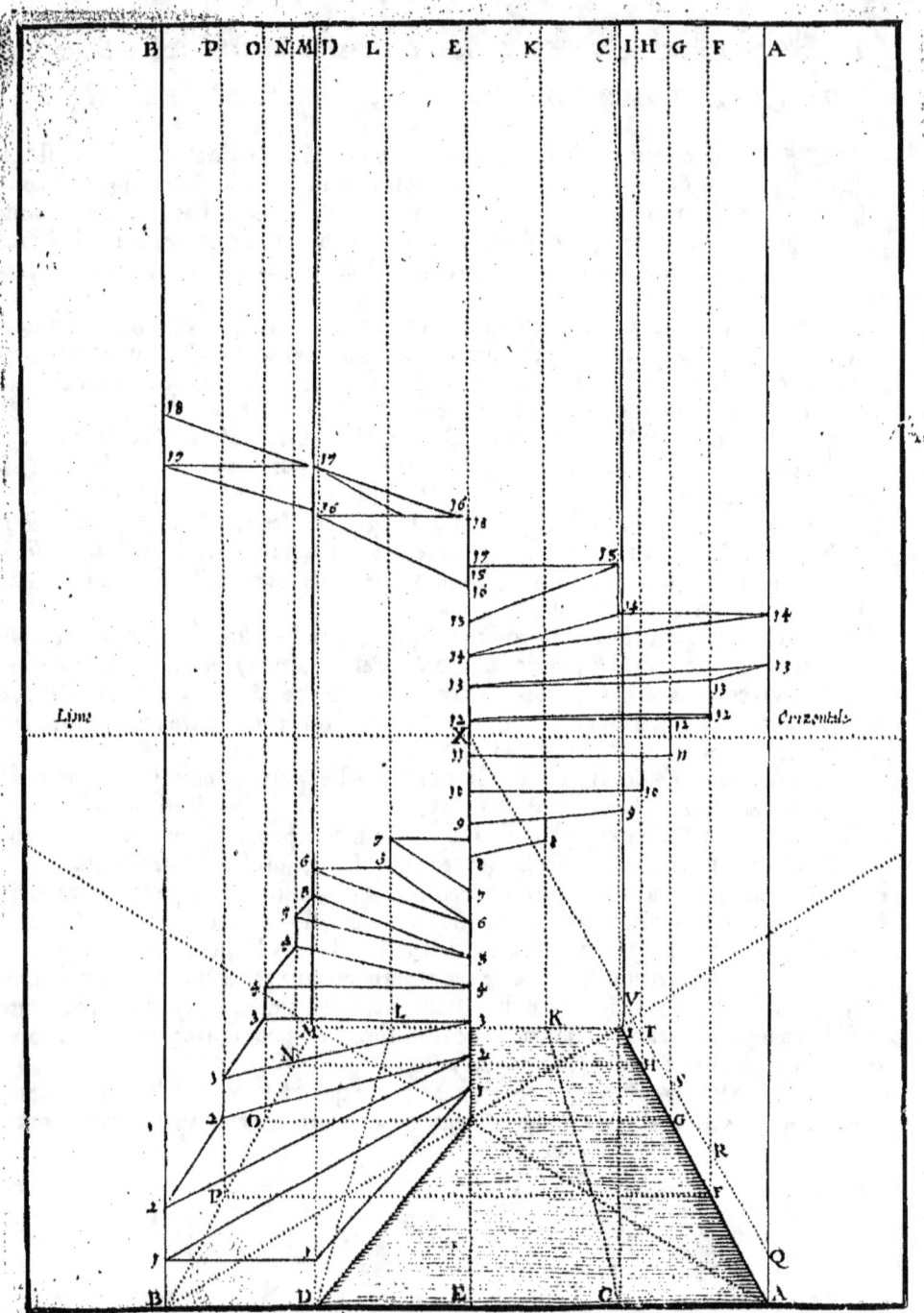

POVR LA VIS, OV MONTEE TOVRNANTE.

ETTE Figure est la mesme que la precedente, que ie n'ay pas Ombragée, à dessein d'en faire mieux comprendre la pratique : Et pour cette raison i'ay reservé à celle-cy l'Arbre, ou le Noyau de la Montée, que l'on trouue en faisant au centre A, vn Rond en Perspectiue, ou plustost vn Demy-rond, puis que l'on n'en void que la moitié, comme est B C, auquel demy-cercle il faut tirer des lignes au centre A, de toutes les diuisions du quarré du premier Plan, qui donnera D E F G H I K, qui couperont cet arc B C, en 8. parties ; Et des sections O, il faut esleuer des perpendicules, & prendre garde qu'elles couperont iustement au poinct où il faut placer les Marches, ou Degrez que l'on aura fait : comme par exemple, la Marche I, sera coupée de la perpendicule esleuée de son poinct dessus le Demy-rond, comme on void en A : L'autre Marche d'apres, qui est la deuxiesme, sera coupée de la perpendiculaire du poinct, que K, aura fait au Demy-rond ; & ainsi de tous les autres.

Le reste qui est en la Figure, comme les Portes, & les Fenestres, se fera selon les pratiques precedentes.

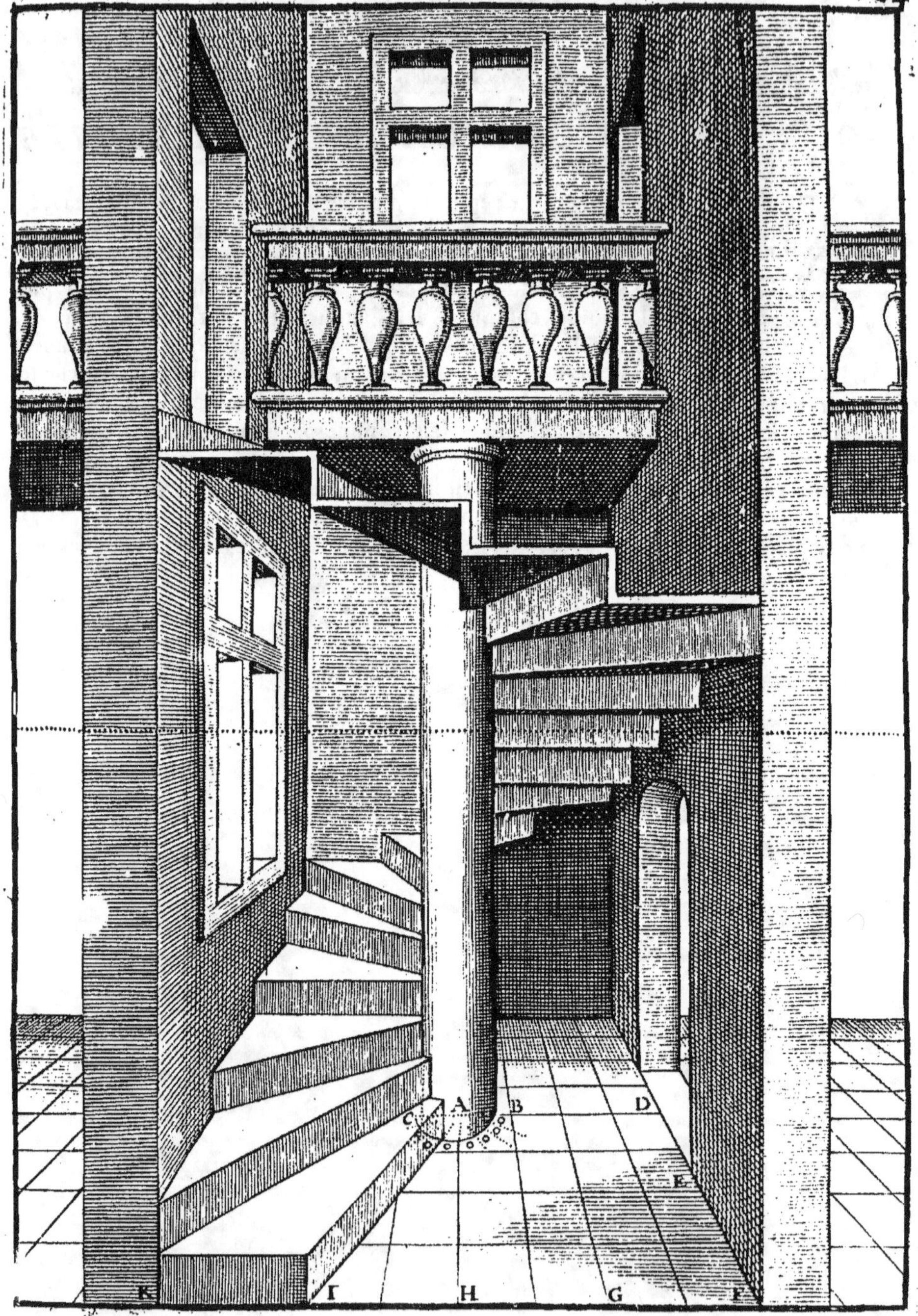
C
A
B
D
E
K
I
H
G
F

❧❧❧❧❧❧❧❧❧❧❧❧❧❧❧❧❧❧❧❧❧❧❧❧❧❧❧

DEGREZ RONDS, EN PERSPECTIVE.

POVR esleuer ces trois *Degrez, ou Marches Rondes* veuës de Front, qui sont en la premiere Figure. Il faut faire vn plan de trois ronds l'vn dans l'autre, comme il a esté dit aux Plans, feuillet 28. & de tous les poincts qui forment le rond, tirer des paralleles à la ligne de terre, iusqu'au rayon A, qui est le pied de la ligne d'Esleuation A B, qui donnera les Esleuations par la pratique ordinaire qu'il faut prendre auec vn compas, & les porter dessus les perpendicules esleuées des poincts du plan, comme nous auons fait aux Pilastres mis en rond.

❧❧❧❧❧❧❧❧❧❧❧❧❧❧❧❧❧❧❧❧❧❧❧❧❧❧

DEGREZ RONDS VEVS DE COSTE', EN PERSPECTIVE.

LA pratique des Figures, ou objets veus de Costé, est toute la mesme que de ceux de front : Mais pour faire sçauoir que l'on n'est pas tousiours obligé de suiure la diuision du Cercle en 16. I'ay fait ceux-cy de Costé en 8. comme l'on peut voir au cercle fait de poincts à la Figure qui n'est pas ombrée. Pour tout le reste, c'est comme aux autres pratiques; la ligne d'Esleuation est C D, qui est tirée au poinct de veuë E.

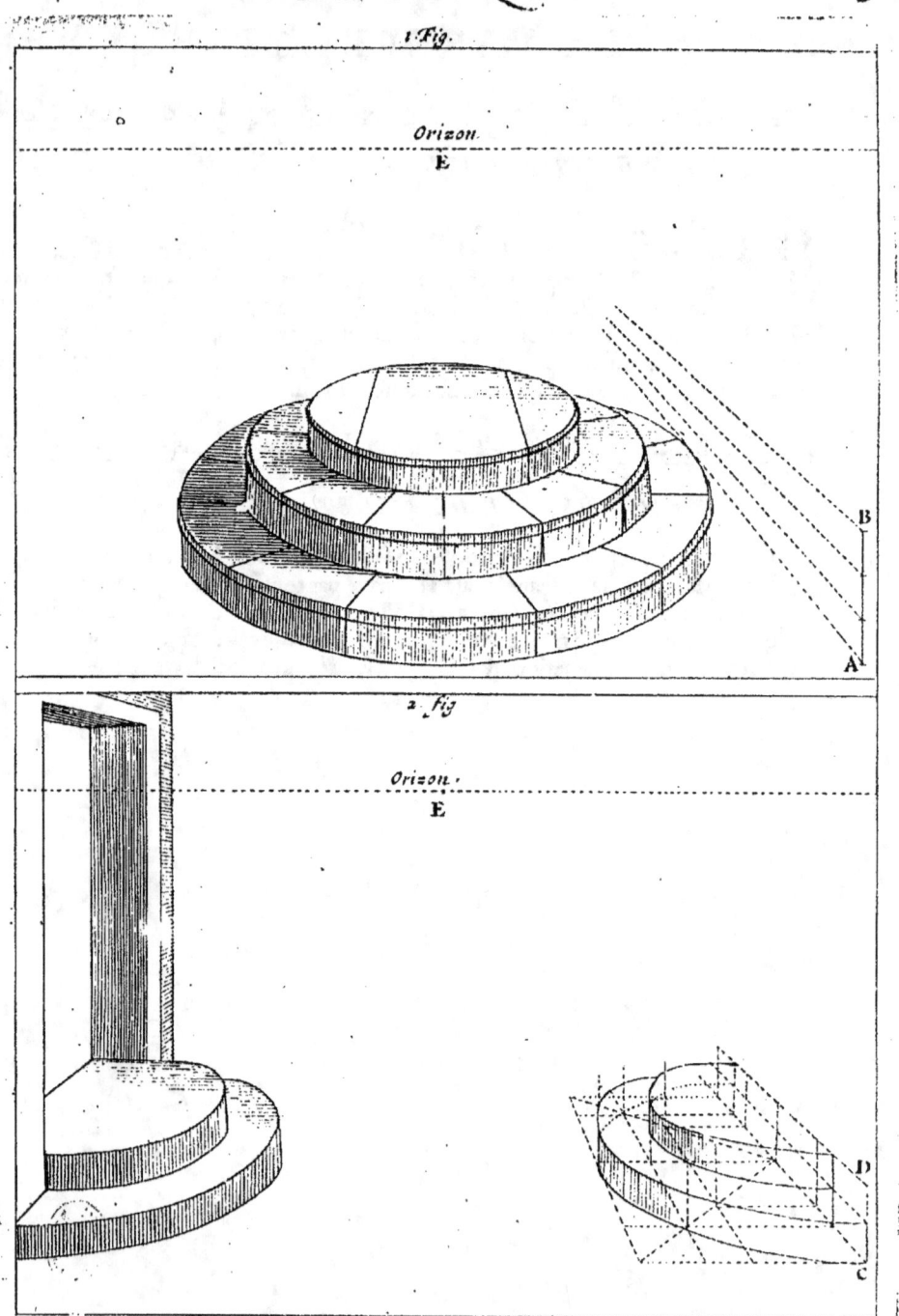

1 Fig.

Orizon.

E

B

A

2 Fig

Orizon.

E

D

C

QVARREZ MIS EN ROND, EN PERSPECTIVE.

ETTE pratique est la mesme que nous auons donnée aux Plans, pour mettre en Perspectiue : le Rond diuisé en 8. comme l'on peut voir en la Figure A, ou le Rond parfait du deuant du Cube, donne le trait pour racourcir celuy de dessus : Et celuy de dessus auec celuy de deuant, pour racourcir tous les autres costez ; comme on void la Figure B, où le Rond est racourcy de trois costez, & à l'autre C, où il l'est de toutes les faces du Cube.

Les 3. figures D E F, sont percées, chacune de 2. costez, selon le Plan de la Figure, où le Rond A, comme on void le Cube D, percé par la face du deuant, & au trauers de celuy-là on void le fond percé, de mesme E, est percé par les costez, & F, par le dessus, & la face qui pose dessus terre, que l'on ne peut pas voir : supposé que le Cube soit de matiere qui n'est pas transparante.

Ces 3. figures qui sont dessous, sont comme les pieces que l'on auroit tirées de chaque Cube ; celle G, seroit tirée du Cube D, H, est tirée du Cube E, & I, est tirée du Cube F.

Ce qui donne à cognoistre la facilité de mettre toutes Figures quarrée en rondes, & que l'on n'aura point de peine à mettre des Colomnes en quelque lieu qu'on voudra. La raison pourquoy ie n'en ay point mis cy-deuant, a esté pour rendre les Esleuations plus aisées à conceuoir, & pour faciliter les pratiques ; lesquelles estant bien possedées & entenduës, l'on donnera vne Figure ronde à ce que l'on voudra ; cecy est vn commencement de Colomnes. Nous allons dire, comment on doit proceder pour les rendre parfaites.

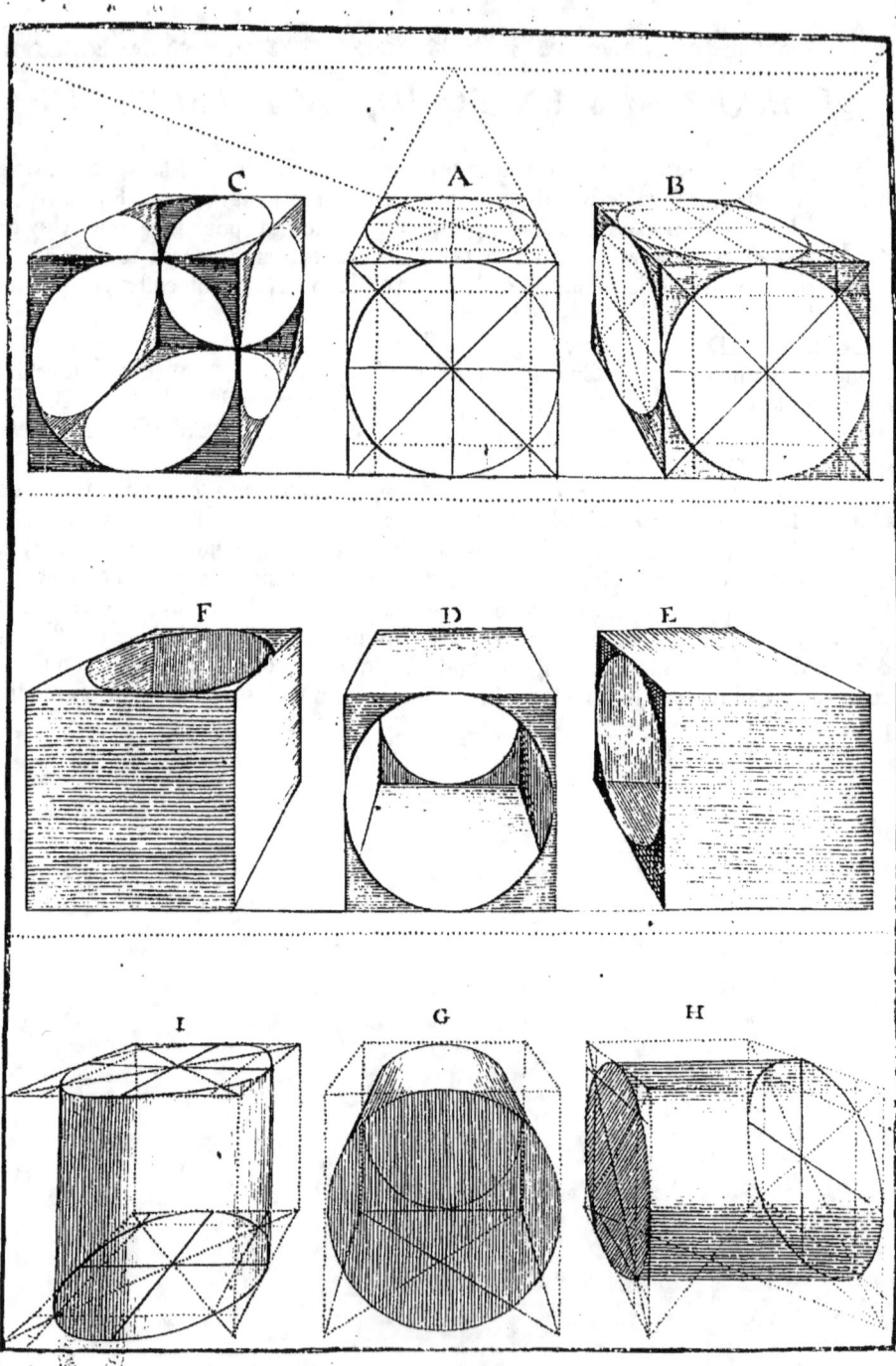

DES COLOMNES EN PERSPECTIVE.

C E que nous venons de dire, n'eſt pas ſeulement pour le Cube, mais il doit encore ſeruir à tout ce qu'on veut Arondir. Par exemple, ſi du quarré A, vous voulez eſleuer vne piece Ronde, il faut faire vn Rond dedans ce quarré, ſelon les pratiques ordinaires; & à la hauteur que l'on veut donner à cette piece, faire encore vn autre Quarré, & vn Rond dedans, comme eſt B. Pour ſçauoir donner les 2. lignes D E, qui ſont l'eſpaiſſeur, ou le diametre du Rond: Il faut prendre garde où le Rond coupe la diagonale du Quarré; & tenir pour maxime generale, qu'elle ſe doit touſiours prendre aux pieces rondes veuës de coſté, comme il eſt en la figure C, que les perpendicules ſont eſleuées de la ſection du Rond, deſſus la diagonale du Quarré, aux poincts D E.

Pour les pieces veuës de Front, comme la Figure F, elles doiuent touſiours occuper le Demy-rond G H I, & eſleuer les perpendicules du diametre droit G H, & des vnes & des autres, tant de front, que de coſté, l'on doit eſleuer vne ligne du centre, qui ſeruira à donner les diminutions aux *Colomnes.*

De ces 3. pieces de deſſous, outre qu'elles ſeruent à faire voir les autres au net, & auec leur Ombrage, elles ſeruent encore pour monſtrer comme il faut proceder pour *les Colomnes.* Cette piece du milieu K, eſt purement ronde, ſans ornement, ny deſſein d'y en faire. La ſeconde marquée L, fait voir que quand on deſire y faire vne Baze il faut deſſus le quarré, qui doit ſeruir de Plinthe, dont M N, eſt le deſſus, faire vn double Rond, dont la diſtance de l'vn à l'autre, ſoit la largeur, ou la Saillie de la baze, & le rond de dedans le Plan du fort de la Colomne, duquel on eſleuera les perpendicules.

La troiſieſme marquée O, eſt vne Colomne auec ſes ornemens, que chacun fera à ſon gré, & faut prendre garde que le Tailloir reſponde au Plinthe autant qu'il doit.

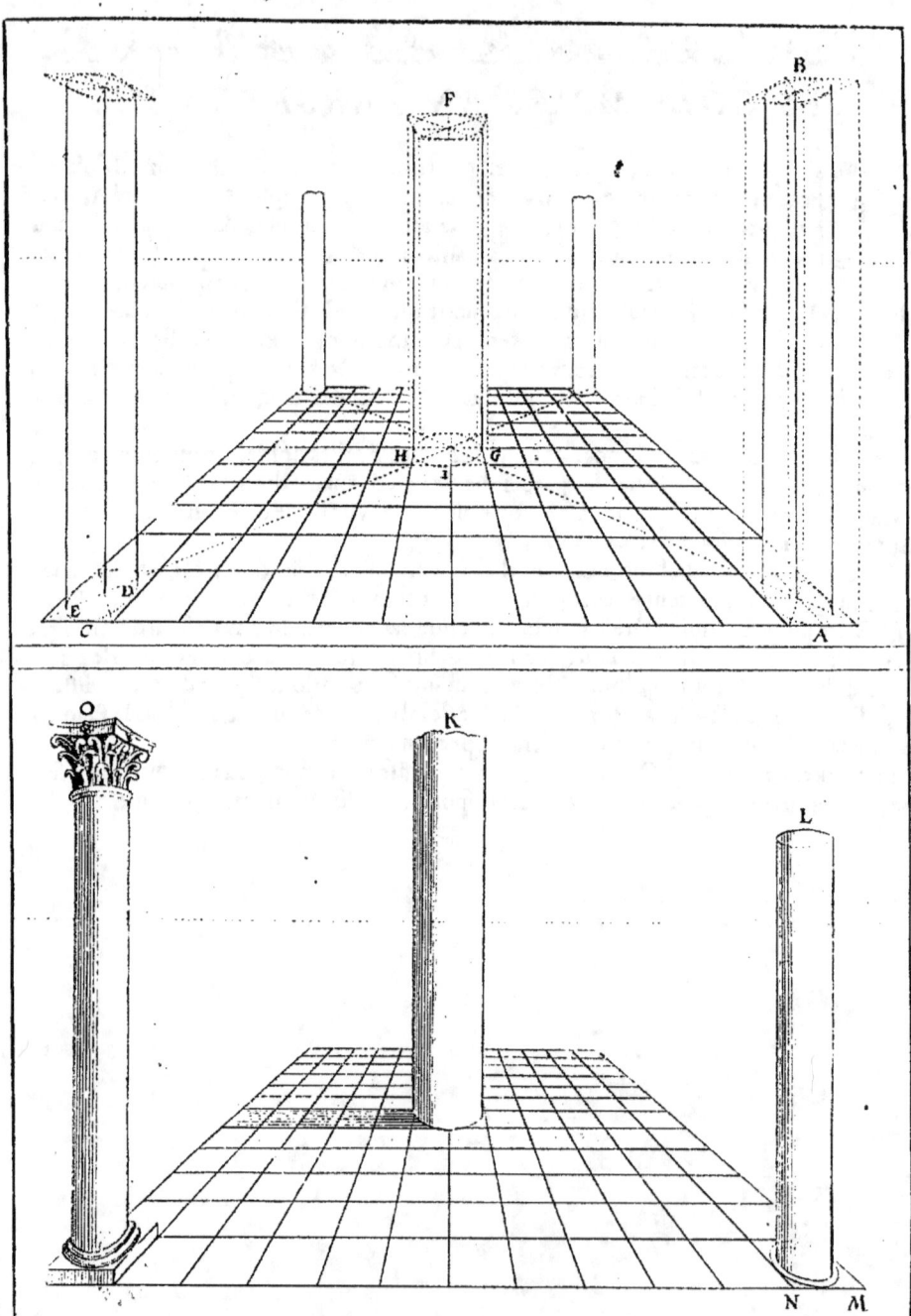

DES CORNICHES, OV MOVLVRES, EN PERSPECTIVE.

E N suite des Colomnes, qui sont le principal ornement de l'Architecture, nous mettrons *les Corniches*, ou *Moulures*, auec leur Saillies, que nous n'auons pas mises iusqu'icy, de peur de donner de la confusion aux Esleuations, qu'il falloit faire entendre auec netteté & facilité.

Il est vray qu'il ne se fait gueres de Bastimens qui n'ayent quelque petite Moulure, ou Saillie pour leur ornement, & pour les rendre plus agreables à l'œil; c'est pourquoy i'ay creu deuoir mettre icy la façon; non pas de les construire, puis que cela depend de la volonté de chacun, ny de donner leurs mesures & Saillies; car ce seroit m'obliger à mettre icy les Ordres d'Architecture, & mille autres inuentions d'ornemens, que l'on trouue autrepart, & que ie suppose qu'on sçache: Mais bien de les mettre en Perspective, selon les pratiques suiuantes, quand l'on se sera arresté à quelque ordre.

Pour mettre donc les ornemens à vn Pilastre en Perspective, il faut prendre les mesures dessus le poursil de quelqu'autre auec ses ornemens, comme est A B, duquel ayant pris la largeur, & fait vn Plan quarré à l'ordinaire; & de ce Quarré esleuer de tous les Angles des perpendiculaires, l'on formera le corps, ou le solide du Pilastre.

Puis il faut seulement prendre ce qui se jette hors du corps: Par exemple, la baze du Pilastre C, & transporter ses mesures comme en D E, Pour le mettre en Perspective tout autour du Pilastre: Il faut du poinct de distance F, tirer vne ligne diagonale qui passe hors du quarré au poinct E, iusqu'à G, la longueur n'importe pas: Puis du poinct A, faire vn rayon passant au plus bas de la Saillie H, Et au poinct où ce rayon coupera la diagonale à I, ce sera l'aduancement de toute la baze; ce mesme rayon A H, donnera la Saillie du fond, en coupant l'autre diagonale au poinct K; Puis pour la Saillie de deuant, il faut du poinct I, tirer vne parallele à la ligne de terre iusqu'à ce qu'elle coupe la diagonale qui donnera l'autre coing de la Saillie de deuant au poinct L; puis tirant des lignes de la hauteur de la baze iusqu'à ces poincts, comme sont M à L, de D à I, de N à K, vous aurez la largeur & hauteur de toute la baze: Le Chapiteau se fait de la mesme façon: Voila pour les premieres Figures de dessus.

Celles de dessous feront cognoistre le reste, & éuiteront la confusion. Pour le Pilastre O, il faut prendre garde à celuy de dessus P, où la ligne D H, porte toutes les sections de la baze; c'est pourquoy du poinct de veuë A, il faut tirer des rayons, lesquels passant par les diuisions de D H, les doiuent marquer sur les lignes D I, & N K; Et tirant des paralleles des poincts de D I, à M L, il n'y aura plus qu'à donner les Contours, ou chantourner comme le poursil: Quand il se rencontre des Quarrez, ou Platte-bandes, soit en haut, ou en bas, ils se font par perpendiculaire: Comme pour faire le Plinthe, il faut esleuer des perpendiculaires des poincts L I K; puis du poinct de veuë A, passer par le coin du Plinthe du poursil Q, il donnera la hauteur sur les perpendicules I, & K, Puis L, doit estre egale à I.

Ie croy que cette instruction pour la Baze, suffira pour faire le Chapiteau, estant la mesme pratique: Ce dernier Pilastre R, est seulement pour en faire voir vn, sans estre meslé de lignes. Nous les auons brizez, pour faire voir la Baze & le Chapiteau, n'ayant pas assez de place pour les faire paroistre entiers.

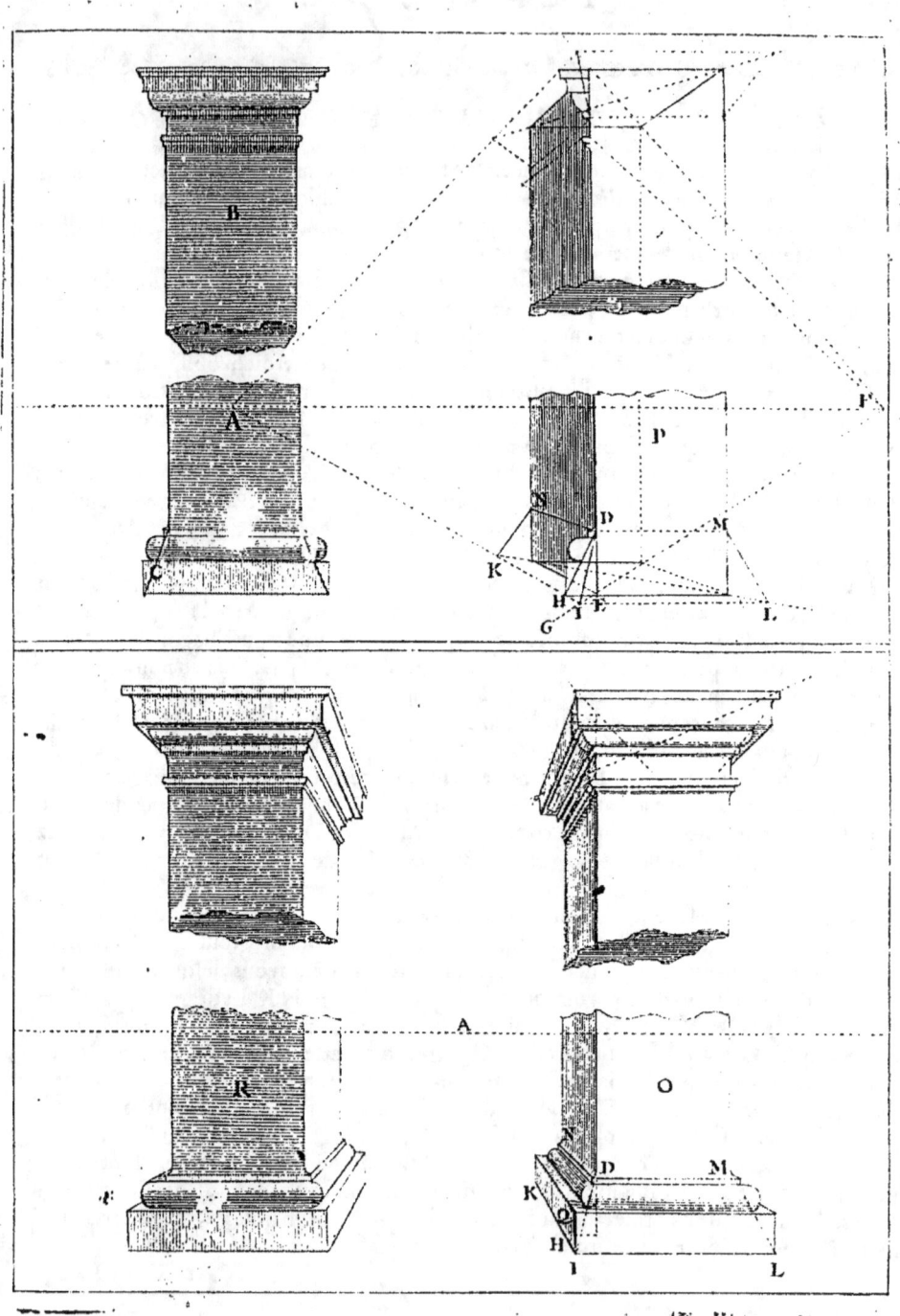

GRANDE CORNICHE AV DESSVS DE l'Orizon, en Perspective.

'E s t la mesme pratique que celle que nous venons d'expliquer : Mais comme elle est vn peu difficile pour la quantité des lignes ; il m'a semblé necessaire de la remettre encore icy, pour éuiter la confusion.

Ie dis donc, qu'ayant pris le Pourfil de la Saillie, & Corniche que l'on veut faire, il la faut mettre à l'endroit où l'on la veut faire : comme C, qui est le Pourfil, est au coing du mur A B. Pour trouuer la hauteur qu'il doit auoir, & faire voir les dessous : Il faut du poinct de veuë D, tirer vn rayon passant par le bout du Pourfil E, comme est D F ; puis faire vne ligne diagonale du poinct de distance H, passant par le coing du mur B, & le continuer iusqu'à ce qu'elle coupe le rayon D E, au poinct F, duquel on tirera la ligne F G, qui doit estre l'Angle en Perspective, pour receuoir toutes les mesures E G. Le coing de l'autre bout de la muraille K L, se tire de l'autre distance I, comme estant l'autre diagonale.

En la Figure marquée 2. l'on verra que toutes les figures qui sont dessus la ligne M N, se doiuent transporter par rayons visuels du poinct de veuë D, dessus la ligne N O, pour de tous ces poincts tirer des paralleles à l'orizon, qui donneront toute la Corniche parfaite. Mais auant que de passer plus outre, il faut remarquer, comme i'ay desia dit, que toutes les Plattes-bandes, & Quarrez, se font par perpendiculaire : Par exemple, pour faire ce grand quarré de la Corniche, Ayant fait la Doulcine & le Filet du dessous du Filet, qui doit estre le haut du quarré, il faut abbaisser la perpendicule P Q ; Puis pour sçauoir où elle doit estre coupée pour faire voir le dessous ; Il faut tirer du poinct de distance I, par le poinct de dessus le quart de rond R, iusqu'à la perpendicule P Q, & vous aurez ce que vous cherchez. Ce que i'ay dit du grand quarré, se doit entendre des petits, comme sont les Dentillons, les Filets, &c. puis qu'ils doiuent tous faire voir le dessous.

La troisiesme Figure monstre, qu'ayant trouué tous les poincts, & tiré des rayons dessus cette ligne de l'angle S T, on y doit tracer, ou pourfiler les Moulures proportionnellement : Ie veux dire, que quand elles se dressent beaucoup, comme fait celle-cy, à cause que son poinct de distance est proche ; Il faut aider aux Moulures, c'est à dire, vn peu coucher le quart de rond, dresser la Doulcine, agrandir les Filets, & faire à vn bout le mesme qu'à l'autre : comme à V X, le mesme qu'à S T ; Apres cela il n'y a plus qu'à tirer des paralleles à la ligne de terre, & tout sera fait.

La quatriesme Figure monstre la Corniche toute faite : I'ay tiré des paralleles de tous les poincts de la ligne de l'angle Y Z ; I'ay fait passer vn bout de Muraille au dessus de la Corniche, pour faire cognoistre qu'on a liberté d'en faire par tout ; & que nostre reigle est generale, pour en faire où l'on voudra.

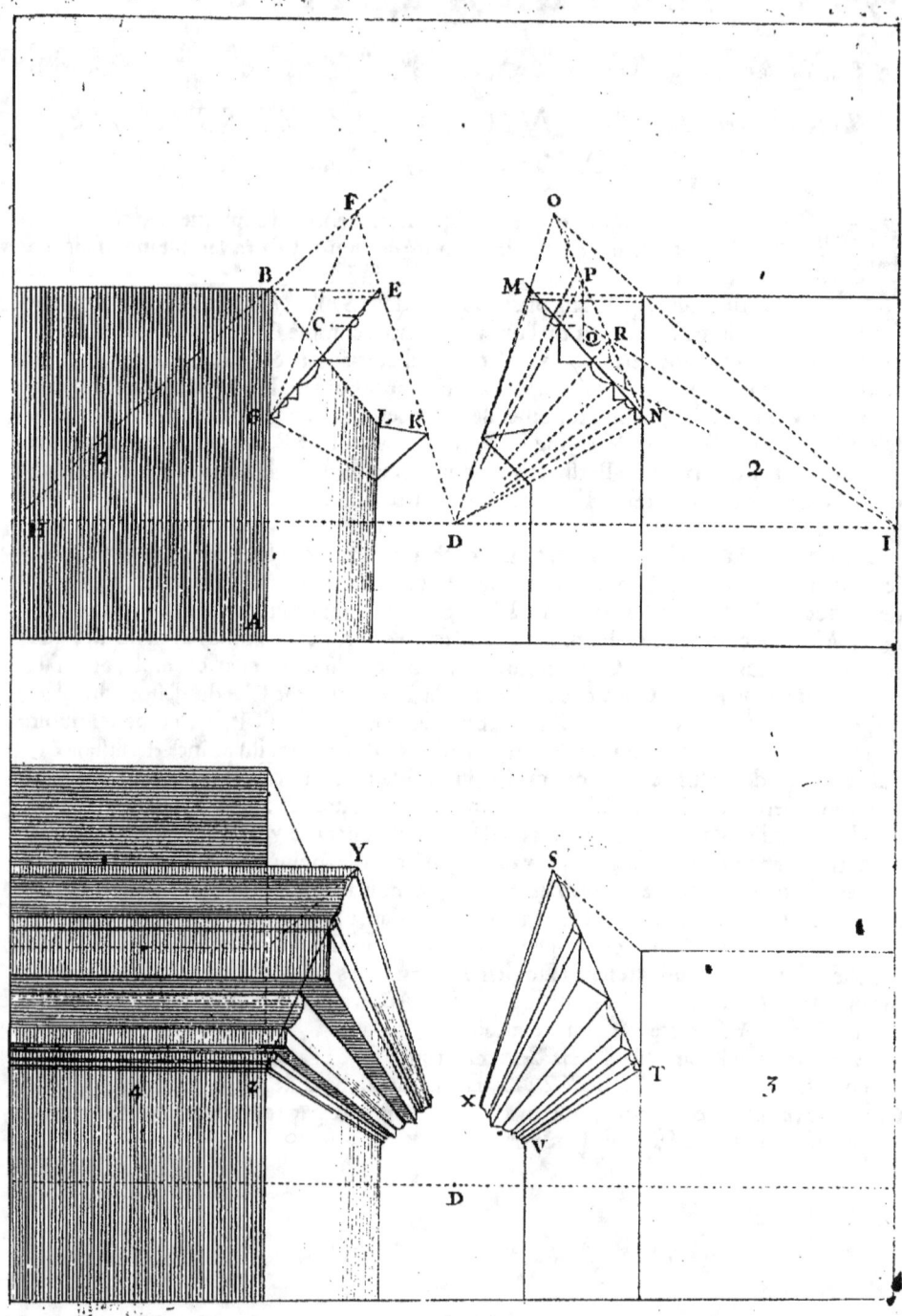

POVR TROVVER LE DESSOVS DES GRANDES SAILLIES.

POVR trouuer la Saillie de la Couronne du Corps, ou du Mur A; Il faut du coin du quart de rond B, faire vne petite ligne de la longueur que l'on veut qu'elle saille, comme est B C; puis du poinct de veuë D, tirer vn rayon E, passant au bout de la mesure C. Apres cela il faut faire vne diagonale de la distance F, & la faire passer par le quart de rond B, & la section qu'elle fera au rayon D E, au poinct G, ce sera les dessous, tant du fond que de costé, comme est B H, ce que l'on peut voir plus nettement à l'opposite, au corps marqué K.

La Saillie du Corps, ou Mur, marqué L, se fait comme le premier marqué A; Il n'y a que cette seule difference, que le corps L, a la Saillie M N, plus grande d'vne demie fois que celle de dessus B C; pour monstrer que par la mesme pratique, l'on les fait si grandes, & si courtes qu'on veut.

L'on remarque de plus en ce mesme Corps L, comme il faut trouuer le Retour de la Saillie & du Creux: Il faut du quart de rond du fond de la muraille au poinct O, tirer vne diagonale à la distance opposite P, & la section de cette ligne dessus le rayon E D, sera le poinct pour faire vne petite parallele à l'orizon R Q, qui sera ce que l'on demandoit.

Cecy doit seruir pour tous les Quarrez qui se rencontrent aux Corniches, & Moulures, tant grandes que petites.

Le Corps, ou Mur, marqué S, fait voir au net les Moulures du Corps L.

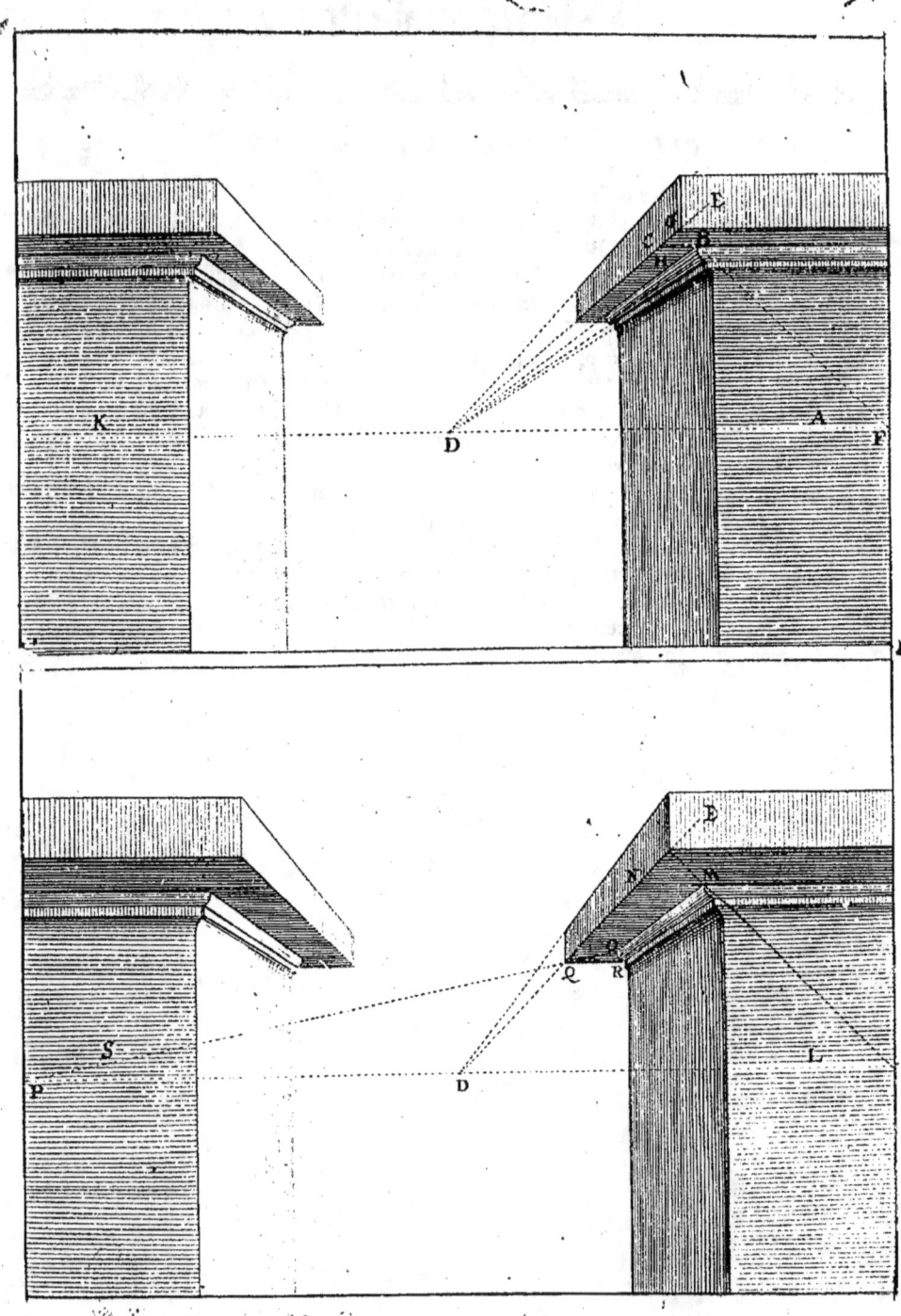

DES CORNICHES ET MOVLVRES, AV
deſſous de l'Orizon.

LE s pratiques ſont les meſmes que les precedentes : Mais à cauſe d'vn accident qui arriue quelquefois par la diuerſité des orizons, l'on pourroit eſtre en peine, ne ſçachant pas la raiſon pourquoy cela ſe fait.

Ie dis donc, que quand nous regardons des Corniches qui ſont au deſſous de nos yeux, & par conſequent au deſſous de l'orizon ; les Auances que font les Saillies nous en cachent quelquefois la moitié, & quelquefois moins, ou plus, ſelon que l'on eſt eſleué.

Pour trouuer iuſtement ce qui doit eſtre couuert, & ce qui ne le doit pas eſtre, Il faut mettre, comme nous auons dit, le Pourſil de la Moulure au coing du Corps que l'on veut orner; & ayant trouué la ligne de l'angle, comme nous auons dit aux pratiques precedentes, il y faut tirer les diuiſions du Pourſil, & l'on trouuera que le Quarré, ou la Platte-bande couurira entierement l'Aſtragal de deſſous, ou Demy-rond, & ne laiſſera voir que la moitié du Filet; Comme il ſe void, qu'ayant tiré vne ligne du poinct de veuë A, par le Pourſil B C, elle coupe la perpendiculaire de la ligne de l'angle au poinct D, qui fait cognoiſtre ce qui doit eſtre couuert. Pour la Moulure de bas, c'eſt la meſme choſe que des pratiques precedentes.

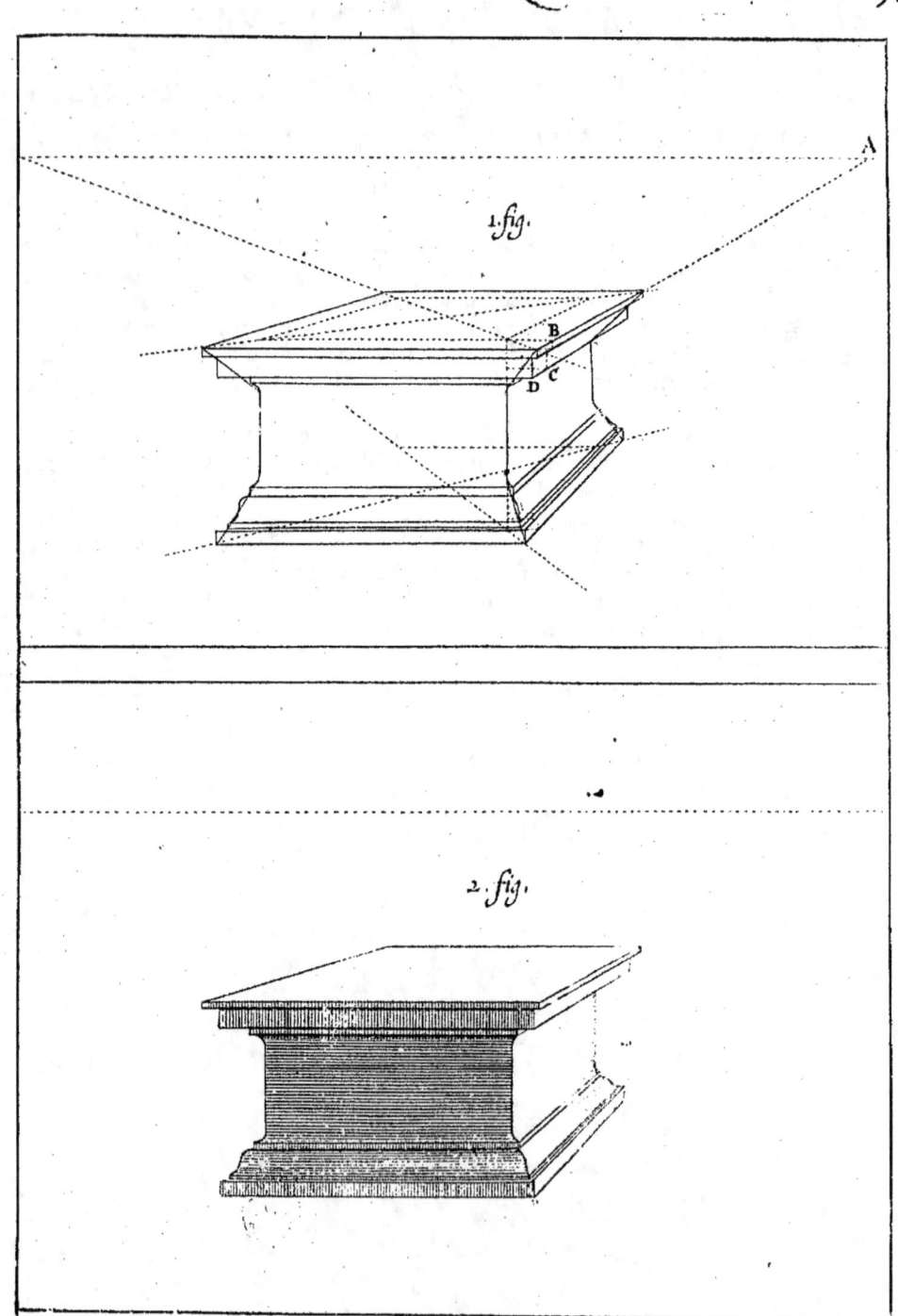

1.fig.

A

B
D C

2.fig.

POVR DES CORNICHES A PLVSIEVRS RETOVRS.

V A N D il y a plusieurs Retours aux Corniches, ou Moulures, elles doiuent toufiours prendre leurs deſſous des poinçts de diſtances, comme l'on void, qu'ayant tiré les rayons A, & B, au poinçt de veuë E : Il faut du poinçt de diſtance C, ou D, faire vne diagonale paſſant par le coing du quart de rond O, iuſqu'à ce qu'elle coupe le rayon A, ou B, au poinçt I, Duquel poinçt I, il faudra faire vne parallele à la ligne de terre, pour auoir le deſſous, ou la Saillie du Quarré, ainſi que i'ay dit au feuillet 90.

l'euſſe volontiers fait vne plus grande Corniche, puis qu'elle n'eût pas eſté plus difficile, mais le papier m'a obligé à me contenter de celle-cy.

Si l'on veut faire des Retours par terre, comme ceux-cy ſont au deſſus de l'Orizon, il faut obſeruer la meſme pratique. Et pour preuue de ce que ie dis, renuerſez ce papier, & vous verrez les meſmes effets.

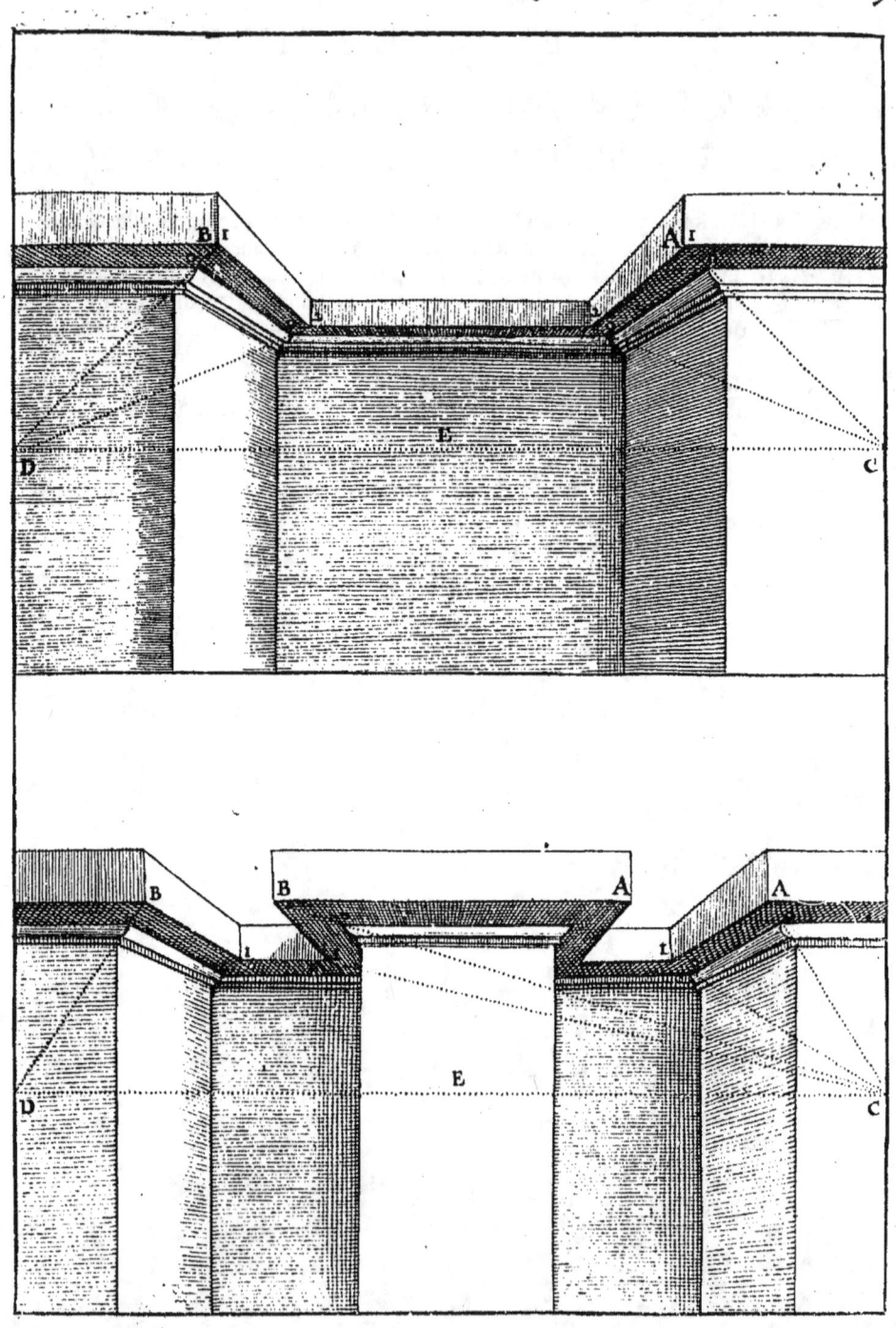

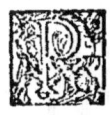V i s que iufqu'icy nous auons fuiui à peu pres l'ordre qu'on garde pour eſleuer les Baſtimens, quels qu'ils foient ; Nous deuons fuiure à enſeigner le moyen de les garnir, & les rendre capables pour y loger : Ie commenceray par les Portes de bois ; Par apres nous parlerons des autres onuertures, comme des Feneſtres, Armoires, Coffres, &c. Puis des Meubles, Tables, Lits, Chaires, Cofres, Eſcabeaux, Bãcs, &c.

Toutes les Portes qui font faites pour ouurir & fermer, dependent de la volonté de chacun, qui les peut, tant & ſi peu ouurir qu'il luy plaiſt ; c'eſt pourquoy i'enſeigneray de les mettre en Perſpective, à telle ouuerture qu'on voudra.

Il faut remarquer que les Portes, les Feneſtres, les Armoires, les Coffres ; bref toutes choſes qui peuuent s'ouurir & fermer, font touſiours vn demy-rond dans leur ouuerture entiere : La raiſon eſt, que le coſté qui eſt attaché par des Gonds, ou Charnieres, ne bouge d'vn lieu ; & l'autre coſté marche, & fait vn demy-cercle, comme feroit vn compas.

Par exemple, au plan de deſſous la Figure, ſi le coſté attaché eſt au poinct A, & l'autre coſté à B, en voulant ouurir la porte entierement, ie coſté B, fera le demy-rond B C D, dont le centre fera A, comme l'on peut voir ; De là on peut cognoiſtre que ſi la porte a 3. pieds de large, comme ont celles-cy ; elle aura auſſi 3. pieds pour ſon diametre A C, Et 6. pieds pour le diametre entier B A D, Deſquels 6. pieds de long, & 3. de large, il faut faire vn plan de 18. quarreaux, auſquels on fera le demy-rond A B C D, pour donner facilité de faire les meſmes demy-ronds dans la Perſpective, en prenant garde où le demy-rond du plan coupe les quarreaux, pour couper à meſme proportion ceux de la Perſpective, & y faire vn demy-rond qui occupera autant de quarreaux, & les coupera au meſme lieu : comme l'on void à la porte E, où les ſections font marquées, comme au plan de deſſous 1.2.3.4.5.6.7.

Quand on voudra faire vne Porte ouuerte en vne Perſpective, il faudra deſſus ſon plan, faire vn demy-rond, Puis mettre le poinct de l'ouuerture en quel lieu on voudra deſſus ce demy-rond : comme pour la porte E, le poinct de l'ouuerture eſt au poinct 2. De ce poinct 2. il faut eſleuer vne perpendiculaire 2. H, Et derechef du meſme poinct 2. tirer vne ligne paſſant par le coing de la porte F, & la continuer iuſqu'à ce qu'elle coupe l'orizon qui eſt au poinct G, duquel il faudra tirer vne autre ligne, la faiſant paſſer par l'autre coing de la porte I, & la continuer iuſqu'à couper la perpendicule eſleuée du poinct 2. qui fera au poinct H, & vous aurez la porte ouuerte, comme eſt F I H, 2.

Toutes les Ouuertures ſe font par les meſmes reigles, comme l'on void encore les Portes K, & L, La Porte K, monſtre ſon dehors, & la porte L, monſtre ſon dedans ; neantmoins l'vne & l'autre ſe pratiquent de meſme que la premiere ; le poinct accidental de K, eſt le poinct M, dans l'orizon, Et celuy de la porte L, c'eſt O. Si l'on fait à ces Portes des bandes, ſerrures, & choſes ſemblables, elles ſe doiuent tirer du meſme poinct accidental, comme les bandes, & la ſerrure de la Porte L, tirent au poinct O ; Ce ſont ces poincts que l'on nomme Accidentaux, comme i'ay expliqué au commencement de nos pratiques, & toutes les ouuertures en donnent vn dans l'orizon, horſmis deux ſortes d'ouuertures, L'vne quand la Porte eſt toute ouuerte, car alors elle a ſon poinct au poinct de veuë, parce qu'elle eſt comme la muraille. L'autre quand elle eſt parallele à l'orizon, d'autant que les paralleles ne ſe coupent iamais, mais ſe tirent droites, comme eſt la porte N.

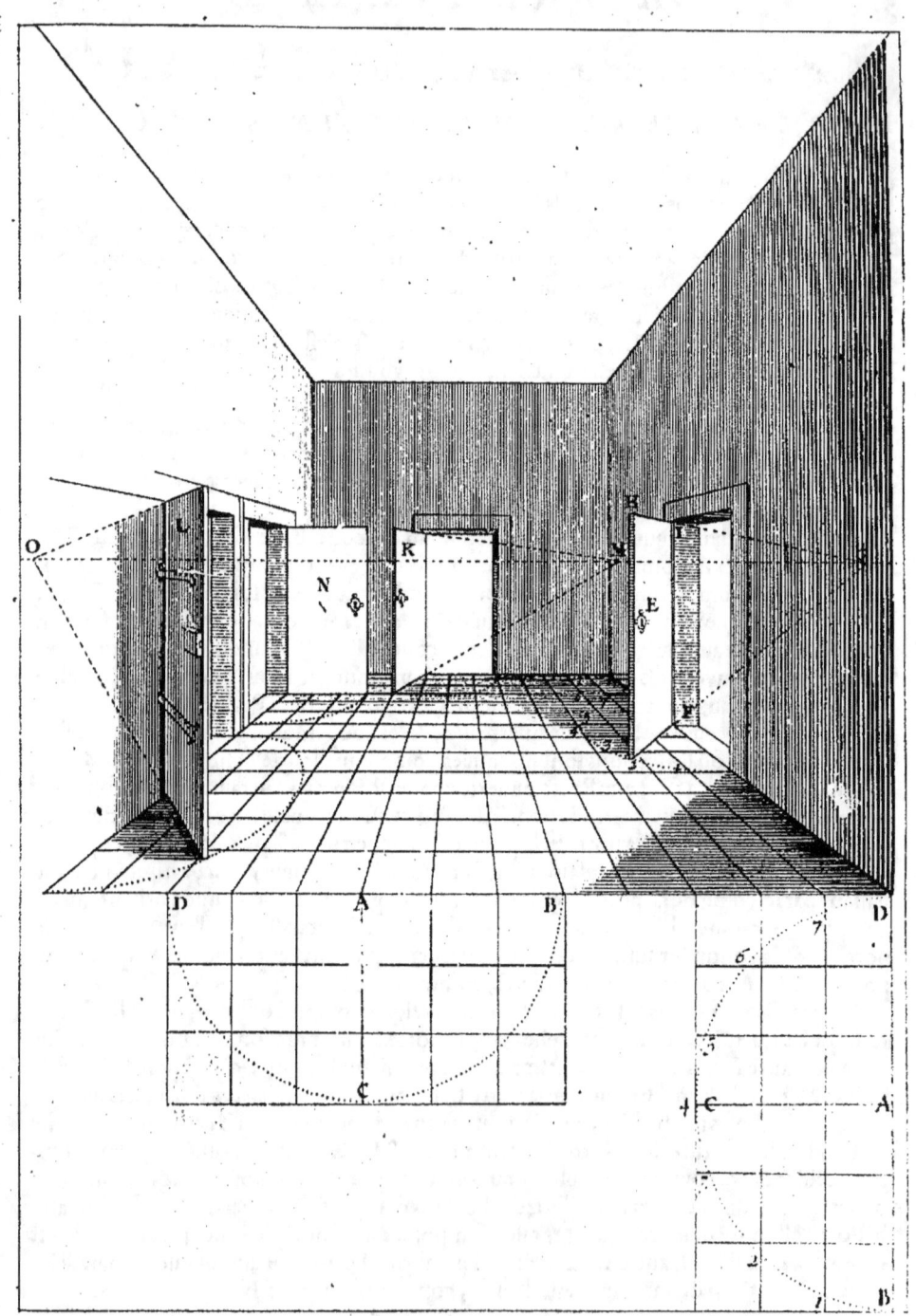

POVR LES OVVERTVRES DES FENESTRES, EN PERSPECTIVE.

 OVTE la difference qu'il y a *des Ouuertures des Feneſtres*, à celles des Portes, eſt que les Portes ont le demy-rond de leur ouuerture deſſus le plan, & les Feneſtres l'ont en l'air ; à raiſon que les Feneſtres font leur ouuertures eſtant eſleuées de terre, & les Portes la razent : c'eſt pourquoy il faut faire ce demy-rond au deſſus, ou au deſſous des Feneſtres, Et dans ce demy-rond prendre le poinct pour les ouurir.

Par exemple, ſi le coſté de la Feneſtre à 2. quarreaux de largeur, comme A B, & qu'on luy donne ſon ouuerture entiere, elle occupera encore 2. quarreaux C A, dont A, eſt le milieu, & le centre du demy-cercle A B C, Mais à raiſon que les Feneſtres font eſleuées de terre, il faut que le demy-rond ſoit auſſi eſleué comme ils font icy au deſſus des Feneſtres des coings D, & E, qui font les centres de ces demy-ronds, qui ſeront facilement formez, eſleuant des perpendiculaires des quarrez qui font entre C, & B, iuſqu'à ce qu'elles coupent les rayons qui paſſent par les coings des Feneſtres D E; Et de ces ſections il faudra tirer à la ligne de terre, & leur donner les meſures des quarreaux du plan 1. 2. 3. deſquels poincts 1. 2. 3. d'en-haut, il faut tirer des lignes au poinct de veüe F, qui couperont les paralleles des poincts, & formeront les quarreaux, pour faire les ronds des ouuertures qu'on prendra, de la meſme maniere qu'aux portes : comme ſi l'on donne dans le plus haut demy-rond, le poinct G, pour le poinct d'ouuerture de ce poinct G, il faut tirer 2. lignes, l'vne qui tombe à plomb G H, l'autre qui paſſe par le coing de la Feneſtre E, pour couper l'orizon où elle pourra, qui eſt icy le poinct I; De ce poinct I, il faudra tirer encore vne ligne par le coing de la Feneſtre K, iuſqu'à ce qu'elle coupe la ligne à plomb au poinct H, qui donnera la Feneſtre ouuerte K E G H, L'on doit faire le meſme de toutes les autres, & prendre le poinct dans l'orizon : comme L, eſt le poinct pour la Feneſtre M, Et N, eſt celuy de la Feneſtre O, La Feneſtre P, n'en a poinct, eſtant parallele à l'orizon.

Les Feneſtres qui ſont à l'oppoſite, ſont faites de la meſme methode, ſans la confuſion des lignes; l'vne & l'autre ſont à fleur de la muraille, pour en faciliter la pratique. La Porte du fond ſe fait comme nous auons dit ; & la Feneſtre ſuit la methode de celles-cy.

POVR LES OVVERTVRES DES FENESTRES, auec des Embraſures.

LA pratique de celle-cy eſt comme les autres, à fleur de Muraille, excepté que celles-cy ne ſe peuuent ouurir entierement, à raiſon de l'eſpaiſſeur de l'Embraſure; ce qui fait que l'on ne donne pas le demy-cercle entier, mais autant qu'il y peut auoir d'ouuerture. Elles doiuent touſiours prendre leur poinct dans l'orizon, comme l'on void Q, & R, pour les ouuertures des Feneſtres d'en-haut : celle de bas eſt parallele à l'orizon.

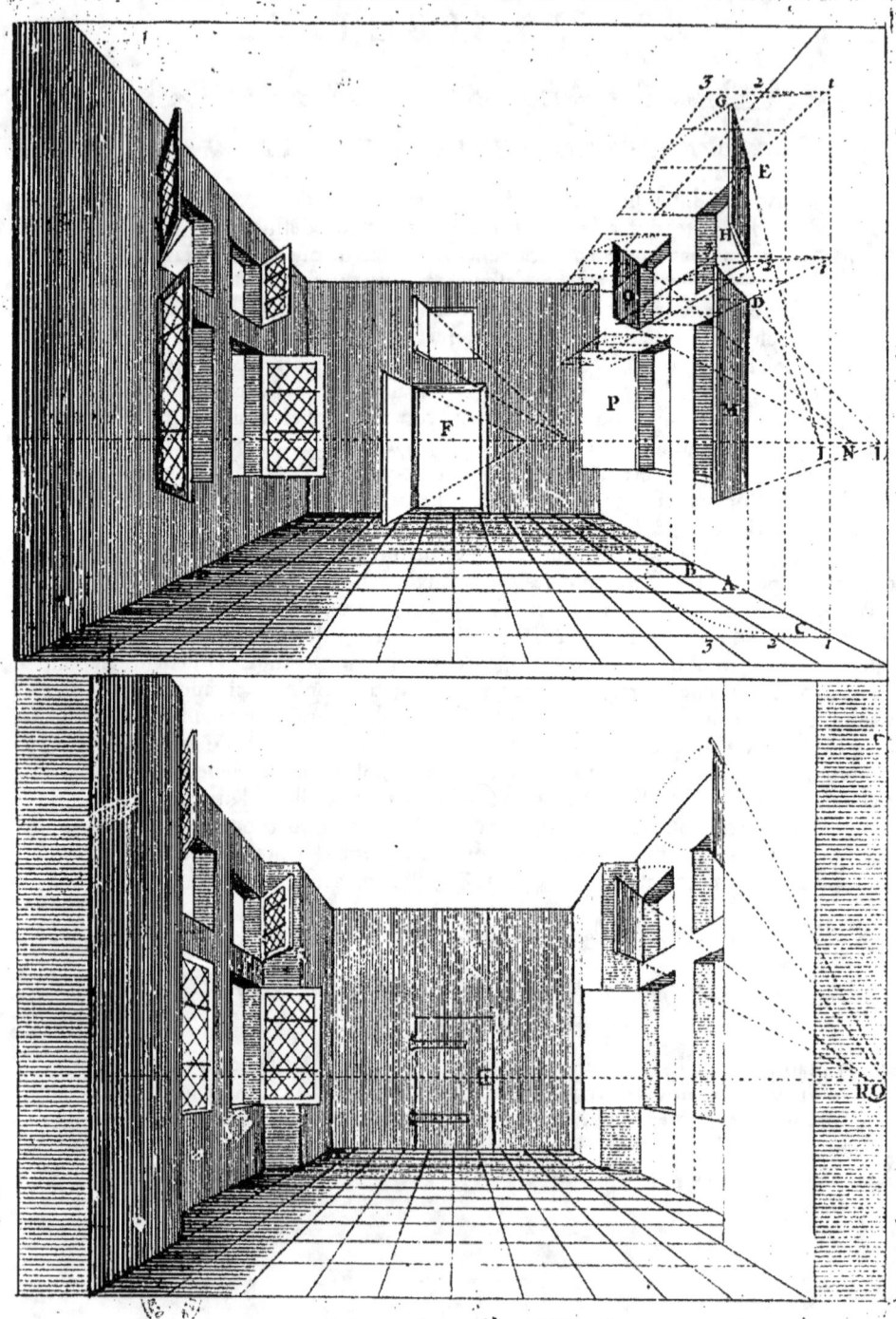

D'AVTRES DIVERSES OVVERTVRES.

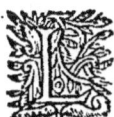ES *Ouuertures des Armoires*, *& des Coffres*, font pour le moins auſſi neceſſai-res que celles des Portes, & des Feneſtres; & la faute n'euſt pas eſté moindre d'oublier celles-cy, que de ne pas mettre celles-là. En voicy la pratique dans ces deux Figures.

Les Armoires A, font ouuertes ſelon les pratiques des Feneſtres, & ſeroit perdre le temps de s'amuſer à les repeter icy, On remarquera ſeulement que celle d'en-haut eſt parallele à l'orizon, & l'autre de bas tire au poinct de diſtance B.

Cette façon de *Boutique* qui eſt de l'autre coſté, a ſon ouuerture de deux Volets, dont l'vn ſe leue en haut, & l'autre deſcend en bas, & chacun fait ſon demy-rond des centres C, & D, que l'on fait auec vn compas; puis l'on y prend les ouuertures où l'on veut, com-me icy au poinct E, duquel on tire vn rayon au poinct de veuë F, iuſqu'à couper les de-my-ronds de l'autre bout au poinct G, deſquels poincts E G, il faut tirer aux centres C D, pour auoir les Volets qui ferment la Boutique, comme on void.

En la Figure de deſſous, il y a 3. *Coffres* ouuerts diuerſement. Pour ouurir le premier H, i'ay fait le quart de rond M, en Perſpective, ſuiuant la meſure des quarreaux du plan, gar-dant la largeur du Coffre, comme celuy-cy eſt de 2. quarreaux, deſquels il faut eſleuer des perpendiculaires, & en former le demy, ou quart de rond, pour l'ouuerture que l'on pren-dra à volonté, comme icy le poinct N, duquel il faudra tirer vne parallele iuſqu'à l'autre quart de rond O, & de ces 2. poincts N O, tirer au centre P, Si on le veut ouurir d'auan-tage, il faudra faire vn demy-rond au lieu d'vn quart.

Le Coffre I, a la plus aiſée de toutes les ouuertures; car ayant pris la largeur du Coffre Q R, il faut du centre R, faire auec vn compas le demy-rond Q S, Puis prendre quelle ouuerture l'on voudra, comme T, & tirer vn rayon au poinct de veuë V, qui coupera l'autre demy-rond au poinct X, & de ces 2. poincts T X, aux coings R.

Qui les voudra ouurir d'auantage, n'a qu'à mettre le poinct de l'ouuerture plus haut dans les demy-ronds, comme Y, eſt au Coffre K; Tout le reſte ſe pratique de meſme qu'au Coffre I, comme l'on peut voir.

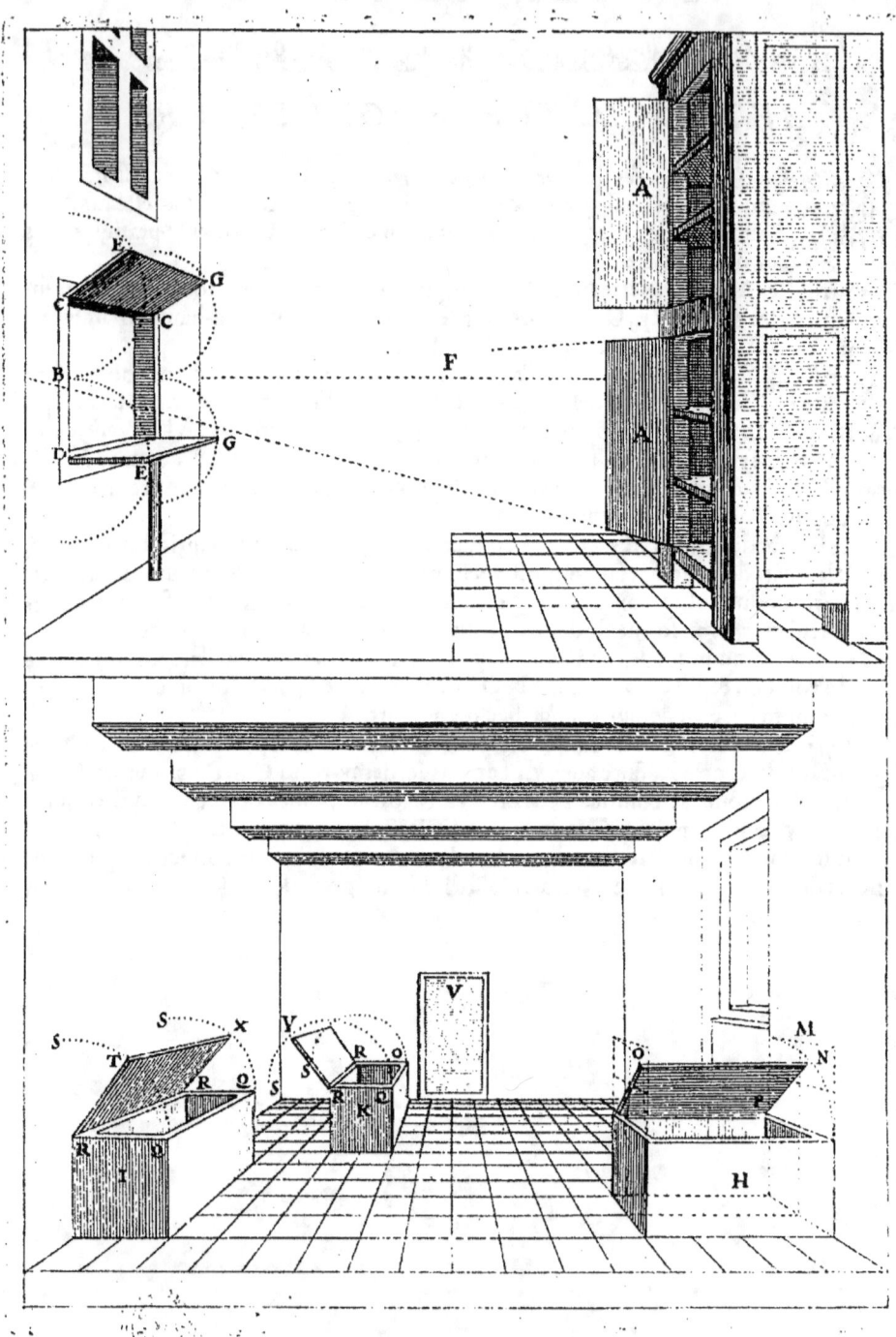

Pl. 3

DES PLANS, ET PREMIERES ESLEVATIONS DES MEVBLES.

'E vsse mis ces Plans à leur ordre, parmy les autres, n'euſt eſté vne conſidera-tion qui me les a fait differer iuſqu'à maintenant, qui eſt, que ſi i'en euſſe traité au commencement, ſans en faire cognoiſtre la neceſſité, auſſi euſſent-ils eſté trop toſt oubliez & tenus comme inutils; ils ſont maintenant de ſaiſon, & ſans doute, ils ſeront bien receus, agreables, & appris auec plaiſir, veu qu'il n'y a aucuns *Meubles*, ny *Pieces de Meſnage*, qui n'en dependent.

Le premier plan A, ſert pour *Lits*, *Tables*, *Chaires*, *Eſcabeaux*, *Placets*, &c. L'autre B, qui porte en longueur 2. fois ſa largeur, ſert pour *des Tables longues*, *Armoires*, *Buffets*, *Coffres*, *Bahuts*. Le troiſieſme C, qui eſt long & eſtroit, ſert pour *Bancs*, ou *Formes*, & autres choſes qui ont beſoin de ſix Pieds, ou Colomnes, comme *grandes Tables*. *Armoires*, &c.

La cognoiſſance que l'on a des autres Plans, donnera de la facilité à faire ceux-cy, puis qu'il n'y a qu'à mettre leurs meſures deſſus la ligne de terre, les tirer au poinct de veuë, & les racourcir par les poincts de diſtances.

Par exemple, pour le Plan A, il faut mettre deſſus la ligne de terre ces deux meſures D E, & les tirer au poinct de veuë F; Puis de l'vne des diſtances, il faut tirer à l'vne de ces meſures, comme icy E, à la diſtance G; & où elle coupera les rayons aux poincts H I, il fau-dra tirer des paralleles, pour former les 4. quarreaux que l'on fera valloir tant, & ſi peu qu'on voudra : Car pour vne Table, ils doiuent valoir dauantage que pour vn Eſcabeau; c'eſt à dire, qu'ils doiuent auoir d'auantage de largeur; car ſi pour celuy-cy l'on donne 2. pouces, pour celuy-là il en faudra quatre.

Le Plan B, ſe fait de la meſme maniere, excepté qu'à cauſe de ſa longueur, qui eſt le double du large, il faut tirer du poinct B, à l'vne des diſtances, pour trouuer la moitié K; car ſi l'on tiroit du poinct L, il couperoit au poinct M, qui ſeroit tout le quarré; & nous n'en voulons que la moitié : C'eſt pourquoy du poinct K, il faut tirer les paralleles aux ſe-ctions du rayon; & du coin L, on coupera encore le rayon pour les premiers quarreaux au poinct N.

L'autre Plan C, n'a que faire d'explication; car l'on void bien qu'il ſe fait comme ce-luy A, & qu'il faut doubler le quarré pour auoir 6. petits quarreaux.

L'on void à la Figure de deſſous, que de tous les Angles de ces quarreaux, il faut eſle-uer des perpendiculaires pour commencer à donner la forme aux pieces que nous ferons cy-apres.

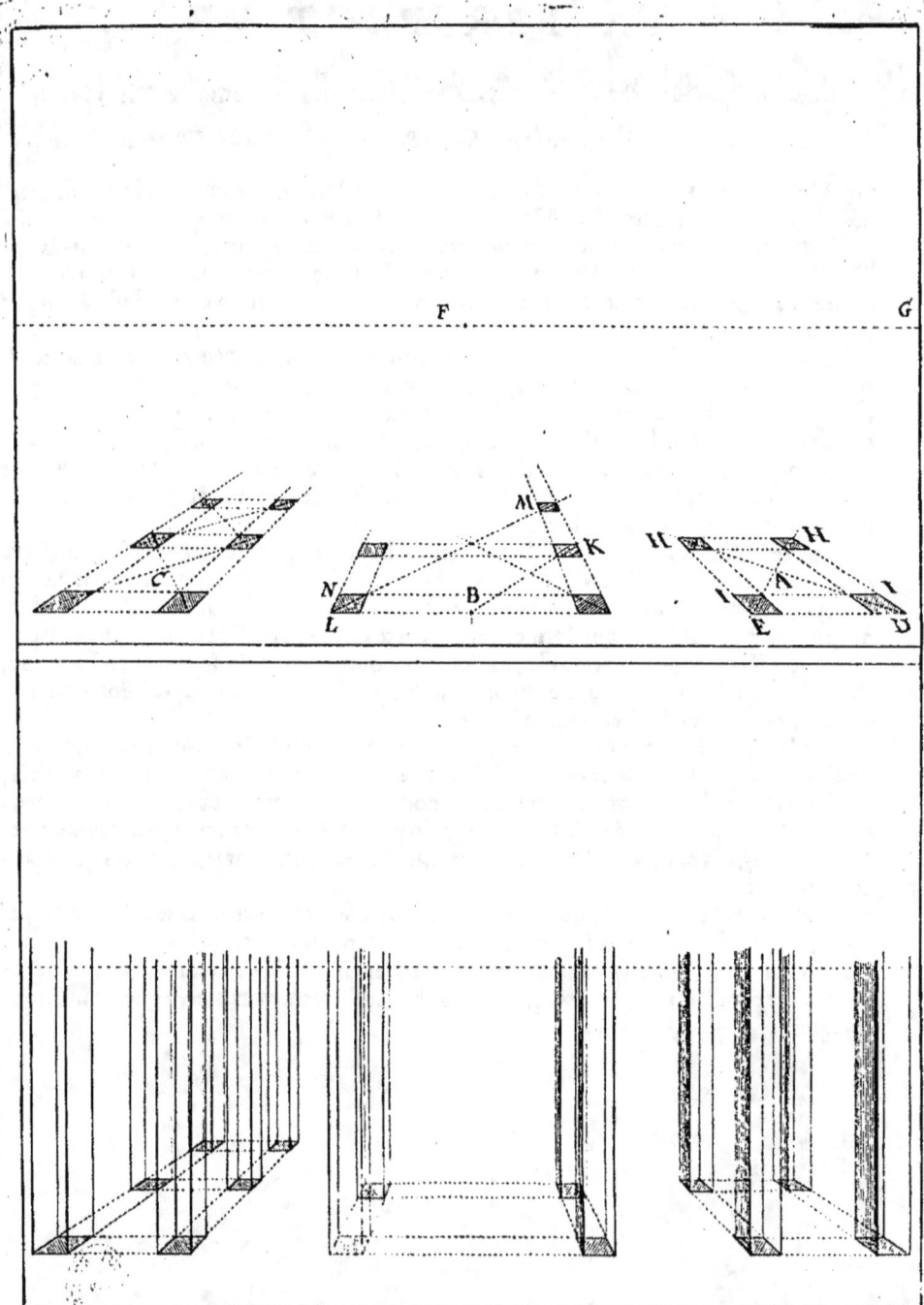

DE L'ESLEVATION DES MEVBLES.

Yant esleué les perpendiculaires du Plan, comme nous venons de dire, il faut en quelque place du Tableau, faire la ligne d'Esleuation, sur laquelle on mettra les Croisons, ou Trauers, & la hauteur qu'on leur voudra donner.

Par exemple, la ligne C D, sera la ligne d'Esleuation, & C E, & D F, seront les largeurs pour les Trauers. De tous ces 4.poincts, il faut tirer en quelque lieu dans l'orizon, comme icy au poinct G; Puis ayant des Plans A B, esleué des perpendiculaires de tous les angles, il faut des mesmes angles tirer des paralleles à la ligne de terre iusqu'au rayon C G, qui est le bas de la ligne d'Esleuation, qui donneront les poincts 1. 2. 3. 4. qu'il faudra esleuer en perpendiculaires ; & les sections que ces perpendiculaires feront au rayon C E, D F, seront les poincts pour couper les perpendiculaires des Plans : soit qu'on les porte auec vn compas, ou qu'on les couppe auec des paralleles, comme on void en la Figure; Que tirant vne parallele du poinct E, on coupera les premieres perpendicules des Plans A B, aux poincts O, desquels tirant au poinct de veuë H, l'on coupera les autres perpendiculaires des Plans aux poincts P, Et faisant le mesme du poinct F, on formera vn *Cube percé à iour de tous costez*. ou composé de pieces quarrées : ce qu'estant bien entendu, l'on fera facilement toutes les pieces suiuantes, & quelqu'autre que ce puisse estre.

Il est aisé de voir que les 2. *Chassis, ou Pieds de Tables* I, & K, sont faits par la mesme pratique que ceux de dessus A B, n'y ayant de difference qu'en la Barre d'embas, qui est plus esleuée en la ligne d'Esleuation au poinct L, qui donne la Barre M, & ce qui est dessous peut estre mis en Boulles, ou laisser les pieds quarrez comme ils sont.

Pour les derniers Chassis N, & Q, il n'y a rien plus qu'en I, & K; horsmis qu'ils sont veus par l'Angle, & les autres sont veus de Front; les Plans de ceux I, & K, tirent au poinct de veuë R, & ceux-cy tirent aux distances S T.

Ces Figures fournissent les moyens pour faire toutes les Pieces d'vn mesnage : Par exemple, si des Figures I, ou K, l'on veut faire vn Lict, il n'y a qu'à luy donner sa largeur & hauteur; car c'est la mesme pratique en tout le reste, que si l'on faisoit vn Placet, ou Tabouret. Pour vne Table, il n'y a qu'à faire le dessus. Pour vn Escabeau, outre le dessus, il luy faut donner plus de hauteur que de largeur; mais tout le reste se pratique de mesme façon.

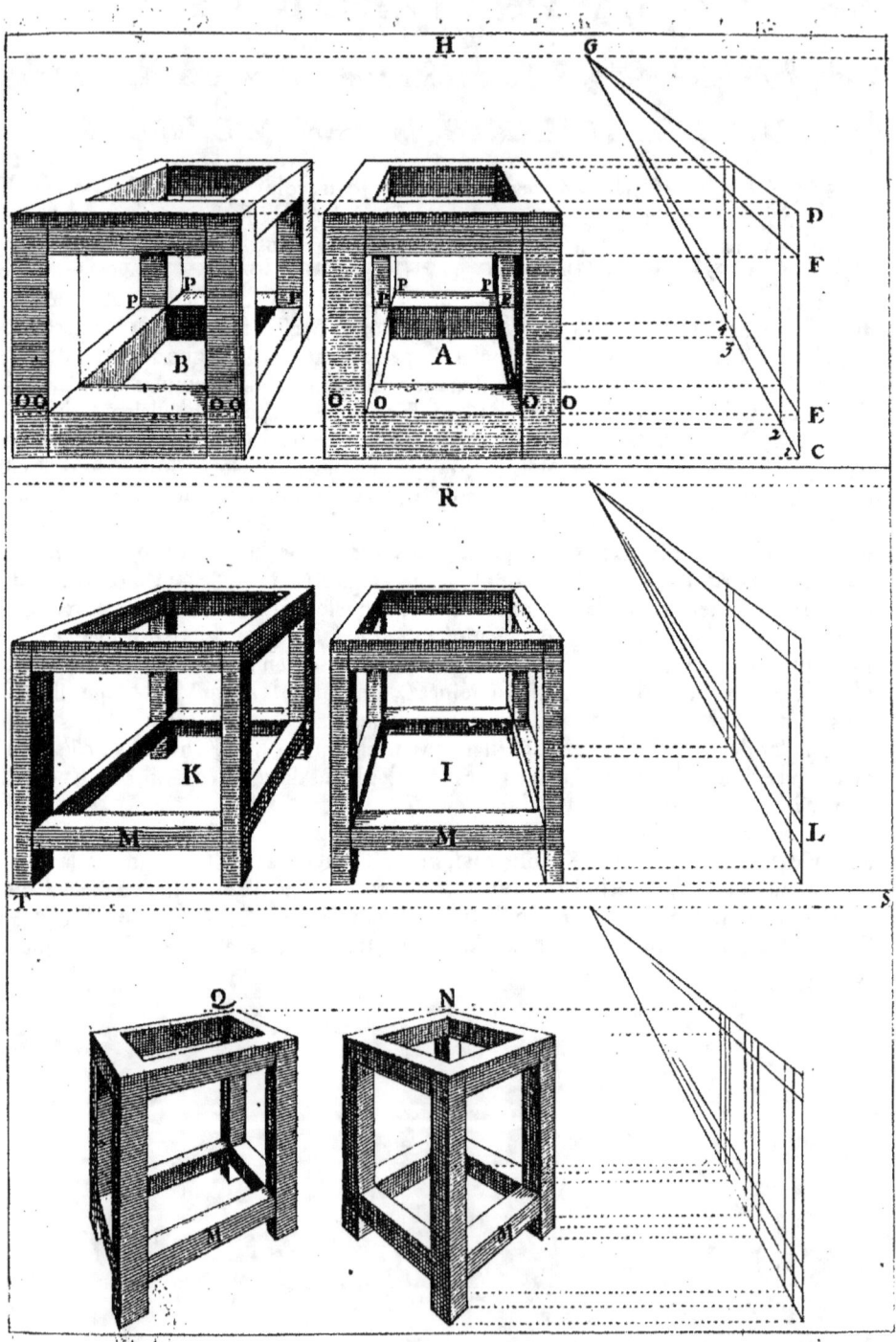

POVR FAIRE LES DESSVS DE TABLES, ESCABEAVX, &c.

Y A N T esleué du Plan les perpendicules, comme nous venons de dire, & donné la hauteur qu'on veut qu'elles ayent, l'on aura le Chassis. Pour y faire vn Dessus tout à niueau, & qui ne passe pas le Chassis, il n'y a qu'à laisser le dessus du Cube sans y rien marquer, & ce sera *le Dessus*, soit *d'vne Table, Escabeaux, Placer.* &c.

Mais si l'on veut que ce dessus ait vne Saillie, ou Rebord, il faut de l'vn des coings du Chassis, ou Pied de la Table, tirer vne petite parallele, comme A B, & dessus cette parallele mettre la mesure de la Saillie que l'on veut donner, comme nous auons mis icy A B: Puis des distances C, & D, il faut des coings du quarré fait de poincts, qui est la largeur du Chassis, ou Pieds de Table, tirer des petites lignes occultes, comme sont A E. Or pour sçauoir comme cette mesure A B, donnera en Perspectiue la largeur égale à tous les costez, & coings de la Table; Il faut du poinct de veuë F, tirer vn rayon passant par le poinct B, & le continuer iusqu'à ce qu'il coupe la ligne C A E, qui sera au poinct G, De ce poinct G, il faut faire vne parallele qui coupera l'autre ligne occulte au poinct H; Puis tirant des poincts G H, au poinct de veuë F, l'on coupera les autres lignes diagonales des coings aux poincts I, & K, & pour lors l'on aura le dessus de la Table, auec la Saillie que l'on aura donnée à la ligne A B.

Pour l'Espaisseur de ce Dessus, on la donne a volonté.

Cette pratique peut seruir pour faire des Dessus en tout ce que l'on voudra, soit qu'ils soient au dessus, ou au dessous de l'orizon; soit qu'ils soient de front, ou de costez: Bref, l'on les fait tous d'vne mesme maniere, &c.

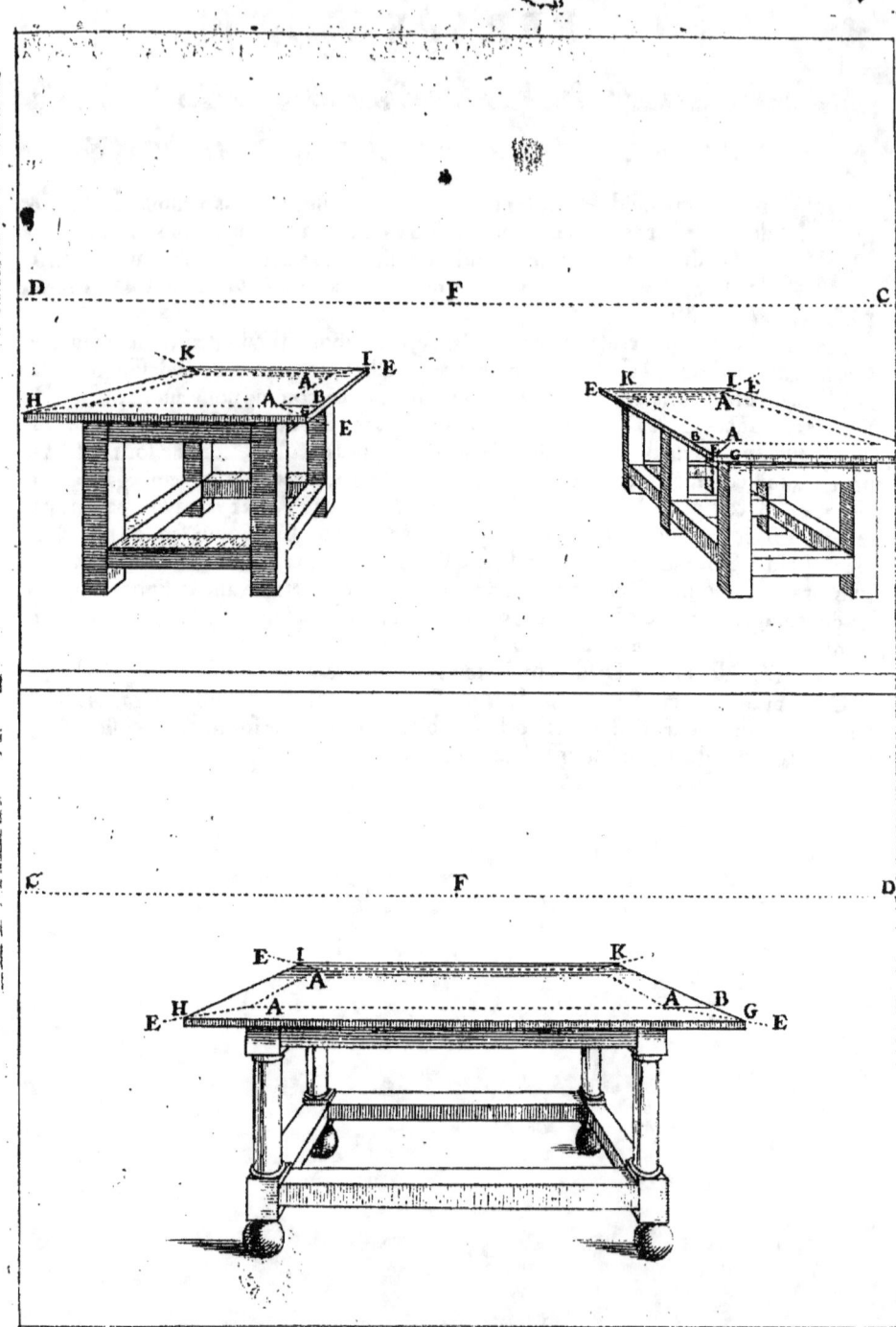

POVR ESLEVER DES BVFFETS, ET ARMOIRES.

AYANT fait le Plan, & eleué des perpendiculaires de tous les Angles, comme nous auons dit, l'on mettra deſſus la ligne A B, qui ſeruira icy de ligne d'Eſleuation, les meſures que l'on veut donner, tant à la diſtance des Planches, qu'en leur eſpaiſſeur, comme ſont C D E, deſquels poincts C D E, il faudra tirer des paralleles à la ligne de terre iuſqu'à l'autre Montant, ou Colomne F G; Puis des poincts que l'on aura marqué deſſus ce Montant G F, il faut tirer des rayons au poinct de veuë H, iuſqu'à l'autre Montant du Creux I K; ce Creux ſe donne a volonté, mettant deſſus la ligne de terre ce qu'on luy veut donner. Par exemple, Pour auoir le Creux, ou la largeur de ce *Buffet*, i'ay mis la meſure F L, De ce poinct L, il faut tirer à la diſtance M, Et où le rayon F H, ſera coupé au poinct I, ce ſera le lieu du dernier Montant.

Le Buffet qui eſt vis à vis de l'autre coſté, ſe pratique tout de meſme, Et pour trouuer la meſure de ce petit Cabinet, ou Armoire, qui eſt au milieu, porté de deux petites Colomnes, il faut prendre les poincts L P, qui ſont au milieu de Q N, & la largeur de la petite Armoire, & les tirer à la diſtance O, Et où le rayon N H, ſera coupé, faudra tirer des paralleles à la ligne de terre, qui couperont le rayon T H, au poinct V, deſquels eſleuant des perpendiculaires, l'on aura pour la petite Armoire, ou Cabinet du milieu.

Les grandes Armoires de la ſeconde Figure, ſont de meſme pratique que les Buffets de deſſus: Il n'y a que celle du milieu qui eſt au fond, qu'il faut vn peu eſclaircir, à raiſon qu'elle eſt de Front, & que l'on pourroit eſtre en peine pour luy determiner ſon Creux: Ie dis donc, qu'il faut former ſon Plan, comme nous l'auons dit cy-deuant, & que l'on void en la moitié acheuée: Pour luy donner les Trauers egaux à la premiere de deuant, Il faut du premier Montant R, tirer des rayons occultes à la premiere perpendiculaire du Creux S, & y faire des petites ſections, deſquelles il faudra tirer des petites paralleles à la ligne de terre: & l'on aura ce que l'on deſire.

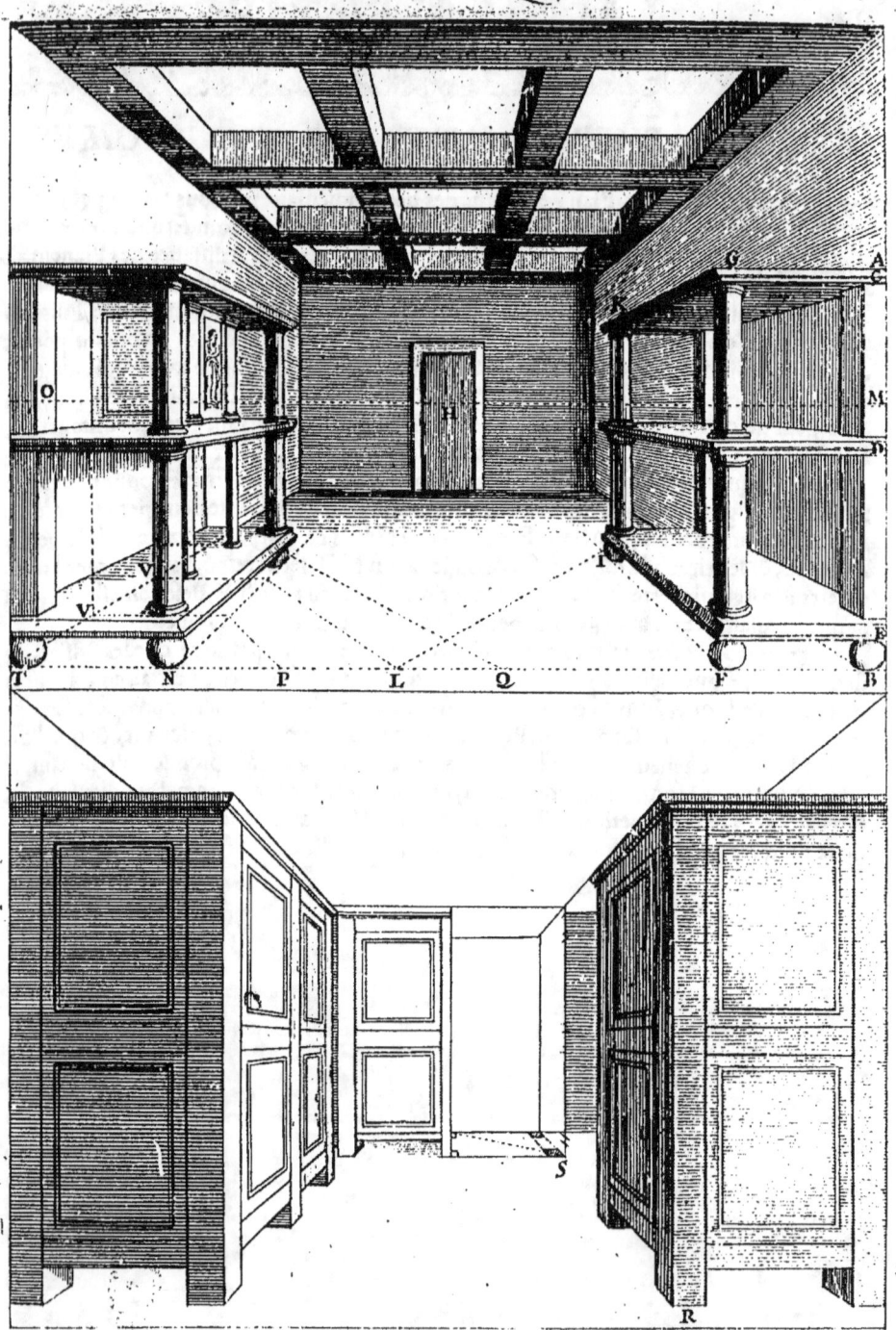

꧁ᔕᖇᔕᖇᔕᖇᔕᖇᔕᖇᔕᖇᔕᖇᔕᖇᔕᖇᔕᖇᔕᖇᔕᖇᔕᖇ꧂

POVR LES ESLEVATIONS DES CHAIRES.

POVR esleuer *vne Chaire*, il faut des mesures A B C, faire vn Plan par les pratiques ordinaires ; & des Angles de ce Plan esleuer des perpendicules, & suiure la mesme methode que nous auons donnée parlant des Pieds de Table, ou des Chassis sans le Dessus : il n'y a rien de plus en cecy, que le Dossier de la Chaire, qu'on peut faire de telle hauteur que l'on voudra; icy il est de la hauteur de A, iusqu'au siege K, & cette hauteur est aussi bien pour les Chaires simples, que pour celles à Accoudoir.

On void assez par la Figure, que pour les faire à Dossier, il faut seulement prolonger les perpendicules des Montans au costé qu'on le veut faire, comme est icy le premier A E, Et du poinct E, tirant au poinct de veuë G, l'on coupera où il faudra le Montant esleué du Plan, ou du Pied H, qui sera le poinct F, Le reste est assez clair par la Figure.

Quand on y voudra des Accoudoirs, il n'y a qu'à prolonger les Montans de deuant, comme l'on a fait ceux de derriere pour le Dossier ; Puis y faire vne Barre qui serue d'Accoudoir, comme est L M.

En la seconde Figure, au dessous, vous voyez vne Forme, ou vn Banc garny d'estoffe, & deux petits Lits de repos, dont l'vn a le Dossier tourné de deça, & l'autre veu obliquement : Ce seroit perdre le temps d'instruire à les faire, puis que la pratique pour les esleuer est la mesme que des precedentes, que nous auons donnée pour les Meubles; qui est, qu'ayant fait le Plan, faut esleuer des perpendiculaires, &c.

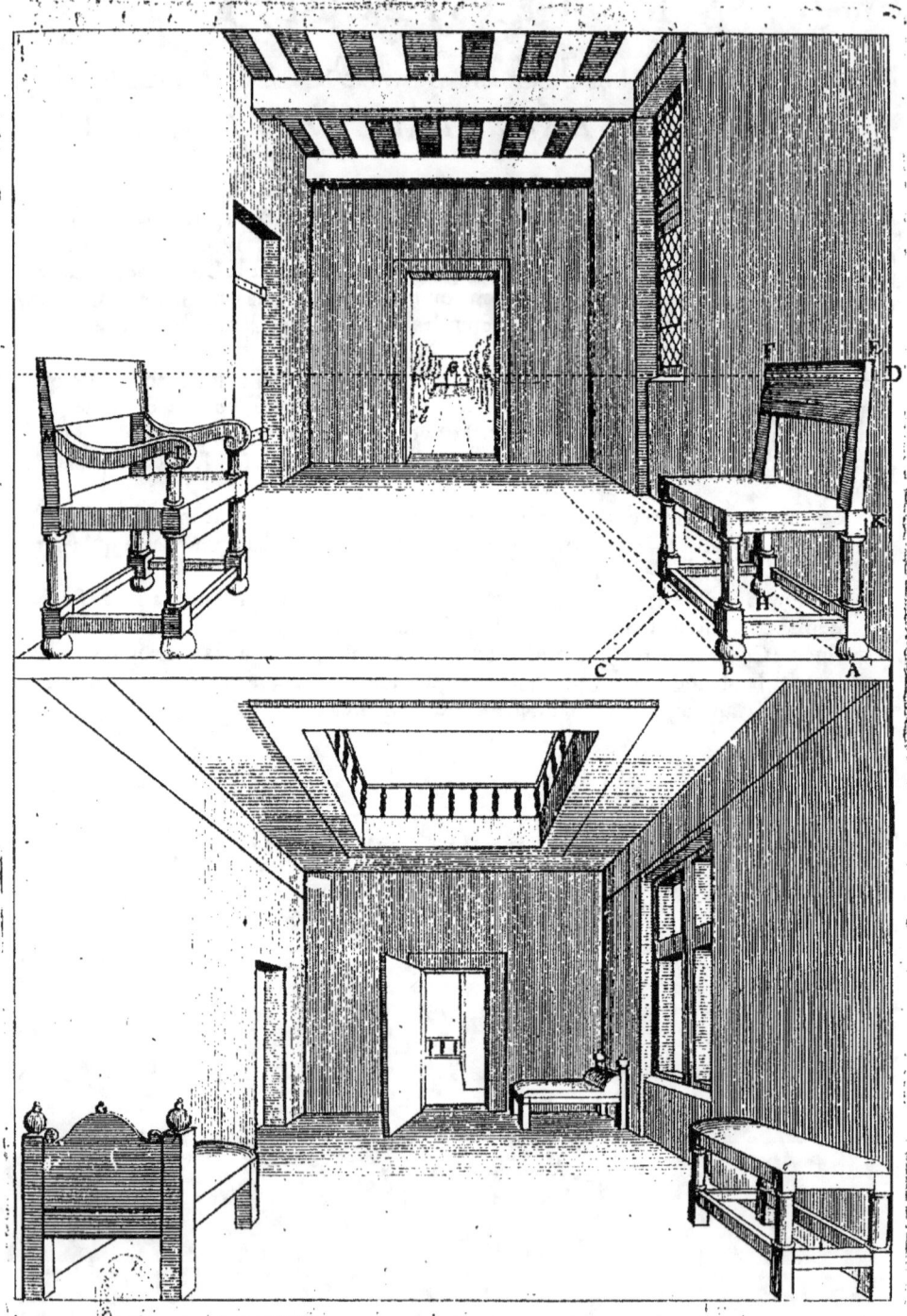

AVTRE FASON DE MEVBLES, EN PERSPECTIVE.

ERTAINS *Meubles qui se plient*, qu'on fait seruir pour des Sieges, des Tables, & des Licts, &c. font fort aifez à mettre en Perfpective.

Il faut feulement faire l'Efleuation ainfi que pour vn Cube, comme eft A B, C D, ou E F G H, Puis y faire deux diagonales A C, & B D, pour celuy du milieu de front, ou E H, & F G, à celuy de cofté, qui feruiront à conduire les 2. Croix, & prendre garde qu'il y en ait vne moitié qui entre dans l'autre, comme G K, paffent dedans H I; & l'vn & l'autre font attachez par le milieu pour les faire plier.

En cette Piece qui eft deffous, i'ay fait vne Table deffus des Treteaux, afin qu'on ait iufqu'aux moindres Meubles.

Pour les mettre en Perfpective, Il faut des mefures A B, qui eft l'intervalle pour les Pieds des Treteaux, tirer au poinct de veuë C; Puis ayant mis deffus la ligne de terre l'efpaiffeur des mefmes Pieds, comme font D, & E; il faudra les tirer au poinct de diftance F, & prendre garde où l'on coupera le rayon B C, pour tirer des petites paralleles à la ligne de terre, qui donneront les petits quarrez, ou les Plans des Pieds, comme on void en A B, Entre cette diftance D, & E, Il faudra mettre la largeur qu'on veut donner au deffus du Treteau, & la tirer à la diftance F, qui coupera le rayon B C, aux poincts G H, defquels poincts G H, il faudra efleuer 2. perpendiculaires à telle hauteur qu'on voudra, comme icy au poinct I, Puis des Angles des petits quarrez du Plan, tirer des lignes inclinées iufqu'à la piece I; Le fecond Treteau fe pratique tout de mefme que le premier.

La Forme K, ny la Table, ou haute Efcabelle L, n'ont pas befoin d'explication, ny d'inftruction pour les mettre en pratique, puis qu'elles n'ont rien qui ne leur foit commun auec les Pieces fufdites.

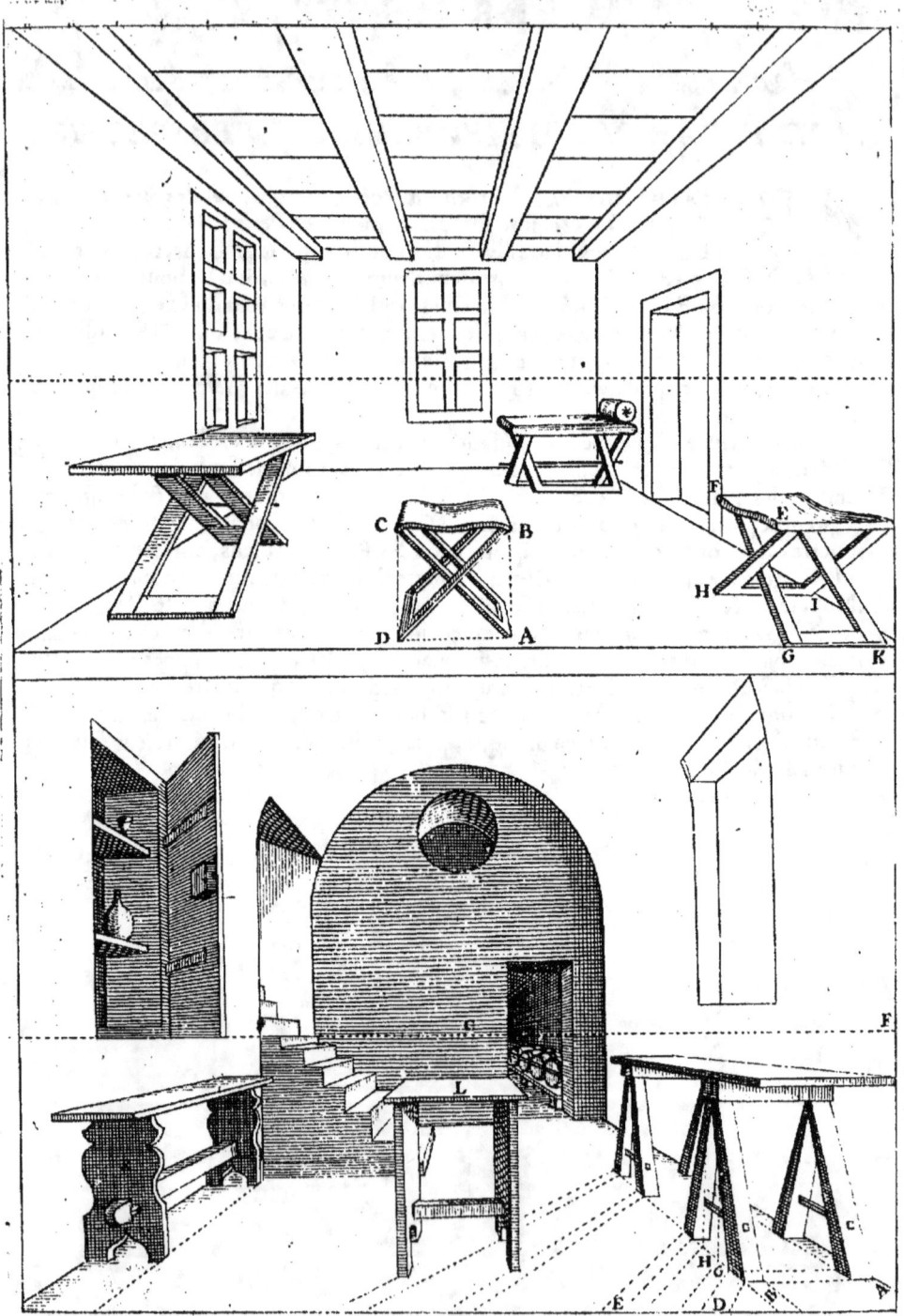

DES MEVBLES MIS SANS ORDRE.

QVAND les Meubles font mis en ordre le long de la Muraille, ou felon les rayons, & la ligne de terre, il eſt aifé de les mettre en Perfpective, par les reigles que nous auons données; mais fuppofé qu'on les mette à l'aduenture, & fans ordre, comme font ceux-cy, il faut faire comme nous allons dire.

Il faut faire le Plan Geometrique R S T, pour plan de trois Chaires, qu'il faudra racourcir par la pratique que nous auons mife à la figure irreguliere, feuillet 40. & les Plans demeureront tournez comme font les Chaires, ou pluftoft les Chaires tournées comme font les Plans.

Ie dis donc, qu'ayant mis ces Plans en Perfpective, comme il eſt enfeigné, il faudra mettre la reigle le long de l'vn des coſtez; pour voir quel poinct accidental on aura dans l'orizon : Par exemple, ayant mis la reigle le long du coſté A B, i'auray dans l'orizon le poinct C, pour poinct accidental, auquel on doit tirer toutes les lignes de ce coſté-là, & de celuy qui luy eſt oppofé, comme on void que A, & D, tirent au mefme poinct C; Il eſt vray que chaque Plan mis irregulierement en deuroit auoir 2. Mais ils fe rencontrent quelquefois fi loing dans l'orizon, que c'eſt hazard quand on les y trouue tous 2. Ceux-cy en ont chacun vn dans l'orizon, comme A B, donne C; A D, qui eſt l'autre coſté, donneroit vn autre poinct, mais noftre papier n'eſt pas affez long. E F, donne G. Et H I, donne K, Pour ces petits quarrez 1. 2. 3. 4. ce font les Plans des Pieds de ces Chaires, qu'on peut faire plus larges, ou plus eſtroits, à la volonté du Perfpectif.

Maintenant de ces Plans, faut eſleuer des perpendicules de tous les Angles, & mettre à coſté vne ligne d'Eſleuation M N, deſſus laquelle on mettra les mefures pour les Trauers; comme O, fera pour les Barres du bas. P, pour les Barres du fiege. Et Q, fera pour les Doſſiers des Chaires. Tout eſtant difpofé ainfi, il faut des angles du Plan tirer des paralleles à la ligne de terre iufqu'à la ligne d'Eſleuation, & à la fection eſleuer des perpendicules qui donneront les mefures, comme nous auons dit des autres Figures cy-deuant.

Toutes les lignes des coſtez fe doiuent tirer au poinct accidental du Plan : Par exemple, en la Chaire du milieu, tous les coſtez fe doiuent tirer au poinct G, qui eſt le poinct du Plan, comme ie fay voir en la Figure.

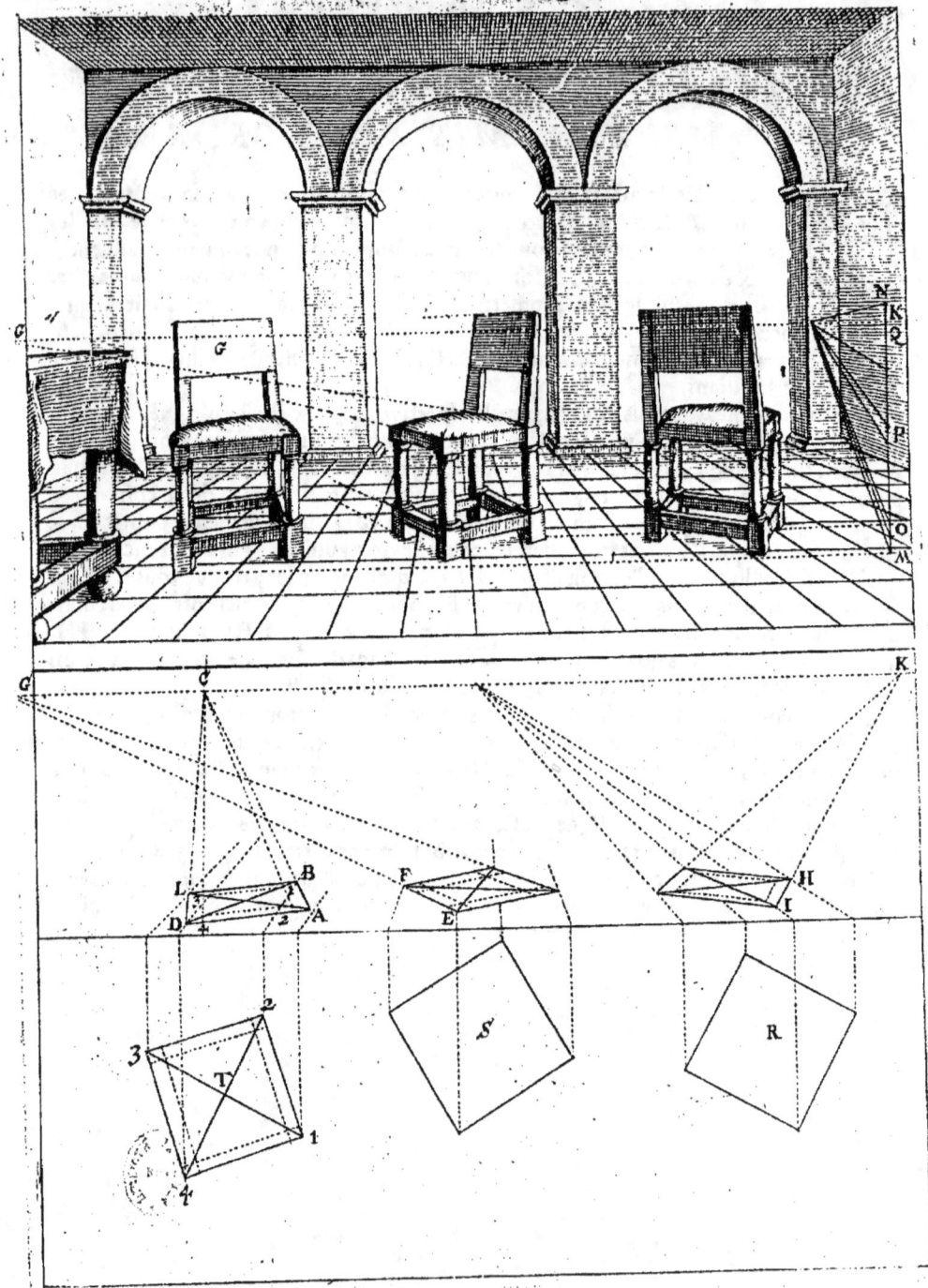

DES MEVBLES COVCHEZ, OV IETTEZ PAR TERRE.

V mefme Plan des Chaires precedentes qui font deſſus leur pied, il eſt aiſé de faire celles-cy, qui ſont iettées par terre.

Il faut eſleuer des perpendiculaires de tous les Angles du Plan, & donner au coſté couché les mefmes mefures qu'au coſté de bout : Par exemple, ayant eſleué des perpendiculaires de tous les Angles du Plan, on aura la largeur M, qui eſt en la Chaire couchée ſur ſon coſté, qui tire au poinct K, Il faut doubler cette meſure M, qui donnera O, pour la Barre du bas de la Chaire, & les perpendicules eſleuées du Plan, donneront la Barre du Siege P; deſquels tirant au poinct K, on coupera les autres perpendiculaires du front au lieu qu'il faudra, pour faire paroiſtre les mefmes Barres, de tous les coſtez qu'elles ſe peuuent voir. Pour la hauteur du Doſſier de la Chaire, il n'y a qu'à luy donner la mefme mefure que le ſiege a de hauteur. Et pour le Doſſier de celle du milieu, il faut doubler la diagonale au plan, & prendre garde où elle coupe les rayons, où Montans couchez R S : Le reſte eſt aſſez clair.

Ces deux autres Pieces qui ſont au deſſous, les Pieds en haut, ſont fort faciles à faire; l'vne tire au poinct de veuë T, l'autre au poinct de diſtance V X; la ligne d'eſleuation eſt Y Z.

La pratique pour les eſleuer eſt la mefme, que de les faire deſſus leurs Pieds; c'eſt à dire, qu'il faut eſleuer ees perpendiculaires des Angles du Plan; & des mefmes Angles tirer à la ligne d'eſleuation, qui donnera les mefures qu'il faudra donner à chaques Montans, & le lieu pour les Trauers, tant du haut que du bas.

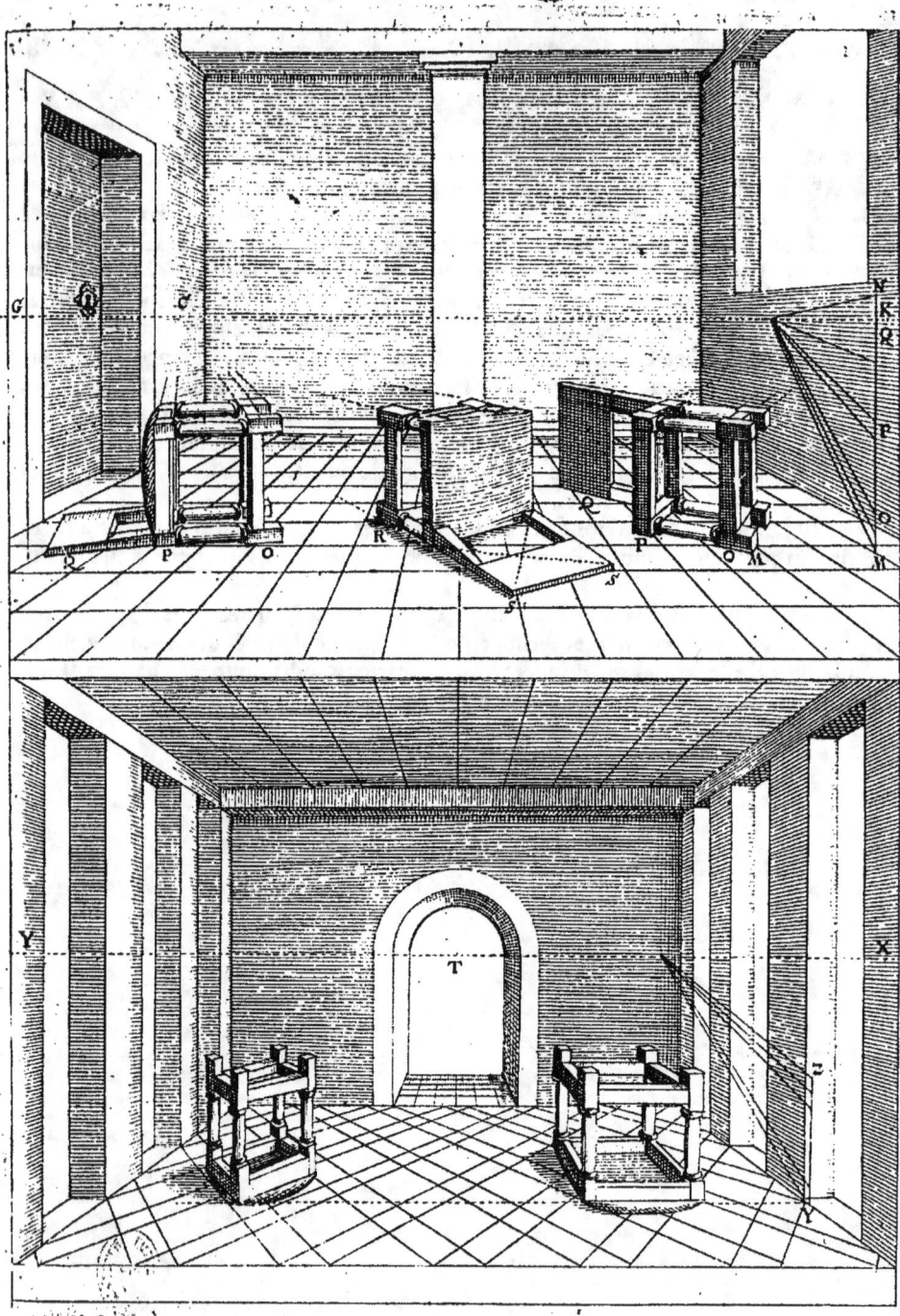

POVR METTRE DES AVTELS EN PERSPECTIVE.

A pratique *des Autels*, est la mesme que des Chassis de Table longue : ce qu'il y a de plus en cecy, c'est le Rond du milieu, les Rebords de la Nappe, & les Passemens qui se trouueront en leur place, faisant ce qui suit.

Premierement, pour *l' Autel du Fond* qu'on void de Front, il n'y a point de difficulté : car luy ayant donné la hauteur & longueur, il n'y a qu'à tirer de tous les poincts de dessus la ligne de terre au poinct de veuë E, & des sections que ces poincts donneront à la ligne du bas de l'Autel, faudra esleuer des perpendicules : Pour le Rond du milieu, il se fait auec le compas. Le reste est assez clair dans la Figure.

Pour faire vn *Autel a costé* il faut mettre la largeur & hauteur qu'on luy doit donner à la place où l'on voudra le commencer, comme est A B, largeur, & B D, hauteur : Puis de B D, & C, tirer au poinct de veuë E, puis que B F, est la longueur de l'Autel du Fond, & que nous la voulons donner de mesme à celuy-cy ; il faut du poinct F, tirer à la distance G, & prendre garde où l'on coupera le rayon B E, & de la section esleuer vne petite perpendiculaire, iusqu'à ce qu'elle touche le rayon D, au poinct H, Et de H, faire vne petite parallele, qui donnera I, au rayon C, & lors on aura le dessus de l'Autel C D H I : Pour auoir ces 2. passemens, qui sont de part & d'autre du Rond ; les poincts K L, les donneront dessus le rayon B E, en les tirant à la distance G, Et M, donnera la largeur des Bords de la Nappe ; & ayant pris la mesure B M, il la faut porter à D, qui donnera O, pour la largeur du Bord de la Nappe par le haut : Pour ce qui est du Rond, ie ne veux pas repeter ce que i'en ay dit ailleurs, où l'on doit auoir appris comme il se met en Perspectiue ; c'est assez qu'on cognoisse que de toutes les diuisions, il faut tirer à la distance G, Et aux sections du rayon B, esleuer des perpendicules ; puis prendre ces mesmes mesures, & les transporter depuis B, iusqu'à O, comme sont P ; Et de toutes ces mesures-là, tirer au poinct de veuë E, & prendre garde où ils couperont les perpendiculaires occultes, pour faire par ces poincts vne ligne courbe, qui donnera le Rond en Perspectiue. Si au lieu de ces Passemens, & du Rond c'estoit vne Broderie, il faudroit faire la mesme pratique pour la racourcir.

En la Figure de dessous, i'ay fait le mesme Autel sans ligne, & *orné vne Croix, & de 2. Chandeliers.* Pour trouuer la place de ces Chandeliers, il faut prolonger la ligne du coin de l'Autel, côme est Q R, Puis de la distance G, tirer vne ligne par le coin de l'Autel T, & la continuer iusqu'à ce qu'elle coupe celle Q R, Et cette ligne Q R, sera la longueur de l'Autel, egale à B F, de la premiere Figure ; Dessus laquelle on mettra les mesures de la Croix, & des Chandeliers, comme sont V, pour la Croix, Et S, pour les Chandeliers ; De tous ces poincts S V, il faut tirer à la distance G, & prendre garde qu'aux sections du rayon Q E, il faudra tirer des petites paralleles, qu'on coupera par le rayon S E, & donneront les quarrez de dessus l'Autel X, pour la Croix ; Il faut laisser le quarré pour le Pied, & du milieu de ce quarré esleuer la Croix : Pour trouuer la mesure des Bras de la Croix, il faut des coings du quarré esleuer des perpendiculaires occultes, comme il est marqué Y, Et tirer au poinct de veuë E, pour les Chandeliers. De ce quarré, il en faut faire vn rond, & prendre garde où il coupera la diagonale pour esleuer ces perpendicules, qui donneront la largeur des Bassins, desquelles il faut tirer au poinct de veuë E, Du milieu quarré, ou rond, Pied de Chandelier, il faut esleuer vne perpendiculaire pour le corps du Chandelier, & pour le Cierge, qu'on fera si haut que l'on voudra : Pour le proportionner, il faut du haut du premier, tirer au poinct de veuë E, Le reste a desia esté dit : La Figure fera souuenir des pratiques.

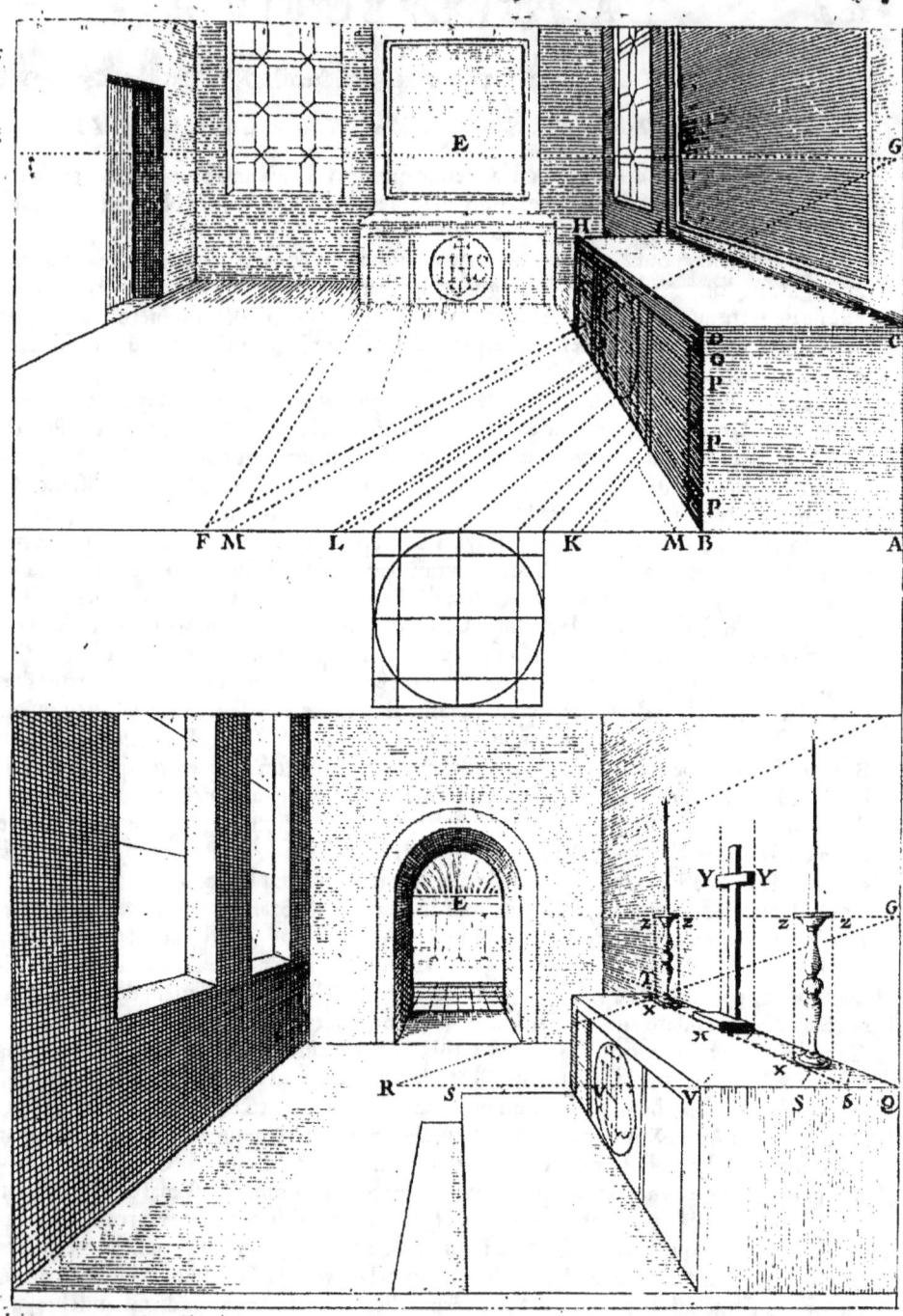

BOVTIQVES DE MARCHANDS, EN PERSPECTIVE.

RDINAIREMENT *les Boutiques des Marchands* sont entourées de Planches, ou Tablettes, pour y mettre & conseruer leur marchandise.

La reigle, ou pratique pour faire ces *Tablettes*, est quasi la mesme que des Portes, & des Fenestres : Par exemple, si au lieu de l'espaisseur de la Muraille en la pratique des Fenestres; Vous mettez en celle-cy la Planche A B, Du poinct B, il faut tirer au poinct de veuë C; pour le dessous, ou le bas des Planches, du poinct B, ayant mis dessus la ligne de terre les distances & les mesures des Planches, ou Montans E F G, il faudra de ces 3. poincts tirer aux poincts de distance D, qui donneront dessus le rayon B, les sections H I K, pour y esleuer des perpendiculaires.

Pour auoir les Planches de trauers, il faut en mettre tel nombre que l'on voudra dessus la Planche A B, ou seulement dessus la premiere perpendicule B O, comme sont les mesures L M N O, desquels poincts il faut tirer au poinct de veuë C, & on aura les Tablettes en la section des perpendicules aux poincts P; Puis de la mesme section P, faut tirer des petites paralleles à la ligne de terre, qui donneront le coing de la Tablette, en separant le costé d'auec le dessus, ou le dessous.

Pour *les Tablettes de front*, il n'y a qu'à tirer des rayons de poincts, ou mesures E F, & à la section de la ligne du Creux K Q, esleuer des perpendiculaires R S; Et pour le Trauers tirer des paralleles de toutes les diuisions qui se trouueront dessus la perpendicule K, comme sont P 1. P 2. P 3. P 4.

Pour les Tablettes de l'autre costé, où il y a des Montans quarrez pour soustenir les Planches, on aura leur largeur, tirant au poinct de veuë C, les mesures T G; Et pour auoir leur Plan, ou Quarré, il faut des mesures A E F, tirer à la distance V, qui donneront dessus le rayon T C, les sections X Y Q, par lesquelles il faut tirer des petites paralleles iusqu'à ce qu'on coupe le rayon T G, au poinct Z; & des Angles de ces petits quarrez esleuer des perpendicules, qui seront les Montans; comme l'on void clairement en la Figure.

La Figure de dessous monstre vne Boutique, toute preste à receuoir tels Meubles qu'on y voudra mettre, & garnir les Tablettes de ce qu'il vous plaira. Pour vn Libraire, le faut emplir de Liures : Pour vn Apotiquaire, de Boëtes, & de Pots : Pour vn Drappier, de pacquets d'Estoffes : Bref, pour tout ce qu'on voudra.

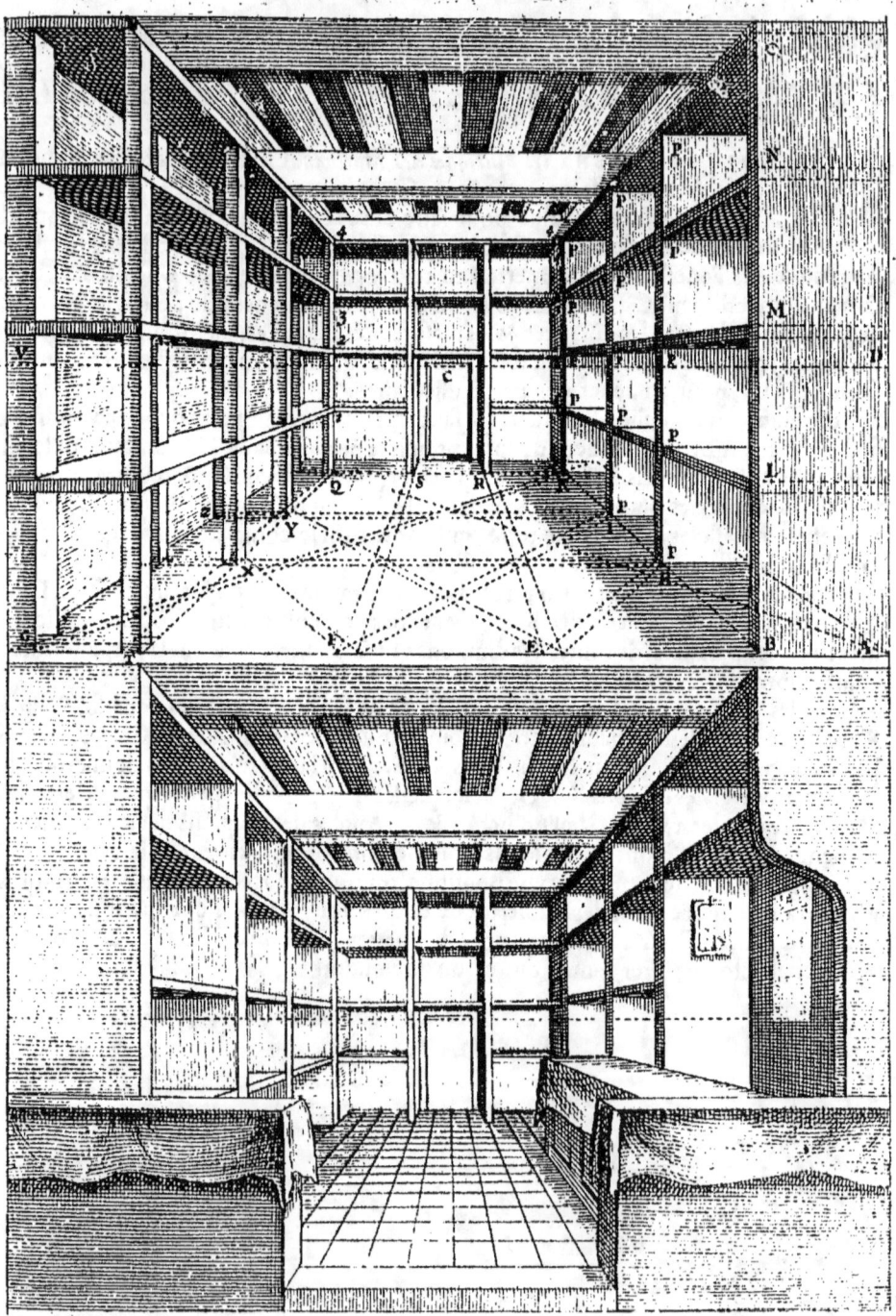

DES BASTIMENS PAR DEHORS.

IVsqv'icy nous auons parlé de tout ce qui appartient au Dedans des Maisons, Bastimens, Eglises, &c. maintenant nous donnerons quelques pratiques
pour les Dehors.
    Plusieurs des reiglés & pratiques, que nous auons données pour les Dedans
des Maisons, peuuent seruir pour *les Dehors* : Par exemple, la reigle qui est pour mettre
les Portes, & les Fenestres, en quel lieu l'on voudra dans vne Muraille, est suffisante seule
pour le Dehors de toutes sortes de Bastimens, puis qu'à l'exterieur des logis il ne paroist
autre chose que Portes & Fenestres. Que s'ils sont enrichis d'Architecture; Nous auons
aussi donné comme il les faut mettre en Perspective, l'on y aura recours si on les a oublié.
    Quand il y a des *Fenestres de Front*, comme A, & que l'on en veut mettre au Retour,
qui ayent les mesmes mesures; il faut transporter ces mesures dessus la ligne de terre, comme sont B B B, egal à A A A, les tirer au poinct de distance C, & prendre garde où l'on
coupera le rayon D E, aux poincts F; pour de ces poincts esleuer des perpendiculaires
qui seront les *Montans des Fenestres au retour.*
    Pour les Trauers, il faut continuer ceux de la Fenestre de Front, iusqu'à la perpendicu-
laire D, qui seront les poincts I, qu'on doit tirer au poinct de veuë E, pour couper les perpendicules F, & donner les Croisons à la Fenestre du Retour.
    Quand il y aura vn plus grand nombre de Fenestres, il n'y auroit autre chose à faire
qu'à continuer ses rayons pour leur donner mesme mesure & hauteur des Croisons, comme il se void de l'autre costé à la Maison, qui a 2. Fenestres, par le moyen des mesmes rayons.
Pour la Largeur, ou Espaisseur des Iambages, & Croisons des Fenestres de Front, il la
faut mettre dessus l'vn des Trauers, comme il est à celuy d'embas K H, & du coing de la
Fenestre K, tirer au poinct de veuë E; & du poinct H, à la distance C, pour la Fenestre A;
Et à la distance L, pour celle de l'autre costé; & à la section de ces deux dernieres lignes, il
faut esleuer vne perpendiculaire H M; Et puis de tous les coins de la Fenestre tirer au
poinct de veuë; Et des sections, ou poincts Q; qu'ils donneront dessus cette perpendicule
H M, il faudra tirer des paralleles, qui seront les Espaisseurs des Croisons, ou Trauers: L'Espaisseur du Iambage du milieu N, se prendra tirant du coing N, au poinct de veuë, Et où
l'on coupera les Espaisseurs des Trauers au poinct Q, esleuer vne perpendiculaire Q R.
    Pour l'Espaisseur des Fenestres du retour, il la faut mettre au coing du mur, dessus
la perpendicule D, comme est la distance I O, & des poincts O, tirer au poinct de veuë E,
Puis faire des petites paralleles de tous les coings des Fenestres, comme S T, qui couperont le rayon O, & donneront l'espaisseur au poinct S. Ces reiglés seruent pour toutes
sortes de Fenestres, soit hautes ou basses.
    En la Figure de dessous, l'on void vne Porte Racourcie par la pratique que nous auons
donnée ailleurs: comme aussi tout ce qui y est, est assez aisé à entendre, & facile à pratiquer par les leçons precedentes.

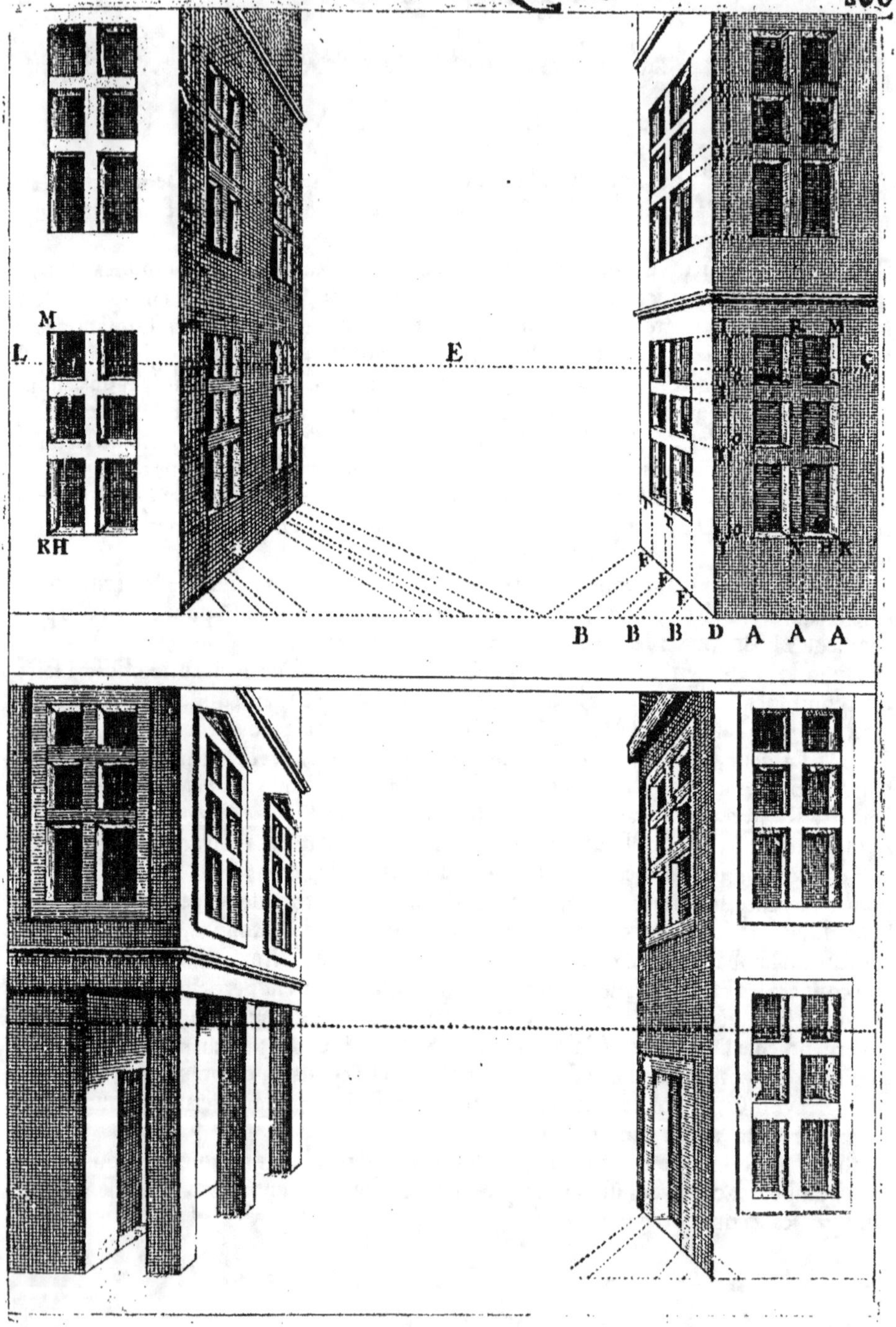
M
L
E
KH
C
B B B D A A A

POVR METTRE LES TOICTS DE MAISONS EN PERSPECTIVE.

LE s *Toichs* font differents en hauteur, felon ce dont on les fait : ceux d'*Ardoifes* font les plus droits ; leur mefure ordinaire eft le triangle equilateral, c'eft à dire, que la pante du Toict eft egale à la largeur du logis, comme l'on peut voir à la petite Figure que i'ay mife tout au bas, que CA, ou CB, eft egal à A B ; D'autres mettent cette largeur A B, pour le Poinçon DC, qui eft plus haut, mais cela n'eft pas fi ordinaire que celle-cy D C : Pour *la Tuille platte*, on ne donne que les deux tiers de la hauteur de ceux d'Ardoifes, ou de la largeur du logis, comme l'on void A E B : Pour *la Laue*, qui eft vne couuerture vfitée en Bourgogne, l'on ne donne que la moitié de la largeur, comme eft A F B ; Et pour *la Tuille creufe*, on donne feulement vn tiers de la largeur pour la pante, comme eft A,9. B.

Auant que de paffer plus outre, il faut fçauoir ce que i'appelle *Poinçon* : ce font des pieces efleuées perpendiculairement deffus les Poutres qui portent la Feftiere, ou font affemblez les Chevrons, comme eft G H. *Les Chevrons*, ce font pieces de bois qui donnent la pante du Toict, comme eft H I ; Les autres pieces qui fe mettent au coin, & qui vont iufqu'au Poinçon, s'appellent *Arreftiers*, & font ordinairement plus longues que les Chevrons, comme eft H K.

Trois fortes de Toicts font en vfage, *Pauillons, Pignons, & Appantis*. Les Pauillons ont quatre coftez ; les Pignons n'en ont que deux ; & les Appantis qu'vn.

Pour faire vn *Pauillon* en Perfpective, il faut fçauoir la place des Poinçons, pour y tirer les Arreftiers : ce qui m'a fait faire ce Plan Geometral L M N O, pour monftrer que de la largeur du logis L N ; il faut faire vn quarré L M N P, duquel l'on tirera deux diagonales qui fe couperont au poinct Q : Quelques-vns mettent le Poinçon à ce poinct Q, mais il eft trop aduancé, & fait cette pante du bout trop couchée : elle a meilleure grace quand elle eft plus droite, c'eft pourquoy il faut l'aduancer deuers le mur L N, de la troifiefme partie de la diftance Q R, qui fera le poinct S ; & par ce poinct S, faut tirer vne perpendicule deffus la ligne N P, qui fera T ; Puis transporter ces mefures L T, & T M, deffus la ligne de terre, & les tirer au poinct de diftance, qui eft icy plus efloigné que d'ordinaire, & prendre garde où l'on coupera le rayon V ; & des fections efleuer des perpendicules iufqu'au haut du mur, qui donneront les poincts X, defquels il faut tirer des paralleles à la ligne de terre, iufqu'à l'autre rayon ; Puis du milieu du mur Y, tirer au poinct de veuë pour couper ces paralleles au poinct Z ; & de ces poincts efleuer les Poinçons. Pour donner la hauteur à ces Poinçons, il faut fçauoir dequoy on les veut couurir, & felon cela, leur donner la mefure que nous auons dite. Suppofé que ce foit d'Ardoifes, il faut de la largeur du mur faire vn triangle equilateral 1 2.3. Et du poinct 3. tirer au poinct de veuë, & couper le Poinçon au poinct 4. Auquel poinct 4. il faudra tirer des lignes des coings du logis, qui donneront la forme au Pauillon.

Pour les *Toichs à Pignons*, il n'y a pas tant de façon : Il faut feulement de la largeur du mur 5, 6. faire vn triangle equilateral 5, 6. 7. & autant de l'autre bout de la muraille, qui donnera le poinct 8. Puis ioindre cette 7. & 8. le Toict aura fa forme & fa mefure.

Les Figures de l'autre cofté monftrent les mefmes chofes fans eftre confufes de lignes : Cette Saillie qui outrepaffe le Toict, fe fait telle qu'on veut.

Cette Maifon du fond eft couuerte d'vn Pauillon, qui fe fait par les mefmes pratiques que celuy de cofté.

En cette Figure où font les lettres, i'ay mis l'orizon fort haut, pour faire voir le deffus des Maifons, & donner plus de facilitez à entendre la pratique ; mais comme cela fe rencontre rarement, i'ay mis cette autre Figure au deffus, où l'orizon eft bas, comme il eft ordinairement, qui n'eft pas pourtant d'autre reigle pour faire le Toict que celle de deffous ; ainfi que l'on peut voir la Figure.

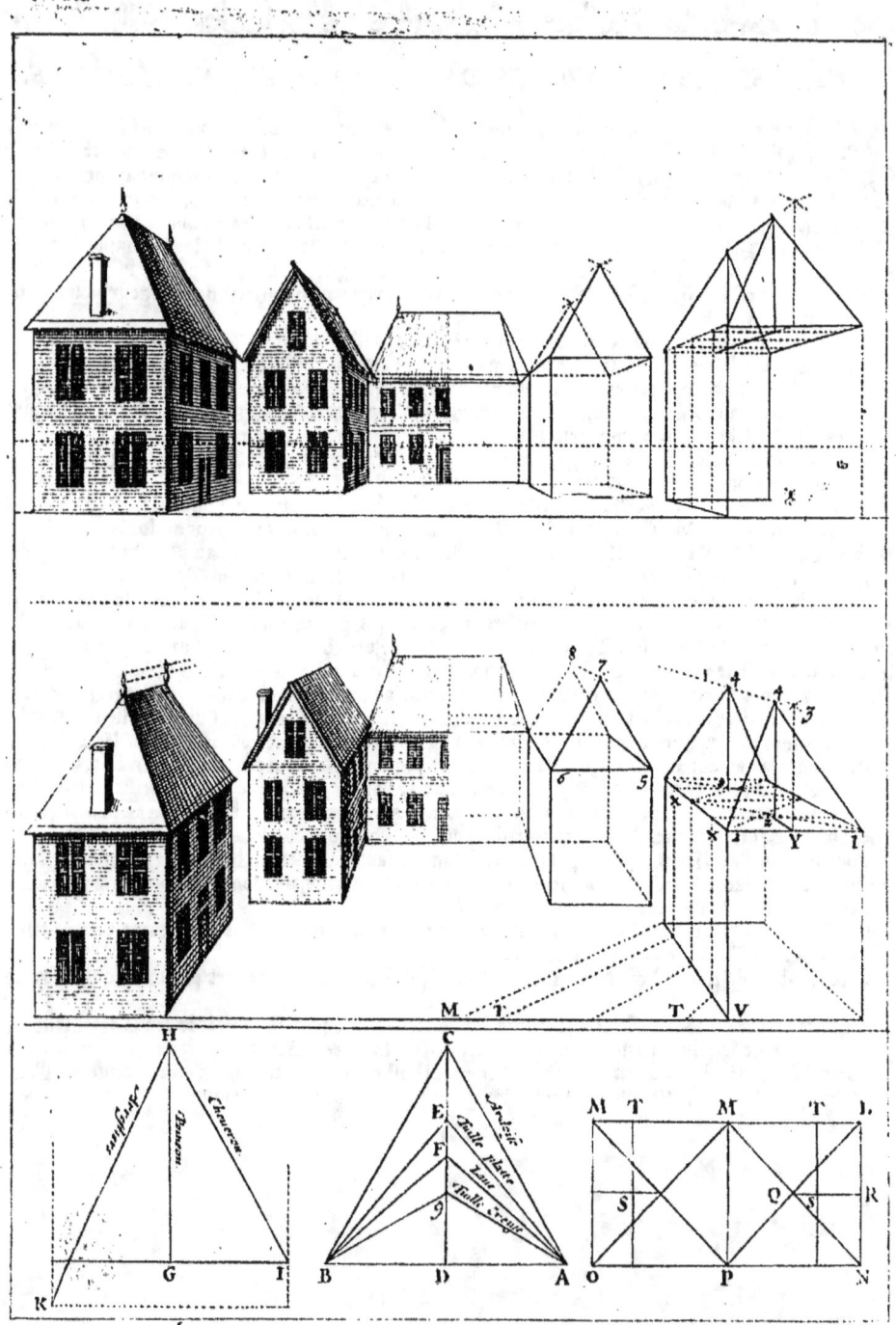

SVITTE DES TOICTS, EN PERSPECTIVE.

E N la Figure precedente, nous auons mis les *Toiĉts à Pignons veus de Front*, aufquels on doit donner le triangle equilateral pour leur hauteur, quand on les fait d'Ardoifes : Si l'on les fait d'autre chofe, comme de Tuille, ou de Laue, il faut prendre leurs mefures à la petite Figure du bas.

Pour mettre cette façon de Toiĉts en Retour, il faut mettre fur la ligne de terre du pied de la maifon, la largeur qu'elle a, comme eft A B; & de cette largeur former vn triangle felon la hauteur qu'on veut donner au Toiĉt, comme à celuy-cy, qui a vn triangle equilateral, dont C D, eft la hauteur qu'il faudra mettre perpendiculairement au premier coing du logis, tout au haut du mur, comme eft E F; Puis prendre la largeur du logis C, qui eft le milieu de A B, & le tirer à la diftance, & où il coupera le rayon A, au poinĉt G, eflever vne perpendicule; puis il faut du poinĉt F, tirer au poinĉt de veuë X, & la fection que l'on fera de la perpendicule H, fera la pointe du Pignon, auquel il faudra tirer des coings de la maifon E I. Si on y veut des Aduances, l'on y en peut mettre à volonté, comme l'on void de l'autre cofté K.

Pour *les Appantis*, il faut feulement prolonger la ligne où l'on veut mettre le haut du Toiĉt, comme eft icy la ligne L M, & luy donner telle pante qu'on voudra. A celuy-cy, il y a autant de haut M N, que le logis a de largeur N O; Si des poinĉts M O, on tire au poinĉt de veuë X, on coupera la perpendicule du Creux au poinĉt P Q, qu'il faut ioindre d'vne ligne droite qui acheuera de former le Toiĉt : Les Figures de l'autre cofté font voir le Logis couuert de ces façons-là.

Les Figures de deffus, font feulement pour faire voir que l'on doit toufiours garder la mefme pratique, quoy que les horizons changent.

I'ay mis vne Eglife dans le Fond, qui eft couuerte à Pignons, & les Aifles de deux Appantis qui n'ont que le fimple Traiĉt.

Il y a auffi vn Pauillon veu par vn bout, duquel nous auons parlé à la Figure precedente.

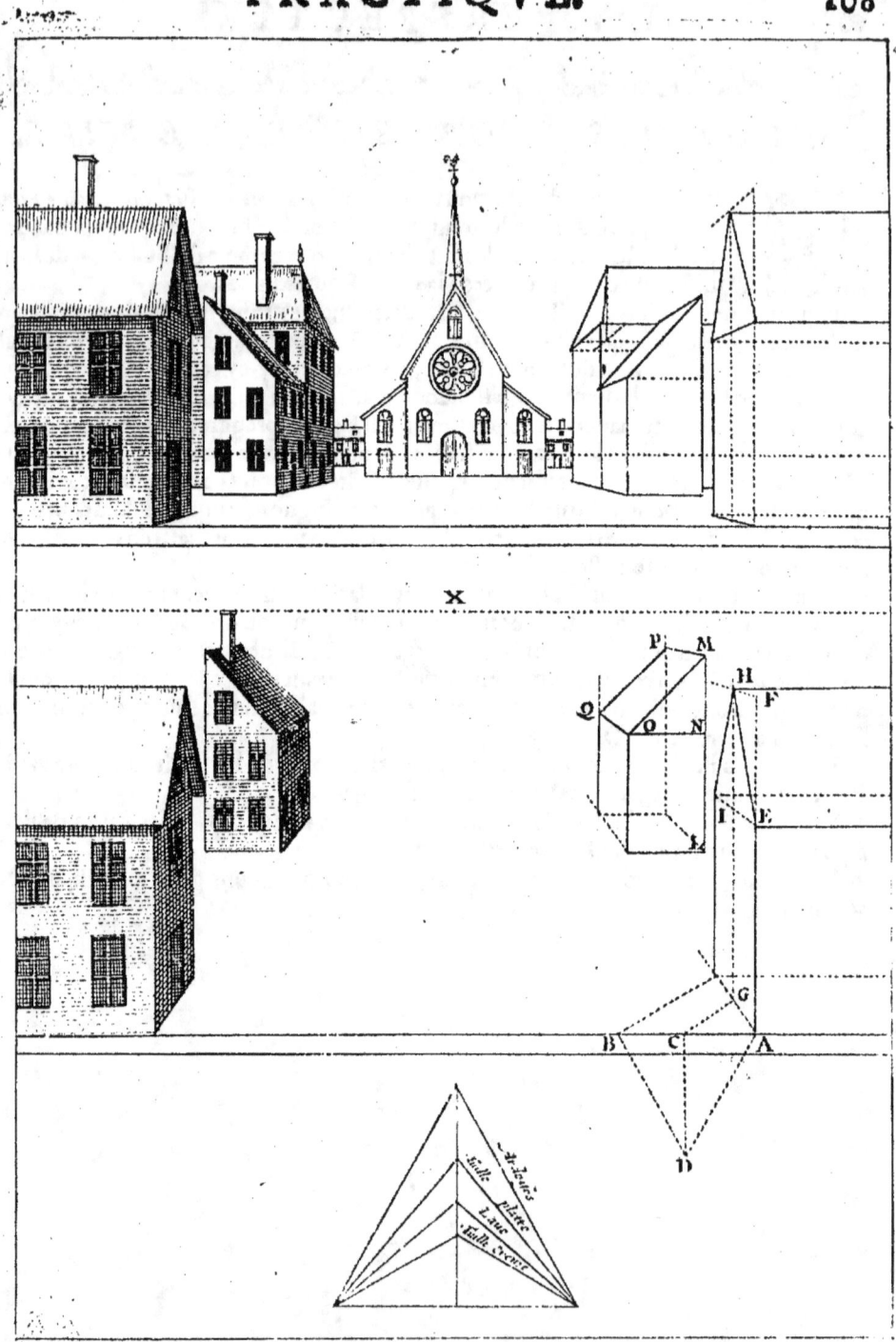

POVR METTRE VNE RVE EN PERSPECTIVE.

L fuffiroit de voir la Figure pour en cognoiftre la pratique, qui eft fort aifée : il faut feulement faire vn Plan de fimples quarreaux par la voye ordinaire, & prendre vn quarreau, ou 2. ou 3. pour la largeur, ou longueur de chaque Logis ; Et deffus cette largeur que l'on aura pris, mettre les mefures des Portes, & des Feneftres, pour en auoir le Racourciffement en tirant au poinct de diftance A, comme font les mefures B C D E, & F.

Le premier Angle de chaque Maifon peut feruir de ligne d'Efleuation, comme l'on void au premier logis l'angle G. Pour les Toicts, nous venons de dire comme ils s'y doiuent mettre.

Quand on y voudra des Ruës Trauerfantes, il n'y a qu'à laiffer 1. 2. ou 3. quarreaux, fans y rien efleuer, ainfi que font H, & I.

La Figure de deffous eft pour faire cognoiftre, que quand on voudra auancer, ou reculer les Maifons; il faut feulement auancer, ou reculer leur efleuation deffus le plan de quarreaux : comme L, eft plus auancée d'vn quarreau que K, Et M, plus auancée que L : & ainfi des autres ; Et du refte fuiure la methode que nous venons de donner pour la Figure de deffus à celle de deffous.

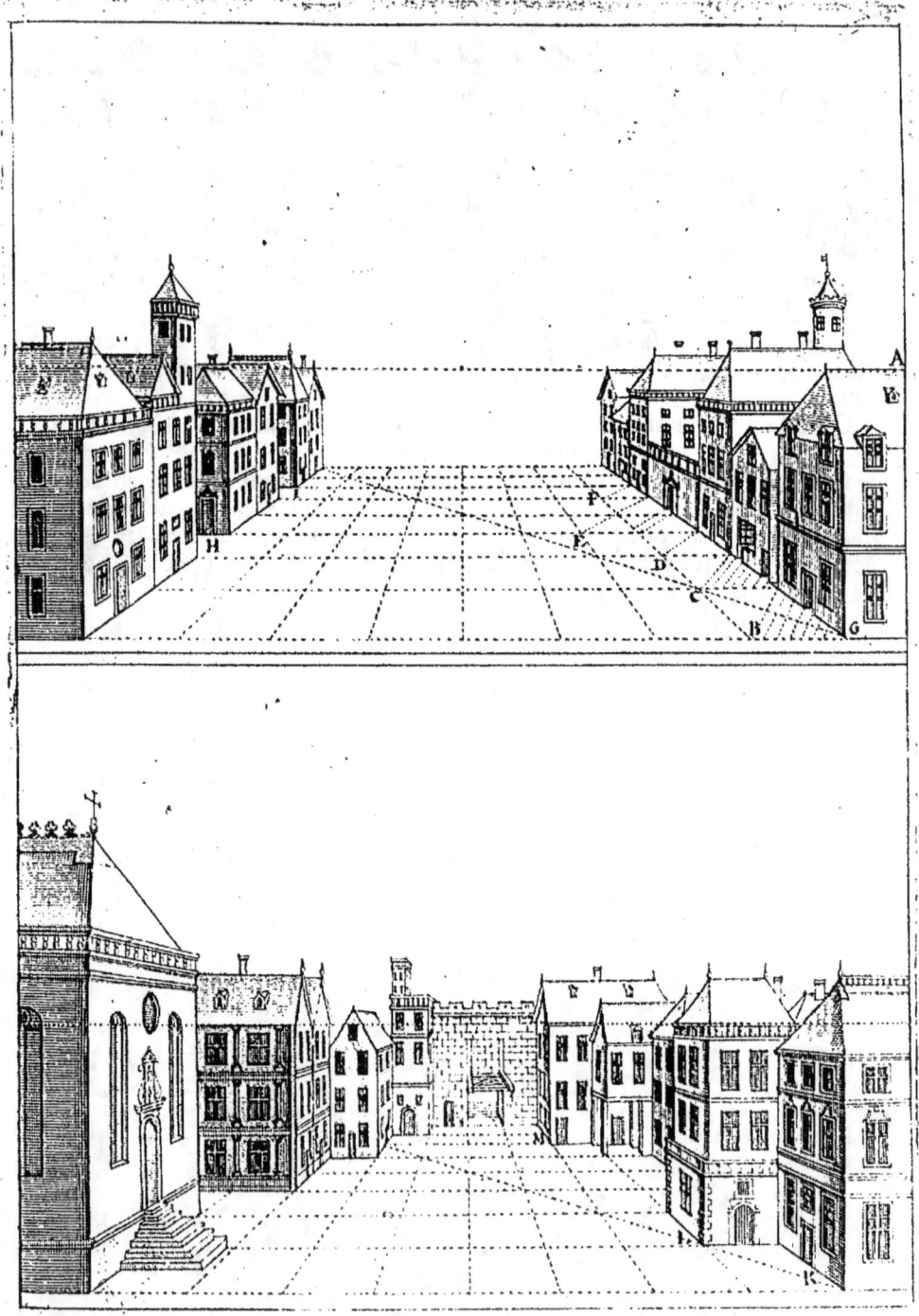

QVE LES OBIETS ESLOIGNEZ NE monstrent point d'Espaisseur.

E Perspectif sera aduerty, que les *objets proches de l'Orizon*, c'est à dire extremement esloignez, ne doiuent point monstrer d'espaisseur estans veus de Front. Par exemple, les Maisons, comme A B C D, ne doiuent point auoir d'espaisseur aux Fenestres, & aux Portes; mais seulement vn simple traict: La raison de cecy est, que les rayons qui partent de l'objet, s'vnissent dans l'œil auec ceux qui sont collateraux.

I'aurois apporté la demonstration de cecy, si i'eusse creu qu'elle deust seruir; mais comme elle n'est pas necessaire à mon dessein, & qu'elle seroit inutile, ie l'ay laissée, me souuenant que i'ay promis au commencement de ce Liure de n'en point donner, puis que i'ay à faire auec plusieurs personnes, qui auroient peine de les entendre.

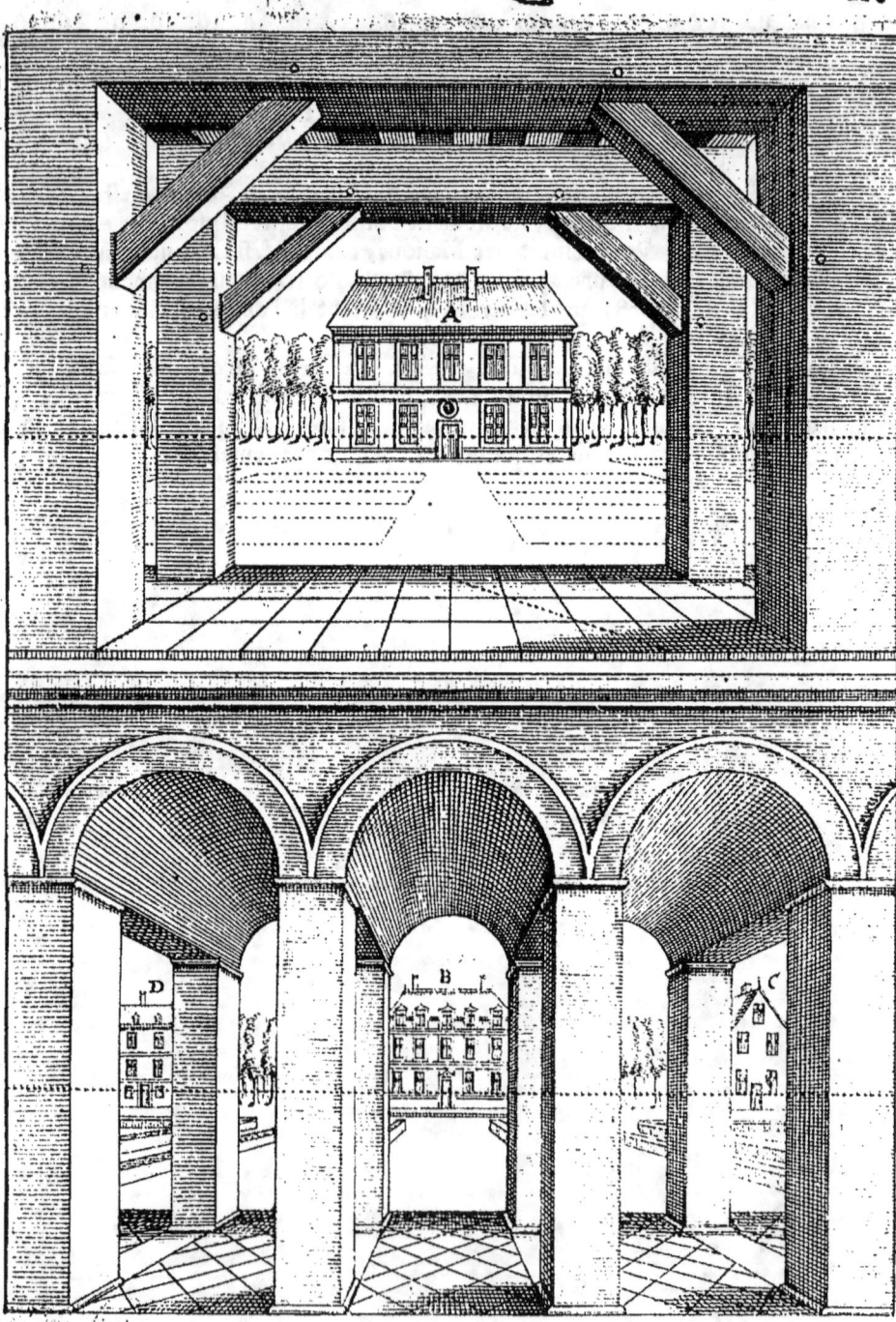

LA PERSPECTIVE

POVR LES BASTIMENS VEVS PAR L'ANGLE.

DE ces deux *Baſtimens veus par l'Angle*, celuy de la premiere Figure ſe fait de la meſme maniere, que nous auons dit des Quarreaux veus de l'Angle, & au commencement des Eſleuations des autres pieces veuës de meſme. Mais pour euiter la peine de recourir aux vns & aux autres : Ie diray que pour faire ces Baſtimens, il faut touſiours mettre les meſures deſſus la ligne de terre, & les tirer au poinct de diſtance ; & à leurs ſections eſleuer des perpendiculaires, & le premier angle ſeruira de ligne d'eſleuation. Par exemple, ce Corps de Logis a pour ſa largeur A B, & pour ſa lon-gueur B C, qui eſt le double de ſa largeur A B ; De ces poincts A B, il faut tirer au poinct de diſtance D, & de B C, au poinct de diſtance E ; De leurs ſections B F, & G, il faut eſleuer des perpendicules qui ſeruiront pour les Coings de la maiſon. Pour les meſures des Por-tes, & des Feneſtres, elles ſe doiuent mettre deſſus la ligne de terre entre les lettres A B, & B C, & tirant de tous ces poincts aux poincts de diſtances D E, il faudra prendre garde où les B D, ou B E, ſeront coupées, afin d'y eſleuer les Montans des Feneſtres : La perpendi-cule du premier angle B, doit ſeruir de ligne d'Eſleuation, qui donnera les Trauers, & hau-teur des Feneſtres. Tout le reſte eſt aſſez intelligible.

Pour la Figure de deſſous, c'eſt la meſme pratique que des Chaires ſans ordre, qui eſt, qu'ayant fait le Plan Geometral, il le faut mettre en Perſpective, comme les Pieces irre-gulieres : Puis mettre la reigle à chaque pante du plan, & prendre garde où l'orizon ſera couppé, pour y faire vn poinct auquel il faudra tirer, comme ſi c'eſtoit le poinct de veuë de chaque face du Baſtiment, chaque coſté ayant ſon poinct particulier. Par exemple, le Plan eſtant mis en Perſpective, le coſté H I, donne deſſus l'orizon le poinct K, auquel il faut tirer tous les rayons de ce coſté là : L'autre face I L, doit auſſi auoir ſon poinct dans l'orizon ; mais noſtre papier eſt trop court pour le faire voir : Ces 2. poincts eſtans trouuez, il faut y poſer la reigle, & faire paſſer vne ligne occulte par l'autre face du Baſtiment, pa-rallele deſſus le Plan à celle qui a donné le poinct dans l'orizon, & la continuer iuſqu'à la ligne du terre, comme du poinct K, par le coing L, iuſqu'à M, & par le coing H, iuſqu'à N ; Puis mettre entre N I, le nombre des Feneſtres qui doiuent eſtre au coſté H I, Et entre I, & M, mettre les meſures de celles que l'on veut au coſté I L : Toutes ces meſures eſtans deſſus la ligne de terre, il les faut tirer aux poincts que l'on a trouué, & faire tout de meſ-me qu'à la Figure de deſſus.

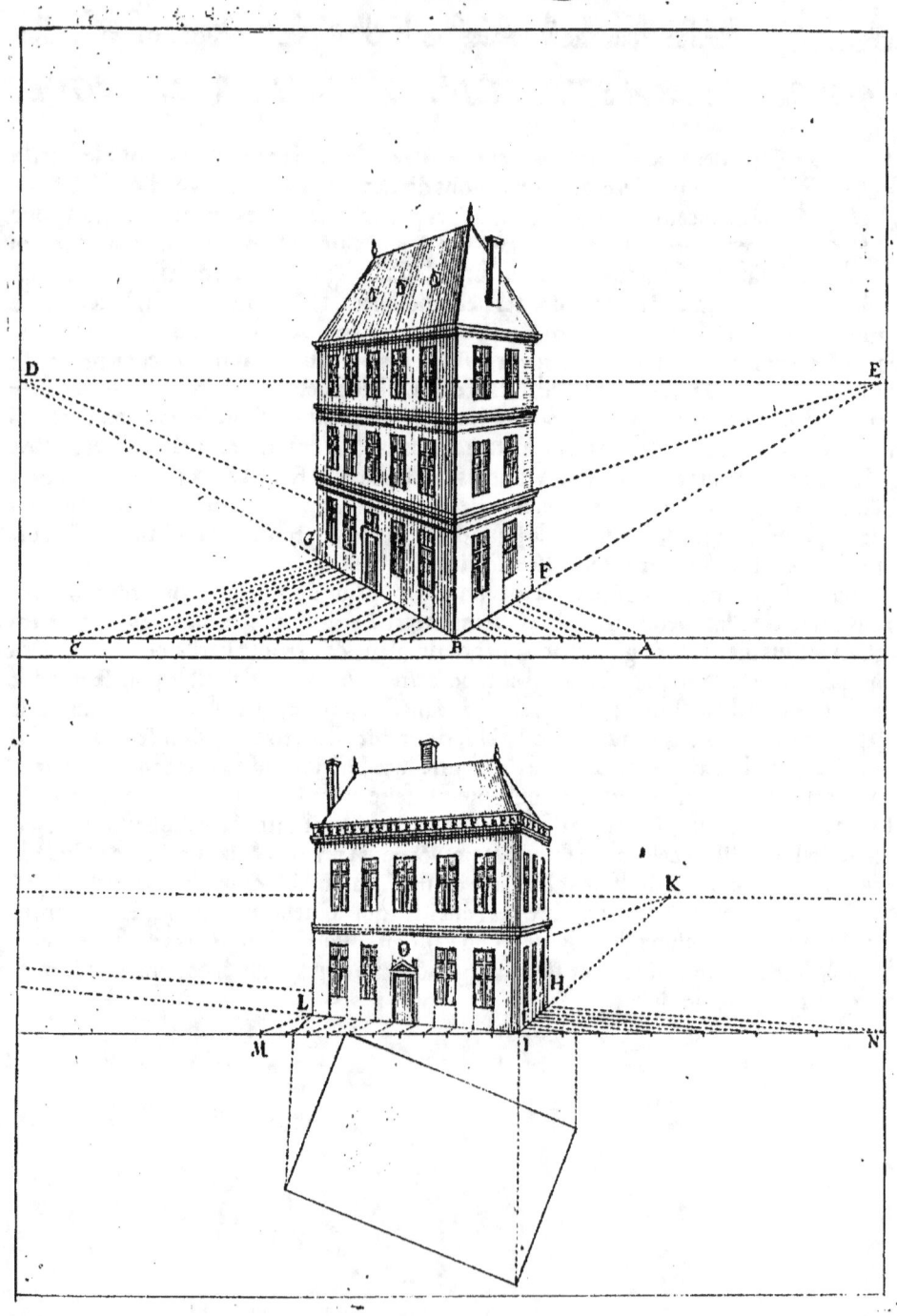

POVR METTRE DES ALLEES D'ARBRES EN PERSPECTIVE.

NCORE que par les pratiques precedentes l'on pourroit tirer affez d'inftructions pour mettre *des Allées d'Arbres* en Perfpective; i'ay creu qu'il ne feroit pas inutile d'en donner vne pratique particuliere, qui en rendra la methode plus aifée.

Si l'on ne veut *qu'vne Rangée d'Arbres* de chaque cofté de la Perfpective, il ne fera
pas befoin de faire vn Plan de quarreaux; faudra feulement faire comme i'ay dit au quatriefme Aduis feuillet 17.

Mais quand on veut faire paroiftre *quantité d'Allées*, il me femble qu'on fera tres-bien
de former auec des lignes occultes vn paué de quarreaux auec des Chefnes, ainfi qu'il a
efté enfeigné aux Plans feuillet 31. Et des diagonales des petits quarrez efleuer des perpendicules, comme l'on void A B : Si on defire les Arbres plus efloignez, ou plus proches les vns des autres, il faudra croiftre, ou diminuer deffus la ligne de terre les diftances
des quarrez.

Quand on aura donné telle hauteur que l'on voudra au Tige du premier Arbre, comme eft A C, Du poinct C, il faudra tirer au poinct de veuë D, afin que tous les Tiges des
autres Arbres ne paffent pas le rayon C D; le premier Arbre A B, fait voir qu'entre les 2.
lignes droites, l'on peut donner aux Arbres tel tour que l'on trouuera bon, & qu'ils ne
doiuent pas eftre tirez à la reigle.

La Figure de deffous, fe pratique comme celle de deffus, il n'y a de difference, finon
que celle de deffus donne les quarreaux droits, ou de Front; & celle-cy les donne veus par
l'Angle; c'eft à dire, que des mefures deffus la ligne de terre, il faut toufiours tirer aux
poincts de diftances E F, Et des petits quarreaux efleuer des perpendicules, & faire le refte comme nous auons dit cy-deffus.

On peut dans vne mefme Perfpective, où quelques Allées feroient tirées aux poincts
de diftances, en mettre qui tireroient au poinct de veuë : comme on peut voir à celle
du milieu, qui tire au poinct G, qui eft le poinct de veuë, & les autres tirent aux poincts
E F, qui font les poincts de diftances.

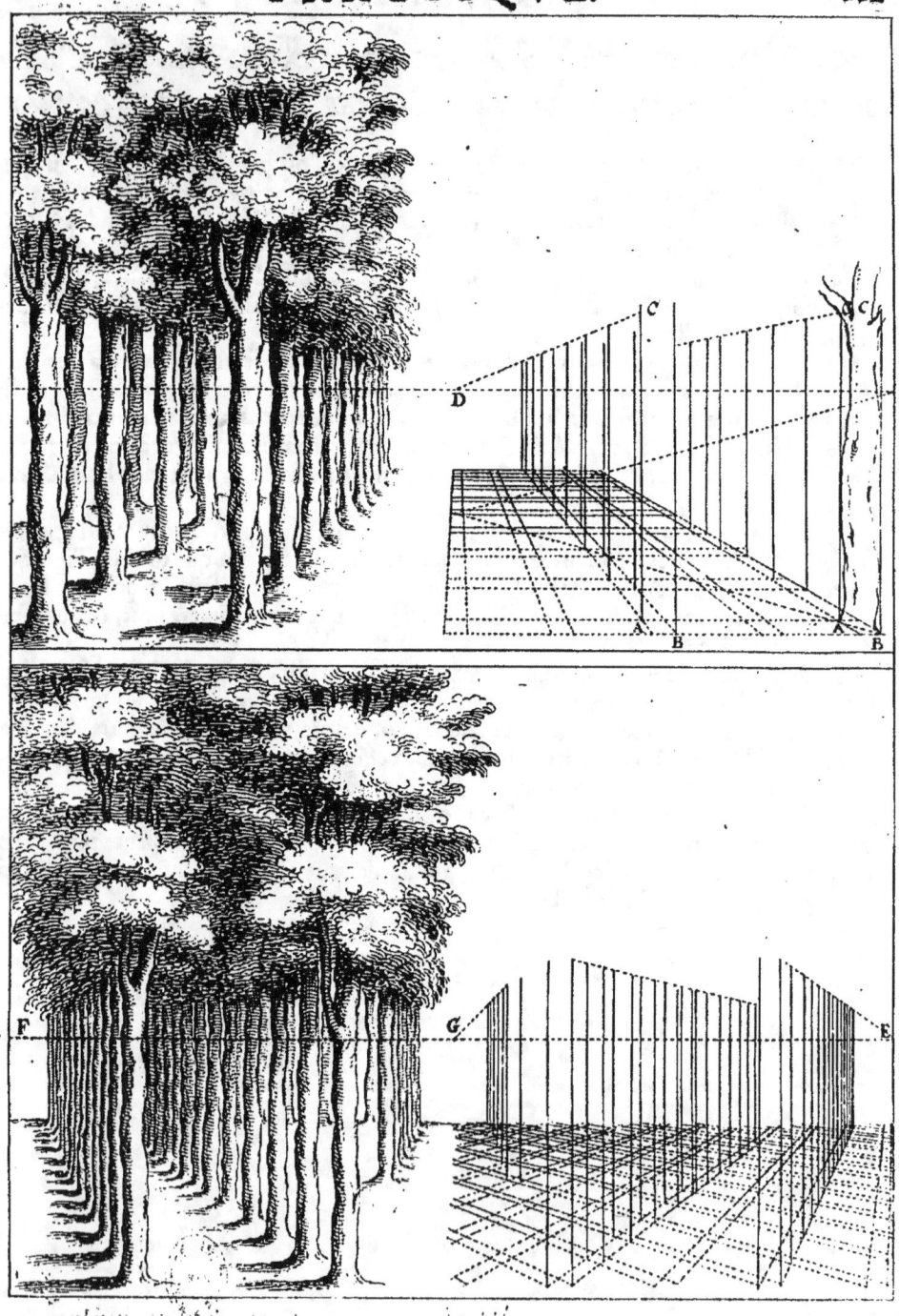

POVR DES IARDINS EN PERSPECTIVE.

'A y donné au Traiété des Plans, la methode de racourcir & mettre en Perspective le Plan d'*vn Iardin* auec des Compartimens, par vne pratique assez
facile; supposé que vous ayez le Plan : Mais comme i'éuite ces Plans Geome-
traux, d'autant qu'il faut trop de temps pour les faire; l'ay mis ceux-cy, par
lesquels on cognoistra, qu'ayant fait vn Plan de quarrez, il en faut prendre tant & si peu
que l'on voudra pour les quarreaux de Iardin, comme sont icy A B, qui ont chacun 3.
quarrez de tous costez; & les quarrez de reste seruiront pour les Allées C. Qui voudra
faire quelque Compartiment dans ces quarreaux de Iardin; il faut se seruir des petits quarrez de chaque quarreau, les coupant, & donnant telle figure qu'on voudra, ainsi que l'on
peut voir les quarreaux A B; Et de l'autre costé D E : les Pallissades & Berceaux, sont
percez vis à vis, & de la largeur des Allées.

DES QVARREAVX AVEC DES BORDVRES.

Q V A N T on veut mettre *des Bordures* aux Quarreaux, l'on mettra au coing les hauteurs & largeurs qu'on leur veut donner, Et de ces mesures tirer au poinét de veuë
I. Par exemple, en la figure de dessous F G, est la hauteur & la largeur des Bordures du
Quarreau H, Des coings de ce petit quarré F G, il faut tirer au poinét de veuë I, & faire
tout le reste, comme il a esté dit tant de fois.

Pour *les Berceaux*, il faut des Angles des quarrez de l'Allée, esleuer des Montans, ou
perpendiculaires O. Tout le reste se fait comme aux Arcades veuës de costé, feuillet 60.

Le *petit Bois* qui est au fond, se fait esleuant des perpendiculaires de tous les Angles
d'vn Paué de Quarreaux, &c.

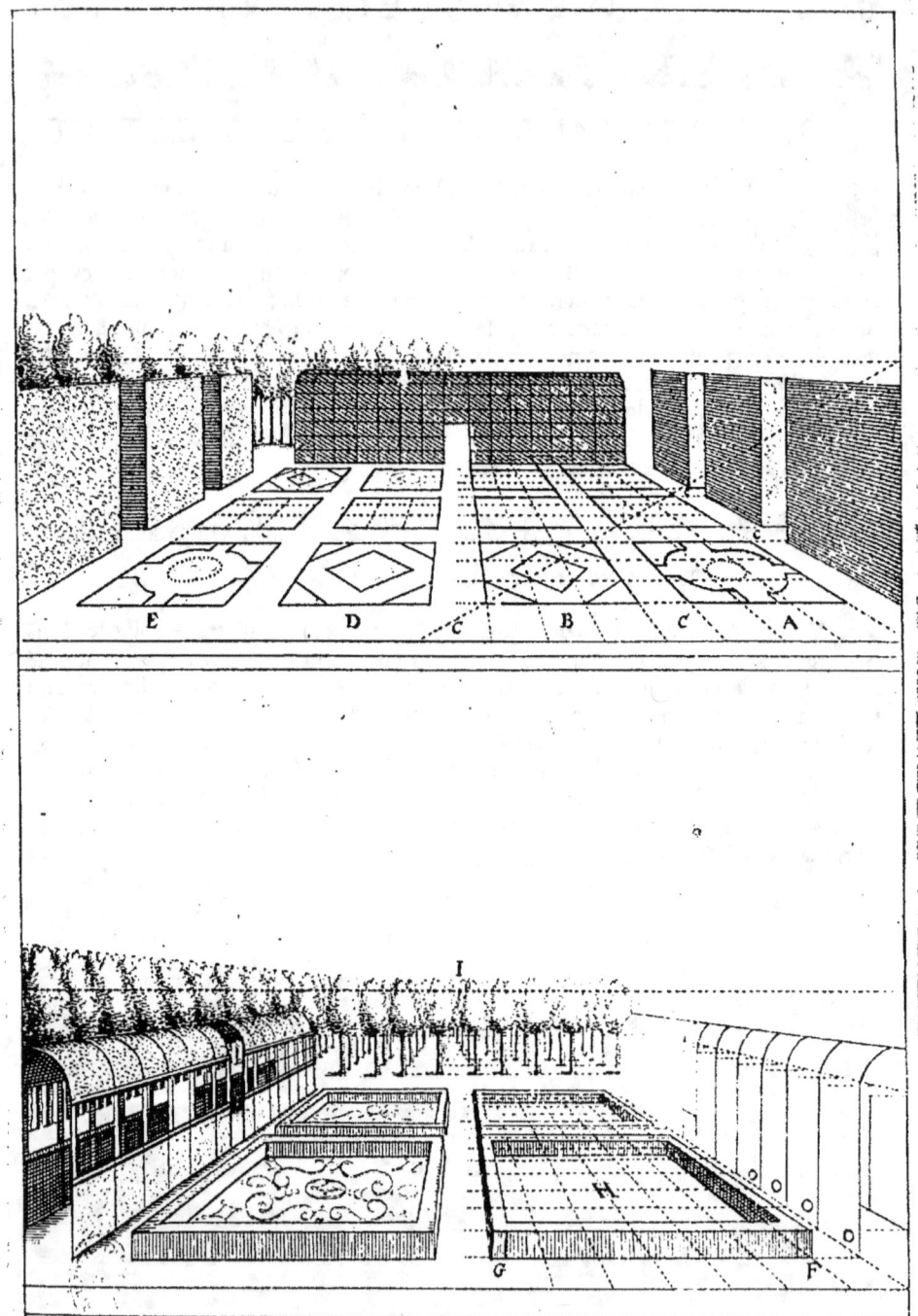

POVR ESLEVER, ET METTRE EN PERSPECTIVE
des Fortifications.

E ne repeteray pas icy la pratique de racourcir, & mettre les Plans de toutes fortes *de Fortifications* en Perspective : ce que nous en auons dit feuillet 39. eſt aſſez clair.

Pour les eſleuer, il n'y a pas plus de difficulté qu'à vne ſimple Muraille : mais il y faut plus de temps, à raiſon de la quantité des Angles qu'il faut touſiours conduire à la ligne d'Eſleuation, pour y prendre les hauteurs qu'ils doiuent auoir, ainſi que nous auons dit ailleurs tant de fois, parlant des autres ouurages.

La petite ligne d'Eſleuation eſt diuiſée en 4. parties. La premiere depuis 1. iuſqu'à 2. eſt la hauteur du *Parapet du chemin couuert*. Depuis 2. iuſqu'à 3. c'eſt la hauteur du *Rempart*. Depuis 3. iuſqu'à 4. c'eſt la hauteur *du Parapet du Rempart*. Et depuis 5. iuſqu'à 1. c'eſt la profondeur du *Foſſé*.

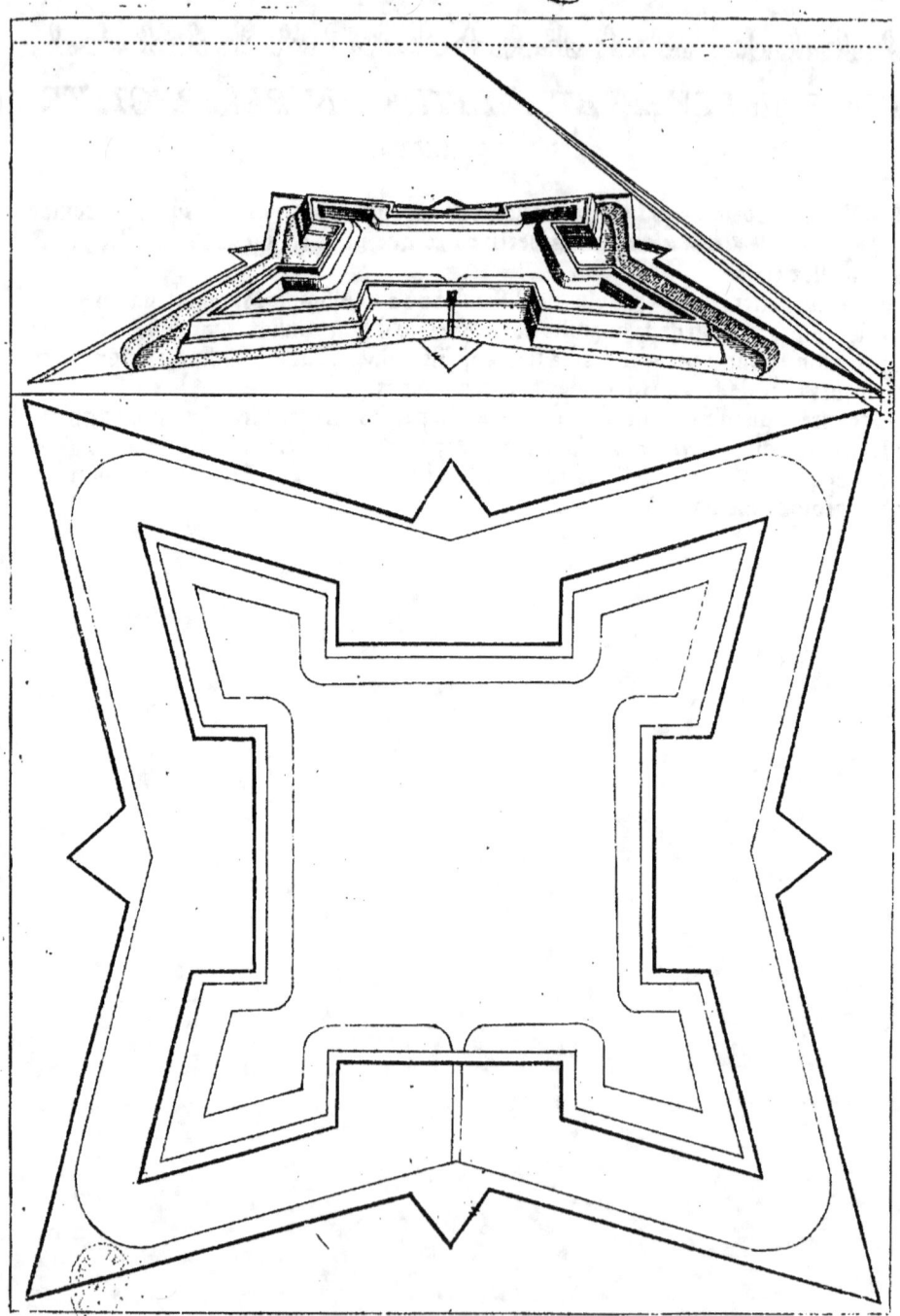

POVR FAIRE LES DESSEINS DE PERSPECTIVE.

IL n'est si excellent Maistre qui ne fasse le dessein des pieces où il veut reüssir ; Si cela est ordinaire presque en toutes les sciences, il est necessaire en cellé-cy plus qu'en pas vne autre, pour la grande sujection des poincts & des lignes qu'il y faut obseruer exactement, & sans lesquelles on ne fera rien qui puisse contenter ceux qui en ont quelque cognoissance.

Puis que l'on est obligé en quelque façon de faire des desseins, il faut chercher ce qui doit aider à les faire le plus diligemment & exactement qu'il sera possible : Et comme chacun sçait que toute la longueur de ces ouurages, est à tirer des lignes paralleles, & perpendiculaires ; ayant donc cherché l'inuention, tant dans l'experience que dans les Autheurs, de les pouuoir faire promptement : Ie n'ay rien trouué qui nous pût aider en cela, que *la Planche & l'Equaire* que Viator nous a laissé dans ses œuures : Tous ceux qui voudront passer le temps à desseigner, en doiuent auoir vne de laquelle ils tireront le soulagement & l'vtilité que l'experience leur fera cognoistre.

Encore que la Figure donne assez d'intelligence, comme il faut qu'elle soit, & la façon de s'en seruir ; i'ay creu en deuoir donner vne cognoissance plus claire. *Cette Planche* A B C D, doit estre parfaitement à l'Equaire, d'vn pied & demy de long, de quinze pouces de large, & demy pouce d'espais ; que le bois soit bon, bien sec, & bien vny ; l'on pourra coler dessus vne feuille de papier pour la rendre plus douce, & aider à la plume. *L'Equaire* E F, est vne reigle d'vn pied & demy de long comme la planche, large d'vn pouce, & espaisse de 2. lignes, qui est amanchée à angle droit, dans vne autre forme de reigle G H, long de 8. pouces, large d'vn pouce, & espaisse de 3. quarts de pouce. Pour tirer des lignes, l'on tient cette derniere reigle G H, serrée contre la planche A B C D & l'autre reigle E F, est asseurement droite, pourueu que la planche & la reigle soient bien dressées.

Quand on voudra trauailler, il faut attacher la feuille de papier I K L M, dessus la planche, auec 4 petits morceaux de cire N O P Q, Et alors d'vn seul poinct, vous pourrez tirer des lignes auec asseurance qu'elles seront droites : Et quand vous voudrez des perpendiculaires, mettez le manche de la reigle G H, du costé C D, la reigle E F, sera perpendiculaire à C D.

Pour moy ie trouue que cela soulage extremement, & que sans cette inuention il faut tousiours auoir la main au Compas. Il n'y a plus de sujection que pour les rayons visuels, encore y en a-il qui se seruent d'vne reigle percée à vn bout, qu'ils attachent auec vne aiguille au poinct de veuë : mais cela est trop embarassant, ie ne conseillerois pas de s'en seruir ; l'on a aussi-tost fait auec la Reigle commune, & si l'on n'est pas en danger de rien gaster.

R, C'est vne *Reigle commune.*

T, Vn *Compas commun.*

V, Vn autre Compas qui porte l'ancre, pour faire des lignes circulaires.

Voila tous les instrumens dont l'on a besoin, pour faire des Desseins de Perspective.

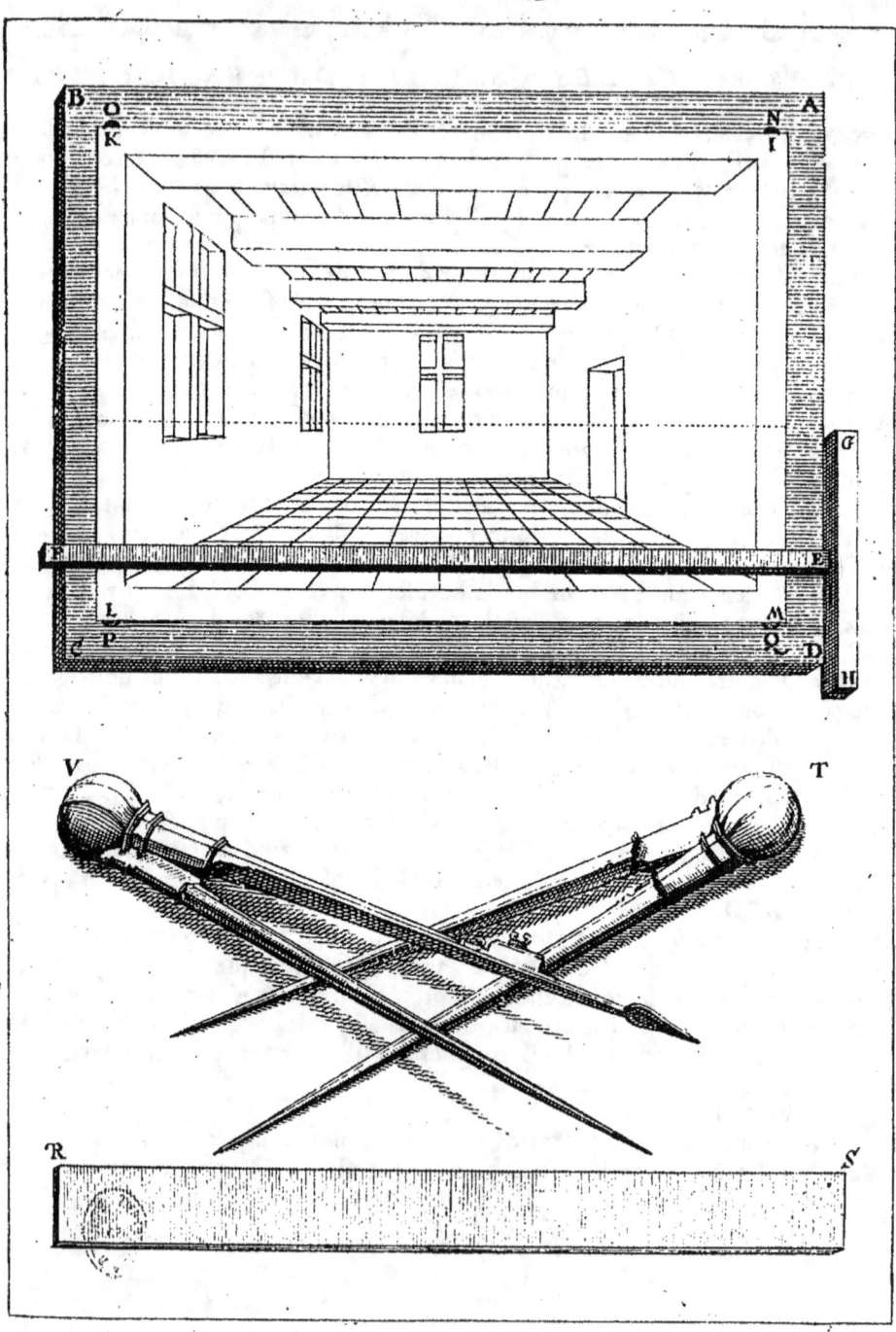

POVR METTRE DES PERSPECTIVES DE PETIT EN grand, & de grand en petit.

Vis que les Desseins se font en petit, auec plus de facilité qu'en grand, il est croyable qu'on les y fera tousiours, ce qui m'a fait resoudre à donner la methode de mettre les petits desseins en grand sur les toiles.

Les Peintres se seruent ordinairement de cette pratique, qu'ils appellent de quarreaux, ou eschiqué, c'est à dire, qu'ils diuisent les petits desseins, & les toilles où ils doiuent estre peints, d'vn mesme nombre de quarrez, & mettent proportionnellement ce qui est dans vn quarré du dessein, au quarré de la toille qui luy correspond : quelques-vns se trouuent bien de cette pratique.

En voicy vne autre, qui à mon iugement est plus aisée, plus facile, & plus asseurée ; il faut auoir vne Eschelle proportionnée au petit dessein, & vne autre Eschelle proportionnée à la toile. Quand on veut faire vn Dessein, la premiere chose qu'on se determine, c'est l'Eschelle qui doit donner toutes les mesures de toutes les autres pieces du Dessein.

Par exemple, au *Petit Dessein* A, *l'Eschelle* B C, de 5. petites parties (qu'on peut prendre pour pieds de Roy) a esté faite la premiere Eschelle cette Eschelle, l'on a pris l'orizon, la hauteur, & esloignement des Arbres, la largeur des Allées, &c.

Pour mettre *ce Petit Dessein en Grand* ; voicy comme il faut proceder. Premierement, il faut sçauoir si la Perspectiue doit auoir l'orizon naturel ; c'est à dire, que le bas du Tableau estant à terre, la ligne orizontale soit à la hauteur de nostre œil, qui est enuiron 5. pieds de Roy. Cela estant, il faudra des 5. petites parties qui sont entre B C, faire vne Eschelle de 5. pieds de Roy F G, afin qu'ayant pris toutes les mesures au Petit, on les puisse transporter & prendre dessus le Grand, comme ie vay dire.

Les 2. mesures de Proportion, ou Eschelles, estant disposées, comme nous venons de dire : La premiere chose que l'on fait, est de prendre dessus le Petit Dessein auec vn Compas commun la distance de la ligne de terre D, iusqu'à l'orizon E ; & porter cette ouuerture de Compas D E, dessus la petite Eschelle B C, & prendre garde quel nombre de parties elle donnera, comme icy elle en donne 5. il en faudra donc prendre autant de parties sur la grande Eschelle F G, & les mettre de part & d'autre du Tableau, ou Grand Dessein, commençant au bas de la toille H H, & finiront en I I. De ces poincts I I, il faut tringler vne ficelle blanchie, ou noircie ; cette ligne I I, marquera l'orizon au grand Tableau ; Puis prendre la distance ou enfoncement K L, du Petit Dessein, qui est le pied de la Maison, & la porter dessus la petite Eschelle B C, pour voir combien l'on aura de parties, & en prendre le mesme nombre dessus la grande Eschelle F G, & mettre ce qu'on trouuera dessus les bords de la toile H M, H M, qu'il faudra tringler, comme l'orizon pour auoir l'enfoncement du deuziesme Arbre ; Au Petit Dessein, il faut prendre la distance N O, & la porter dessus la petite Eschelle B C, & prendre autant de parties sur la grande Eschelle F G, que l'on en aura trouué à la petite. N O, donne 2. parties de la petite, il en faudra prendre 2. de la grande, qui donneront H P, qu'il faudra tringler, comme nous auons dit : On pourra pratiquer de mesme toutes les paralleles à la ligne de terre, comme sont les autres Arbres, les Fenestres, les Toicts de Maisons, &c.

Pour les lignes à plomb, ou perpendiculaires à la ligne de terre ; c'est la mesme methode, il n'y a qu'à changer de costé pour les marquer, qui est, qu'au lieu de marquer au costé de la toile, comme nous venons de faire, il faut marquer au dessus & au dessous. Par exemple, pour auoir les 2. coings de la Maison du fond, il faut prendre auec vn Compas dessus le petit dessein Q R, & porter cette ouuerture dessus l'Eschelle B C, l'on trouuera enuiron 7. parties & demy ; on en prendra autant de parties dessus la grande Eschelle F G, qui donneront H S T S, qu'il faudra tringler, & faire ainsi de toutes les autres perpendiculaires, soit Bastimens, Arbres, Palissades, &c.

Pour trouuer les Rayons visuels, qui sont les lignes qui vont au poinct de veuë V ; à ce poinct V, il faut attacher vne ficelle, ou filet, auec vne espingle pliée, de peur de faire le trou trop grand ; ce filet, ou ficelle, doit estre de la longueur du Tableau, pour pouuoir tringler & tirer tous les rayons fort exactement. Par exemple, pour auoir les 2. rayons de la largeur des Arbres qui sont au Petit Dessein D X ; il faut prendre cette distance D X, & la porter dessus la petite Eschelle B C, & prendre dessus la grande F G, à proportion de ce qu'on aura trouué à la petite, qui donnera H Y ; lesquels poincts H Y, on tringlera auec la ficelle du poinct V. Pour auoir encore le Rayon des Palissades, il faut prendre la distance D Z, & la porter dessus la petite Eschelle B C, & prendre autant de parties dessus la grande Eschelle F G, qui donnera H †, qu'il faudra tringler de la ficelle du poinct V &c.

Tout ce qui est aux Perspectiues, tombe ordinairement dessous ces 3. sortes de lignes, Paralleles, Perpendicules, & Rayons visuels. qui ayant esté rendu faciles à faire dessus la toile, l'on craindra moins la peine de mettre les Petits Desseins en Grands.

Pour mettre *les Desseins de Grands en Petits*, il faut seulement changer les pratiques, c'est à dire, qu'il faudra prendre les mesures premierement dessus la grande Eschelle, & les diminuer proportionnellement dessus la petite, comme si l'orizon du Grand Dessein estoit de 5. parties de la grande Eschelle, l'en prendrois

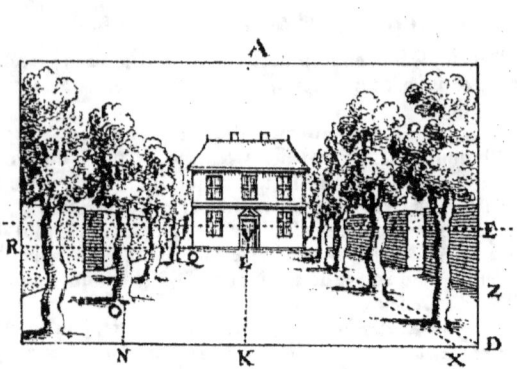

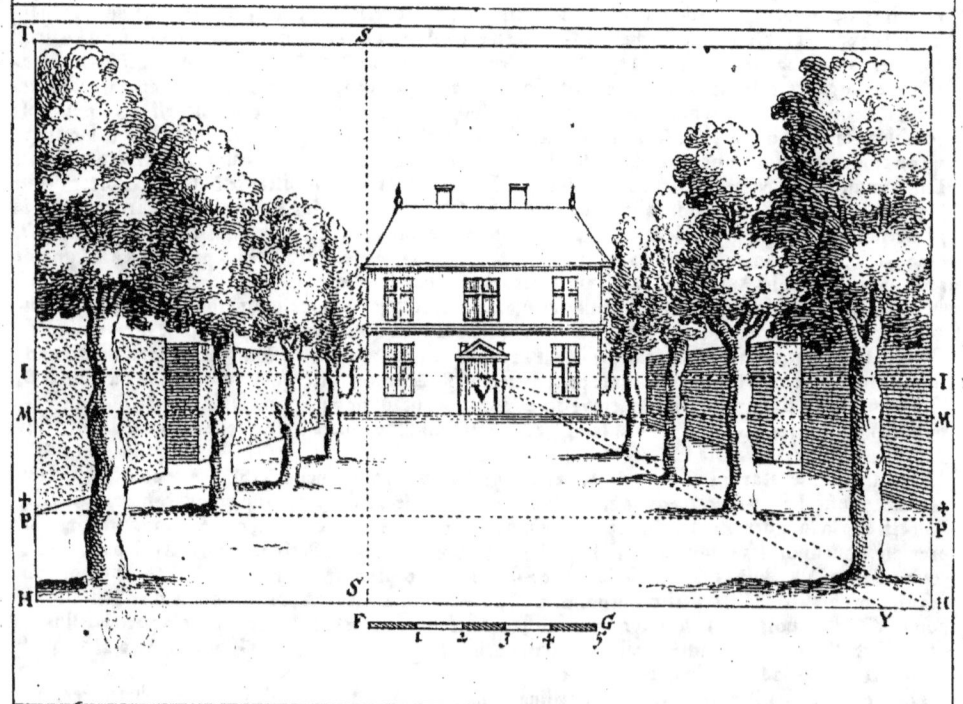

DISPOSITIONS POVR FACILITER LA MANIERE Vniuerselle du Sieur G. D. L.

COMME tous ceux pour qui ie trauaille, n'ont peut-eſtre pas aſſez de fond pour voir clair dans cette Pratique, ou Maniere Vniuerſelle : l'ay creu que l'Autheur me permettroit de leur rendre aiſée autant que ie pourray , afin qu'ils en tirent de l'vtilité. C'eſt pourquoy ie mettray ces deux Figures, qui ſeront ſouuenir de ce que i'ay deſia dit aux 2. 3. 4. & 5. aduis , qui ſont pour l'intelligence de cette pratique, y ayant monſtré à prendre toutes les meſures ſur la ligne de terre , & qu'autant de rayons que coupe la diagonale C, ce ſont autant de quarreaux dans l'enfoncement du Tableau, anſquels qu'trreaux l'on donne telle grandeur qu'on veut.

Pour n'aller point rechercher ſi loing, voyons la premiere Figure, où la ligne de terre eſt A B, le poinct de veuë G, les poincts de diſtances E F. Ie diuiſe cette ligne de terre en 11. parties egales, que ie feray valoir chacune vn pied ; & de toutes ces diuiſions, ie tireray au poinct de veuë, qui ſeront autant de rayons, dont A, & B, ſont les derniers. Or ie dis, que qui voudroit vne ligne qui paruſt enfoncée vn pied dans le Tableau, qu'il faudroit tirer de la premiere diuiſion B D, au poinct de diſtance F, & où cette ligne D F, coupera le rayon B G, ce ſera le poinct pour tirer la ligne enfoncée d'vn pied au Tableau. Si l'on en veut vne de trois pieds d'enfoncement, faut prendre ſur la ligne de terre trois de ces parties ; & de la troiſieſme tirer encor à la diſtance F, & l'on aura à la ſection du rayon B G, le lieu pour tirer cette ligne ; Tellement que ſi du poinct C, l'on tire au poinct F, où cette ligne C F, coupera B G, ce ſera vne ligne enfoncée de 6. pieds.

Si des autres ſix parties qui reſtent A C, l'on en fait 24. diuiſant chacune en 4. & qu'on ne laiſſe pas de faire valoir chaque partie vn pied, ce ſera 24 pieds de A, à C ; De ſorte que ſi l'on demandoit vne ligne qui paruſt enfoncée de 18. pieds au Tableau, ie conterois depuis A, 18. petites parties , & de la 18. ie tirerois à la diſtance E, qui me donneroit ſur la ſection du rayon A G, le poinct pour tirer cette ligne : Si l'on vouloit qu'elle fut enfoncée de 24. pieds ; il faudroit prendre A C, & tirer de C, à E, & où cette ligne couperoit A G, au poinct H, l'on tirera H I, qui paroiſtra 24. pieds d'enfoncement au Tableau.

Selon la Perſpective, cette ligne H I, eſt egale à celle A C, & contient autant de pieds, ou de parties; tellement que ſi l'on tire du poinct I, au poinct E. la ſection de cette ligne I E, au rayon A G, ſera pour tirer vne ligne K L, enfoncée de 48 pieds : Si de celle cy l'on tire encor à la diſtance E, l'on aura par la ſection du rayon A G, encor vne ligne eſloigée de 4. pieds plus que les autres.

Que ſi l'on veut vne ligne enfoncée de 30. pieds , il faut du poinct A, conter 6. petites parties ; & de la 6. tirer au poinct de veuë G, & prendre garde où l'on coupera la ligne H I, comme icy au poinct M ; Puis du poinct M, tirer à la diſtance E, & cette ligne M E coupera le rayon A G, où il faudra tirer cette ligne N : Si c'eſtoit de 40. il faudroit de A, conter 15. & faire tout de meſme : ſi c'eſtoit 60. il faudroit de A, conter 12. & de 12. tirer au poinct de veuë G, iuſqu'à la ligne K L, qui ſeroit le poinct O; Puis de O, tirer à la diſtance E, & de la ſection du rayon A G, ſera pour tirer cette ligne.

A la deuxieſme Figure.

DE ce que ie viens de dire, il eſt aiſé de trouuer vn poinct à tel enfoncement qu'on voudra ; Reſte à monſtrer comme il faut trouuer en dedans, ou dehors le rayon A G, ou B G : Pour cecy la ligne B ., ſeruira d'Eſchelle de ſix pieds , l'vn deſquels ie diuiſeray en douze pouces, afin d'y trouuer le demy, le tiers, & le quart de pied. Tout eſtant diſpoſé ainſi : Si l'on me demande vn poinct qui apparoiſſe de 17. pieds loing, & d'vn pied & demy au dedans du rayon A G, ie tireray de la dix-ſeptieſme partie de la ligne de terre au poinct de diſtance E ; & où le rayon A G, ſera coupé en P, ie tireray vne ligne P Q; Or puis qu'on le demande d'vn pied & demy en dedans du rayon A G, ie prendray auec vn Compas deſſus la meſme ligne P Q; mais du coſté B C, vn pied ſix pouces, que ie porteray depuis P, iuſqu'à R, Et ce poinct R, ſera le poinct qu'on a demandé. Que ſi l'on en veut encor vn à 19. pieds loing dans le Tableau, & ſept & demy au delà du rayon A G ; il faut tirer de C, au poinct E, Et où il coupera A G, tirer vne ligne qui ſera de 24. pieds ; puis de A, prenant cinq petites parties, les tirer au poinct de veuë G, iuſqu'à ce qu'on coupe cette ligne au poinct S; & de ce poinct S, tirer à la diſtance E, Où ſera coupé le rayon A G, faudra tirer vne ligne T V, puis qu'on demande 7. pieds & demy au delà du rayon A, il faudra deſſus la meſme ligne T V; mais du coſté B C, prendre 7. parties & 6. pouces auec vn Compas, & les porter du poinct T, au poinct X, Et ce poinct X, ſera le poinct qu'on a deſiré; Et ainſi de tous les autres, à telle diſtance & eſloignement qu'on voudra.

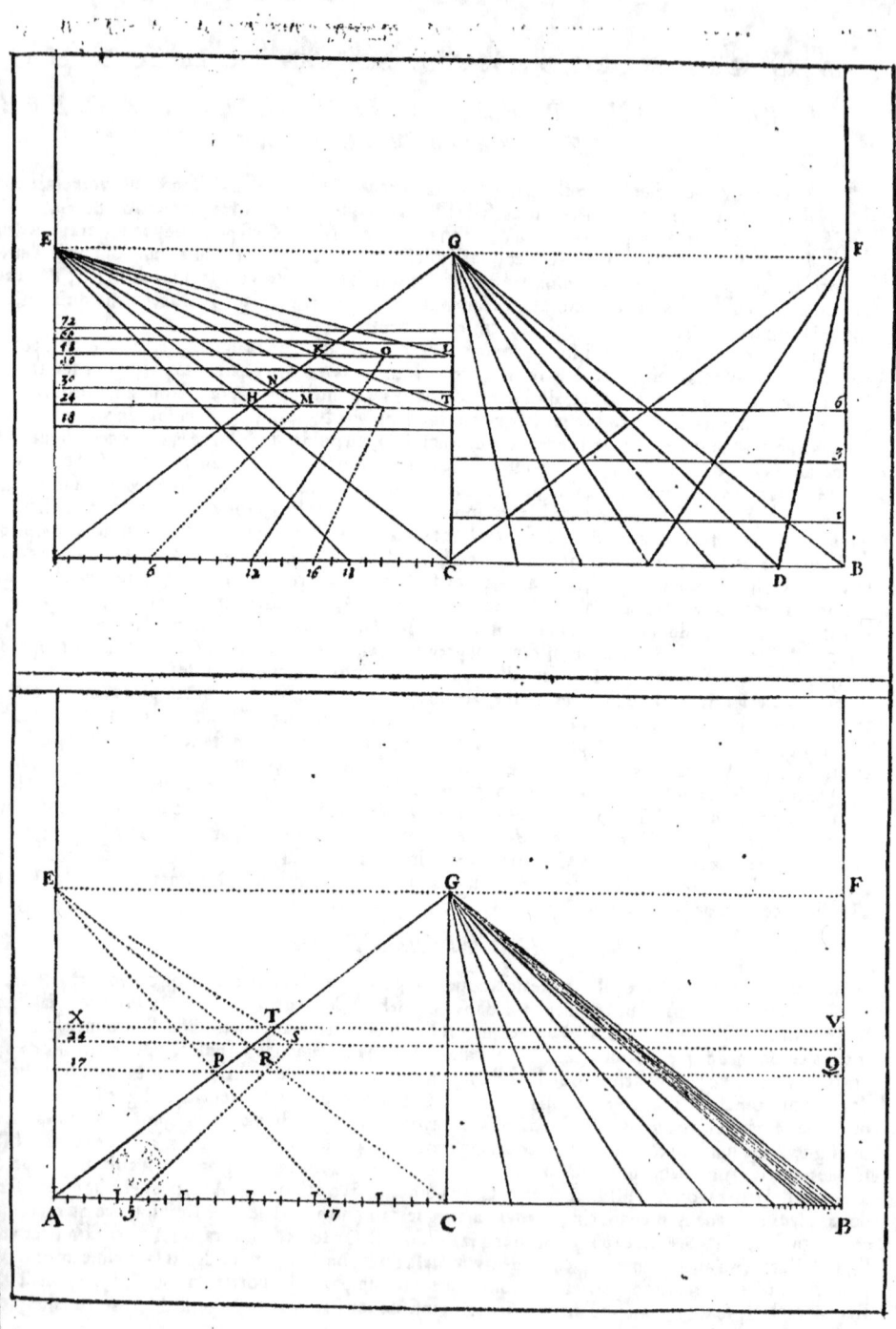

D'VNE MANIERE VNIVERSELLE POVR PRATIQVER la Perspectiue, sans mettre le poinct de distance hors le Tableau, ou champ de l'ouurage, mise au iour par le Sieur G. D. L.

CEtte pratique oblige à faire vn Plan Geometrique, ou au moins, vn deuis des Mesures, tant pour le Plan, que pour l'Esleuation : pour par l'vn, ou par l'autre, estre conduit à le mettre en Perspectiue.
Ie prendray pour objet, ou suiet, le mesme exemple de l'Autheur, qui est vne Cage quarrée couuerte en pointe ; ou vn Bastiment couuert en Pauillon, auquel on donnera les mesures par le moyen de l'Eschelle.

Ayant donc fait le Plan de cette Cage *m, i, l, k* que i'ay mis au haut de la Figure il faut à telle distance qu'on voudra que l'objet paroisse reculé dans le Tableau, comme icy de 17. pieds, faire vne ligne *a, b*, qui sera la ligne de terre, ou le bas du Tableau, que l'on posera selon l'aspect que l'objet deura estre veu. Puis des deux bouts de cette ligne *a b*, il faudra tirer deux lignes paralleles l'vne à l'autre, & indeterminées, c'est à dire, qu'il n'importe pas si elles coupent le Plan, ny en quel lieu, comme sont *a g, b g*, dessus l'vne de ces lignes, comme icy celle *a g*, faut faire des petites paralleles à la ligne *a, b*, qui ailient iusqu'aux Angles du Plan ; & par le moyen de l'Eschelle, voir combien chaque Angle du Plan sera esloigné de cette ligne *a g*, ce qui se marquera aupres de chaque ligne. Or du lieu qu'on aura choisi pour voir le Tableau, qui est icy le poinct *c*, à cinq pieds pres de *b*, il faudra faire vne perpendiculaire à *a, b*, qui sera la ligne *c, t*, à cette ligne *c t*, faudra donner autant de petites parties de l'Echelle, qu'on voudra estre esloigné pour voir le Tableau, qui est pour celle cy 24 pieds, & au bout de ces 24 pieds, qui est le poinct *t*, esleuer vne petite perpendicule de la hauteur de l'œil, qui sera la ligne *f, t*, de 4 pieds & demy.

La Toile, la Muraille, ou le Papier, estant disposé pour mettre ce Plan en Perspectiue, & dessus ce Plan faire l'Esleuation : il faut diuiser le bas du Tableau, ou la ligne de terre A B, en autant de parties que celle *a, b*, du Plan ; celle-cy en ayant 12. il faudra diuiser la grande A B, en douze, qui vaudront chacune vn pied. Au dessus des poincts A B, faudra mettre la hauteur de la ligne *s, t*, qui est de 4. pieds & demy : Prenez donc auec vn Compas, quatre parties & demy de celles qui sont sur la ligne A B, & les portez perpendiculairement dessus les poincts A B, qui donneront les poincts E F, & tirez la ligne E F, parallele à A B, & cette ligne sera l'horison. Puis qu'au Plan le poinct C, qui est le lieu pour voir le Tableau, est esloigné de cinq parties de *b*, il faut conter autant de parties depuis B, & de la cinquiesme C, esleuer vne perpendicule à A B, qui coupera l'horison au poinct G, qui sera le poinct de veuë, auquel faudra tirer les rayons A G, B G, qui representeront les paralleles du Plan *a g, b g*.

Pour le Poinct de distance ce sera le poinct F, & à raison que la ligne *c, t*, a 24. pieds, il faudra prendre six parties de la ligne A D, qui feront A D, & les diuiser chacune en 4. & ces 24 parties seruiront d'Eschelle pour les profondeurs, ou esloignemens, estans suffisantes pour les donner à l'infiny : Et les six parties qui restent entre B D, seront l'Eschelle qui fournira les mesures des pieds, selon que les lignes tirées des poincts trouuez pour le Plan, couperont les rayons tirez au poinct de veuë G : Car comme cette Echelle est en pyramide dont B D, est la baze ; les mesures diminuent à proportion qu'elles s'enfoncent : l'ay diu se l'vne de ces parties en pouces pour y trouuer toutes les mesures, comme elles sont sur le Plan.

Auec l'Eschelle des Esloignemens on trouue les poincts du Plan ; & auec celle des Mesures, les longueurs que doiuent auoir les lignes, tant pour le Plan, que pour l'Esleuation.

Maintenant pour trouuer le Plan en Perspectiue, il faut esleuer toutes les mesures du Plan Geometrique : le premier Angle de ce Plan *r, m*, est esloigné de 17. pieds du poinct *a* sur la ligne *a g* : C'est pourquoy ie conteray 17. parties, commençant à B ; & de la dix-septiesme, ie tireray au poinct F, coupant le rayon *a* G, au poinct R ; De ce poinct R, il faut tirer vne parallele à la ligne de terre ; & à raison que le Plan *m*, est en dedans du rayon *a, g*, d'vn pied & demy ; faut dessus la mesme ligne R, mais du costé B D, prendre vne partie & demy pour la porter en dedans du rayon A G, qui sera le poinct M, representant l'angle du Plan *m*. Pour l'Angle *l*, qui est esloigné de 26. pieds du poinct *a* ; il faut du poinct D, qui est 24. pieds loin de A, tirer à F, & où le rayon A G, sera coupé au poinct, tirer vne parallele : Or comme il y a à dire deux pieds que cette ligne *y*, soit assez esloignée ; il faut tirer de la deuxiesme partie de l'Eschelle au poinct G ; & où ce rayon coupera la parallele *y*, au poinct Q, faudra tirer Q F, qui donnera sur A G, le poinct H, Duquel poinct H, il faudra tirer vne parallele à A B, & sur la mesme ligne H ; prenez les mesures pour donner 13. pieds & demy, depuis le poinct H, iusqu'au poinct L.

Pour le poinct *k*, qui est esloigné de 29 pieds loing de A, il faut de la cinquiesme partie de l'Eschelle A D, tirer au poinct G ; & où ce rayon coupera la parallele *y*, au poinct O tirer O F, pour auoir sur A G, le poinct N ; Puis de ce poinct N, tirer vne parallele pour prendre du costé B D, 7. pieds & demy, qu'il faudra porter en dehors du rayon A G, c'est à dire de N, à K.

Pour le poinct *i*, esloigné de 38. pieds du poinct *a*, il faut sur l'Eschelle A D, prendre 14. parties, & de la 14. tirer vn rayon au poinct G, qui coupera la parallele au poinct S, Et du poinct S, tirer à F, qui coupera le rayon A G, au poinct T, esloigné de 38 pieds du poinct A, à raison que la parallele *y*, l'est de 14. à laquelle ayant adiousté 14. font 38. au poinct T, Et à raison que l'angle *i*, est 4. pieds & demy en dedans du rayon A G, il faut sur cette parallele T ; mais du coste D B, prendre 4. pieds & demy, & le porter du poinct T, au poinct *i*.

Pour former le Plan, il faudra ioindre de lignes droites, ces 4. poincts M L K *i*, & de leurs Angles esleuer des perpendicules, comme M, *β*, L, *ff*, K. *fr*, & I, *φ*, lesquelles auront chacune 17. pieds, comme il est marqué au Plan par la ligne X, & des extremitez de ces perpendiculaires tirer deux diagonales *β, fβ, ff, fr*, qui se couperont en Z, & sur ce poinct Z, esleuer vne perpendiculaire Z Æ, de 13 pieds & demy ; Puis tirer des lignes de tous les quatre coings *β, ff, fβ*, & *fr*, au poinct Æ, Et la Cage sera formée en Perspectiue ; Si l'on veut qu'elle descende dans terre d'vn pied, il faudra adiouster vn pied au dessous de chaque poinct du Plan, & les ioindre de lignes.

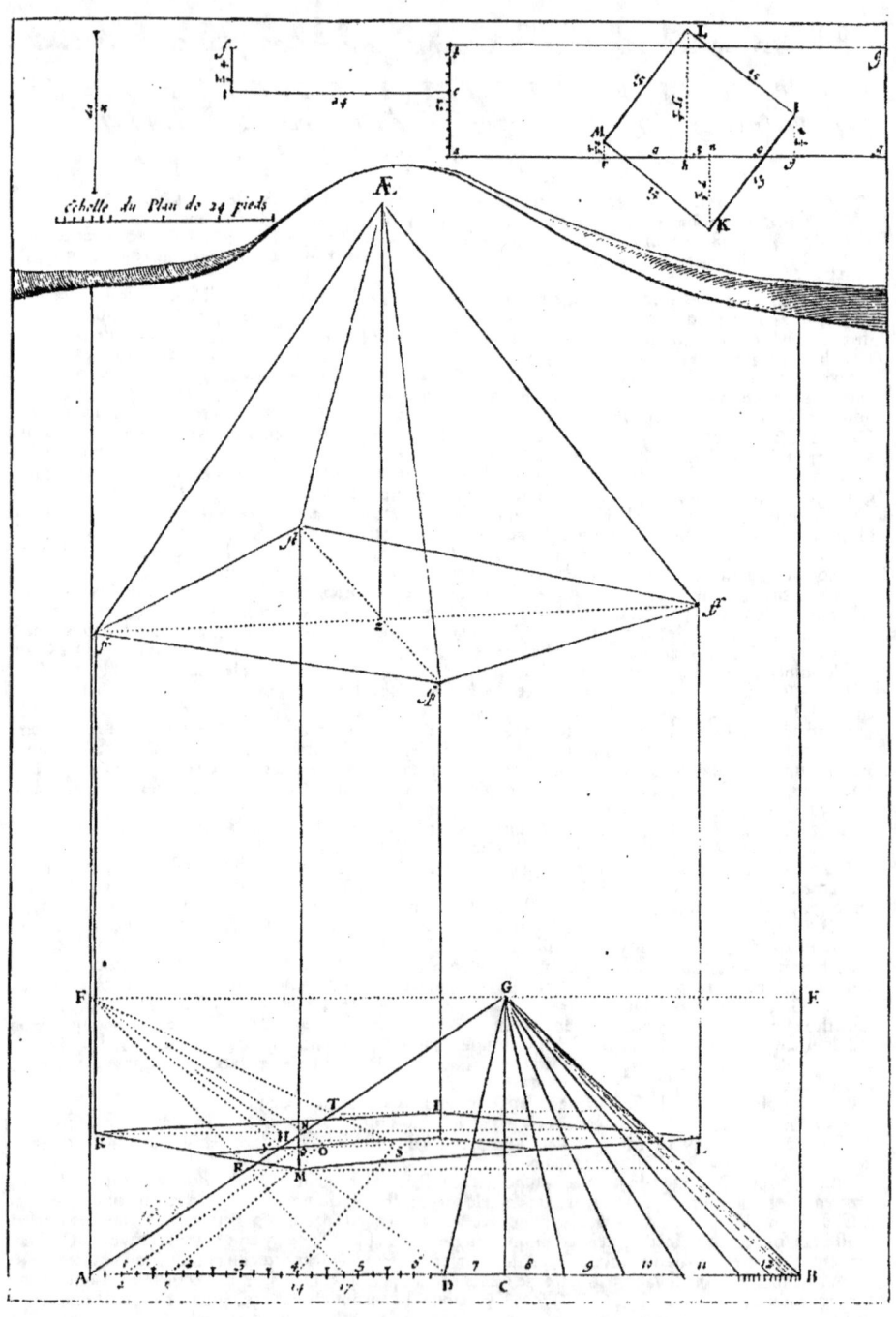

Echelle du Plan de 24 pieds

POVR DONNER IVSTEMENT LA DISTANCE ESLOIGNEE,
le Poinct demeurant au Tableau.

CEVX qui voudront se seruir de cette Maniere Vniuerselle, doiuent sçauoir que le nombre des pieds que l'on prendra sur la ligne de terre, doit auoir du rapport à la distance qu'on se sera determiné.

Pour faire entendre ma proposition, ie mettray à la premiere Figure deux distances, l'vne de six pieds, l'autre de douze, qui ont du rapport l'vne à l'autre, à raison que diuisant en deux chacune des six parties, l'on en aura douze.

Supposons donc, que la ligne A B, est diuisée en douze parties, & que de toutes ces parties l'on ait tiré des rayons au poinct de veuë C; prenons maintenant la moitié de ces diuisions A D, & tirons au poinct E, qui est la distance de six pieds; il est certain que la section du rayon A C, sera le racourcissement des quarrez veus de six pieds de loing. Si du poinct D, l'on tire au poinct F, qui est la distance de douze pieds, cette ligne D F, coupant le rayon A C, donnera le racourcissement de six quarreaux veus de douze pieds de loing. Qui voudroit auoir le racourcissement de douze quarreaux veus de douze pieds de loing, il faudroit du poinct B, qui est toute la ligne de terre, tirer au poinct F, & à la section du rayon A C, au poinct H, sera ce qu'on demande: ou bien du poinct I, tirer I F, qui donnera le mesme poinct H, & la ligne H K, sera enfoncée de douze quarreaux veus de douze pieds loing, l'on void en cecy que douze quarreaux veus de douze pieds loing, se rencontrent en mesme ligne H K, que six quarreaux veus à six pieds loing, & toutes les lignes de six quarreaux qu'a donné la section de la diagonale D G, se rapporter de deux en deux à celles qu'a donnée la diagonale D F, la raison pourquoy la diagonale D F, a donné deux lignes pour vne de celles D G, est que la distance est doublée. Si elle estoit triplée elle en donneroit trois, & quatre si elle estoit quadruplée. Or pour trouuer du costé B D, les mesmes sections, & le mesme nombre de quarreaux que du costé D A, sans que le poinct de distance soit hors le Tableau, il faut seulement diuiser en deux, chacune des six parties egales qui sont entre B D, qui feront douze parties: & de leurs diuisions tirer des lignes occultes au poinct de veuë C, & si l'on tire des paralleles à la ligne de terre par toutes les sections que la diagonale fait de tous ces rayons, l'on aura douze quarrez d'enfoncement à mesme ligne, que si la distance estoit à douze pieds, encore que G, ne soit que pour six pieds de distance; la raison de cecy est, que multipliant les rayons l'on multiplie les quarrez, & multipliant les quarrez on esloigne la distance. Voila pourquoy ayant fait douze parties des six qui estoient entre B D, il s'est rencontré douze quarreaux qui sont le mesme enfoncement que la distance à douze pieds de loing. Et qui voudroit la distance à 24. pieds, il faudroit diuiser encor en deux, chacune des parties entre B D, qui feroit 24. parties, & de la vingtquatriesme, au poinct D, tirer la ligne D G, la section qu'elle feroit du rayon B C, au poinct K, seroit l'enfoncement de 24. pieds.

En la deuxiesme Figure, i'ay mis sur la ligne L M, les mesmes mesures que sur A B, de la premiere Figure, & du costé M N, le mesme enfoncement, & la mesme distance que du costé A D, qui donne la ligne I I K, afin de faire voir que qui tireroit la cinquiesme partie, comme Q G, ou de la septiesme, comme R G, qu'il n'auroit pas le vray enfoncement qui est à K : Car R G, n'enfonceroit pas assez, & Q G, enfonceroit trop, quoy que de ces 5, ou 7. parties, il en fist douze, ou vingt-quatre.

C'est pourquoy il faut prendre garde à prendre tousiours vn nombre qui se puisse multiplier par la distance, comme icy la distance de six peut seruir à 12. 18. 24. 30. 36. 42. 48. & ainsi vn nombre infiny par six. La distance de 5. peut seruir à 10. 15. 20. 25. 30. &c. La distance de huict peut seruir à 16. 24. 32. 40. 48. &c.

L'on ne peut pas manquer faisant ainsi, car supposé que le poinct de distance ne peut pas estre plus pres du poinct de veuë, que G, est pres de C, il s'ensuit que si G, est à 6. ou 7. 8. ou 10. pieds du poinct C, que la moitié de la ligne de terre aura vn mesme nombre, lequel nombre il faut diuiser proportionnellement à l'esloignement que l'on veut donner: Par exemple, s'il y a huict pieds de N, à L, & que ie vueille la distance de 32. pieds, sans que G, sorte de sa place, ie diuiseray chacune des huict parties, qui est la moitié de la ligne de terre, comme I N, en 4, & 4. fois 8. seront 32. rayons ainsi les racourcissemens des quarrez seroient à 32. pieds de distance.

Toutes ces petites diuisions ne demeurent pas apres le Tableau fait, il n'y a que les principales diuisions des pieds qu'on tire au poinct de veuë, & les racourcissemens, c'est à dire les paralleles, à la ligne de terre qui demeurent tousiours.

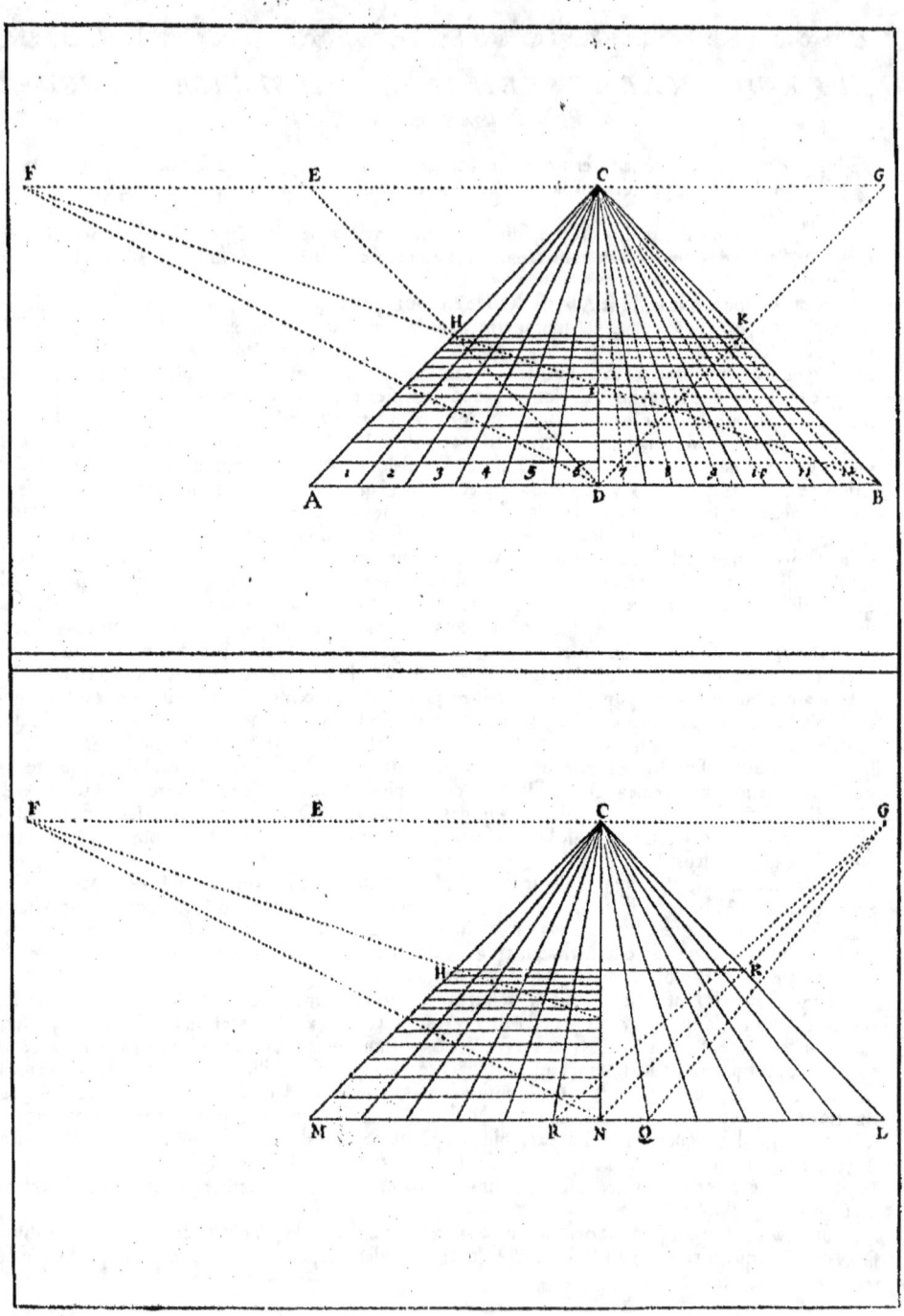

TRES-BELLE INVENTION, POVR FAIRE NATVRELLEMEMT des Perspectives, sans garder les Regles.

A PRES auoir mis toutes les Regles, qu'il faudra garder pour faire exactement des Perspectives ; i'ay voulu mettre cette inuention, & la suiuante, pour en faire de parfaitement belles & fort exactes, sans estre obligé d'en pratiquer pas vne regle.

Cecy seruira pour ceux qui ayment la Peinture, & prennent plaisir de s'en seruir sans vouloir prendre la peine d'ouurir le Compas, ny prendre la Regle pour tirer vne ligne ; car en cette pratique on n'a que faire ny de l'vn, ny de l'autre : Et l'on fait neantmoins de tres-belles Perspectives, soit de Bastimens, de Iardins, ou de Païsages.

Auant que de passer à la pratique, il faut sçauoir que la Piece principale & necessaire pour cette inuention, est vne grande feuille de verre bien nette, enfermée d'vn Chassis de bois bien delié, que i'ay marqué A, au bas de la Figure ; ce Chassis se doit couler entre deux pieces de bois espaisses d'vn pouce & demy, lesquelles doiuent estre attachées au bout d'vne planche qui soit de la largeur du Chassis, comme B C monstre, propre pour receuoir le Chassis A, La largeur de cette planche B D, sera d'vn pied C. Du milieu du deuant de cette Planche, il faudra faire vn, ou plusieurs trous quarrez E, pour y attacher vne petite tringle, comme vne regle percée tout au long, pour la pouuoir hausser & abbaisser. Au haut de cette regle F, il y aura vn rond de 3. ou 4. pouces de diamettre sans espaisseur, comme pourroit estre de fer blanc, lequel doit auoir vn petit trou au milieu, comme pour passer vn pois ; toutes ces choses mises en vne, font la piece G.

Encor que la Figure enseigne la pratique, & comme il faut se seruir de cette Piece G, ie ne laisseray pas de dire comme il y faut proceder. Ayant donc posé cette Piece G, deuant ce que l'on veut tirer, l'on regardera par le petit trou de la Lunette F, si l'on découure sur le verre tout ce que l'on veut qui y soit ; si quelque chose n'y vient pas, il faut approcher la Lunette plus pres du verre, iusqu'à ce que l'on y voye ce qu'on desire ; La Piece estant ainsi arrestée, il faut marquer sur le verre tout ce qui s'y verra regardant par le trou F, qui fait icy ce que fait le poinct de veuë aux autres pratiques ; estant tres-certain que tout ce qui sera marqué sur la feuille de verre, ayant l'œil au petit trou de la Lunette, se trouuera parfaitement dans les Regles de la Perspectiue.

Chacun sçait comme il faut Retirer ce qui sera dessigné ; c'est pourquoy ie laisseray cela pour dire qu'on peut marquer dessus le verre auec la plume & l'ancre, & apres que tout est fait, moüiller vn peu l'autre costé du verre pour rafraischir l'ancre, & mettre du costé qu'on aura tracé, vn papier vn peu humide, puis passer la main par dessus, & le papier prendra tout ce qui estoit marqué sur le verre.

Si l'on veut, on se peut seruir aussi du Pinceau, & des couleurs, selon que chacun le trouuera bon : c'est assez qu'on sçache l'inuention de s'en seruir, pour Retirer ce qu'on voudra ; Car il est aussi aisé à Retirer vn Palais qu'vn Paysage, & vne Eglise qu'vn Logis, ou vne Chambre ; puis qu'il n'y a qu'à se mettre en vn lieu où l'on puisse voir ce qu'on veut designer, & approcher la Lunette pres du verre, quand il en sera besoin, par le moyen des trous qui sont à la planche.

Vn Peintre se peut encor seruir de cecy pour Retirer les Figures, ou telle Posture qu'il leur aura donné, pour Retirer apres la Bosse ; En vn mot, pour tout ce qu'il iugera, estant asseuré que l'vsage luy rendra faciles plusieurs choses mal-aisées.

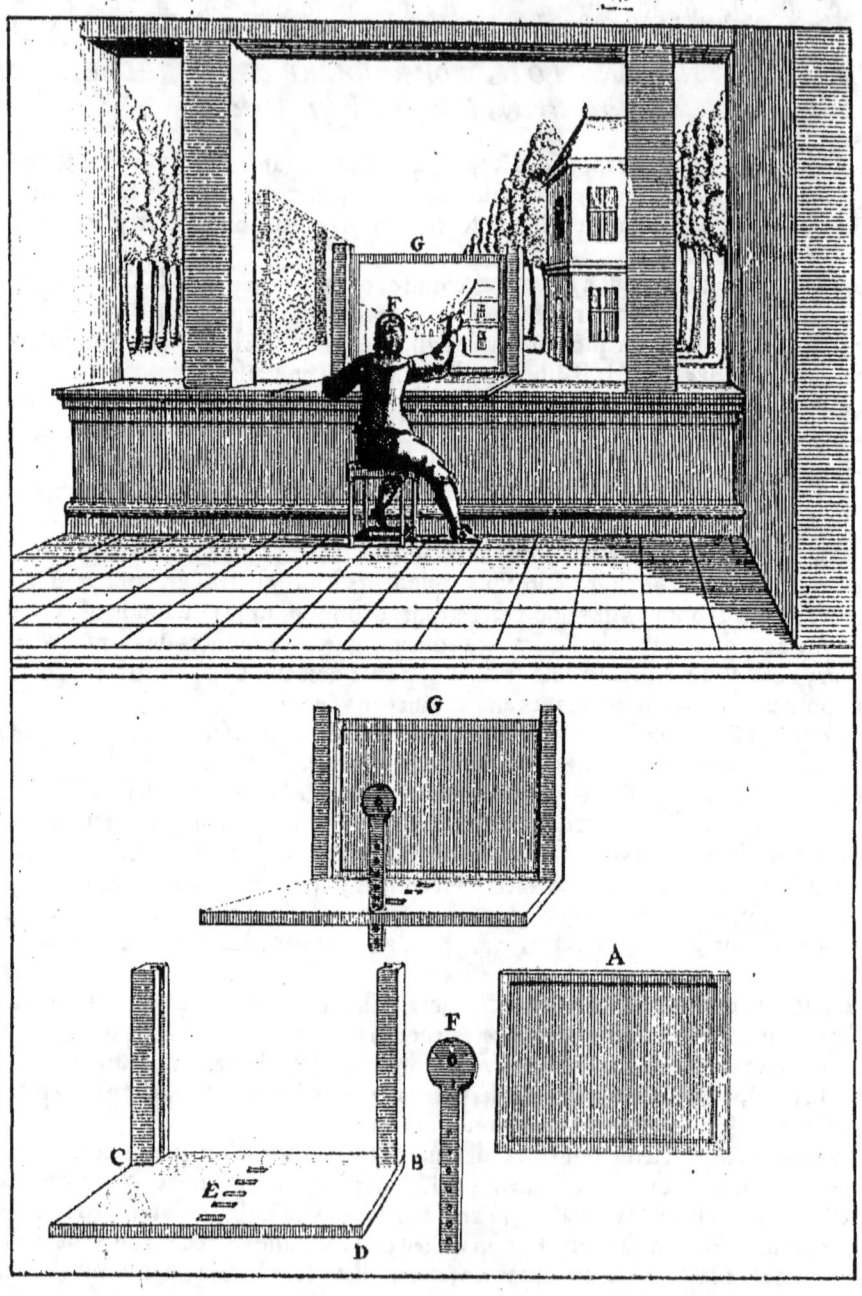

AVTRE BELLE INVENTION POVR PRATIQVER LA Perspective, sans la sçauoir.

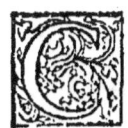

ETTE inuention est trouuée aussi belle que la precedente, & quelques-vns l'estiment dauantage, à raison que l'autre oblige à desseigner deux fois : La premiere sur le Verre : la seconde, à Retirer ce qu'on y fait : Et en celle-cy l'on ne desseigne qu'vne fois, & aussi exactement que l'autre.

Ie ne mettray pas la fabrique de cet instrument, n'y ayant point de difference à celuy que ie viens de donner, sinon qu'au lieu de la feuille de Verre, il y faut mettre vn Chassis diuisé par petits quarrez, auec des filets bien deliez, comme la Figure le monstre, ce que i'appelleray Treillis ; pour le nombre des quarrez, ie laisse cela à la discretion d'vn chacun ; ie diray seulement qu'il ne faut pas les faire trop grands, pour faire plus exactement ; ny trop petits de peur d'estre confus.

Pour la pratique, il faut que cette Piece H, soit posée en telle sorte qu'on puisse voir par le trou de la Lunette I, tout ce qu'on veut desseigner, si le dessein qu'on desire faire doit estre plus grand que le Chassis, où est le Treillis, ou comme veulent d'autres, l'eschiquier, il faudra faire les quarrez de la toile, ou du papier, plus grands que celuy du Chassis ; & s'il est plus petit, faudra faire les quarrez plus petits : mais il faut tousiours faire des quarrez pour rapporter en chaque quarré de son papier, ou de la toile, ce qu'on verra dans les quarrez du Chassis, en regardant par la Lunette I ; Et si tout est bien rapporté proportionnellement, le Dessein sera aussi iuste pour la Perspective, que si l'on s'estoit seruy de Reigles & de Compas.

I'ay mis les deux Figures, pour faire voir comme cette Piece H, doit estre posée pour s'en seruir à desseigner sur vne Table, & quand on veut peindre, par l'vne & l'autre maniere, l'on peut faire plus exactement toute sorte de Perspectives, contrefaire des Tableaux, & tirer au naturel.

Ie me doute bien que plusieurs diront que cette methode n'est pas nouuelle, & qu'il n'y a pas vn Peintre qui ne sçache aggrandir & diminuer les Tableaux, en se seruant de l'eschiquier : cela est vray ; mais ie ne croy pas que pas vn se soit iamais seruy de la Lunette, qui est le secret pour faire toute chose dans sa perfection.

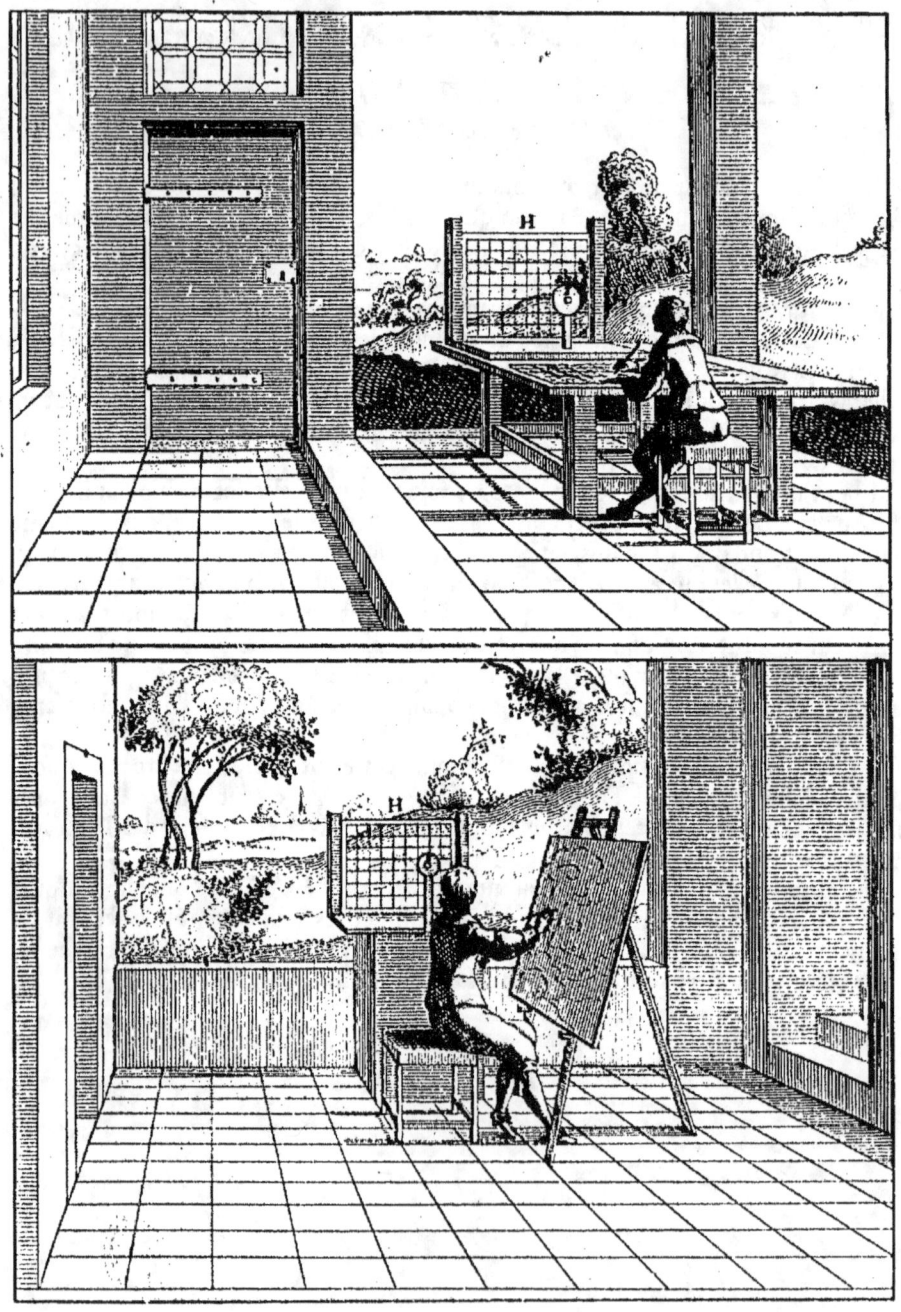

MESVRES, ET PROPORTIONS
DES FIGVRES
AVX
PERSPECTIVES, TABLEAVX,
ET
OVVRAGES DE BOSSE.

1.ᵉ partie

POVR DES FIGVRES EN PERSPECTIVE.

A PRES auoir mis ce qui peut seruir pour faire toutes sortes de Perspectiues, auec les moyens de leur donner des aggrémens & des ornemens pour contenter l'œil; il ne reste plus qu'à trouuer la façon de le tromper entierement, qui est d'y mettre des Figures.

Mais auant que de passer plus outre, il faut faire vne distinction de Figures; car c'est autre chose, de representer vne Histoire, que de vouloir tromper l'œil en vne piece qui sera mise au fond d'vne Galerie, d'vne Sale, ou d'vne Allée de Iardin; car à celles-cy toutes les Figures de repos sont les meilleures, & pour vne Histoire elles doiuent estre toutes animées par la diuersité de leur posture.

La quantité des Orizons que les Peintres prennent dans leur Tableau, est cause qu'ils y font vne infinité de fautes, pour ne sçauoir pas donner la hauteur qu'il faut aux Figures, proportionnées à leur orizon. Ie leur veux donner vne regle pour n'y point manquer, quelque orizon qu'ils ayent.

POVR LES FIGVRES AYANT L'OEIL DANS L'ORIZON.

D ANS les Perspectives que l'on met au bout d'vne Galerie, d'vne Allée, d'vne Sale, ou de quelqu'autre lieu pour tromper la veuë, l'on doit tousiours mettre *l'Orizon à la hauteur naturelle*, c'est à dire, à 5. pieds de Roy, qui sont la hauteur de la taille commune.

Qui voudra y mettre des *Figures pour paroistre au naturel*, elles doiuent auoir l'œil dans l'orizon : car si les Figures ont les yeux dans l'Orizon comme nous, elles nous paroistront de nostre hauteur, cela deuroit suffire pour l'instruction; mais pour estre plus clair, & me donner mieux à entendre, ie me seruiray de ces trois Figures pour quantité d'autres que l'on y pourra mettre si l'on veut.

La premiere Figure A, aura la hauteur naturelle, & les yeux dans l'orizon : Si ie veux encore vne autre Figure à la place B, il faut du poinct B, esleuer vne ligne iusqu'à l'Orizon, & elle paroistra de mesme hauteur que la premiere : Qui en voudra vne troisiesme en C, qu'il luy mette tousiours les yeux dans l'Orizon, elle sera de la hauteur des autres dans l'apparence : Bref, quand il y en auroit mille, il n'y a point d'autre regle à garder, quand l'Orizon est à la hauteur naturelle : Ie n'entend pas parler des *Enfans*, qui doiuent estre faits à proportion des grandes Figures, & selon la discretion des Peintres.

POVR LES FIGVRES AYANT L'ORIZON BAS.

Q VAND on fait des Tableaux pour des Sales, où ordinairement on les pend, & esleue vn peu haut, il faut prendre *l'Orizon plus bas*, pour l'approcher de l'œil autant que l'on pourra.

Maintenant pour donner iustement, & auec proportion, la hauteur à chaques Figures en quelque endroit qu'elles se rencontrent, il en faut faire vne à quelle hauteur l'on voudra, en quelque lieu du Tableau, comme est la Figure D F, qui est icy ce que nous auons appellé ligne d'Esleuation aux pratiques precedentes.

Pour trouuer la hauteur des autres Figures que l'on veut mettre dans ce Tableau, qui doiuent paroistre aussi hautes que la premiere D F, il faut des pieds de celle-cy F, & du haut de sa teste D, tirer des lignes où l'on voudra dans l'Orizon, comme est le poinct E; & entre ce triangle D E F, se trouueront toutes les hauteurs des autres : Par exemple, si ie veux trouuer la hauteur que doit auoir la Figure du poinct G, de ce poinct G, ie tire vne parallele à la ligne de terre G H, iusqu'à ce qu'elle coupe la ligne F E, qui sera au poinct H, duquel ie leue vne perpendicule iusqu'à ce qu'elle coupe la ligne, ou rayon D E, au poinct I, & cette perpendicule H I, est la hauteur de la Figure, qu'il faut prendre auec vn Compas, pour la porter au poinct G; si i'en veux vne autre au poinct K, ie n'ay qu'à faire les mesmes operations, & i'auray la perpendicule M N, pour sa hauteur, & ainsi de tant que l'on voudra.

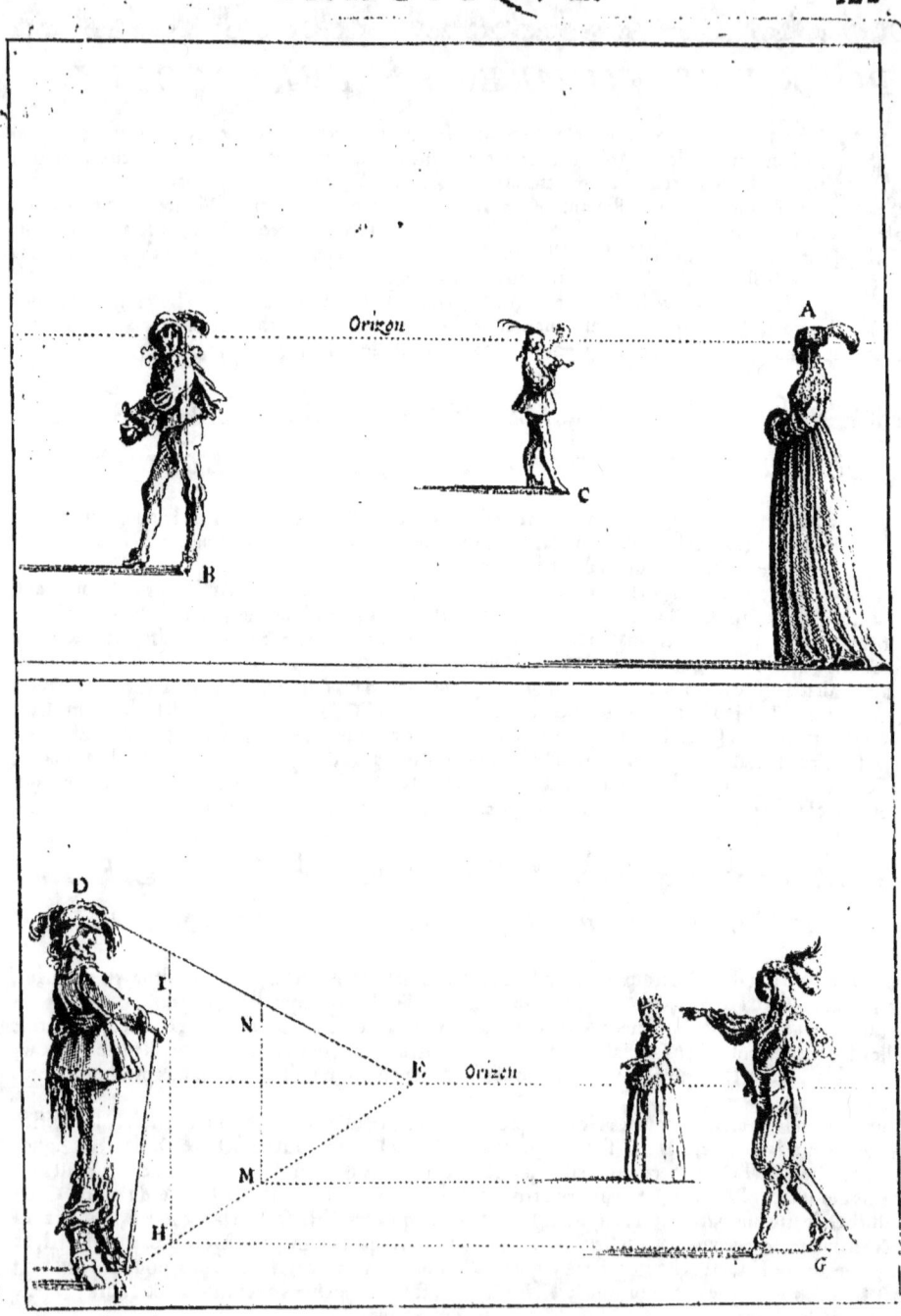

POVR LES FIGVRES AYANT L'ORIZON HAVT.

QV AN D *l'orizon est haut*, comme on est quelquesfois obligé de le mettre, pour representer quelque chose qu'on aura veu d'vn lieu eminent ; il faut garder la mesme regle que la precedente, quoy qu'il semble le contraire en celle de l'O-rizon bas ; toutes les Figures sont au dessus de la premiere, & vont toussiours en diminuant ; Et à celle-cy de l'Orizon haut, toutes les Figures se leuent au dessus de la premiere, & la plus esloignée est toussiours la plus esleuée, mais neantmoins plus petite à proportion, & selon la mesure que l'on prendra ainsi.

Ayant fait la premiere Figure A B, il faut du dessus de sa teste, & du bas de ses pieds, ti-rer en quel lieu l'on voudra de l'Orizon, qui est icy le poinct C ; toutes les hauteurs des au-tres Figures se doiuent prendre entre ce triangle A C B. Par exemple, voulant auoir la hauteur de la Figure du poinct D ; de ce poinct D, il faut faire vne parallele à la ligne de terre D E, iusqu'à la ligne A C, qui sera le poinct E, duquel il faut esleuer vne perpendi-culaire iusqu'à la ligne B C, qui donnera le poinct F, cette perpendiculaire E F, sera la hau-teur qu'il faut à la Figure du poinct D. Si au poinct G, on veut encore vne Figure, il faut faire la mesme pratique du poinct D, & on aura la perpendicule H I, qui sera pour la hau-teur de la Figure du poinct G ; Et par la mesme methode, toutes les autres Figures pren-dront les hauteurs de quelque lieu que ce soit.

POVR LES FIGVRES QVI ONT LES PIEDS A L'ORIZON.

C'E s t rarement que l'on fait des Figures dessus l'Orizon, mais si la necessité y estoit, il faut faire celles que l'on voudra faire paroistre les premieres, plus grandes que les autres ; c'est à dire, leur donner la hauteur naturelle, & toutes les autres leur seront egales, & s'esloigneront à mesure qu'on les fera plus petites : Par exemple, la Figure K L, est la plus grande & la plus proche, & celle M N, est la plus esloignée : Tout le secret en cecy pour les Peintres, c'est de bien acheuer celles de deuant, plus que celles du fond, & tant plus elles s'esloignent, elles doiuent estre plus adoucies, & moins parfaites.

La regle de ces Figures & de celles qui ont les yeux dans l'Orizon, n'est autre que leur propre hauteur ; car tant en vne façon qu'en l'autre, il n'y a qu'à faire plus petites & moins acheuées les Figures que l'on voudra reculer & enfoncer bien loing.

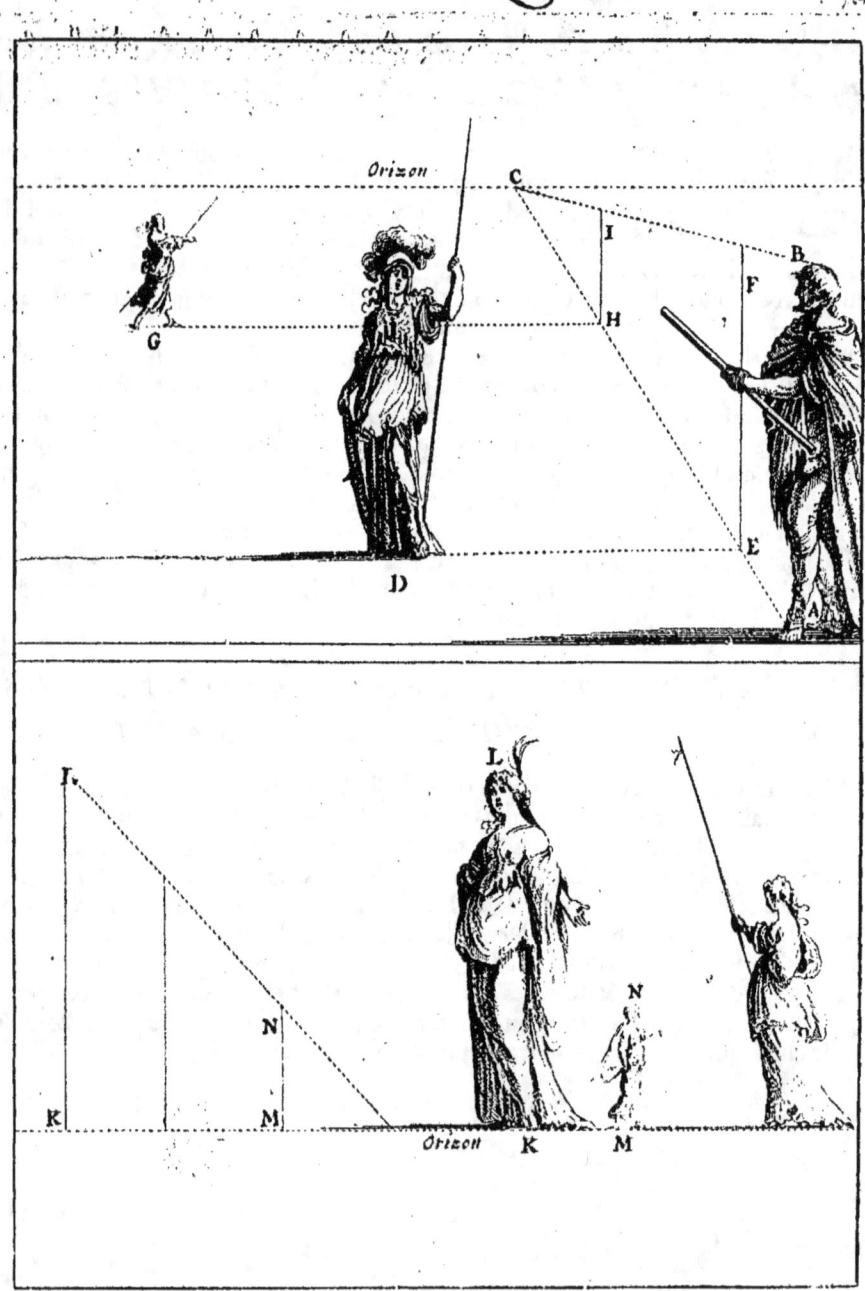

Orizon

C

I

B

H

F

G

E

D

A

L

I

N

N

K

M

K

M

Orizon

DES FIGVRES ESLEVEES AV DESSVS DV PLAN.

I L y en a qui difent que les objets efleuez de terre, ont plus de diminution que quand ils eftoient deffus le Plan, & que par cette raifon il falloit qu'vne Figure montée deffus 4. ou 5. pieds, fuft plus petite que fi elle eftoit en terre; cela feroit bon, fi elle eftoit efleuée bien haut, comme nous dirons cy-apres: mais ce peu fait que la diminution eft imperceptible: Car fuppofez que tel objet, ou Figures, puiffent eftre defcouuertes d'vne feule veuë; c'eft à dire, fans hauffer l'œil: Elles doiuent auoir la mefme hauteur eftant efleuées, que fi elles eftoient à terre. Par exemple, la Figure A, doit auoir la mefme hauteur que la Figure B; & la Figure C, que celle D, & celle F, egale à G, & ainfi des autres.

Aux Figures de deffous, l'on remarquera que pour la mefme raifon, les Figures qui font abbaiffées font de mefme hauteur que celles de deffus, comme eft la Figure E, egale en hauteur à celle H, & I, auffi grande que la Figure K. Ces deux exemples feruiront pour toutes celles que l'on y pourroit faire.

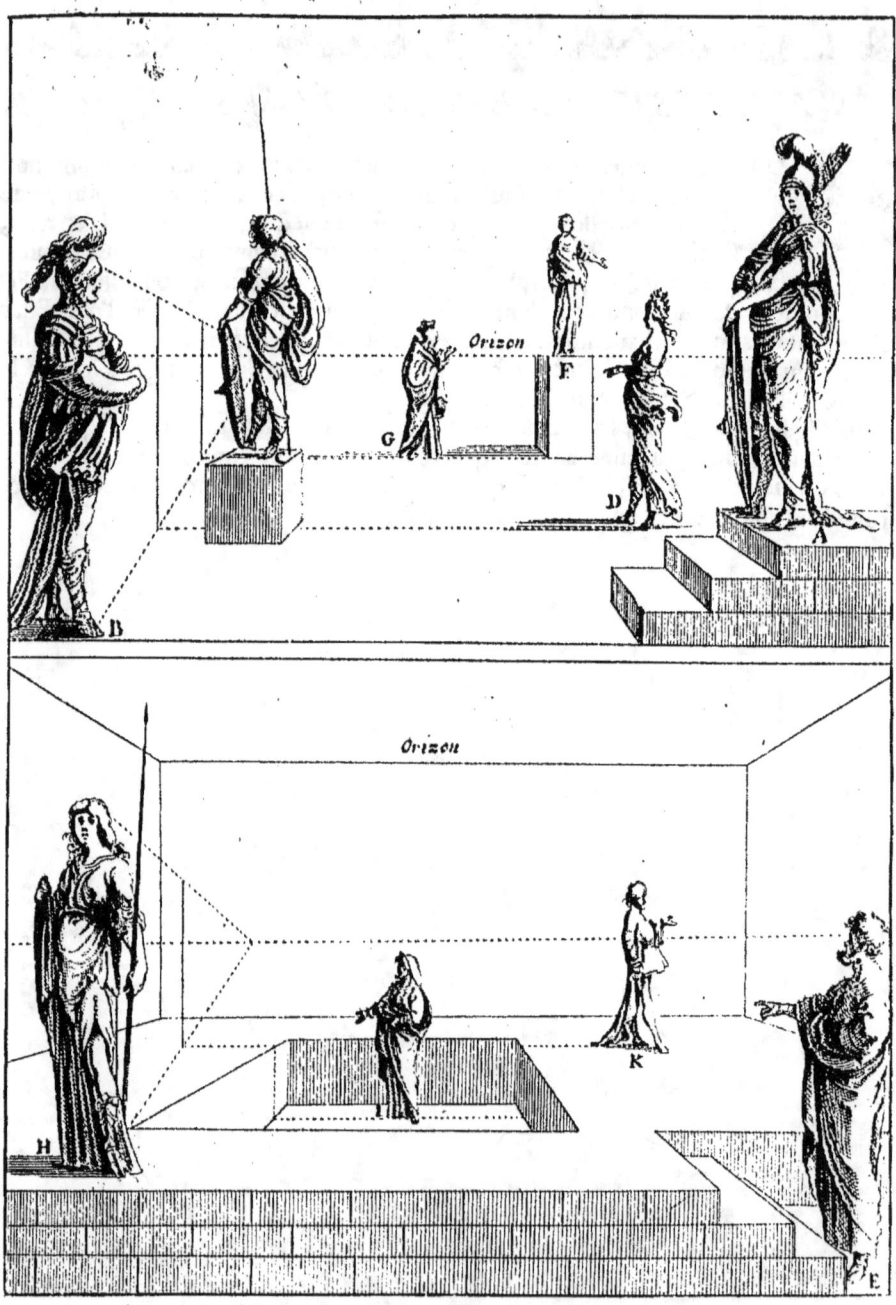

DES POSTVRES QVE L'ON DOIT DONNER
aux Figures dans les Perspectives.

L faut faire *choix des Postures* que l'on doit donner aux Figures, pour tromper l'œil, puis qu'elles n'y sont pas toutes bonnes, comme nous auons desia dit: c'est pourquoy il m'a semblé en deuoir mettre quelques vnes qui donneront ouuerture d'en inuenter d'autres.

Le premier est vn homme qui lit estant assis: le 2. lit vn Placart affiché contre la muraille; le 3. ioüe du Luth: le 4. dort: le 5. est accoudé, qui tourne le dos en deça de ceux qui font deux à deux: les premiers marquez 6. regardent vn dessein fur du papier, les autres plus esloignez 7. font en affaires serieuses.

L'on en peut mettre qui ioüent, qui deuisent, ou s'entretiennent sur vne Table, ou debout, qui escriuent, qui prient Dieu à genoux; En vn mot, on en peut mettre d'vne infinité de postures, pourueu qu'elles soient telles que l'on y puisse demeurer long-temps: Mais il n'y en faut iamais mettre de celles qui font en action, car cela ne trompe pas, de voir tousiours vne jambe, ou vn bras en l'air, ny qui courent fans bouger d'vne place.

DES BESTES, ET OYSEAVX, EN PERSPECTIVE.

I L faut garder les mesmes regles qu'aux Figures, donnant la hauteur ou largeur à la premiere, & des deux bouts de cette premiere mesure tirer à l'Orizon pour auoir toutes les mesures des autres: Par exemple, ayant fait le premier Cheual A D, pour auoir la hauteur de celuy B, il faut de là ligne A D, tirer à l'orizon C; & puis du poinct B, tirer vne parallele à la ligne de terre BK, iusqu'à ce qu'elle coupe la ligne AC, qui donnera le poinct K, duquel on esleuera la perpendicule K L, pour la hauteur du Cheual du poinct B.

Pour les Oyseaux, il faut des extremitez des aisles E F, tirer des rayons à l'orizon, & entre ces deux lignes, prendre la mesure des autres, que ie suppose de mesme grandeur. Par exemple, pour auoir la grandeur d'vn Oyseau au poinct G, il faut tirer vne paralle-le à la ligne de terre GH, iusqu'à ce qu'elle coupe les rayons E F, qui donneront la ligne H I, pour la grandeur de l'Oyseau G.

Quand on voudra mettre des Bestes, ou des Oyseaux, dans des Perspectiues, il faut choisir celles qui se tiennent plus de repos, comme seroit vn Chien dormant, ou rongeant vn os; vn Chat, au guet d'vne Souris; vn Perroquet, &c.

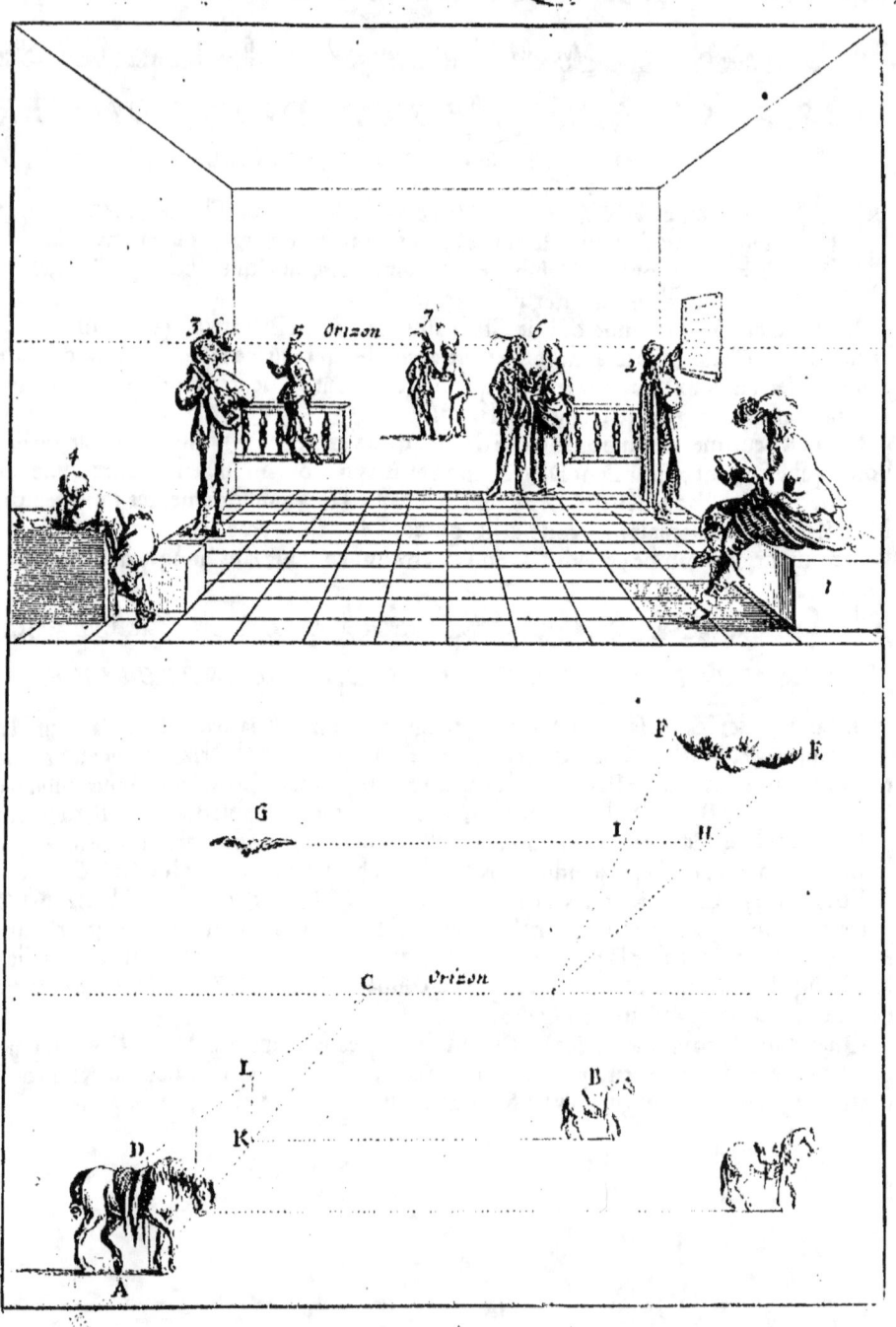

POVR TROVVER LA HAVTEVR DES FIGVRES ESLOIGNEES,
la premiere estant dessus vne Montagne proche de l'œil.

'E s t vne chose qui donne vn grand contentement & satisfaction à l'esprit, quand l'on a cognoissance de ce que l'on fait, ce qui me fait croire que l'on sera bien aise d'auoir la regle presente, incognuë à plusieurs.

Quand il faut faire de ces Figures, l'on doit determiner la hauteur de la premiere; c'est à dire, la distance de la terre, iusqu'où on la veut monter, & à cette distance mettre vne autre Figure au dessous, de la mesme hauteur, des pieds & de la teste de laquelle, il faut tirer à l'Orizon, pour auoir la hauteur des autres Figures qui sont dans la campagne. Ie m'explique.

Par exemple, la Figure A, qui est dessus la Montagne, a pour sa hauteur cinq pieds de Roy, qui est la naturelle. Ie suppose que la Montagne a vingt-cinq pieds de haut; si l'on est esleué de 20. pieds, comme cette piece du milieu où est monté le regardant, qui doit auoir encore cinq pieds pour sa hauteur, l'Orizon se rencontrera de 25. pieds, comme le dessus de la Montagne, & l'Orizon la razera, comme l'on void à la Figure de la Montagne qui a les pieds sur l'Orizon.

Maintenant pour trouuer la hauteur de ces petits Personnages, qui sont dans la campagne, il faut faire vne Figure 25. pieds plus bas, au dessous de celle A, ou en quelqu'autre lieu, comme est B C, Et des pieds B, & de la teste C, tirer en quelque lieu dans l'Orizon, comme est le poinct O; & entre ces deux lignes B, & C, qui vont au poinct O, il faut prendre la hauteur des petites Figures, ainsi que nous auons fait dans les pratiques precedentes; comme pour auoir la hauteur de la petite Figure D, il faut tirer vne parallele à la ligne de terre, iusqu'à ce qu'elle coupe la ligne B, au poinct E, duquel on esleuera la perpendicule, qui coupera la ligne C O, au poinct F; & faudra prendre auec vn Compas cette perpendicule E F, pour la hauteur de la Figure du poinct D: Si l'on veut encore la hauteur des Figures des poincts G H, il faudra faire le mesme qu'à la Figure D, & l'on trouuera leur hauteur entre les lignes B, & C, qu'il faut prendre auec vn Compas, & les transporter aux poincts G H; & faire tousiours de mesme, tant que l'on voudra de Personnages, diminuant tout iusqu'à vn poinct.

Voila tout ce qui se peut dire pour les mesures des Figures, selon la Perspective: Mais puis que ie me suis engagé à toutes les mesures des Figures; i'ay mis encore les pratiques suiuantes; quoy qu'elles ne soient pas selon cet Art.

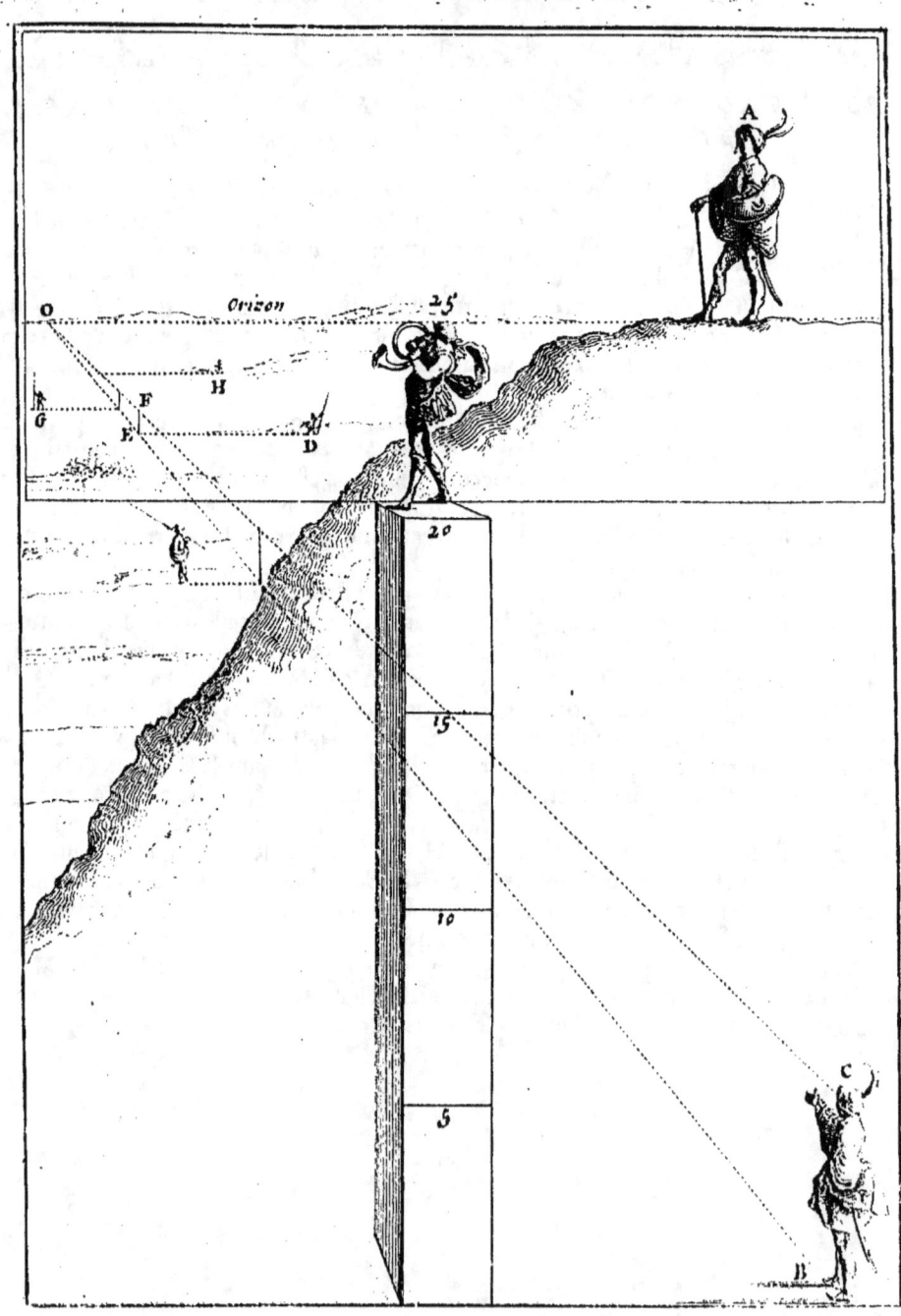

POVR DONNER LA HAVTEVR NATVRELLE, OV TELLE qu'on voudra aux Figures esleuées bien-haut.

FIN de ne rien obmettre pour les hauteurs des Figures, nous mettrons encore les 2. regles fuiuantes, dont l'vne a desia esté donnée par Albert Durer, Serlio, & autres, pour escrire des let-tres en lieu eminent, & les faire paroiftre egales à celles de bas; par la mesme raison on s'en peut seruir pour trouuer les mesures, & grandeurs des Figures, qui paroistront toutes egales depuis vn certain poinct où sera le regardant.

Il y a vn homme au poinct B, haut de 5. pieds, & esloigné de la Tour A, de 50. pieds, qui regarde la pre-miere Figure C, qui luy paroift au naturel, & à 50. pieds plus haut D, il veut mettre vne autre Figure qui paroisse au naturel, comme l'autre du lieu où il est : Comment faut-il trouuer sa mesure?

Il faut faire vn quart de Rond, ou seulement vn petit Arc au deffus de la Carte, qu'il faut mettre deuant l'œil, & regarder les pieds & la teste de la Figure C, & elle donnera au quart de Cercle, la distance, ou l'Angle E F; Puis il faudra à mesme temps, & sans mouuoir le quart de cercle, regarder le poinct D, où doit estre le pied de la Figure D I, & remarquer le poinct qu'il donnera au quart de cercle, qui est icy le poinct G; & à ce poinct G, il faudra mettre l'angle, ou la mesme distance que la Figure C, aura donnée, qui est E F, qui estant transportée en G, donnera G H; Puis par ce poinct H, il faut regarder où l'on cou-pera la ligne esleuée de D, qui sera au poinct I; tellement que la distance D I, sera la hauteur qu'il faudra donner à la Figure qu'on y voudra mettre : Qui voudroit en faire vne encore plus haut, il n'a qu'à faire les mesmes operations, & il aura ce qu'il desire, & paroiftront toutes au naturel du Regardant B.

Si on en veut sçauoir la raison, il se faut souuenir des principes, ou y regarder de nouueau, & l'on trou-uera que tous les objets veus deffous Angles egaux, paroiffent egaux ; or est-il que l'Angle G H, est egal à E F, dont la Figure D I, doit paroiftre dans l'œil egale à la Figure C.

POVR COGNOISTRE COMBIEN DIMINVENT A L'OEIL les Figures egales, mifes les vnes fur les autres, en hauteur.

LE Regardant K, ayant vn quart de Rond, ou partie de Cercle, comme celuy de la premiere Figure B, il regarde de la premiere Figure M, de la Tour L, qui luy paroift au naturel, & le mesurant depuis les pieds iusqu'à la teste, il marque l'angle, ou la distance deffus vn quart de cercle, qui sont N O; puis sans rien bouger, il regarde encore les pieds & la teste de la Figure P, & marque deffus son quart de rond l'an-gle qu'elle donne, qui est Q R, s'il y en auoit encore plus haut, il les pourroit toutes prendre, & mettre deffus son quart de rond.

Pour sçauoir la difference qu'il y a de l'vne à l'autre, il faut auec vn Compas prendre les Angles, ou distances des vnes & des autres, & on cognoiftra que les plus esleuées donnent l'angle plus petit, & par con-fequent font paroiftre à l'œil les Figures plus petites ; & lors l'on pourra dire que la Figure P, ne paroift à l'œil que la moitié de la Figure M, quoy que l'vne soit aussi haute que l'autre.

Si on demande la raison, on dira que la Figure P, donne au quart de rond vn angle qui n'est que la moi-tié de la Figure M, comme l'on peut voir que Q R, n'est que la moitié de N O, ou fort peu à dire.

Par cette cognoiffance, on vient à l'autre de deffus, & de celle de deffus à celle-cy; car fi M, & P, font de mesme hauteur, & que d'embas P, ne paroiffe que la moitié de M, on peut dire affeurement que pour faire voir P, comme M, qu'il luy faudroit encore vne fois autant de hauteur; le mesme est de celle de deffus, où la Figure D, qui est double de C, ne paroift pas plus grande, le regardant du poinct B : On pourroit dire auffi que fi D, n'estoit pas plus grand que C, il ne paroiftroit que la moitié de sa hauteur; & ainfi vne regle eft le reuers de l'autre.

Tant la premiere que la deuxiefme pratique, se doiuent faire au petit pied, comme font faites les Figu-res cy-deuant, où l'on aura tout auffi affeurement la difference & proportion des Figures, que fi elles eftoient prifes au naturel auec ce quart de Cercle.

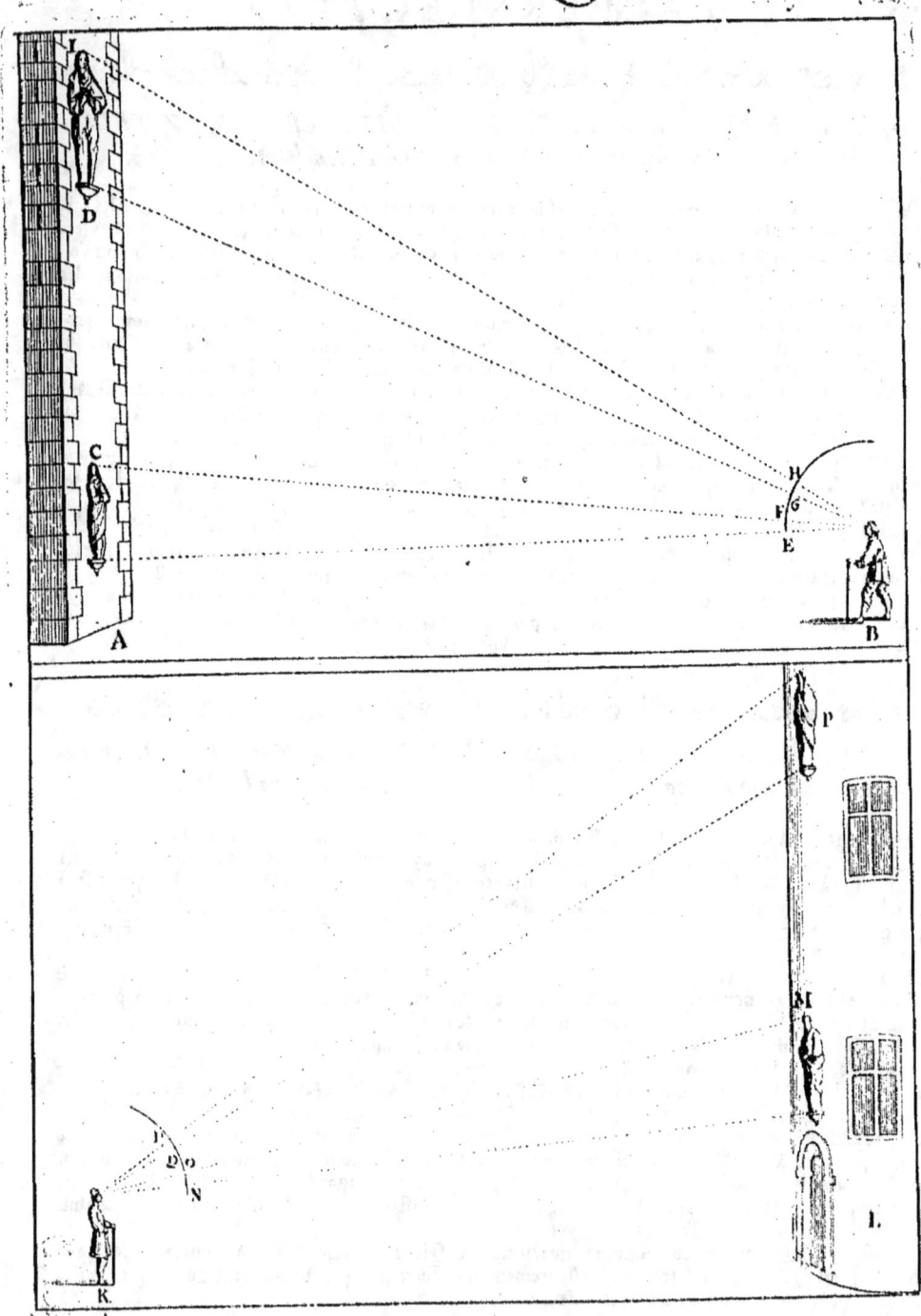

DES MESVRES POVR LES FIGVRES ESLEVEES.

E ce que nous venons de dire pour la diminution des Figures quand elles font esleuées, l'on doit tirer les mesures à proportion de celles qu'on veut esleuer dans les Tableaux, soit qu'on les mette dessus des Montagnes, dessus des Maisons, ou dessus des Nuées en l'air : Les 2. pratiques que nous en allons donner, rendront la methode bien facile.

Pour la premiere, ie suppose que l'homme A, est haut de 6. pieds, laquelle hauteur on multiplie plusieurs fois dessus vne ligne à plomb B, dessus la ligne de terre ; & de ces diuisions de 6. en 6. pieds, il faut tirer à la teste de la Figure A ; Puis ayant mis vne jambe du Compas au poinct A, de l'autre jambe faut faire l'arc C D, & les sections que cet arc fera des rayons, seront les mesures que l'on doit donner aux Figures. Par exemple, si l'on veut faire paroistre vne Figure esleuée de 42. pieds, il faut prendre le traict E D, qui coupe les 2. derniers rayons qu'il faut transporter en F, qui est esleuée de 42. pieds dessus la mesme ligne de terre A B ; si l'on veut vn autre à 30. pieds de haut, il faut prendre le traict G H, qui coupe les rayons 30 & 36. qui sera la hauteur de la Figure P, & ainsi des autres : Toute l'importance est de sçauoir combien faut approcher, ou reculer cette ligne B, qui doit estre tousiours la distance du regardant à l'objet regardé, comme icy de 30. pieds, ou enuiron.

Pour la deuxiesme pratique, au lieu de cette ligne B, en la premiere pratique ; i'ay mis les diuisions de 6. en 6. pieds dessus la ligne de terre I T ; les 2. premiers poincts I, & 6. se doiuent tirer au poinct de veuë K, pour auoir entre ces 2. rayons I K, 6. K, la mesure des 6. pieds qui est la hauteur que nous donnons aux Figures ; Puis de toutes ces autres mesures de 6. en 6. iusqu'à 48. ou plus, s'il y en auoit ; il faut tirer au poinct de distance L, & aux sections que l'on fera du rayon 6 K, il faudra tirer des petites paralleles à la ligne de terre, entre les rayons I, 6. lesquelles paralleles seront les hauteurs des Figures dans vn enfoncement, & par consequent pour les Figures esleuées à mesme distance : ce qu'on peut verifier, rapportant les mesures de la premiere pratique, auec celles de la deuxiesme.

Qui voudra sçauoir combien chaque Figure diminuée de la premiere qui a 6 pieds, il n'aura qu'à prendre la hauteur de celle qu'il desire, auec vn Compas, & porter le Compas ainsi ouuert dessus la petite eschelle M, & il aura ce qu'il desire. Par exemple, si ayant pris la hauteur de la Figure P, on la porte dessus l'eschelle M, elle ne donnera que 4. pieds, ce qui fait cognoistre qu'vne Figure de six pieds esleuée de 30. pieds, ne paroistra que de 4. pieds : Les hauteurs, ou diminutions des autres, se cognoistront par les mesmes operations, pourueu que ce soit en mesme distance que celles-cy N. aura auec la I ; si l'on change la distance, toutes les pratiques se doiuent recommencer tout de nouueau, & operer comme nous auons fait.

Les Figures V X Y, qui sont en l'air dessus des Nuées, à la deuxiesme Figure de dessous, sont de mesme hauteur & proportion qu'en la premiere ; ie les ay mises seulement pour voir qu'encore que les pratiques soient differentes, les effets sont les mesmes.

Ce que i'ay dit pour trouuer les hauteurs & diminutions des Figures qui sont sur la ligne de terre A B, de la premiere pratique, & I T, de la deuxiesme, se doit garder à proportion qu'elles s'enfoncent, & faut que les plus esleuées ayent mesme rapport auec celles qui sont à terre, qui sont en mesme ligne, comme celle-cy F P, auec celle A. Par exemple, en la deuxiesme pratique, si vis à vis de la derniere Figure N, il y auoit vne Figure O, esleuée sur vne Tour haute de 48. ou 50. pieds, quelle mesure luy donneroit-on ? Ie respond, qu'il luy faut donner la mesme proportion que celle-cy N. aura auec la I ; Et comme la derniere N, ne contient que 2. fois & demie, des 6. qu'a la I ; celle O, qui sera sur la Tour, ne doit auoir que 2. & demie des 6. parties qu'a la Figure N. Si ie veux encore vne Figure R, esleuée dessus vne autre Tour de 48. ou 50. pieds deuant la Figure Q, faut prendre encore 2. parties & demie de 6. de la Figure Q, pour la hauteur de la Figure R ; Qui en voudroit encore vne en S, à la mesme Tour, qui est esleuée de 30. pieds, il luy faudroit donner 4. parties des 6. de la Figure Q, c'est à dire 4. pieds, comme nous l'auons trouué en la premiere pratique, entre les rayons G H ; En vn mot, toutes les Figures se diminuent à l'œil, à mesure qu'on les esleue, comme le contraire arriue quand on les abbaisse.

Ce qui doit faire estimer cette regle, c'est que toutes les proportions des Figures se peuuent apprendre par cœur ; car qui voudra prendre la peine de faire vne mesure de celle-cy, où il pourroit adjouster plus de parties, & luy seruiroient pour tousiours, & pourroit se la rendre si familiere, qu'en moins de rien il vous dira qu'estant esloigné de 30. pieds, si la Figure a 6. pieds, ou 6. parties de haut, estant dessus terre. Vne qui sera de mesme hauteur, estant esleuée de 12. pieds, ne paroistra que de 5. & demy. Celle qui sera esleuée de 18. ne paroistra que 5. Celle qui sera esleuée de 24. ne paroistra que 4. & demie. Celle de 30. que de 4. Celle de 36. de 3. pieds, & celle de 42. que de 2. pieds & demy ; & ainsi auançant de 6. en 6. comme i'eusse fait, si le papier l'eust permis ; c'est assez qu'on sçache comme il faut faire pour y en mettre plus grand nombre.

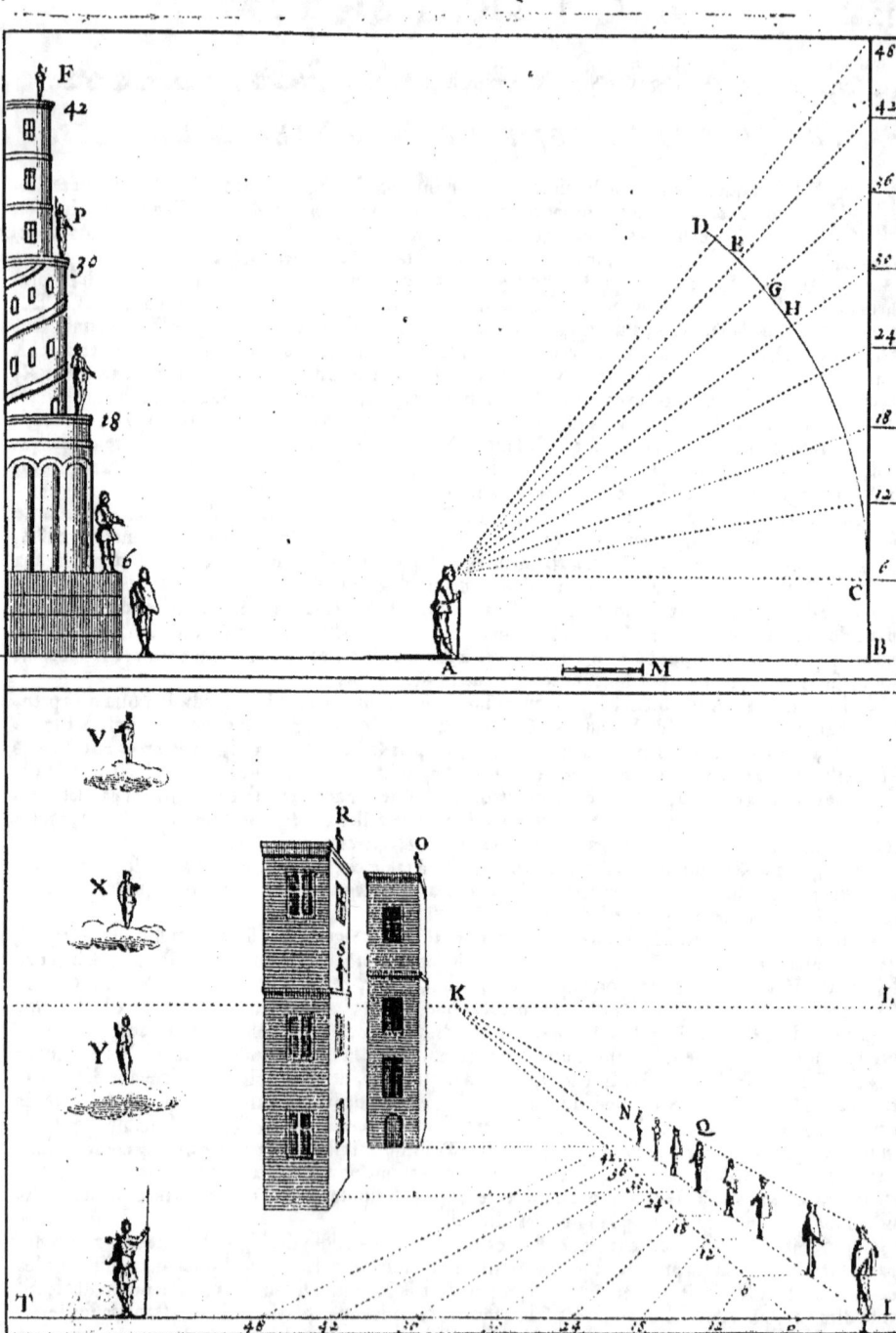

PRATIQVES
POVR TROVVER LES OMBRES NATVRELLES, TANT
au Soleil, & au Flambeau, qu'à la
Chandelle, & à la Lampe.

5.e et derniere partie

ORIGINE DES OMBRES.

POVR *definir l'Ombre naturelle*, nous ne difons pas que c'eft vne entiere priuation de lumiere; car ce feroit dire vne parfaite obfcurité, où l'on verroit auffi peu les objets que leurs ombres; mais nous entendons vne diminution de lumiere, caufée par l'interpofition de quelque corps qui n'eft pas tranfparant, lequel receuant le Soleil, ou la clarté qui devroit fe ietter fur le plan où il eft pofé, y donne vne Ombre de fa forme. Car la lumiere eftant de foy communicatiue, fe produit fur tout ce qui ne luy eft point caché, & s'eftend deffus tout ce qui eft plan & vny : mais s'il fe rencontre la moindre efleuation, cet empefchement luy fait faire vne Ombre, qui rend fur ce plan la forme & figure de ce qui eft efclairé.

La diuerfité de Luminaires fait vne diuerfité d'Ombres; car fi le corps qui efclaire eft plus grand que celuy qui eft efclairé, l'Ombre fera plus petite que le corps; s'ils font egaux, l'ombre fera egale au corps efclairé; mais fi la lumiere eft plus petite que l'objet, l'Ombre ira s'agrandiffant toufiours.

Pour mieux entendre cecy, nous ferons les trois Figures fuiuantes, qui nous feruiront de fondement, pour les regles que nous donnerons.

La premiere, monftre que le corps lumineux A B, eftant plus grand que l'illuminé C D, il efclaire plus que la moitié de l'objet, ce qui luy fait donner l'ombre en pointe, & former vne Pyramide, dont le Soleil eft la baze. Cefte verité fe monftre en l'Eclipfe de la Lune, qui eft rarement toute couuerte de l'Ombre de la terre, qui pourtant la furpaffe en grandeur quarante fois; à raifon que le Soleil, qui eft le Corps lumineux, eft cent foixante-fix fois, & dauantage, plus grand que la terre qu'il efclaire plus de la moitié; & par confequent luy fait donner l'Ombre en pointe.

La deuxiefme, ayant le Corps lumineux F G, egal en grandeur à l'illuminé H I, il efclaire la moitié de l'objet, & donne fon ombre parallele H I K L.

La troifiefme fait voir que le Corps lumineux, ou la lumiere M, eftant moindre que ce qui eft illuminé N O, il n'eft pas efclairé à moitié, ce qui luy fait faire vne Ombre N O P Q qui s'eflargit à mefure qu'elle s'efloigne de l'objet, & fait vne Pyramide, dont la lumiere eft la pointe.

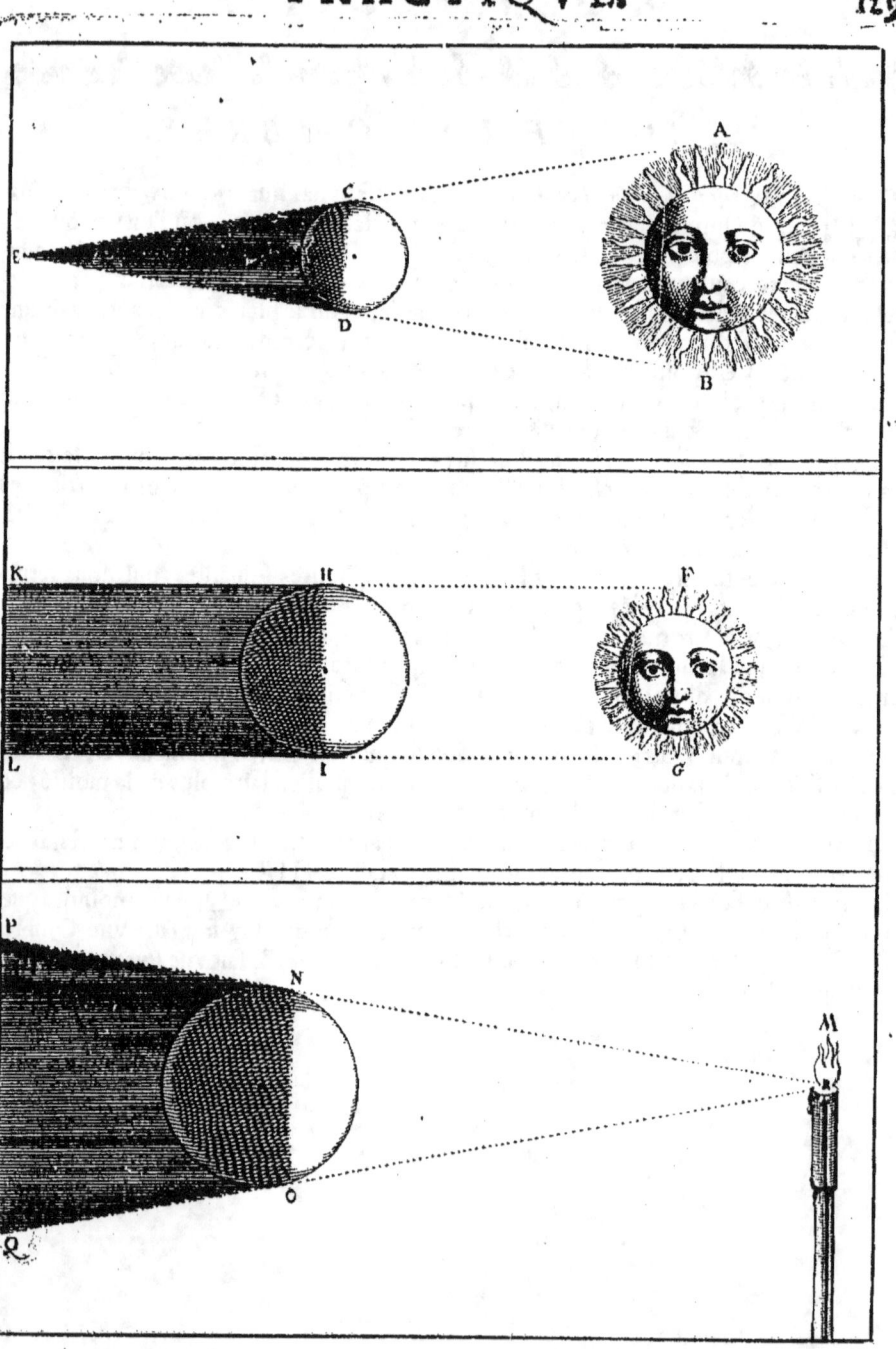

DE LA DIFFERENCE DES OMBRES.

D E ce que ie viens de dire au feuillet precedent, il faut conclure qu'vn mesme objet peut donner diuerses formes d'Ombres, ou proiections, encore qu'il soit esclairé d'vn mesme costé, à raison que le Soleil la donne d'vne façon, le Flambeau d'vne autre, & le Iour ne la forme pas.

Le Soleil rend tousiours l'Ombre egale à l'objet, c'est à dire, par parallele, comme la premiere Figure le monstre. I'enseigneray aux feuillets suiuans, comme il faut pratiquer cette methode, & donner à chaque objet l'Ombre naturelle que le Soleil luy causeroit. Tous les Peintres, Graueurs, & autres, prendront garde, s'il leur plaist, à obseruer ces regles, quand ils voudront faire quelque chose d'agreable, & ne pas prendre la regle de la Chandelle, ou flambeaux, pour celle-cy; comme ont fait quelques-vns.

L'Ombre du Flambeau ne se donne pas par paralleles, mais par des rayons qui partent d'vn mesme centre, ce qui fait que l'ombre n'est iamais egale au corps, mais plus large, & s'agrandit tousiours à mesure qu'elle s'esloigne; ce qui se peut voir à la seconde Figure, où l'ombre est plus large qu'à la premiere, quoy que les Cubes de l'vne & de l'autre, soient d'egale largeur & hauteur. Voila pourquoy on s'abuseroit lourdement si l'on donnoit l'ombre du flambeau, comme du Soleil; & du Soleil, comme de la Chandelle, puis que la difference est si notable.

Il y a vne troisiesme sorte d'ombre, qui n'est ny du Soleil, ny du Flambeau, mais seulement causée d'vn beau Iour, lequel n'ayant assez de force pour former la Figure, ne rend qu'vne noirceur confuse aupres de l'objet, comme à la troisiesme Figure. Or celle-cy n'a point de regle, c'est pourquoy chacun la donne & la pratique à sa fantaisie.

Toutes ces Ombres, tant *du Soleil,* que *du Flambeau,* & *du Iour,* doiuent estre plus brunes que les parties des objets qui ne sont pas esclairez, comme A, n'est pas si brun que B, à raison que A, reçoit la reflexion de la clarté qui est autour de soy: Et B, n'a point de reflexion que A, qui est dans l'obscurité. L'on remarquera aussi que la partie de l'Ombre plus esloignée de l'objet, est encore plus brune que la partie la plus proche : comme G, est plus brun que H, à raison que A, ne peut pas communiquer le peu de reflexion qu'il reçoit iusqu'à G, comme il fait à H.

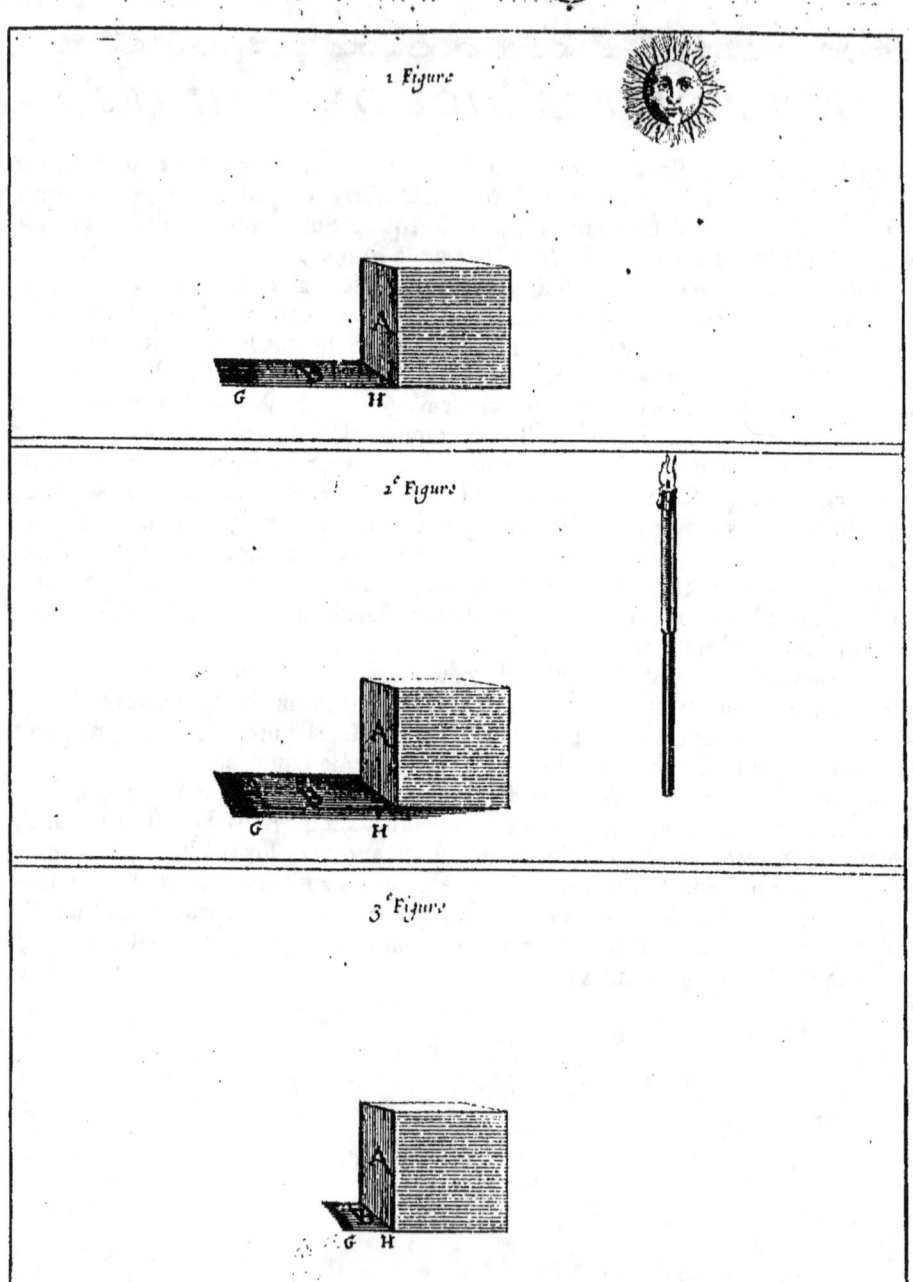

1 Figure

2ᵉ Figure

3ᵉ Figure

POVR TROVVER LA FORME DES OMBRES.

'O n remarquera au commencement de ce Liure, que la definition de la Per-
spective; c'est de donner sur vn plan perpendiculaire à l'horizon, la repre-
sentation des objets qui sont sur terre, ou sur vn plan horizontal. Et aux
Ombres, c'est tout le contraire; puis que l'on suppose vn Corps esleué sur le
Plan, lequel estant esclairé, iette son Ombre sur le mesme Plan, comme on void que le
Corps A, donne dessus le Plan l'ombre B.

Pour trouuer les Ombres, il faut supposer deux choses, la Lumiere, & vn Corps. La
Lumiere, quoy qu'elle luy soit contraire, c'est elle neantmoins qui luy donne l'Estre : Et
le Corps, ou l'objet luy donne sa forme & sa figure. Ie ne traiteray icy que des Ombres, car
ie suppose qu'on a appris à mettre les Corps, ou Objets en Perspective.

POVR ENTENDRE CES OMBRES plus facilement, & rendre les pratiques suiuantes plus aisées; on remarquera qu'il se faut seruir de deux poincts : L'vn du pied de la
lumiere, qui doit tousiours estre pris sur le Plan où est posé l'objet; & l'autre du Flambeau, ou Corps lumineux : Puis que la regle est generale au Soleil, & au Flambeau, auec
cette seule difference, que l'Ombre du Soleil se donne par parallele, & celle du Flambeau
par rayon d'vn mesme centre. Nous commencerons par celle du Flambeau, puis qu'elle
aydera à mieux comprendre celle du Soleil, qui suivra.

Nous disons donc pour exemple, Que si l'on veut auoir l'Ombre du Cube A, comme l'on void B; qu'il faut du poinct O, pied de la lumiere, tirer des lignes par tous les
Angles du Plan de l'objet, comme icy par le Plan du Cube O D, O E, O F, O G : Puis
faudra tirer d'autres lignes du poinct de la lumiere du Flambeau, par tous les mesmes
Angles esleuez, & continuer ces lignes iusqu'à ce qu'elles coupent les autres lignes, tirées du poinct O. Par exemple, ayant du poinct O, tiré la ligne passant par l'Angle du
Plan D; si l'on tire du poinct C, vne ligne passant par le mesme Angle esleué, celle-cy coupera l'autre au poinct H, & ce poinct H, sera l'Ombre de cet Angle. Si de ce poinct C,
on fait le mesme par tous les Angles esleuez, l'on coupera les lignes du Plan aux poincts
H I K L, lesquels poincts faudra ioindre de lignes droites, & l'on aura l'Ombre du Cube,
comme il se void à la Figure de dessus, & plus nettement à celle de dessous.

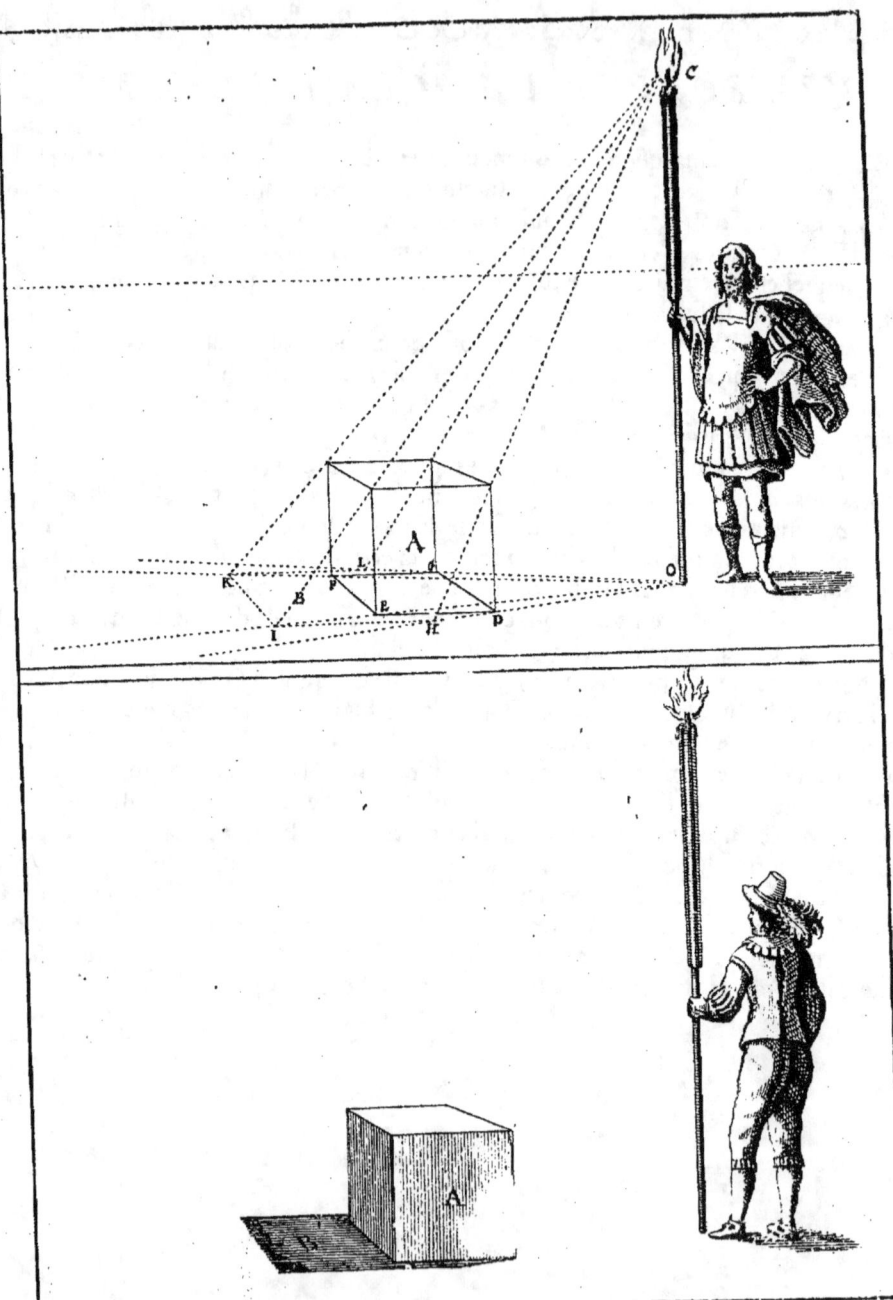

DES OMBRES PRISES DV SOLEIL.

E Soleil ce beau Corps lumineux, eſtant beaucoup plus grand que tout le Globe de la terre, comme i'ay deſia dit au commencement de ce Traiƈté, devroit donner toutes ſes Ombres en pointe, puis qu'il en eſclaire touſiours plus de la moitié.

En ſuitte de cette demonſtration, il faudroit conclure que toutes les Ombres du Soleil devroient eſtre moindres que le corps qui luy eſt oppoſé, & diminuer en s'eſloignant, ce qui ſeroit vray, s'il y auoit quelque rapport du Corps illuminé, au Corps illuminant: mais tous les objets qui ſont ſur terre, ſont ſi peu de choſe au regard de cet Aſtre, que la diminution de leurs Ombres eſt imperceptible à nos yeux, qui les recognoiſſent toutes égales, c'eſt à dire, qu'elles ne ſont ny plus larges, ny plus eſtroites, que les corps qui leur donnent leur forme: Pour cette raiſon, l'on donne toutes les Ombres cauſées du Soleil par paralleles, comme l'on a veu à la deuxieſme Figure de ce Traiƈté.

Il s'enſuit de tout ce diſcours, que pour auoir l'Ombre de quelque corps que ce ſoit, eſtant oppoſé au Soleil; il faut tirer vne ligne du deſſus de cet Aſtre qui tombe à plomb, au lieu où l'on voudra prendre le pied de la lumiere; & de ce lieu tirer vne ligne occulte par vn des Angles du Plan de l'objet, & vne autre du Soleil, par le meſme Angle eſleué, & la ſection de ces deux lignes marquera iuſqu'où l'Ombre doit aller; toutes les autres lignes ſe tireront paralleles à celles-cy.

Par exemple, pour prendre l'Ombre du Cube A, le Soleil eſtant à B; il faut de deſſous le Soleil C, qui eſt comme le pied de la lumiere, tirer vne ligne qui touche vn Angle du Plan, comme C D: Puis des autres Angles E, tirer des paralleles à celle-cy. Pour trouuer la fin de l'Ombre, il faut tirer vne ligne du Soleil B, paſſant par l'Angle eſleué F, qui coupera la ligne C D, en G; Puis tirant vne parallele à celle-là par l'Angle H, elle coupera la ligne E, au poinƈt I, & on aura l'Ombre du Cube D G L.

Qui voudra faire ietter les Ombres en deuant, ou en quelque autre ſorte qu'il luy plaira, il n'a qu'à ſe determiner le lieu du Soleil, & le poinƈt de deſſous, pour tirer les lignes d'vn Angle, & faire toutes les autres lignes paralleles à celle-la, comme l'on void aſſez à la Figure de deſſous, ſans repeter la pratique, qui eſt la meſme que celle de deſſus.

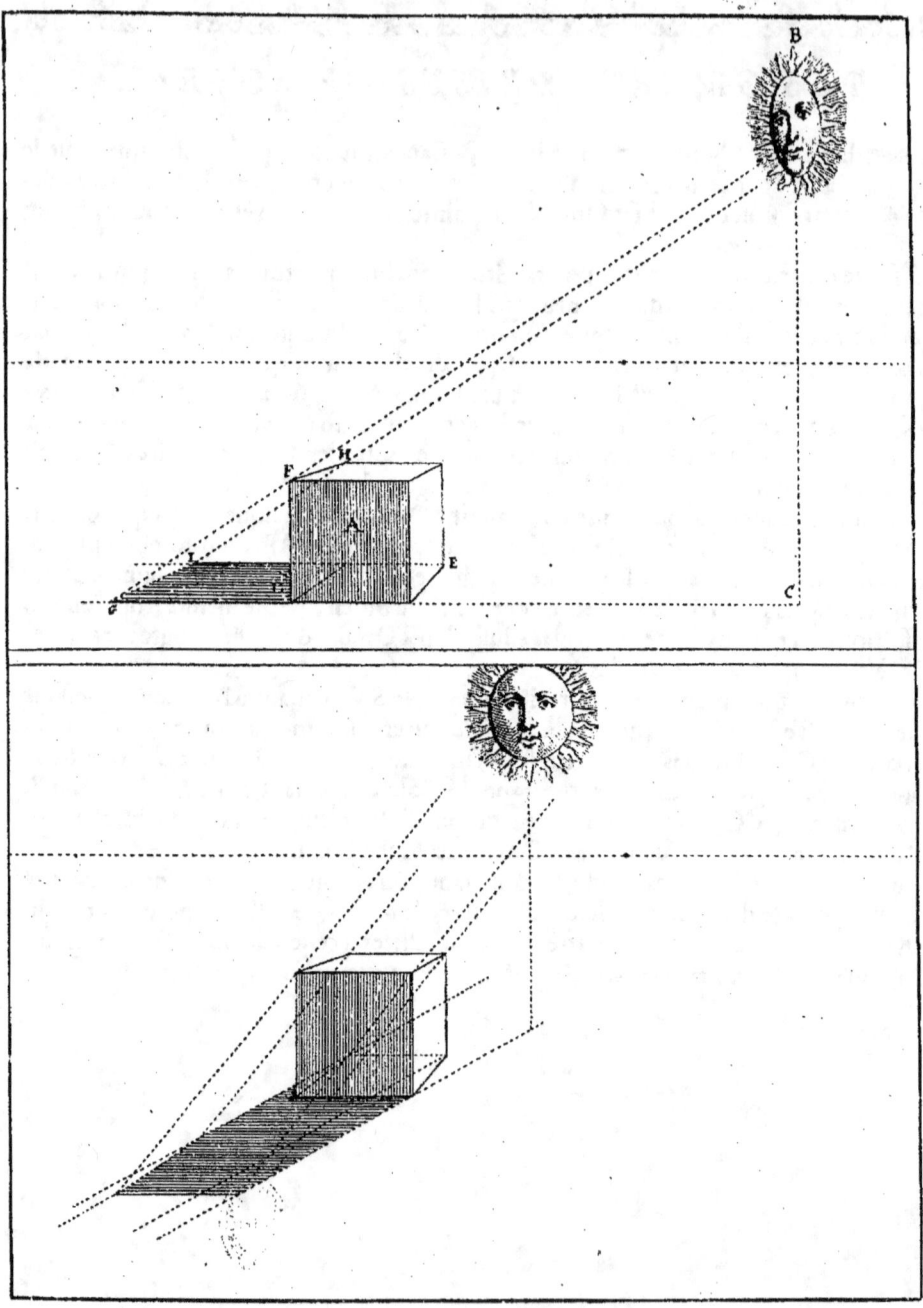

LES OMBRES DV SOLEIL SONT EGALES AVX OBIETS
de mesme hauteur, encor qu'ils soient esloignez l'vn de l'autre.

'EXPERIENCE nous apprend, que plusieurs Styles, ou esleuations de mesme hauteur, esloignez les vns des autres, ne laissent pas de donner leurs Ombres egales en mesme temps; ie dis en mesme temps, car elles s'alongent & racourcissent à mesure que le Soleil s'approche, ou se retire, ce qu'il fait à tous les momens, puis qu'il ne s'arreste iamais.

C'est pourquoy quand on desire faire ietter l'Ombre de quelque objet, il se faut determiner le lieu du Soleil, & le poinct de dessous, pour en tirer les deux lignes occultes qui donnent le terme de l'Ombre, comme icy la Palissade A, donne le poinct de son Ombre en B; & si de ce poinct B, vous tirez au poinct de veuë C, cette ligne B C, sera aussi bien l'ombre de la Palissade D, que de celle A, & de toutes celles qui seroient en mesme ligne iusqu'au poinct de veuë. Et faut tenir pour maxime que les Ombres gardent tousjours le mesme poinct de veuë que les objets.

Suiuant cette experience, que les objets de mesme hauteur donnent les Ombres egales, si l'on veut donner l'Ombre aux Palissades E F, qui sont de mesme hauteur que A D; il faut seulement prendre auec vn Compas la distance A B, & la porter au pied de la Palissade E, pour auoir E G; & de ce poinct G, tirer au poinct de veuë C, & faire tousiours la mesme pratique, quand mesme ces Allées se produiroient à l'infiny.

Mais si le Iour vient du fond, ou de deuant, comme à la Figure de dessous, faut-il changer de pratique? Non; Il faut seulement auancer, ou reculer le pied, ou le dessous du Soleil, & tirer des lignes de l'vn & de l'autre par vn Angle, comme sont H, & I, qui donnera le terme de l'Ombre de la Palissade K, au poinct L, & de ce poinct L, faudra tirer au poinct de veuë M; Puis de tous les Angles du Plan des Palissades, faudra tirer des paralleles à la ligne H, iusqu'au rayon L M, & l'on aura les Ombres naturelles des mesmes Palissades.

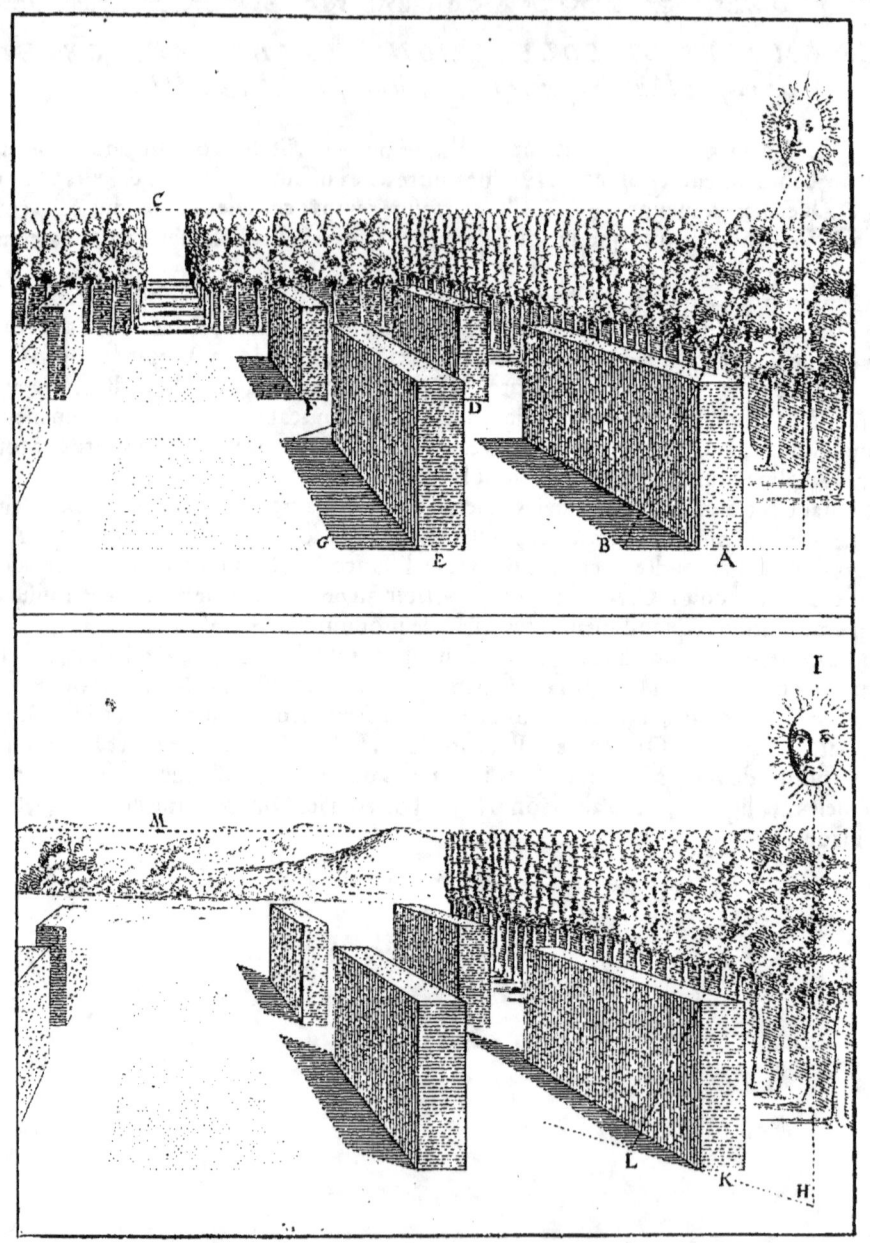

DES OMBRES QVAND LE SOLEIL EST
directement oppoſé à l'œil.

OVTES les fois que le Soleil eſt deuant nos yeux; c'eſt à dire, au deſſus du poinct de veuë; les coſtez de l'Ombre qu'il cauſera ſeront des paralleles, comme ſont tous les rayons viſuels; c'eſt pourquoy le poinct de veuë ſeruira touſiours pour le pied de la lumiere: Et l'autre rayon qui doit determiner l'Ombre, ſe prendra du centre du Soleil.

Par exemple, ayant à trouuer l'Ombre du Cube A, il faut par les Angles de ſon Plan B C, tirer des rayons du poinct de veuë D, comme ſont B E, C F. Puis du centre du Soleil G, tirer encore deux rayons qui couperont ceux-cy au poinct K L, en paſſant par les extremitez des lignes eſleuées des Angles B, & C, qui ſont H, & I: De ſorte que l'Ombre de ce Cube ſera B K L C.

Les Ombres des deux autres pieces M, & N, ſe prendront par la meſme pratique, & ainſi de tous les autres qui s'y pourroient rencontrer.

Il m'eſt venu en penſée qu'on pourroit eſtre en peine, ſi au lieu du Cube, il y auoit vne Pyramide; à raiſon que le rayon du milieu du Plan de la Pyramide, & le rayon du Soleil qui paſſe par la pointe, ne font qu'vne meſme ligne, & par conſequent ne peuuent rien terminer, pour prendre l'Ombre de la pointe de cette Pyramide.

Quand cela arriuera, il faut d'vn Angle du Plan, comme eſt icy O, tirer vn rayon du poinct de veuë P, qui ſera O Q; Et du meſme Angle O, eſleuer vne perpendicule O S, puis de la pointe de la Pyramide T, faire vne parallele à la ligne de terre, iuſqu'à ce qu'elle coupe la perpendiculaire O S, au poinct V: Faudra faire paſſer le rayon du Soleil par ce poinct V, & le continuer iuſqu'à ce qu'il coupe le rayon O Q, au poinct X, De ce poinct X, il faut faire vne parallele à la ligne de terre, iuſqu'au rayon du milieu de la Pyramide, qui ſera coupé au poinct Y, terme de l'Ombre: Il faudra tirer à ce poinct Y, des Angles Z, & O, & le triangle Z Y O, ſera l'Ombre de la Pyramide.

Ces Murailles qui ſont au fond de l'vne & de l'autre Figures, prennent leurs Ombres, comme nous auons dit du Cube A.

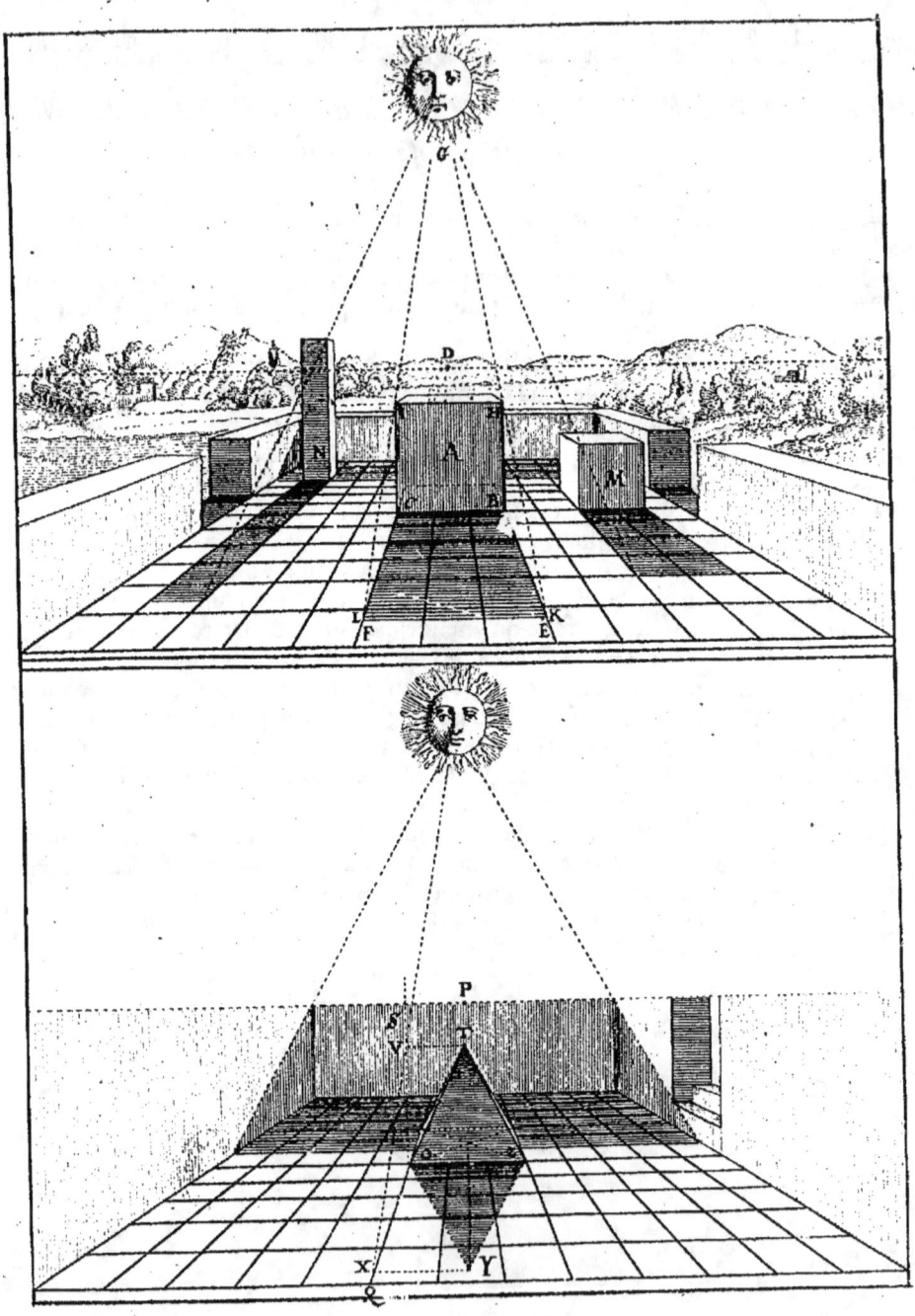

POVR DONNER L'OMBRE DES OBIETS PERCEZ A IOVR.

V A N D l'objet eſt quarré, ou de ligne droite, il faut du poinct A, du deſſous du Soleil, tirer des lignes paralleles de tous les Angles du Plan : Puis du milieu du Soleil B, tirer vne ligne à l'Angle le plus eſloigné C, qui coupera la ligne A, au poinct D, & tirer du poinct D, au poinct de veuë E, iuſqu'à ce qu'il trouue la derniere ligne du Plan F. Pour auoir le reſte des Ombres, il faut tirer des paralleles à la ligne B C D, par les coings G H I; à raiſon que le Soleil eſclaire deux faces, & rend l'Ombre plus large, comme il ſe void à la premiere Figure, que G C, & H I, ſont les diagonales de ces pieces quarrées eſclairées de deux coſtez ; & où ces lignes tirées par C G, & H I, couperont la ligne A; il faudra tirer au poinct de veuë E, & l'on aura toute la proiection, ou l'Ombre de l'objet.

Si c'eſt vne Rondeur, comme à la deuxieſme Figure, il faut faire le rond par la pratique des Arcades de coſté, feuillet 62. & 63. en eſleuant les perpendiculaires, & quand le rond ſera formé auec ſes eſpaiſſeurs, il faut du pied de toutes ces perpendiculaires tirer des paralleles à la ligne de terre, comme L K; puis prendre pour le deſſous du Soleil L, qui eſt la parallele du milieu du rond : Puis du milieu du Soleil M, tirer vne ligne paſſant par le deſſus du rond N, & la continuer iuſqu'à ce qu'elle coupe cette parallele L. au poinct O, qui ſera le terme de l'Ombre. Le vuide de ce rond ſe trouuera, tirant vne parallele à N O, du poinct P, qui eſt de deſſus du rond oppoſé au Soleil, iuſqu'à ce qu'il coupe la ligne L O; Le reſte du rond ſe trouuera tirant encore vne petite parallele à N O, du poinct R, qui donnera S. Tout le reſte des rondeurs ſe trouue, en faiſant des paralleles à N O, par tous les poincts du rond des perpendicules, qu'il faut continuer iuſqu'à ce qu'elles coupent les paralleles à la ligne de terre, ainſi que i'ay fait celle du milieu L O; ie les euſſe bien toutes marqué de poincts; mais ie ſuis ſi ennemy de la confuſion, que cela me les a fait obmettre.

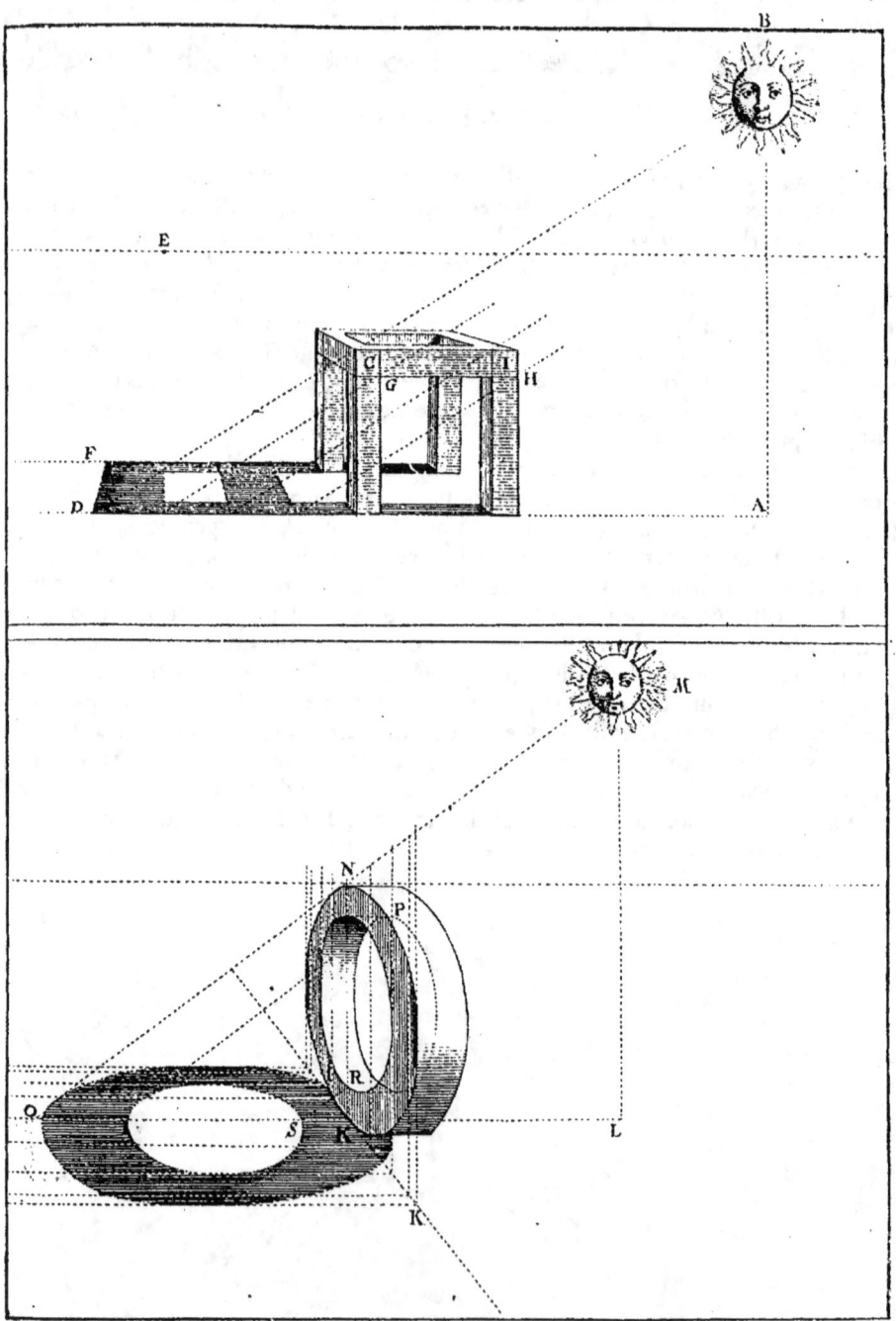

LES OMBRES PRENNENT LA FORME DES PLANS
où elles sont iettées.

IVSQVES icy i'ay donné les Ombres dans vn Plan vny, estant asseuré que qui les entendra bien, n'aura point de difficulté à pratiquer celles-cy, & les autres qui suiuent; parce que c'est toute la mesme regle, & qu'vn seul aduis suffira pour faire cognoistre comme ces Ombres se releuent & abbaissent selon qu'elles trouuent leurs Plans.

Pour faire voir que ces Ombres se trouuent par la mesme regle que les precedentes; n'est-il pas vray que qui tireroit vne ligne de dessous le Soleil A, passant par le Plan de cette Porte B, & que du Soleil C, l'on en tirast vne autre par le haut de la Porte D, que ces lignes se couperoient hors de nostre papier, & donneroient le terme de l'Ombre, ainsi que i'ay dit des autres? Mais la Muraille E, empeschant la ligne A B, de se produire, comme elle feroit si le Plan estoit vny, l'oblige à se releuer, comme l'on void F G: C'est pourquoy le rayon du Soleil C, qui deuroit aller bien loing chercher la ligne A B, la coupe contre la Muraille au poinct G, & y marque la forme, où l'ombre de cette Porte, dont le dessus se tire au poinct de veuë H.

L'Ombre de cette piece K, se iette de toute sa longueur K I, passant pardessus cette autre piece L; Et faut remarquer que l'Ombre garde tousiours sa longueur, encor qu'il se rencontre quelque chose entre-deux: & faut que l'Ombre qui passe pardessus quelque chose, obserue la figure & sa forme de la mesme chose: comme icy l'Ombre M, & N, gardent la forme de la piece L.

Encore que i'aye fait paroistre le Soleil aux autres Figures, il ne faut penser qu'il doiue estre si pres des objets; ç'a esté seulement pour donner à entendre que les rayons en partent, lors qu'il est en cette hauteur; mais pourtant hors de la piece, comme en cette deuxiesme Figure, qui ne laisse pas d'auoir la ligne de dessous le Soleil A B, & celle du rayon du Soleil C, à raison qu'il les faut tousiours supposer, pour trouuer le terme de l'Ombre.

L'Ombre de la piece O, se trouue, en continuant la ligne A B, & la faisant monter les degrez, & releuer contre la Muraille, iusqu'à ce que le rayon C, passant par le coing de la piece, la coupe au poinct S; puis du poinct S, tirer au poinct de veuë T.

Pour trouuer l'Ombre de la piece P, il faut se souuenir que i'ay dit au commencement de ce Traicté, qu'il faut tousiours supposer le pied de la lumiere dessus le Plan où est posé l'objet, & ainsi le rayon C, coupant la petite ligne A B, donne iusqu'où doit aller l'Ombre de la petite piece P, qu'il faut tirer au poinct de veuë T.

La piece V, donne son Ombre tout du long, quoy qu'elle descende dans vn fossé. L'Ombre de la Muraille R, se trouue par la mesme pratique que les autres, ainsi que les lignes A B, & les rayons C, le font voir.

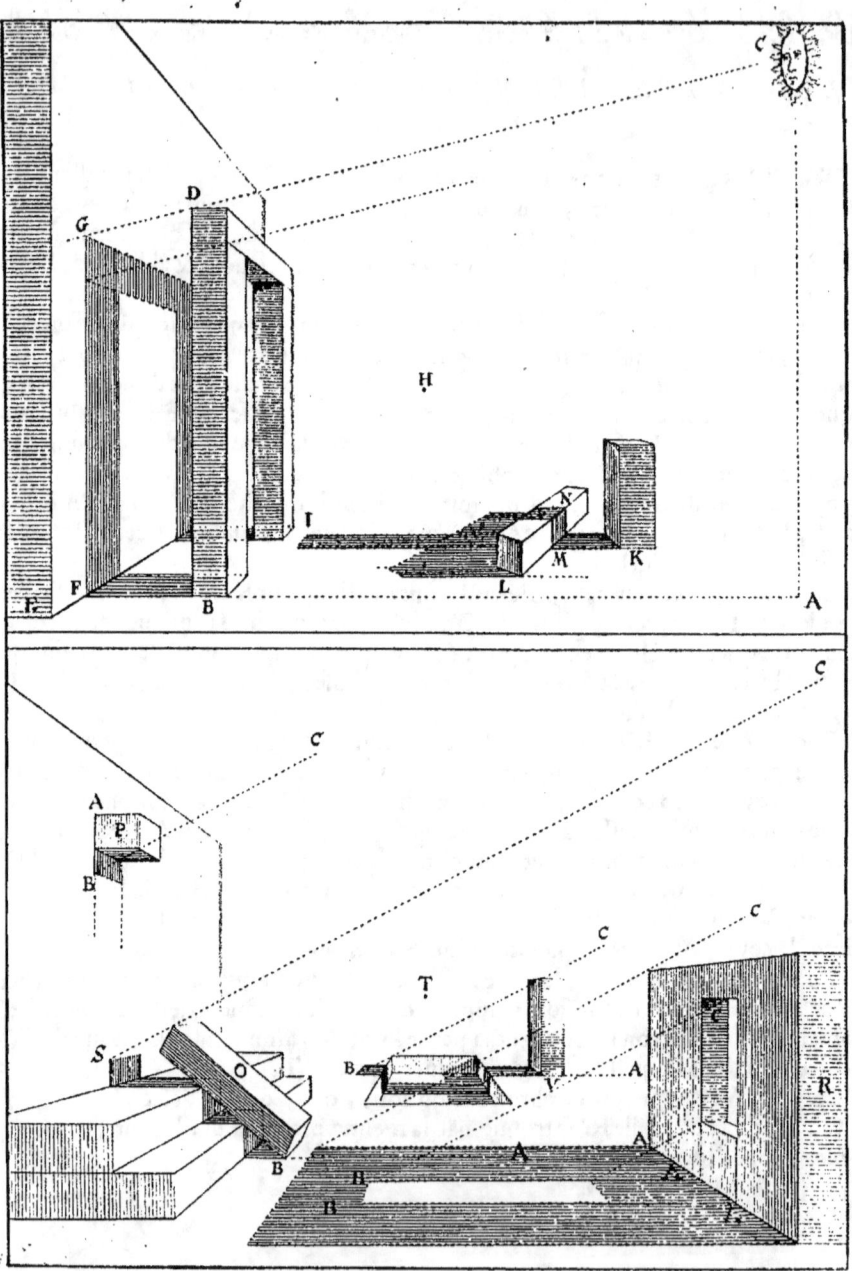

POVR TROVVER L'OMBRE DES OBIETS, QVAND
ils ont plus de largeur en haut qu'en bas.

VAND l'on veut auoir la proiection, ou l'Ombre des Figures, dont le deſſus a plus de largeur, ou de longueur que le deſſous, comme pourroient eſtre ces deux Figures.

L'on fait ordinairement vn Plan, duquel l'on eſleue des perpendiculaires A B.

Le Plan eſtant fait, il faut de deſſous le Soleil tirer vne ligne, comme i'ay deſia dit, & de tous les Angles du Plan tirer des paralleles à celle-là, puis en tirer vne du Soleil C, paſſant par vn des angles de l'objet, comme D, iuſqu'à ce qu'elle coupe la ligne du Plan du meſme angle A, ainſi qu'elle fait la ligne B E, au poinct F, & tirer E, & F, au poinct de veuë G, qui donnera l'ombre du quarré de deſſus l'objet; Puis tirant de la pointe de la Figure H, au poinct F, & L, l'on a toute l'ombre de cette Pyramide renuerſée.

L'on void bien que la proiection, ou l'ombre de cette Croix de deſſous ſe fait par la meſme pratique; que ie ne repeteray pas, pour n'eſtre ennuyeux.

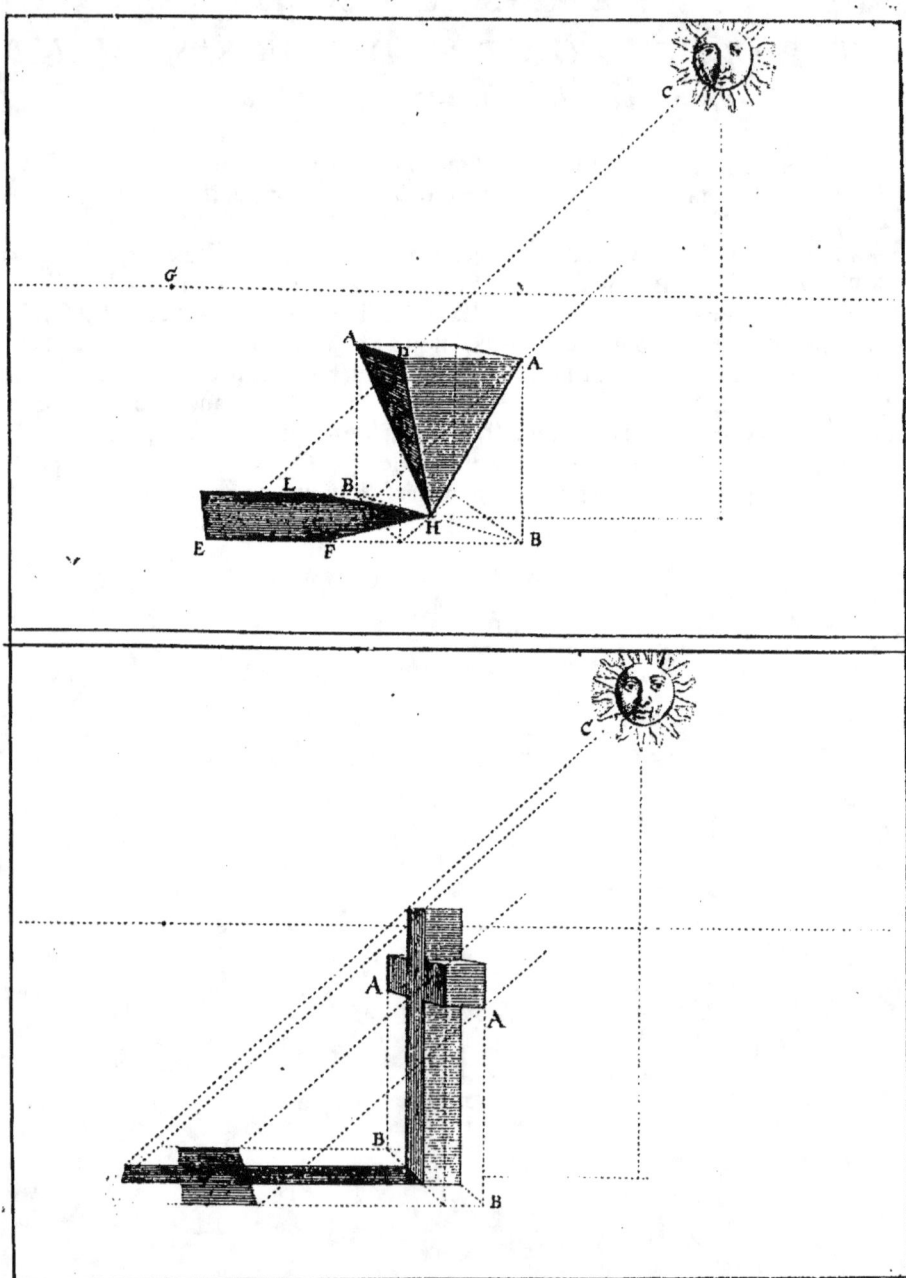

POVR TROVVER L'OMBRE DES OBIETS
eſleuez de Terre.

ETTE pratique ſera renduë facile par celle que ie viens de donner, puis qu'en l'vne & en l'autre, il n'y a qu'à trouuer le Plan, & de ce Plan tirer des lignes paralleles à celles du deſſous du Soleil par tous les Angles; puis des meſmes Angles des objets eſleuez en l'air, tirer encor des lignes pour couper celles qui ſont tirées du Plan, & trouuer le terme des Ombres, ainſi que i'ay deſia dit pluſieurs fois aux Figures precedentes.

Ce qui me fait croire que l'on entendra facilement tout ce que ie pourois faire des Ombres priſes du Soleil, ſans qu'il ſoit beſoin d'autres explications pour les Figures, puis qu'elles ſont aſſez intelligibles, & toutes faites par les regles qu'on doit auoir appriſes des autres cy-deuant.

Mais comme chaque Figure a touſiours quelque remarque particuliere, il ne ſera pas hors de propos d'en aduertir, afin qu'il n'y ait rien que l'on n'entende aiſément.

Ie dis donc qu'à la premiere Figure, ie ne me ſuis ſeruy que du plan A B C D, pour trouuer les Ombres des objets E, & F, à raiſon qu'ils ſont tous deux ſur meſme ligne, & de meſme hauteur.

En la deuxieſme, faut remarquer que la piece de bois G, iettant ſon Ombre ſur la muraille H, cette Ombre fait la meſme Figure que la Corniche I, qui eſt deſſous : ce qui ſe void encor au Baſton K, poſé contre la meſme muraille H.

Pour trouuer l'Ombre de la Planche L, ſe faut ſouuenir de la pratique precedente des objets plus larges en haut qu'en bas : car ayant tiré la perpendicule M, où elle coupera le rayon N O, faut tirer la ligne de deſſous le Soleil M P ; puis de la Planche eſleuée L, tirer vne ligne qui coupe M P, & cette ſection ſera le terme de l'Ombre.

L'Ombre de la Boulle Q, ſe trouuera auſſi, faiſant tomber deux perpendiculaires, deſquelles il faut former le Plan : Puis par le centre de ce Plan, tirer la ligne de deſſous le Soleil R, & du Soleil vne Tangente, comme Q S, iuſqu'à ce qu'on coupe la ligne R, au poinct T, & encore vne autre V, qui coupe la meſme R : & cette diſtance T V, ſera la grandeur de l'Ombre de la Boulle.

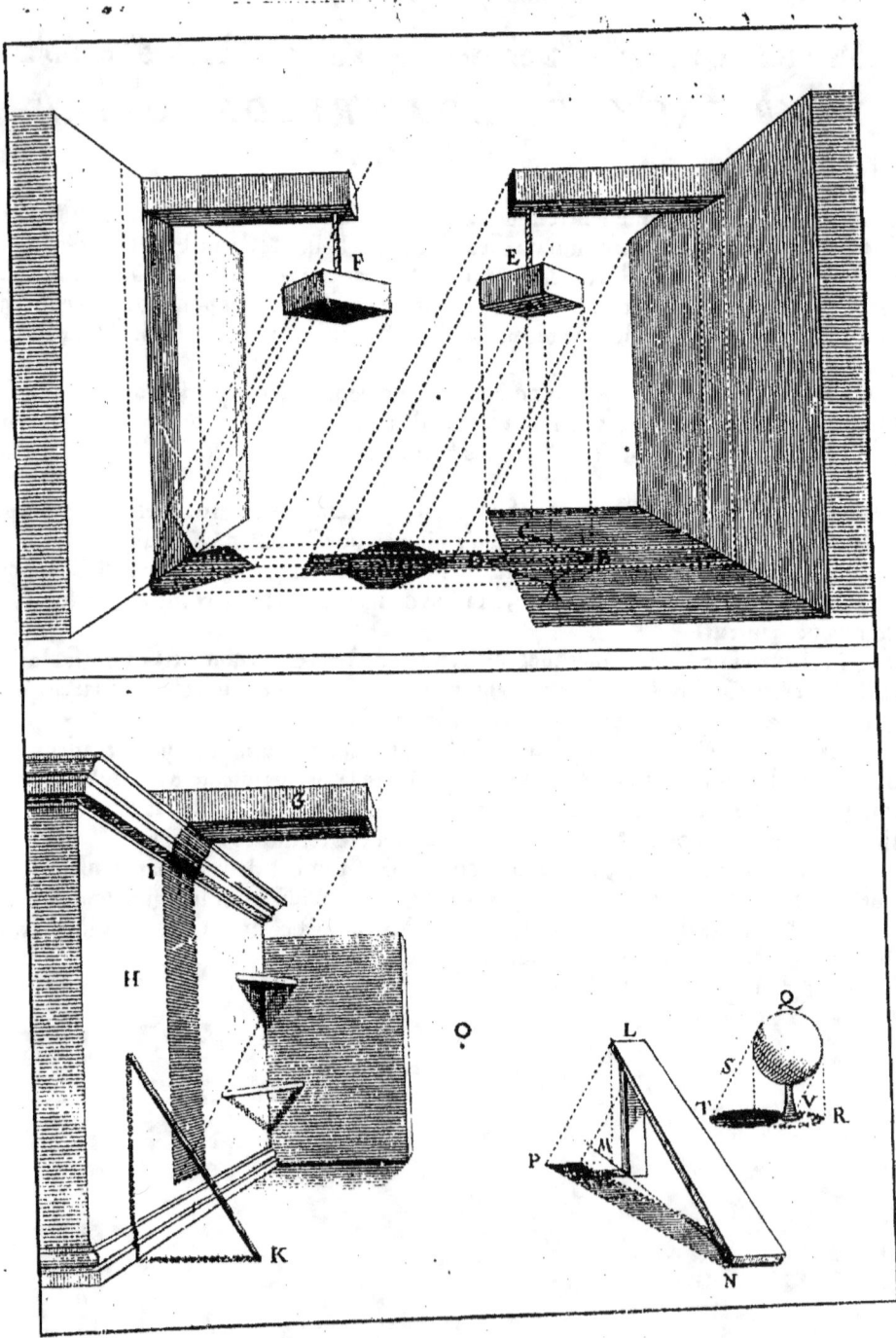

POVR TROVVER L'OMBRE AV SOLEIL A TOVTES
sortes de Figures.

'OMBRE de ces Figures se trouue par les mesmes pratiques des autres Corps; c'est à dire, par paralleles, tant de celles du dessous de la Figure, que de celles qui viennent du Soleil; auec cette seule difference que l'Ombre des Corps, ou objets, se trouue par l'ayde de leur plan, & que les Figures n'en ont point; mais au lieu de ces Plans, il faut, de l'aspect que l'on voit la Figure, tirer vne ligne par le dessous; & sur cette ligne faire tomber perpendiculairement ce qui est plus remarquable à la Figure, pour ayder à trouuer l'Ombre, & alors cette ligne de dessous seruira comme de Plan.

Par exemple, *la Figure estant nuë*, ou habillée, & sans manteau, comme la premiere qui nous tourne le dos : il faut du dessous de ses Pieds A, tirer vne ligne au poinct de veuë B, & dessus cette ligne A B, faire tomber des lignes occultes de tous les poincts qui peuuent ayder à trouuer la vraye Ombre : comme de la Main C, faire tomber vne ligne à plomb, qui coupera la ligne A B, au poinct D; & du Coude E, en faire tomber vne au poinct F; & encore vne autre de la Teste G, qui donnera le poinct H : De tous ces poincts D F H, des Pieds de la Figure, & du bout de son Baston I, faut tirer des paralleles à la ligne de terre.

Puis s'estant determiné la hauteur du Soleil, il faut tirer vne ligne, comme K, passant par le deuant, touchant le bord du chapeau G; & la continuer iusqu'à ce qu'elle coupe la ligne H, au poinct L, qui sera le bout de l'Ombre : Et encore du bord de derriere son chapeau M, tirer vne parallele à K G L, iusqu'à ce qu'elle coupe encore la ligne H, au poinct N; ces poincts N L, seront l'Ombre du chapeau. Il faudra tirer vne parallele à celles-cy par le poinct C, iusqu'à ce qu'elle coupe la ligne D, au poinct O. Ce poinct O, sera l'ombre de la main qui tient le baston : C'est pourquoy tirant de ce poinct O, au poinct I, cette ligne O I, sera l'ombre du baston : faudra tirer encore vne parallele au poinct E, qui coupera F, au poinct P, & sera l'ombre du Coude; & ainsi de tous les endroits qu'on voudra; comme des genoux, sur les paralleles qui passent dessous les pieds; & de tous ces poincts marquer l'ombre de toute la Figure : la petite Figure Q, a pris son ombre par la mesme pratique. Ie n'ay pas marqué tous les poincts, ny les paralleles, pour éuiter la confusion.

Quand elles sont vestuës de long, pour trouuer les Ombres des Figures, faut, comme i'ay dit, tirer du dessous de leurs pieds, vne ligne au poinct de veuë R, comme celle S R, & du bas de la robe de part & d'autre, tirer deux paralleles à la ligne de terre, comme T V, & entre T V, vne autre X, qui est le milieu de la Figure : Puis du dessus de la teste, tirer vne ligne Y, qui sera pour le rayon du Soleil, qu'il faut continuer iusqu'à ce qu'elle coupe la ligne X, au poinct Z, & ce poinct Z, sera le terme où l'Ombre doit finir : le reste de l'Ombre se tirera entre les deux paralleles T V; que si quelque chose deborde, comme les deux Plis ⊹, & *, il les faut tirer par parallele à Y Z, iusqu'à ce qu'elles coupent le rayon V, comme on void que ⊹, donne l'Ombre du Coude, & *, donne celle des Plis du manteau.

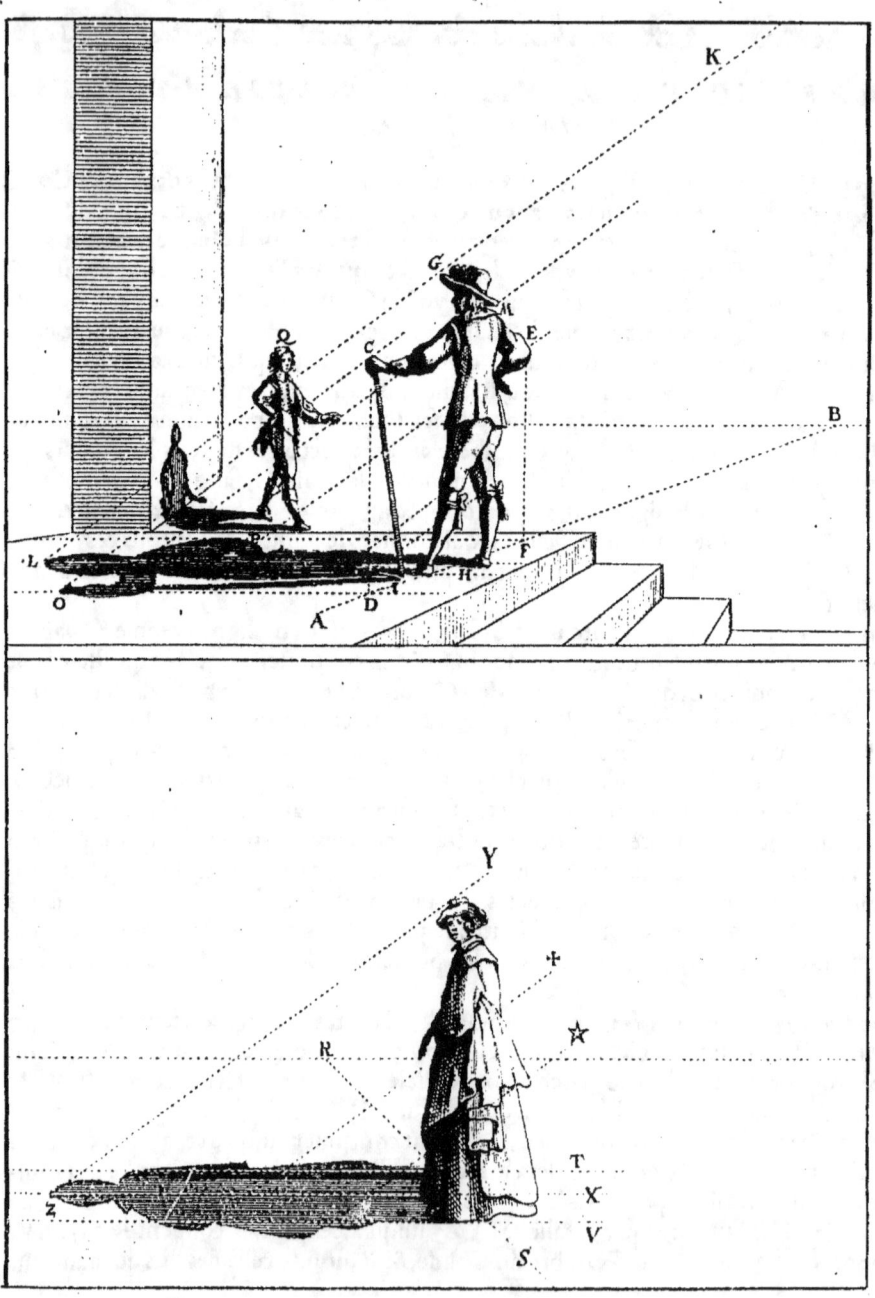

POVR TROVVER AVEC FACILITE' LES OMBRES AV SOLEIL.

S I ie voulois icy mettre les ombres de tous les objets qui en peuuent donner, ce seroit prendre vn deſſein ſans fin, les objets ſe pouuans donner à l'infiny; car outre le grand nombre qu'il y en a, chacun pourroit ſuffire à faire vn Liure, puis qu'il peut eſtre tourné, incliné, & couché de pluſieurs façons, chacun ayant ſon ombre differente. Mais ce trauail ſeroit fort inutile, veu que chacun peut faire celles qu'il luy plaira, pourueu qu'il poſſede bien 2. ou 3. regles, qu'il faut garder, comme i'ay monſtré aux pratiques des Ombres priſes du Soleil; où deux ſortes de lignes donnent le moyen de trouuer toutes les ombres qui peuuent eſtre; l'vne venant du deſſous du Soleil paſſant par le plan, l'autre qui part du Soleil par le deſſus de l'objet, & va couper cette autre ligne où l'ombre doit aller : mais comme ces lignes doiuent eſtre chacune paralleles; c'eſt à dire, celles de deſſous le Soleil paralleles entr'elles, & celles du Soleil auſſi paralleles entr'elles: l'ay creu que i'obligerois, ſi ie donnois vne inuention de les tirer promptement l'vne & l'autre.

I'ay deſia dit autre-part, comme il falloit tirer des paralleles à la ligne de terre, par le moyen d'vne planche bien équarrée, comme celle-cy A, & d'vne regle comme B, leſquelles pourront ſeruir à tirer les lignes du deſſous du Soleil, quand il ſe rencontre directement oppoſé à la face de l'objet, comme pourroit eſtre la ligne C D; mais s'il l'éclairoit par l'angle, il ſe faudroit ſeruir d'vn autre inſtrument, comme celuy marqué E, qui eſt vne regle attachée au bout d'vn autre morceau de bois bien équarré, & creuſé de part & d'autre; en ſorte que la regle F G, puiſſe mouuoir auec force, afin qu'ayant pris vne ligne inclinée comme H D; l'on en puiſſe faire vne qui luy ſoit parallele, qui eſt I K, auec ce faux Equierre, ou Sauterelle; c'eſt ainſi que l'appellent les Ouuriers, E F G: cet inſtrument abbrege extremement, quand l'on veut faire des Ombres du Soleil; car il n'y a pas vne ligne, & de quelque inclination que ce ſoit, dont on ne doiue tirer des paralleles. L'vſage fera cognoiſtre ſon vtilité.

Mais pour l'Ombre au Flambeau & à la Chandelle, il ne ſert plus de rien, à raiſon que toutes les lignes ſe tirent d'vn centre.

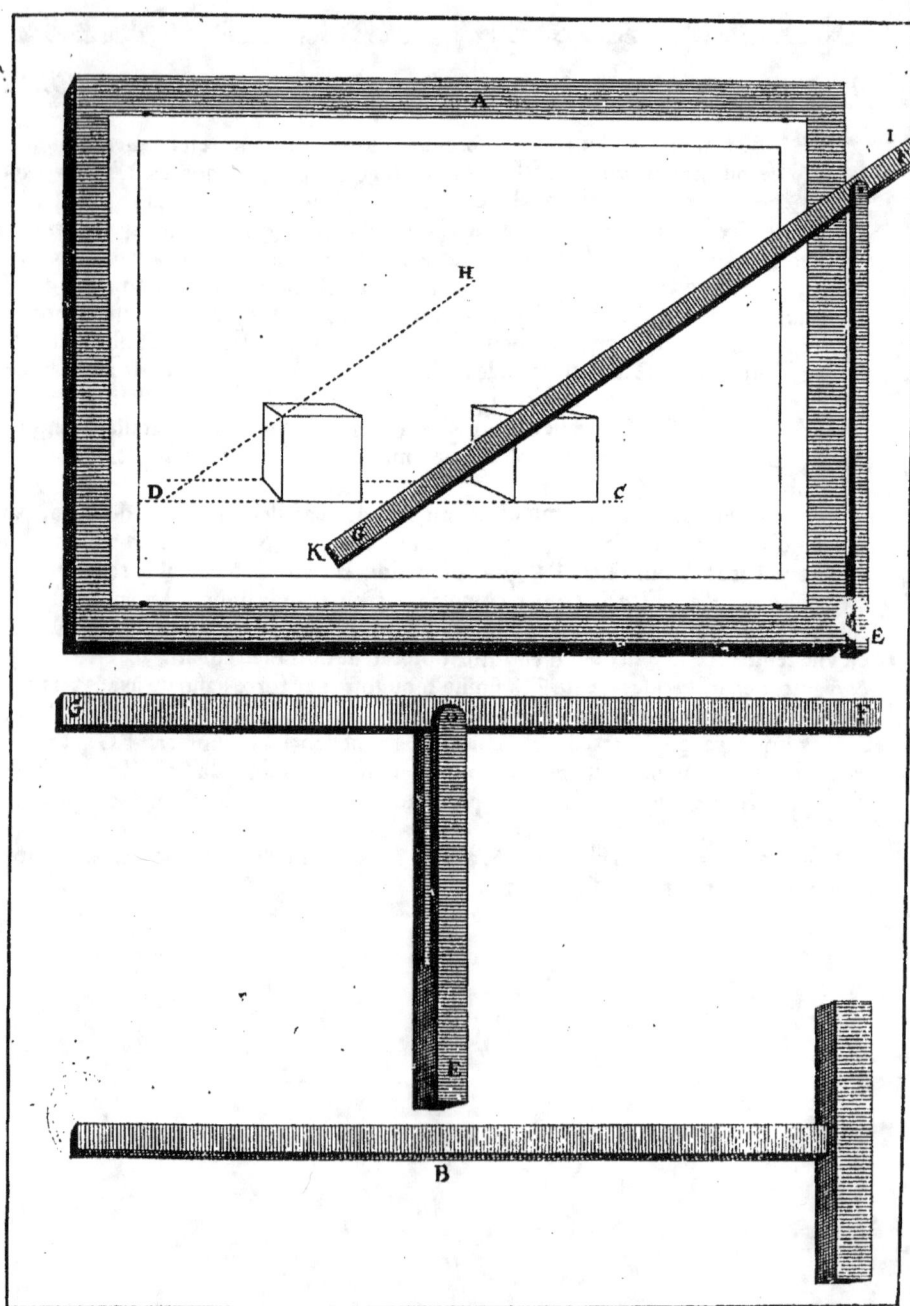

LES OMBRES PRISES DV FLAMBEAV, DE LA
Chandelle, & de la Lampe, se trouuent par vne mesme pratique.

I'A y desia dit que pour trouuer les Ombres, il est necessaire d'auoir deux poincts; l'vn du pied du Flambeau, ou de la Chandelle, ou de la Lampe, qui se doit tousjours trouuer sur le plan où est posé l'objet; l'autre du feu de l'vn de ces luminaires.

Du premier poinct, qui est le pied du Flambeau, le dessous de la Lampe, ou de la Chandelle; il faut tirer des rayons par tous les Angles du Plan de l'objet, duquel on veut auoir l'ombre; Et le second poinct qui est le feu, donnera d'autres rayons, qui passans par les angles de dessus ces objets, iront couper ces lignes tirées du plan, & marquer où l'ombre se doit terminer : le monstreray cecy par exemple, me seruant des mesmes lettres pour ces trois luminaires, en quoy il sera aisé de voir que c'est toute la mesme pratique, en l'vn, qu'en l'autre, auec cette seule difference, que le pied du Flambeau, ou de la Torche pose en bas, & qu'il faut supposer aux autres qu'ils y posent.

Ie dis donc, que si l'on veut auoir les Ombres B, des Cubes A, qu'il faut du poinct O, pied de la lumiere, tirer des lignes par tous les Angles des Plans de ces Cubes, comme O D, O E, O F, O G; Puis du poinct C, qui est la lumiere, ou le feu de ces luminaires, tirer d'autres lignes qui doiuent passer par les angles des objets esleuez, & continuer ces lignes iusqu'à ce qu'elles coupent les autres lignes tirées du poinct O.

Par exemple, ayant tiré vne ligne du poinct O, passant par l'angle du plan D, si l'on tire du poinct C, vne autre ligne passant par le mesme angle esleué P, celle-cy du poinct C, estant continuée, coupera la premiere du coing D, au poinct H; & ce poinct H, sera l'ombre de cet angle D P. Si de ce poinct C, l'on fait le mesme par tous les angles esleuez, l'on coupera les lignes des angles du plan, aux poincts H I K L; lesquels poincts H I K L, faudra ioindre de lignes droites, & l'on aura l'ombre des Cubes, comme il se void aux trois Figures.

De cet exemple, il est aisé de voir, que c'est toute la mesine pratique en l'vne qu'aux autres.

Au feuillet suiuant, il sera enseigné à trouuer les dessous, ou les pieds des Chandelles, & des Lampes.

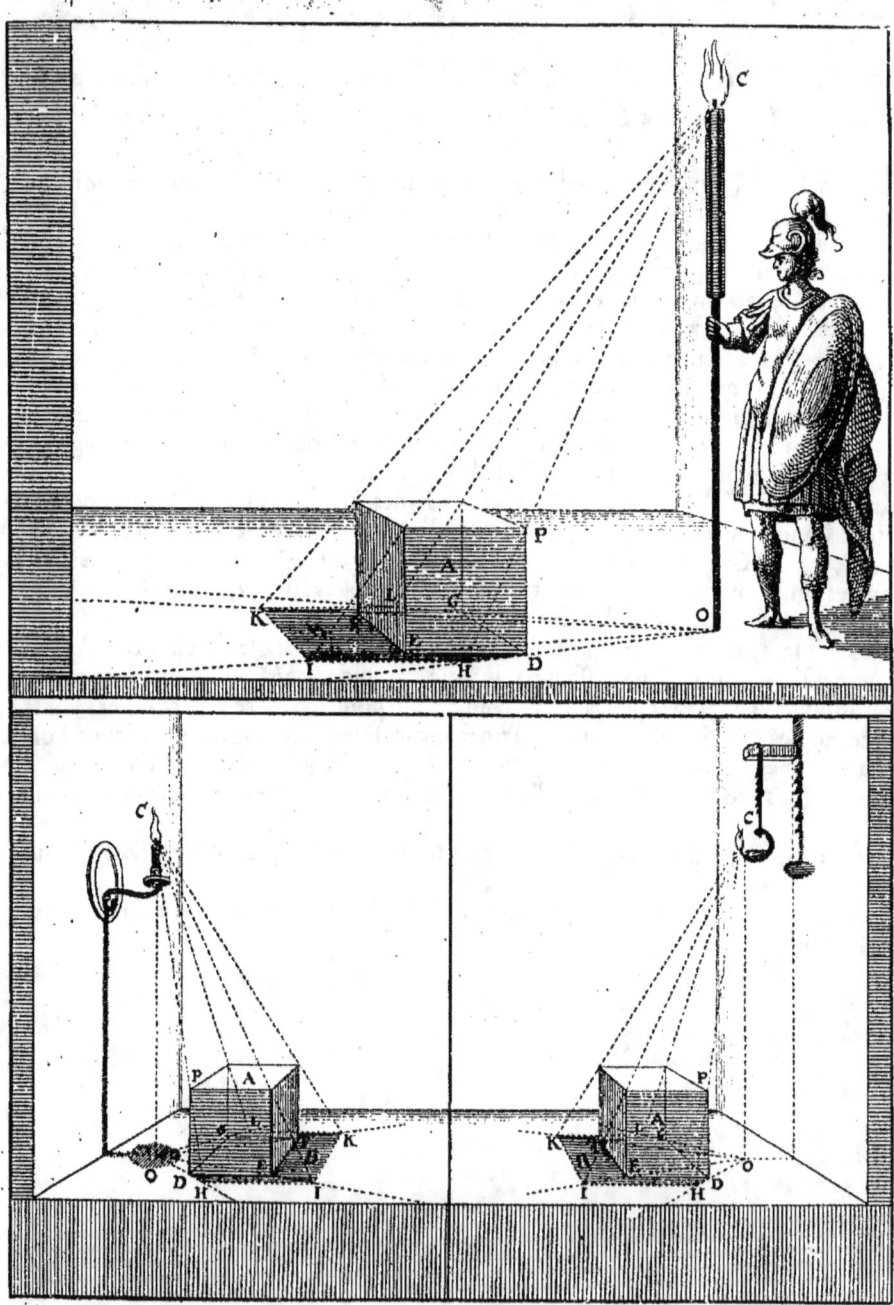

DV PIED DE LA LVMIERE.

PVIS que la pratique pour trouuer les Ombres au Flambeau, à la Chandelle, & à la Lampe, est toute la mesme en l'vn comme en l'autre, ainsi que nous venons de dire. Il ne sera plus besoin de mettre les distinctions aux pratiques suiuantes. Car quand ie mettray vn Flambeau, l'on pourra mettre vne Chandelle, ou vne Lampe en la place, à raison que le feu de l'vn fait le mesme effect que de l'autre; c'est pourquoy d'oresnauant ie me seruiray du mot de lumiere pour tous trois.

Pour le pied de ces lumieres, qui doit estre sur tous les Plans où posent les objets, ils se trouueront par cette methode.

Ayant vn Flambeau allumé dans vne Chambre, soit qu'on le mette en vn coin à costé, ou au milieu, comme celuy-cy; il faut que toutes les parties de la Chambre, ou de la Salle, comme les planchers de dessus & de dessous, les costez, & le fond, ayent vn poinct qui serue pour le pied de la lumiere; pour de ce poinct tirer par tous les angles du plan de l'objet duquel on voudra auoir l'ombre, comme ie diray au feuillet suiuant, me contentant de monstrer en celuy-cy, comme il faut trouuer ce poinct que i'appelle pied de la lumiere.

Le Flambeau estant posé en A, ce poinct A, est le pied de la lumiere, & B, le feu, ou la lumiere du Flambeau : ce feu, ou lumiere B, demeure ferme, & ne change iamais, mais le pied se doit trouuer de tous costez.

Pour auoir le pied de la lumiere au mur du costé C, il faut du poinct A, tirer vne parallele à la ligne de terre, iusqu'à ce qu'elle coupe le rayon D E, au poinct F; & du poinct F, esleuer vne perpendiculaire F G; Puis du poinct B, qui est le feu, tirer vne autre parallele à la ligne de terre, iusqu'à ce qu'elle coupe F G, au poinct H, & ce poinct H, sera le pied de la lumiere, comme si le Flambeau estoit couché, à raison que son feu demeure tousiours au poinct B.

Pour trouuer ce pied de lumiere au plancher de dessus, il faut du poinct G, tirer vne parallele à la ligne de terre, comme G I, & du poinct B, faire vne perpendicule à G I, qui donnera le poinct K, qui sera le poinct du pied de la lumiere, comme si le flambeau estoit renuersé.

Pour le trouuer de l'autre costé de la Salle, il faut faire la mesme pratique que du costé C, & l'on aura le poinct L.

Pour trouuer le pied de la lumiere au fond de la Salle, il faut du poinct H, tirer au poinct de veuë O, iusqu'à ce qu'on coupe la perpendicule E, au poinct M; Puis de ce poinct M, faire vne parallele à la ligne de terre, qui coupera le flambeau au poinct N: ce poinct sera le pied de la lumiere pour le fond de la Salle.

Le pied de la Chandelle se trouue par la mesme pratique que du Flambeau, prenant le milieu du pied du Chandelier, pour le pied de la lumiere; mais quand c'est vne Plaque, ou vn bras posé contre le mur, il faut que le bras, ou la branche du chandelier, determine la ligne, où sera le pied de la lumiere. Par exemple, à la Plaque P, il faudra par la branche Q, tirer vne perpendiculaire à la ligne de terre, comme R S, puis du feu T, faire vne petite parallele à la ligne de terre, qui coupera R S, au poinct V, qui sera le pied de la lumiere pour ce costé-là, le poinct X, le sera pour le plancher de dessous; le poinct Y, pour le plancher de dessus; & Z, pour le fond de la Salle, ou Chambre.

Pour la Lampe, c'est le lieu où elle est attachée, qui determine son pied, comme icy ✳, duquel lieu l'on tire vne parallele à la ligne de terre iusqu'au premier rayon, &c. tout le mesme qu'au Flambeau & à la Chandelle.

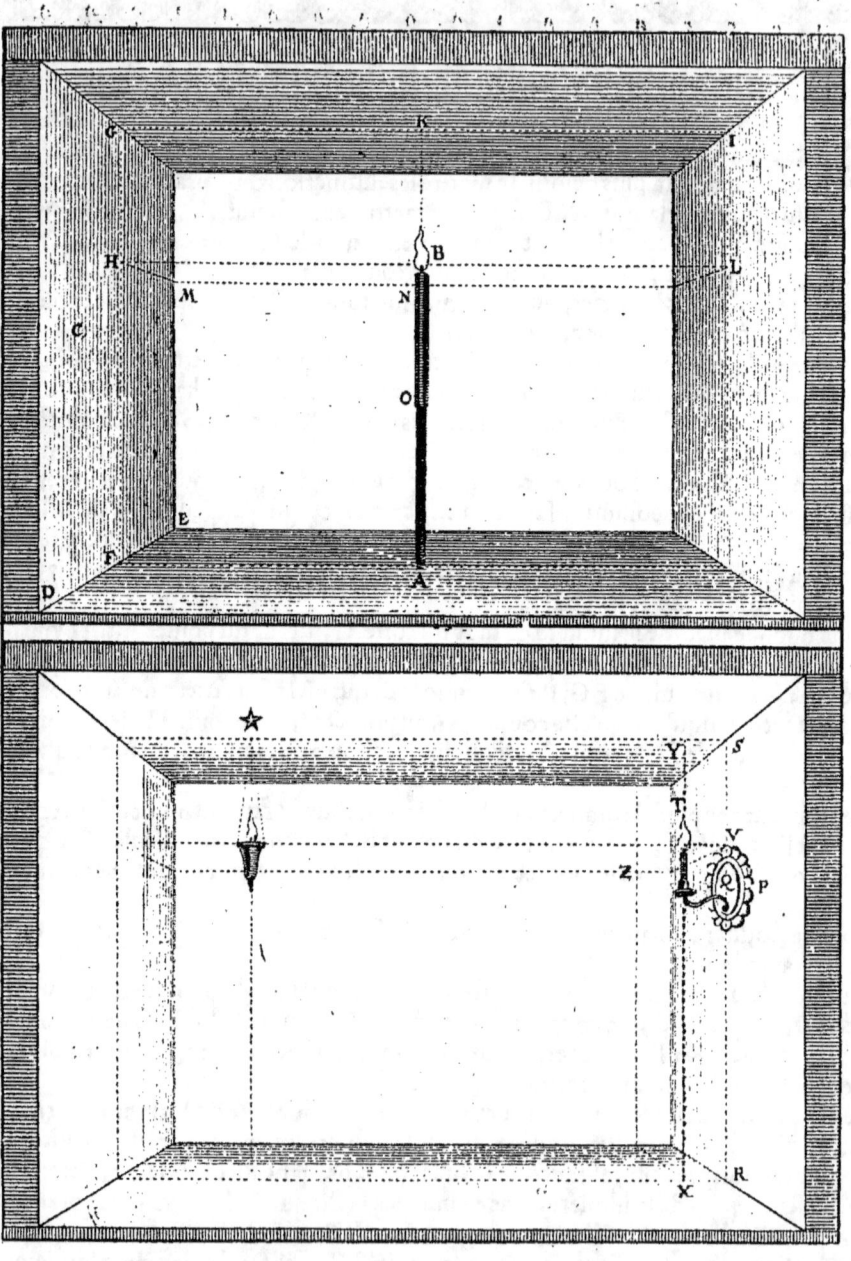

ES Ombres prifes du Soleil, tirent toufiours vers la terre, à raifon que cet Aftre ne communique point de clarté qu'il ne foit au deffus de noftre horizon : & par confequent releué au deffus de tous les objets, ce qui fait que leur ombre defcend toufiours. Mais il n'eft pas le mefme du Flambeau, ny de la Chandelle, ou de la Lampe, lefquels l'on peut mettre au deffus, au deffous, ou à cofté des objets qui rendent leur ombre de toutes parts, comme nous allons dire.

La Figure precedente aydera à trouuer les Ombres des objets, mis de tous coftez d'vne Chambre; car ayant trouué le pied de la lumiere, comme ie viens de dire, il n'y a plus rien de difficile, puis que c'eft toute la mefme pratique que le Cube du feuillet 141. où l'on pourroit auoir recours; mais pour ne point aller rechercher fi loing; Ie diray que pour auoir l'ombre de la table, dans laquelle eft paffé la torche, il faut du poinct A, pied de la torche, tirer des rayons par tous les pieds de la table C; puis du poinct de la lumiere B, tirer des lignes par les coings de deffus la table I, infqu'à ce qu'elles coupent les rayons C, aux poincts O, qui feront les termes de l'ombre de la table.

L'ombre de la piece D, fe trouuera tirant du poinct A, par tous les Angles du Plan, iufqu'à l'angle de la muraille E, & de cet angle les efleuer perpendiculairement : Puis du poinct de la lumiere B, tirer des lignes par le deffus de cefte piece D, en obferuant les angles correfpondans aux lignes du plan, & l'on aura l'ombre F, de la Figure, ou de la piece D.

Les Ombres de toutes les autres pieces fe trouueront par la mefme pratique; c'eft pourquoy ie coteray feulement le pied de la lumiere, puis que le feu fera toufiours le poinct B.

Pour trouuer l'ombre de la piece G, le poinct L, eft le pied de la lumiere.

Pour trouuer l'ombre de la piece N, le poinct H, eft le pied de la lumiere.

Pour trouuer les ombres des pieces I, & M, le poinct K, eft le pied de la lumiere.

SECONDE FIGVRE.

AYANT trouué le pied de lumiere en tous les coftez de la Chambre, comme i'ay dit au feuillet precedent, l'on peut auoir les ombres des objets en quelque lieu qu'ils foient, par là pratique que ie viens de donner. Car par exemple, ayant trouué le pied de la lumiere Q & fon feu P. Il faut pour auoir l'ombre de la piece R, tirer des rayons du poinct Q, qui paffent par le plan de la piece R, & les continuer à l'infiny; mais parce qu'ils rencontrent le fond de la Chambre, ou la muraille T, il faut à la rencontre de l'angle S, efleuer toutes ces lignes; Puis du poinct P, tirer d'autres lignes par le deffus de la mefme piece R; qui iront couper celles du Plan, & marquer le lieu de l'ombre fur chacune, prenant garde que les angles fe rapportent aux lignes tirées du plan.

Cefte pratique eft fi generale, & vniuerfelle, que qui poffedera feulement comme l'on prend l'ombre d'vn Cube, n'aura point de difficulté à trouuer l'ombre de quelque objet que ce foit. C'eft pourquoy ayant donné cefte pratique de Cube au feuillet 141 & celle cy-deffus, qui eft toute la mefme. Ie croy auoir fuffifamment inftruit à donner toutes les Ombres, fans eftre obligé d'vfer de redites à toutes les autres Figures qui fuiuent, où ie coteray feulement le poinct pour le pied de la lumiere.

Pour trouuer l'ombre de la piece V, le poinct X, eft le pied de la lumiere.

Pour trouuer l'ombre de la piece Y, le poinct Z, eft le pied de la lumiere.

Pour trouuer l'ombre de la piece ✠, le poinct ⳉ, eft le pied de la lumiere, & P, le feu ou la lumiere, pour toutes les pieces de cefte feconde Figure.

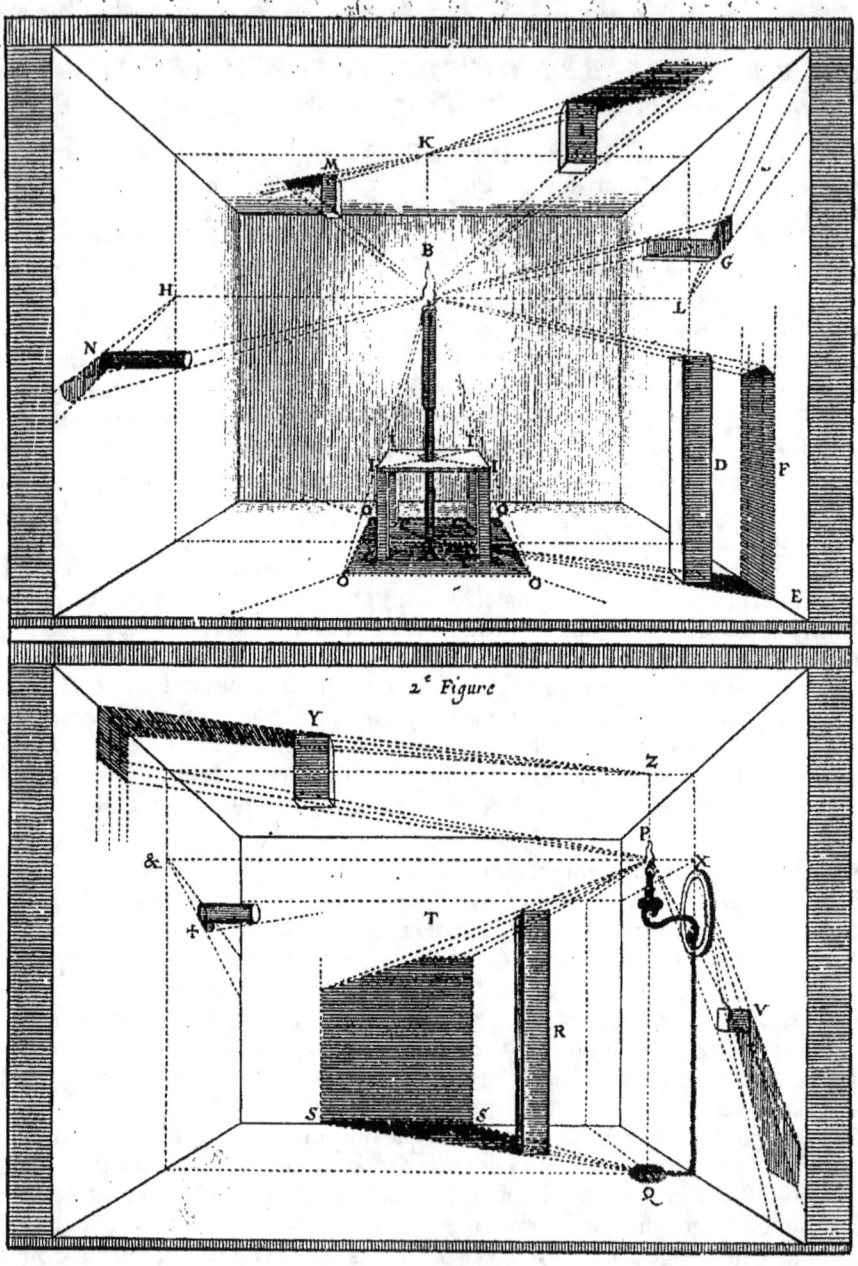

2.ᵉ Figure

L'OMBRE AV FLAMBEAV, D'VNE PYRAMIDE
droite, & d'vne renuerſée.

ETTE Pyramide droite, donné ſon Ombre au Flambeau, comme ſi c'eſtoit au Soleil, à raiſon qu'en l'vn & en l'autre, il n'y a qu'vne ſeule ligne, ſur laquelle on determine vn poinct, qui eſt pour la pointe de la Pyramide. Par exemple.

Ayant fait le Plan B C D E, & tiré deux diagonales pour trouuer le milieu du plan F; il faut eſleuer vne perpendicule F A; Puis tirer de ces quatre poincts B C D E, au poinct A, & la Pyramide ſera formée. Pour trouuer ſon ombre, il faut du pied de la lumiere G, tirer vne ſeule ligne paſſant par le poinct F, & la produire à l'infiny. Puis du feu, ou lumiere du flambeau H, tirer vne autre ligne par le deſſus de la Pyramide A, & la continuer iuſqu'à ce qu'elle coupe G F, au poinct I, qui ſera le terme pour l'ombre de la Pyramide, qui s'acheuera tirant C, à I; & E, à I; car ce triangle C I E, ſera tout l'ombre de la Pyramide A.

Pour auoir l'ombre de ceſte Pyramide renuerſée, il faut faire tomber des perpendiculaires du quarré de deſſus, & en former le plan deſſous, comme nous auons dit à celle du Soleil, feuillet 138. ce plan eſtant formé, il faut du pied de la lumiere G, tirer des lignes par tous ces angles. Puis du poinct H, qui eſt le feu, en tirer d'autres par les angles du quarré de deſſus, qui coupans celles du plan, marqueront le lieu de l'ombre, comme nous auons dit aux autres pratiques du Flambeau.

L'OMBRE D'VNE CROIX.

AYANT mis vne Croix aux Ombres du Soleil, il m'a ſemblé neceſſaire d'en mettre auſſi vne à l'ombre du flambeau, afin que par celle-là, & celle-cy, l'on connuſt la difference de l'vne à l'autre.

La pratique ſe void aſſez, puis que nous auons deſia enſeigné au feuillet 137. à trouuer le plan; & que le reſte eſt comme aux autres pratiques du Flambeau.

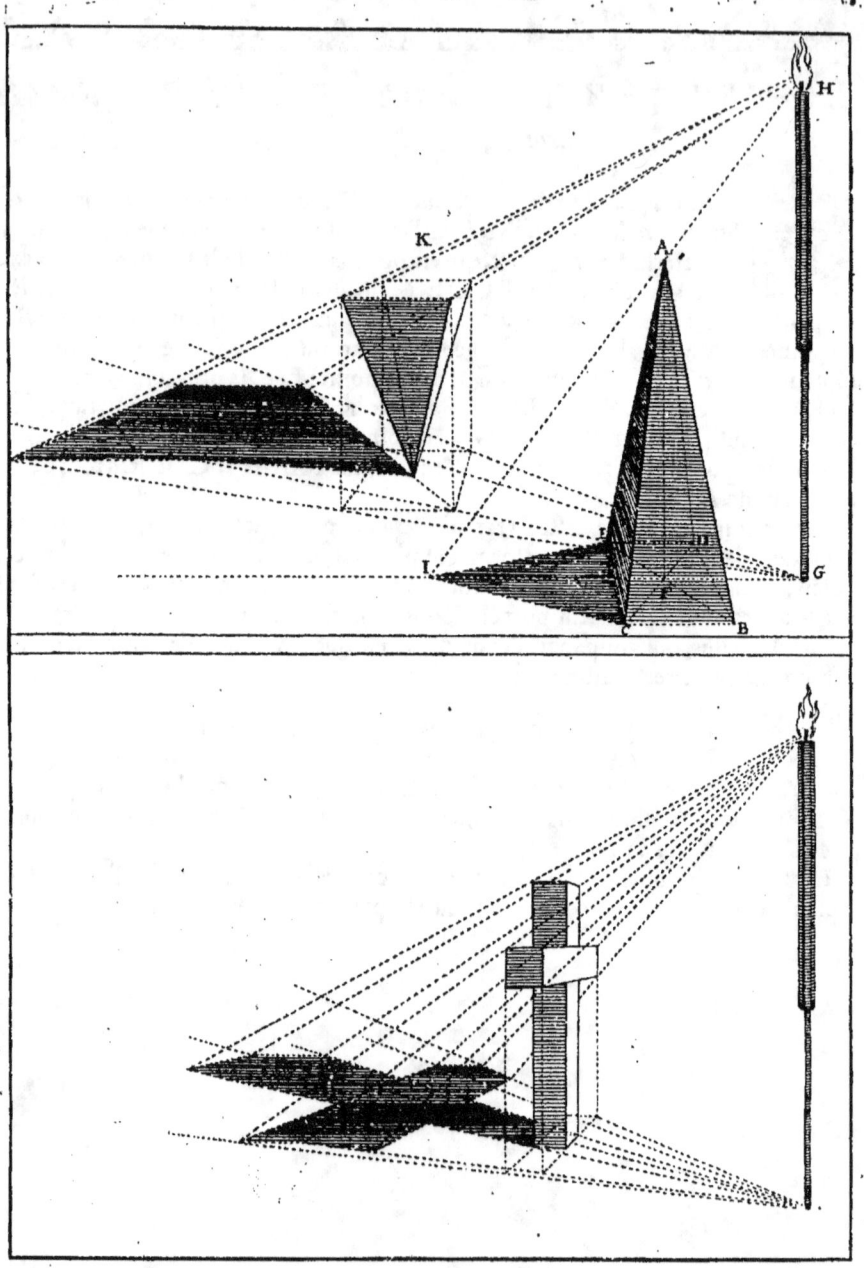

LA PERSPECTIVE

POVR TROVVER L'OMBRE DES OBIETS RONDS, au Flambeau.

AYANT fait la Figure precedente, il m'est venu en la pensée, qu'on pourroit estre en peine, s'il se trouuoit des Boulles, des Coupes, des Bocals, des Flacons, ou autres pieces rondes (qui ont ordinairement plus de largeur en haut qu'en bas) desquelles on voulust auoir l'ombre au Flambeau; à raison que telles pieces paroissent plus difficiles que les quarrées, quoy qu'en effect ce soit toute la mesme pratique, n'y ayant qu'à reduire le quarré en rond, ainsi que i'ay enseigné aux feuillets 19. 20. 28 29. & 86. où l'on verra toutes les pratiques pour mettre les Plans des pieces rondes en Perspective; ce qu'estant sceu, tout le reste est fort aisé à comprendre.

I'ay desia dit au feuillet 138. comme il faut trouuer le plan d'vne Boulle, & par ce plan auoir iustement la grandeur de l'ombre au Soleil : Mais comme celle du Flambeau est differente de celle-là; i'ay creu estre necessaire de la mettre encore icy, à raison qu'elle facilite la pratique de toutes les autres rondeurs.

Pour l'ombre de cette Boulle, ie dis donc, qu'ayant fait sa rondeur auec vn Compas, qui est le cercle A, & tiré son diametre B C, qu'il faut dessous ce cercle faire vne ligne parallele à B C, qui touche le cercle au poinct H; puis des extremitez du diametre B C, faire tomber des perpendiculaires sur cette ligne de dessous, comme B D, & C E, desquels poincts D E, l'on formera à l'ordinaire le plan D E F G, dont le diametre F G, coupera celuy D E, au poinct H: Ce plan D E F G, seruira pour trouuer l'ombre de cette Boulle A. Car apres auoir tiré du pied de la lumiere I, des lignes qui touchent ce plan de part & d'autre, comme sont les lignes I K, & I L; & encore vne autre ligne passant par le milieu du plan H, qui sera la ligne I H M. Il faudra par apres tirer d'autres lignes du feu de la Chandelle N, qui touchant la Boulle iront couper ces lignes du plan, comme du poinct N, tirer vne ligne qui touche la Boulle entre A, & B, & coupe la ligne I H, au poinct M, qui sera la fin de l'ombre : Pour auoir le commencement de cette ombre, il faut du mesme poinct N, tirer vne autre ligne qui touche le deuant de la Boulle, & coupe encore la ligne I H, au poinct Q; cette distance Q M, sera la longueur de l'ombre. Pour sa largeur, il faut encore du poinct N, tirer deux lignes par les extremitez du diametre de la Boulle Z Z, & elles couperont les lignes I K, au poinct R, & celle I L, au poinct S. C'est pourquoy si R S, est la largeur de l'ombre, & Q M, la longueur, il n'y a qu'à ioindre ces quatre lettres de lignes courbes, qui donneront vne ouale pour l'ombre de la Boulle A.

Ie me suis vn peu estendu pour faciliter l'ombre de cette boulle, à raison que i'ay creu cette seule pratique suffisante pour trouuer l'ombre des autres rondeurs, comme de la Figure V, laquelle ayant deux largeurs inegales, doit auoir vn plan de deux cercles. Et celle de dessous X, qui en a trois differentes, oblige à faire vn plan de trois cercles, l'vn pour le col du bocal, ou flacon; l'autre pour son ventre, & l'autre pour le pied : tous ces plans se font comme de la Boulle. Ie ne croy pas qu'il soit necessaire d'vser de redites, la Figure pouuant enseigner d'elle-mesme.

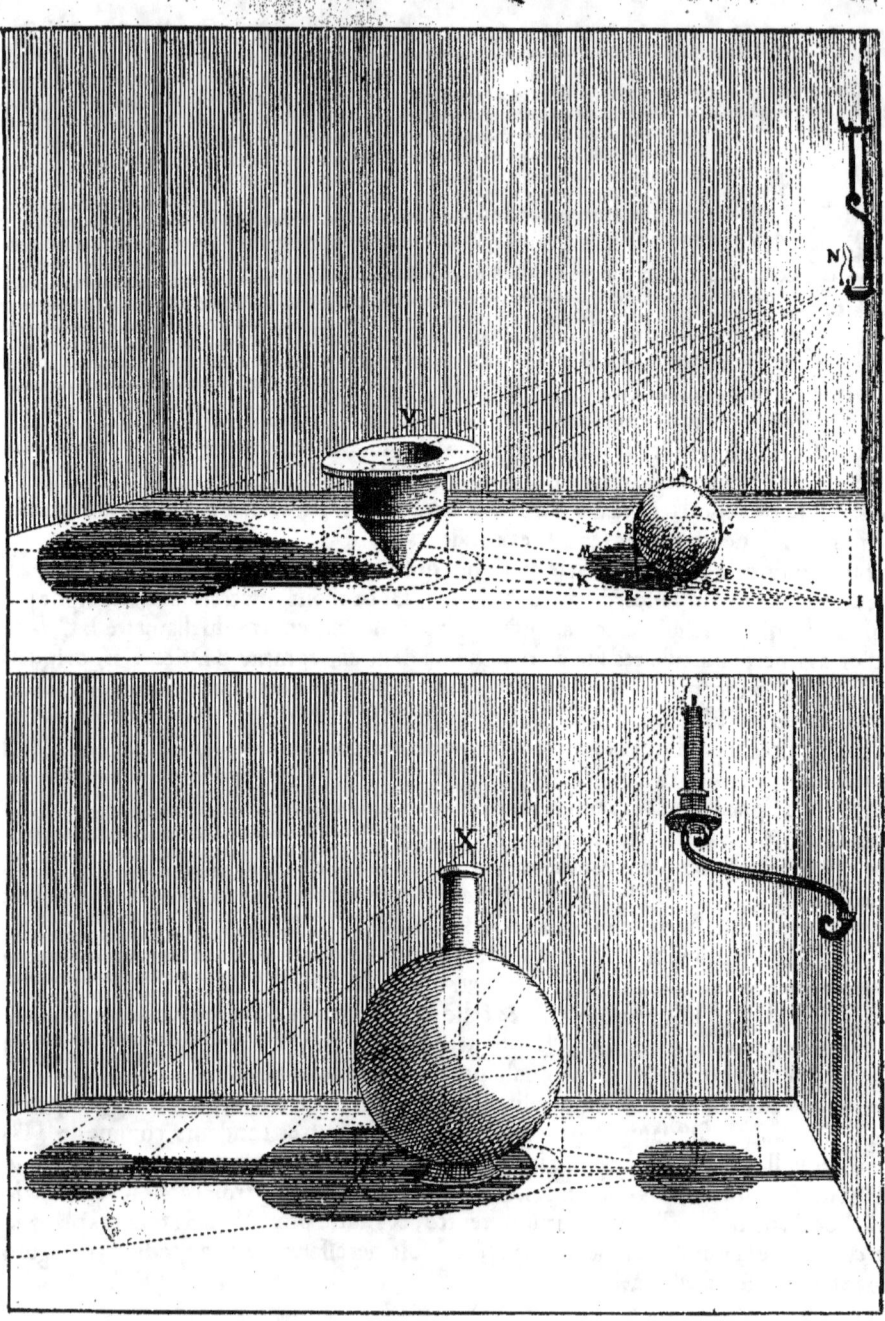

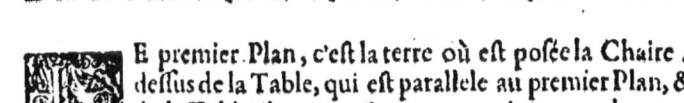

DE L'OMBRE SVR PLVSIEVRS PLANS PARALLELS.

E premier Plan, c'est la terre où est posée la Chaire A : Le second Plan est le
dessus de la Table, qui est parallele au premier Plan, & au dessus, ou au dessous
de la Table, il y pourroit encore auoir vn, ou deux, ou plusieurs de ces Plans,
sur lesquels il faudroit trouuer le pied de la lumiere, pour trouuer les Ombres
des objets qui y seroient. Par exemple, le pied de la lumiere c'est C, & le feu B; de ces
poincts C B, il faut tirer des lignes par le dessous, & le dessus de l'objet D, pour auoir son
ombre E, dessus la Table E.

Mais pour auoir l'ombre de la Chaire A, qui est sur terre, il faut trouuer sur la mesme
terre le pied de la lumiere qui est sur la Table, le poinct C, la pratique suiuante enseigne cela.

Il faut du poinct de distance, qui est icy hors le papier, tirer vne ligne par le pied de
la Table F; puis du coing de dessus de la Table G, faire tomber vne perpendiculaire G, qui
coupera la ligne F, au poinct H; & de ce poinct H, tirer vne parallele H I, qui est égale au
dessus de la Table, & qui doit faciliter à trouuer ce que nous cherchons, Car ayant du
poinct de veuë K, tiré vn rayon passant par le pied de la lumiere C, iusqu'au bout de la
Table L; Il faut de ce poinct L, laisser tomber vne perpendiculaire sur H I, qui donnera
le poinct M, duquel poinct M, faut tirer vn rayon au poinct de veuë K, & dessus ce rayon
M K, doit estre le poinct du pied de la lumiere, qui se trouuera facilement, faisant tomber vne perpendiculaire du poinct C, laquelle coupant le rayon M K, donnera le poinct
N, pour le pied de la lumiere. Ce poinct N, estant trouué, n'y a plus de difficulté à
trouuer l'ombre de ceste Chaire A, d'autant que c'est toute la mesme pratique que des
autres objets, que nous auons veu aux feuillets precedents; c'est à dire, qu'il faut du pied
de la lumiere N, tirer des lignes par tous les angles du plan de ceste Chaire, & de la lumiere B, tirer d'autres lignes par le dessus de la mesme Chaire, qui coupent celles du plan,
& marqueront où doit aller l'ombre : la Figure fera cognoistre que tout se pratique
comme i'ay dit ailleurs.

SECONDE FIGVRE.

IE ne mets pas cette seconde Figure pour y auoir rien de particulier, ny de different de
celle de dessus. Mais seulement pour rafraischir la memoire de ce que i'ay dit au commencement, que tous les objets iettent leurs ombres diuersement, & selon qu'ils sont posez
autour de la lumiere, comme on void que ce qui est sur la Table, donne son ombre selon
qu'il est esclairé; c'est à dire, directement, ou à droit, ou à gauche : ce qui se trouue par les
pratiques ordinaires du pied de la lumiere P, & de son feu, ou lumiere O, la pluspart de
ces objets sont plus larges en haut, qu'embas; c'est pourquoy il faut faire leurs Plans, comme i'ay dit aux feuillets, où i'ay parlé de semblables Figures.

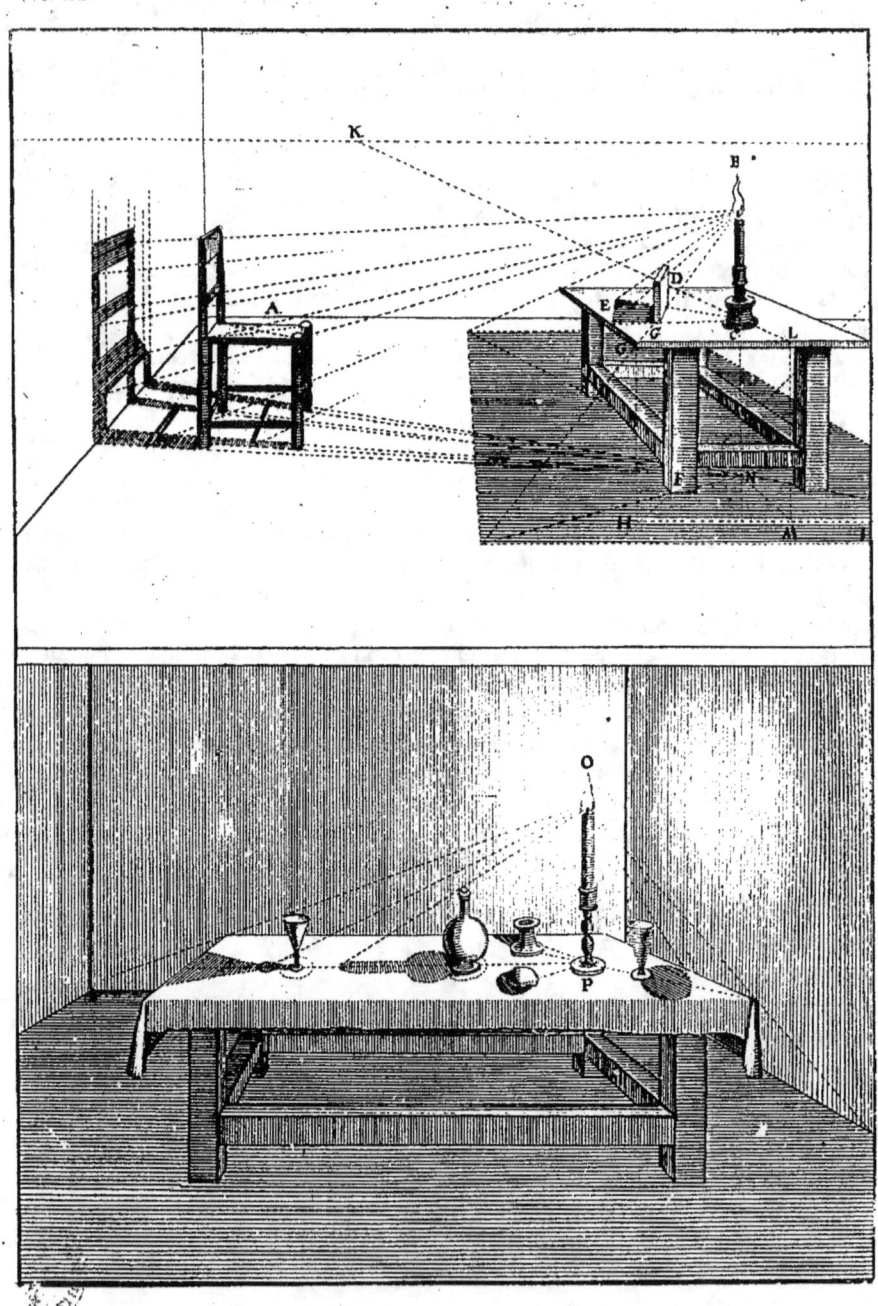

L'OMBRE DES PLANCHERS AV FLAMBEAV.

E n'ay pas mis cette Figure aux Ombres prifes du Soleil, à raifon que cet Aftre eft au deffus de tous les objets qui font au monde, & par confequent ne peut donner vne ombre qui fuppofe la lumiere, ou le corps lumineux au deffous de l'objet.

L'on pourroit m'objecter, que l'experience fait voir tous les iours, que quand les rayons du Soleil entrent dans vne Salle, ou vne Chambre; l'Ombre des Planchers & des autres chofes ne laiffe pas de paroiftre? A quoy ie refponds, qu'alors cette ombre, ou ces ombres, n'eft pas, ou ne font pas du Soleil, mais caufées de la grande clarté du Soleil; & telles ombres ne fe doiuent pas donner par paralleles comme celles du Soleil, mais par rayons d'vn mefme centre, comme celles du Flambeau, prenant la Feneftre où paffe le Soleil, ou le lieu où il donne, pour le poinct de la lumiere, & faire pour telles Ombres, comme ie vay dire de l'Ombre au Flambeau.

Les pratiques precedentes qui obligent à faire des Plans, & tirer des lignes par tous les Angles, pour trouuer le terme des Ombres, feroient bien longues pour cecy, & le grand nombre de lignes qu'il y faudroit tirer, rendroit cette Figure fort difficile, à raifon de la quantité des Poutres & Soliueaux qui s'y rencontrent. Ce qui m'a fait chercher le moyen de l'abreger, pour la rendre aifée dans la pratique, fans fortir des regles, & des maximes de l'art.

Ayant fait le Plancher en Perfpectiue, comme il eft enfeigné au feuillet 55. ou 57. & pofé la Chandelle, le Flambeau, ou la Lampe, en quel lieu on voudra. Il faut chercher par le moyen du pied de la lumiere, le lieu où doit eftre le feu, ou pour dire plus veritablement, le poinct duquel on fe feruira au lieu du feu, pour ce poinct tirer des lignes qui paffent fous les objets, & marquent le terme des Ombres.

Pour auoir ce poinct du feu, la lumiere eftant à B; Il faut du pied de la lumiere C, tirer vne parallele à la ligne de terre D E, iufqu'à ce qu'elle coupe le rayon E F, au poinct G; de ce poinct G, faudra efleuer vne perpendiculaire G L : Puis du feu du Flambeau B, tirer vne parallele à D E, qui coupera la perpendiculaire G L, au poinct L; & ce poinct L, feruira pour le poinct du feu, qui donnera le lieu & la longueur de l'ombre.

Par exemple, ayant à trouuer l'ombre de la poutre A, il faut du poinct L, faire paffer vne ligne par le deffous de l'angle qui eft deuers nous, comme H, & voir où cette ligne L H, coupera le premier foliueau au poinct I; car ce fera le lieu où finit l'ombre de la poutre: de ce poinct I, faudra tirer vne parallele I K, & marquer fur les foliueaux le lieu de l'ombre O. Pour l'ombre du vuide des foliueaux, il fe trouuera tirant encore vne ligne du poinct L, par l'angle du premier foliueau M, qui coupera l'angle du creux au poinct N; de ce poinct N, faifant vne parallele N P, l'on aura toute l'ombre marquée Q, pour la poutre A.

Pour trouuer l'ombre des foliueaux, outre celle de la poutre, il faut feulement tirer vne ligne du feu B, par l'angle S, iufqu'à ce qu'elle coupe le fond du plancher au poinct T, faites le mefme à tous les autres foliueaux, & vous trouuerez l'Ombre plus longue aux plus efloignez du feu. Ayant marqué fur vne poutre tous les poincts T, il faudra du poinct de veuë R, tirer des lignes par chacun de ces poincts, & l'on aura iuftement entre toutes les autres poutres, l'ombre des foliueaux, comme il fe void aux poincts V.

La Figure de deffous eft la mefme que celle de deffus, auec cette difference, que celle-cy eft ombrée, & que la premiere ne l'eft pas, à raifon que l'ombre euft empefché de voir les lettres, & les petites lignes : Il y a de plus en celle-cy, l'ombre du jambage de cette Porte, qu'il faut prendre du pied de la lumiere, comme il fe void en X, & Y.

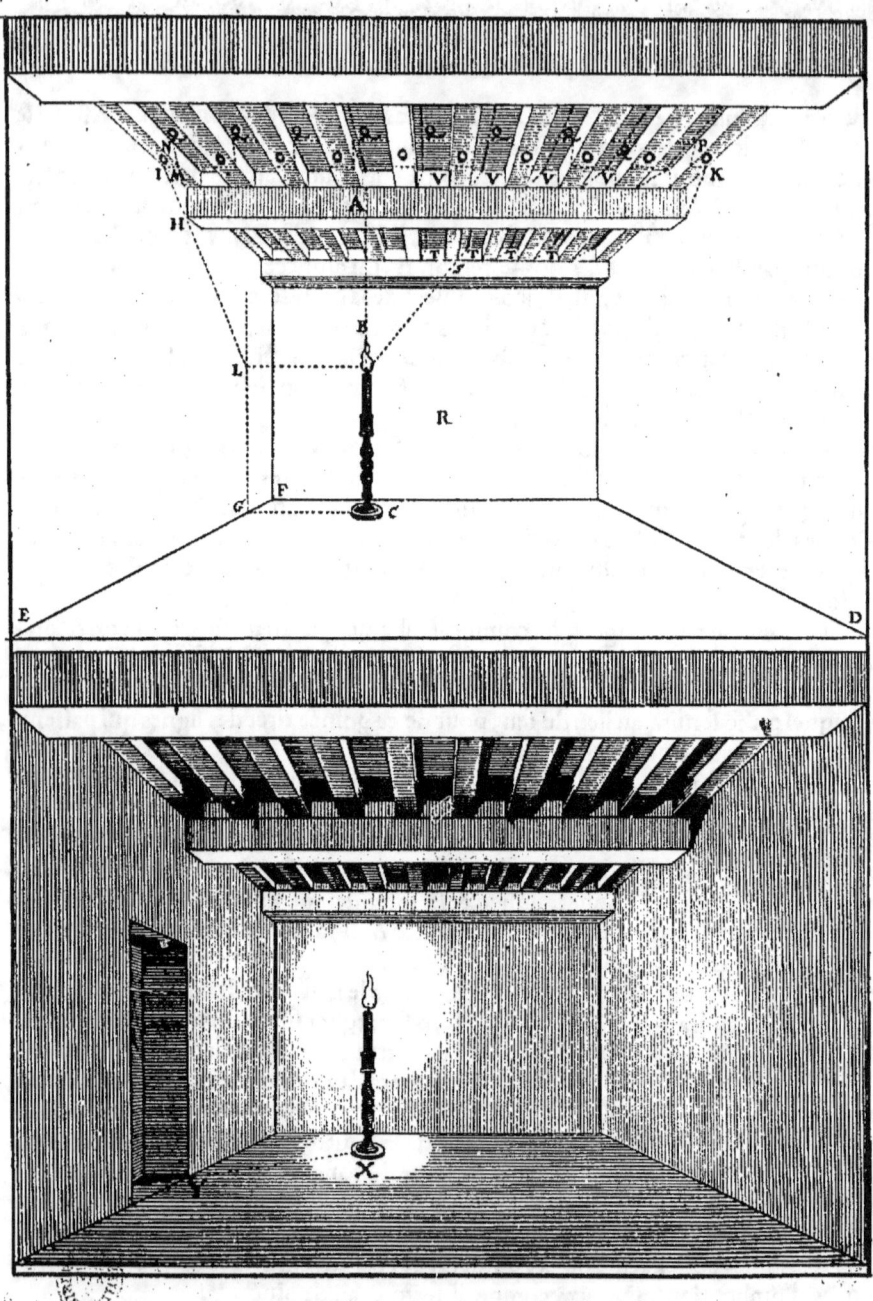

POVR TROVVER L'OMBRE PAR LE PIED
de la lumiere.

S I les objets sont perpendiculaires à la ligne de terre, & plus esleuez que le feu de la Chandelle A. Il faut seulement tirer des lignes du pied de cette lumiere B, par les Angles les plus aduancez des objets, comme sont C D, du Brise-vent, & de l'angle de la muraille E, lesquelles lignes B C, B D, & B E, marqueront le lieu de l'ombre, au rencontre des angles que les Volets du Brise-vent font auec le plancher, & aussi le retour de la muraille, aux poincts G, desquels poincts G, faudra esleuer des perpendiculaires à la ligne de terre G R, qui acheueront les ombres que donne la Chandelle A.

La raison de cecy est, que la ligne A B, est parallele aux lignes C H, D I, K, & E L; ce qui fait qu'en quelque part que soit le feu dessus la ligne A B, soit en haut, soit au milieu, ou tout en bas, il donnera tousiours l'ombre semblable.

Il faut remarquer que cette pratique n'est bonne qu'aux pieces qui sont plus esleuées que le feu, comme celles-cy : car quand elles monstrent le dessus comme l'objet M, se faut seruir des pratiques precedentes, en tirant des lignes des poincts du pied & du feu de la lumiere.

DE L'OMBRE DOVBLEE.

QVAND deux Iours, ou deux Lumieres, concurrent en vn mesme sujet, ou objet, il est de necessité qu'il s'y rencontre deux ombres, parce que chaque Iour, ou chaque Lumiere produit la sienne auec proportion, ie dis auec proportion : Car si ces Iours, ou ces Feux, sont égaux, & à mesme distance : Il est certain que les Ombres seront égales, mais s'il y a la moindre disproportion, comme si l'vn de ces Iours est vn peu plus grand que l'autre, ou que ces feux, quoy qu'égaux, soient plus ou moins auancez l'vn que l'autre, de l'objet; ces ombres seront differentes. Par exemple, l'objet O, estant esclairé de deux Chandelles, l'vne proche P, l'autre esloignée Q, il est bien asseuré que l'ombre de la Chandelle P, sera bien plus forte, que celle de la Chandelle Q, comme il se void en la Figure.

Les pratiques de ces Ombres, ne sont point autres, que celles que i'ay données, tant au Soleil qu'au Flambeau.

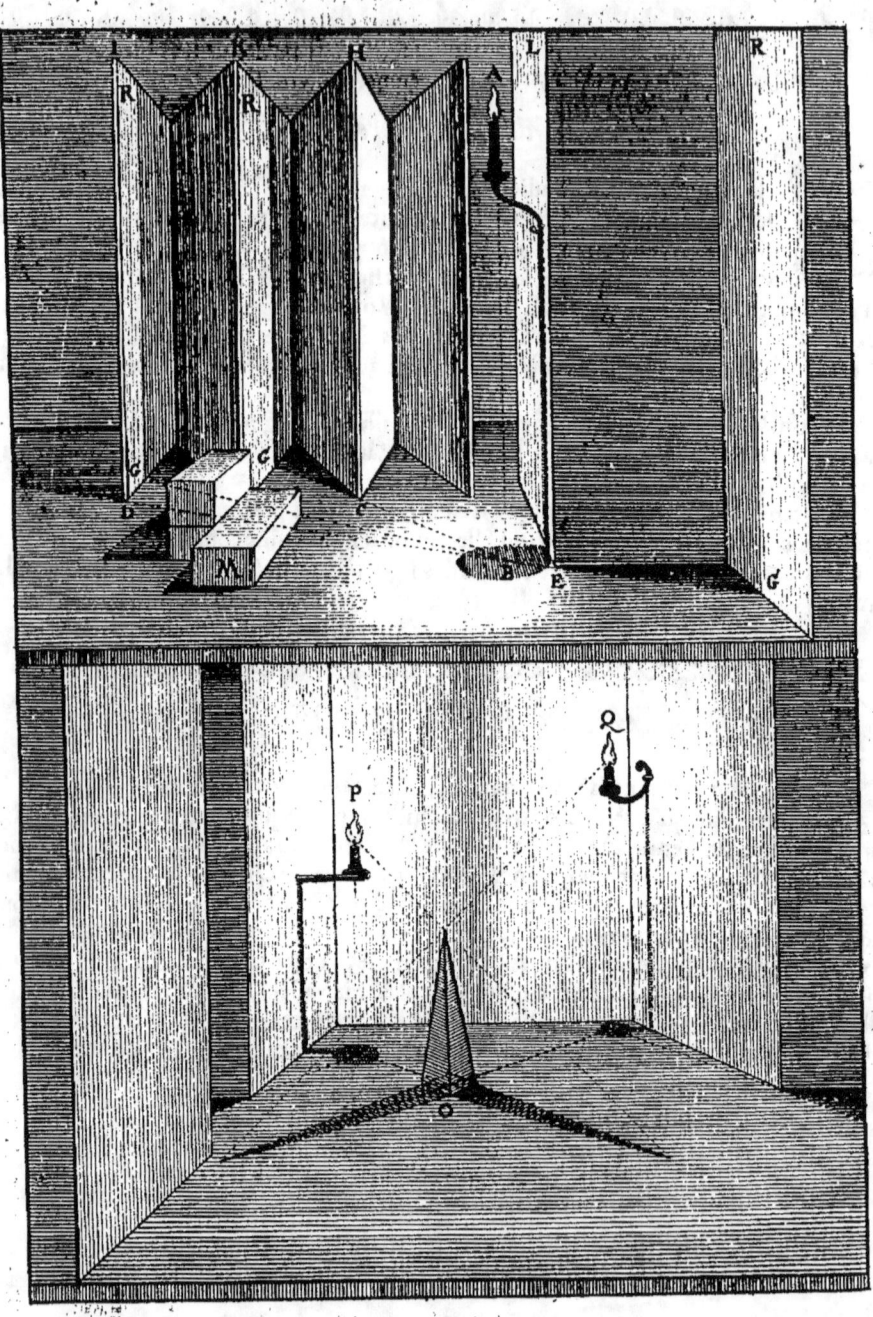

POVR L'OMBRE DES FIGVRES AV FLAMBEAV.

IL eſt croyable qu'on aura ſuiui mon conſeil, de ne point tourner le feuillet pour apprendre la pratique qui ſuit ; auant que de bien poſſeder celle qui la precede. C'eſt pourquoy, ſuppoſé que l'on ſçache bien la pratique que i'ay donnée au feuillet 139. pour trouuer l'ombre au Soleil à toutes les figures, de telles poſtures qu'elles ſoient ; Ie n'ay rien à dire pour celles-cy, puis que la ligne de deſſous, que ie fais ſeruir pour le plan, & toutes les autres meſures ſe prennent aux vnes comme aux autres. Mais à raiſon que le Flambeau ne rend pas l'ombre egale en largeur au corps qui luy donne ſa forme, comme fait le Soleil ; il faut receuoir vn aduis : Qui eſt, qu'au lieu de tirer les lignes paralleles les vnes aux autres, ainſi qu'elles ſont aux ombres priſes du Soleil ; il faut les tirer toutes d'vn meſme poinct, comme d'vn centre ; c'eſt à dire, que toutes les lignes qui ſe tirent par le plan, ſe doiuent tirer du pied de la lumiere A ; & celles de deſſus, & autour de la figure, ſe doiuent tirer du poinct du feu B, de meſme qu'en toutes les autres pratiques du Flambeau, ce qui me fait laiſſer le reſte, qui ne ſeroit que redites ennuieuſes, veu que la figure s'explique d'elle-meſme.

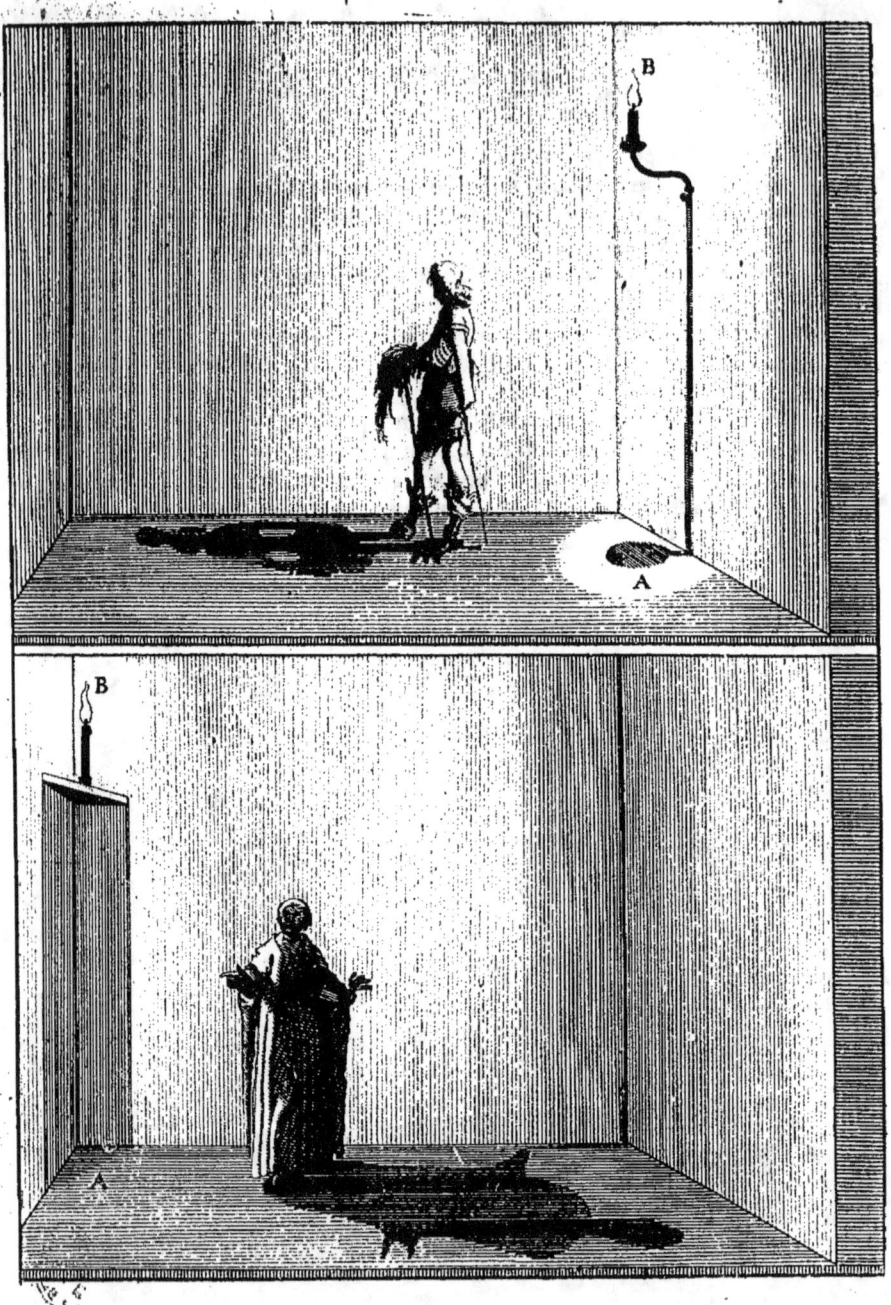

DES DIVERSES DISPOSITIONS ET HAVTEVRS
des Ombres, au Flambeau.

Es Ombres prises du Soleil, se iettent tousiours d'vn mesme costé, & ont
ordinairement vne mesme disposition, estant impossible que le Soleil fasse
à mesme temps, ietter l'ombre d'vn corps vers l'Occident, & d'vn autre vers
l'Orient : il est bien vray qu'il fait cela tous les iours, l'vne au matin, &
l'autre au soir : mais en vne mesme heure il ne le fera iamais naturellement.

C'est ce que fait sans y manquer, le Flambeau, la Chandelle, où la Lampe ; car en quelque endroit que vous mettiez vn de ces luminaires, s'il y a plusieurs corps autour d'eux,
ils ietteront leur ombre diuersement ; c'est à dire, que l'vn la iettera en Orient, l'autre en
Occident, celle-là au Septentrion, celle-cy au Midy ; bref de tous costez, selon que les
corps seront disposez autour de la lumiere ; le pied de laquelle marqué A, leur sert de centre où toutes ces Ombres tirent, & le feu B, marque où elles doiuent finir ; quoy que diuersement, à raison que les plus proches, ont leur ombre plus courte, & ceux qui sont
plus esloignez, la iettent plus longue.

Quoy que la seconde Figure n'ait pas la lumiere au milieu, l'ordre de ces Ombres ne
laisse pas de se garder, comme on void qu'elles tirent toutes au pied de la lumiere C, &
qu'elles sont terminées par le poinct du feu D.

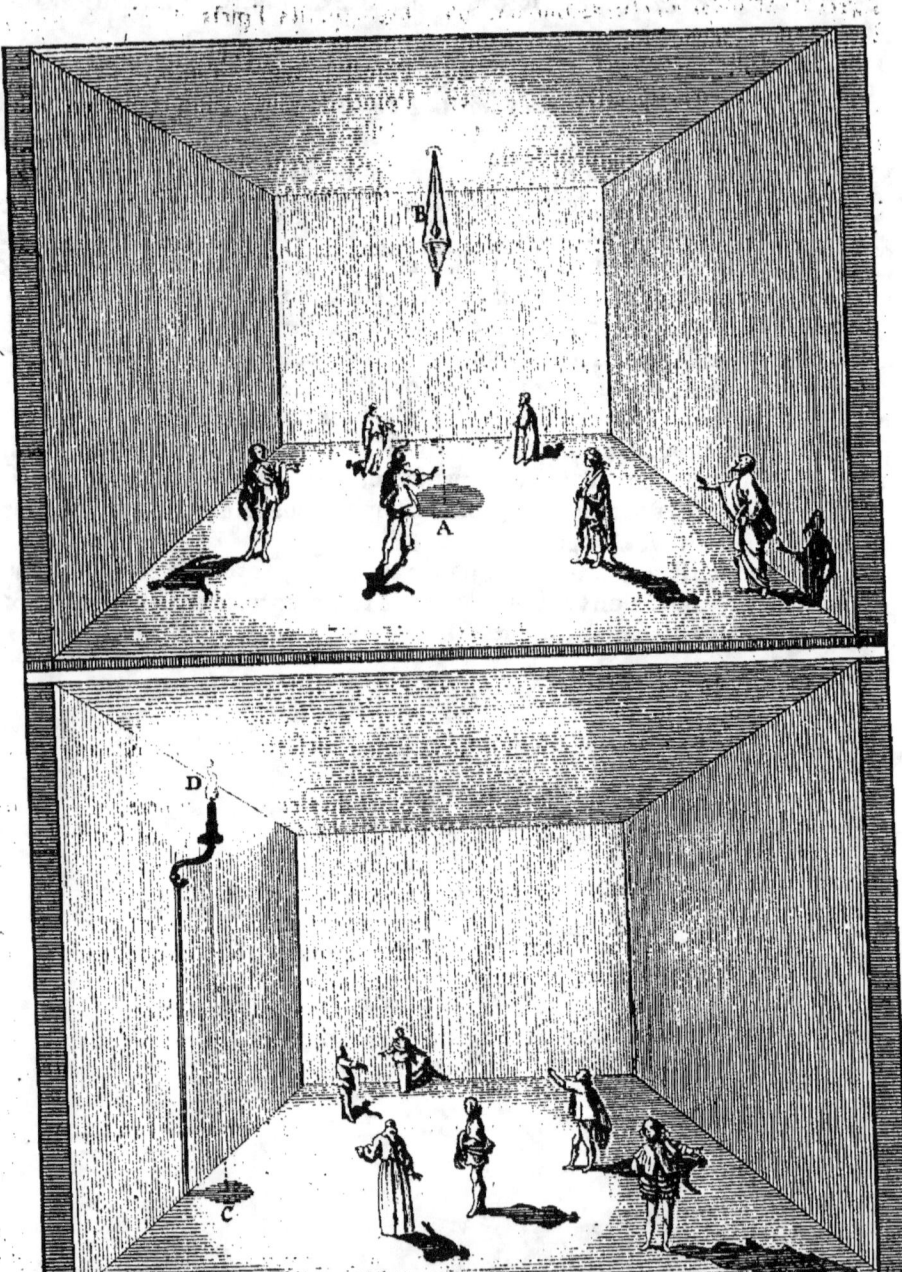

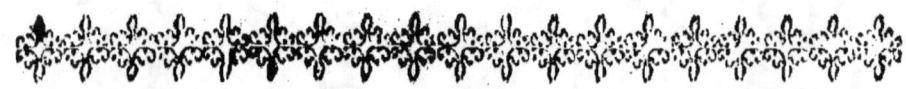

TABLE
DE LA
PERSPECTIVE PRATIQVE,
& des Principes d'icelle.

DES PLANS; DES ESLEVATIONS, des Mesures & Proportions, des Figures, Tableaux, & ouurages en Bosse; & des Ombres naturelles.

Cor. e

TABLE.

TABLE.

Rr iij

TABLE.

F I N.

www.ingramcontent.com/pod-product-compliance
Lightning Source LLC
Chambersburg PA
CBHW071618220526
45469CB00002B/382